CONOZCA

EL SALVADOR

CONOZCA
EL SALVADOR

por Jeff Brauer, Julian Smith
Verónica Wiles y Steve Wiles

con Tim Freilich, Nansun Liang,

Alejandra Maudet y Ruth Corral

ilustrado por
Jennifer Sorensen y Lorena Aguilar

traducción por
Margarita Clark de Reyes

mercadeo por
Juliana Smock y Kristen E. Glynn

ON YOUR OWN
P U B L I C A C I O N E S

Conozca El Salvador

Derechos de Autor 1997 a nombre de On Your Own Publicaciones, Ltd.
Todos los derechos reservados bajo la Convención Internacional y Pan-Americana de Derechos de Reproducción. No pueden ser reproducidas de ninguna forma sin autorización escrita del editor los mapas, ilustraciones u otras partes de este libro.

Publicado por
>On Your Own Publicaciones
>Oficina matriz: PO Box 5411, Charlottesville, VA 22905, USA

Impreso por
>SNP Printing Pte Ltd, Singapore

Distribuido al comercio de libros por
>USA: National Book Network (800/462-6420 fax 301/459-2118)
>El Salvador: Clásicos Roxail (503/228-1212)
>Europe: Verulam, Great Britain (01727/872-770 fax 01727/873-866)

Fotografías
>Portada: Sulema Antonia Soriano, San Juan Opico (Jeff Brauer)

Primera Publicación en abril de 1997.

ISBN: 0-9643789-1-4

Primera Edición
10 9 8 7 6 5 4 3 2 1

Brauer, Jeff
>Conozca El Salvador

1st ed.
Includes index.

1. El Salvador - Description and Travel - 1997 - Guide books

Con seis meses de intensos estudios del idioma, **Jeff Brauer** dejó Taiwan hacia la China continental y pasó los siguientes dos años explorando Asia. En el camino escribió artículos para algunos periódicos, observó las enérgicas medidas tomadas en 1989 contra el movimiento democrático chino y sigilosamente se internó en los estados asiáticos de la antigua URSS. Con estas aventuras en su pasado, Jeff volvió a la Universidad de Virginia, a la escuela de leyes en los Ee.Uu. Fundó OYO y comenzó a planear nuevas aventuras. Cuando no está pensando en OYO o en la escuela de leyes, Jeff encuentra paz en una pizza de 16 y un buen plato de ensalada.

Julian Smith ha publicado muchos relatos de sus aventuras alrededor del mundo, desde el congelarse en la cima del Kilimanjaro hasta saltar de un avión ya de vuelta en los Estados Unidos. En medio de todo esto, él de alguna forma ha encontrado tiempo para disfrutar y escribir acerca de sus experiencias de viaje, tales como el viajar por el Amazonas en Brasil el huir de los pigmeos en Uganda y el estudiar los bosques nebulosos de Costa Rica. Cuando no está de viaje o en la oficina, Julian disfruta de un buen libro, de esquiar y de los cálidos aromas del hogar.

Verónica Wiles es el burbujeante producto de un padre del Cuerpo de Paz y madre ecuatoriana. Permaneció la mayor parte de su niñez en Bolivia, donde aprendió nuevos idiomas, conoció un contingente de amigos y se divirtió. Verónica ha viajado de un extremo de Sur América al otro y ha explorado la mayoría de Europa Oriental y el Medio Oriente, haciendo aún más amigos. De regreso a los Ee.Uu., Verónica estudió leyes en la American University de Washington, D.C. Cuando Verónica tiene tiempo para sí misma, sale en bicicleta con su padre, sueña despierta con caminos en los Alpes franceses, habla con su madre y pasea con sus hermanos, Benjita y Tewee.

Welcome to the world, Little Sarah!

El Salvador, como muchos países de Latinoamérica, está en medio de un período histórico de transición. Los precios subirán, restaurantes y hoteles cerrarán y otros se abrirán. Las rutas de los autobuses, los reglamentos del gobierno y los nombres de las calles cambiarán.

Cuando usted descubra algo más reciente, mejor, peor o sencillamente diferente a lo que nosotros hemos descrito, por favor escríbanos y cuéntenos acerca de ello. Sus cartas nos ayudarán para actualizar la próxima edición de *On Your Own in El Salvador*.

Leéremos cada carta que recibamos, apreciando especialmente las que contengan información práctica, claves de viajes, opiniones y anécdotas. La mejor carta ganará una copia gratis de uno de nuestros libros. Escríbanos a PO Box 5411, Charlottesville, VA, 22905, o comuníquese por "email" al oyobooks@aol.com

Muchas Gracias

Silvia Alvarez (DRM), Geofredo Amaya, William Avendano, Guadalupe Ayala (Hotel El Salvador), Josef Beery, Brad Burns (MCI), Mario Cader (Sprint), Silvia Castro (ISTU), Kim Chance (Sosa), Carol Chin (MCI), Patrick Chung (Singapore National Printers), Helen Guardado Del Cid (Biblioteca Nacional de El Salvador), Gina Colbath (Discovery), Gloria Constanza (Bravo), Helen Coutinho (DRM), Evie Escano (Bravo), Ingrid Escapini, Jim and Jane Fine, Peter Fusco (Barnes and Noble), Spencer Gale (NBN), Katchen Gerig (MCI), Glenn Griffin (Departamento de Estado de Ee.Uu.), Pam Helgrn (Temerlin McClain), Vilma de Kalil (Hotel Sahara), Sue King (Delta), Clay Kirkland (Continental), Everette Larsen (Biblioteca del Congreso), Christine Law (Sprint), Stephen Lim (Singapore National Printers), Rosa de López, Roxana López, Silvia López, familia López (Clásicos Roxsil), Linda Lynch (Embajada de los Ee.Uu. en El Salvador), Jed Lyons, Fred y Pat Messick, Christopher Midura (Embajada de los Ee.Uu. en El Salvador), Kaki Mitchell, Brian Nichols (US State Department), Eduardo Mixco (Hotel El Salvador), Sergio Moncada, Luis Morales (DRM), Soley Palacios (Churney Palacios), Andria Piekarz (STA), Sandra Patricia de Rojas (Hotel El Salvador), Eric Scheck (BBDO), Tina Swartz (Continental), Mark Shumka (J Walter Thompson), John Susskind (Angiotti, Thomas, Hedge), Mora Tamayo-Cole (Western Union), Pura Torres (Western Union), Luisa Valle (ISTU), Sallie Warren (American Express), Melissa White (DDB), Sheryl Williams (Sosa), Michael Yavorsky (Discovery), Thomas Zeisel (Hotel El Salvador).

Muchísimas Gracias.

A los Brauers (Robert, Linda y Sandy), a los Smiths (Jim y Jane) y a los Wiles (Papi, Matilda, Tewee y Benjita). De Julian: *a la brujita-por tu paciencia, apoyo y el amor sin fin*. De Jeff: a *mi amorcito* por tu aliento, cooperación y paciencia. De Nansun: This is for Sunkist and Ian! De Veronica: To my Mami and Papi, for all your support and love. To Tewee and Ben, thanks for being my brothers. To John, for being my good buddy. To Jeff, for being my sweetie.

Contenido

Hacia el Norte . . . 191

Hacia el Oriente 213

Indice 268

Cuadros Culturales

Introducción

Antecedentes

Lo Básico

San Salvador

Hacia Occidente

Hacia el Norte

Hacia Oriente

Períodos Históricos

Tablas y Gráficos

Mapa Clave

●	Hotel, restaurante	●	Ciudad descrita en texto
▲	Otro	○	Ciudad no descrita en texto
■	Oficina de Correos, Antel	⊗	Capital (San Salvador)
✚	Iglesia	▲	Montaña o volcán
▨	Mercado	⬛	Sitio Arqueológico
▢	Parada de Autobus		

Avenidas: Números pares aumentan hacia oriente. Números impares aumentan hacia el occidente.

Calles: Números pares aumentan hacia el Sur Números impares aumentan hacia el Norte.

Abreviaturas en Mapa

Av.   Avenida
C.   Calle
Nte.   Norte
Sur.
Ote.   Oriente
Pte.   Poniente
Col.   Colonia
Bo.   Barrio

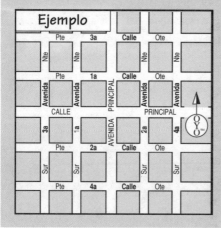

Otras Notas Generales

- Hoteles y restaurantes a los que no se hace referencia en el texto están escritos con letras itálicas en el mapa.
- Las cifras de población de las ciudades se refieren a municipalidades completas, así que la población real de las ciudades pueden ser menores.
- Todos los precios están en Ee.Uu. dólares ($).
- Las fechas de festividades que aparecen entre paréntesis son los días principales de cada festividad.

Introducción

Son las diez en punto de una lluviosa mañana de lunes y el museo está cerrado. Aquí estamos en Perquín, Departamento de Morazán, al final del camino, y la única persona en el museo de la guerrilla es el joven y solemne vigilante que nos está diciendo, "No, lo siento, tendrán que regresar más tarde...." Repentinamente la carretera llena de baches hacia San Miguel parece mucho más larga. Con un último esfuerzo persuadimos al vigilante y le rogamos que nos ayude a encontrar a alguien en el pueblo que pueda abrir el museo. El vigilante toma su trabajo en serio, pero eventualmente comienza a ceder a nuestros ruegos. Finalmente, nos lleva a buscar al fundador del museo. Pronto vemos al señor Vigil caminando por la vereda. El nos dará una gira incomparable, sobre este museo y sobre la guerra, desde la perspectiva de un ex-guerrillero.

Las preconcepciones que la mayoría de los occidentales tienen acerca de El Salvador está basada en las luchas y secuestros relatadas en los artículos periodísticos: "¿Allí hubo una guerra, correcto?" Sí, hubo una guerra, pero El Salvador tiene una historia más grande que contar. Como el museo de la guerrilla, El Salvador muestra signos de su pasado violento casi a cada vuelta, y puede ser un lugar frustrante para el viajero. Pero, con un poquito de esfuerzo, es fácil descubrir el lado diferente, que hace soportable los baches, la impredecible burocracia y todo lo demás.

Viajar en El Salvador solía ser una propuesta cuestionable. Tiroteos desperdigados, soldados suspicaces preguntando qué hacía usted en el país, una atmósfera de tensión tan densa como para hacer el viaje inolvidable, pero una tortura para los nervios. Hoy en día las cosas no son perfectas, el crimen es un problema, así como los muchos puentes todavía inservibles y los enormes baches. A pesar de eso, todo es más normal de lo que ha sido durante una década.

La situación política se ha calmado, y muchas cosas hacen de este país un lugar fascinante para explorar y disfrutar. La comida es sabrosa y barata, y los hoteles no son caros. El clima tropical hace posible viajar durante todo el año y usted puede llegar a cualquier parte del país en unas horas de autobús.

Cualquier dirección que escoja, obligadamente se encontrará con un antiguo volcán, una playa desierta, un bello pueblo de montaña o una serena ciudad colonial. El Salvador lo tiene todo, sólo tiene que saber dónde buscar. Allí es donde entra este libro.

Conozca El Salvador, la primera guía turística dedicada exclusivamente al país, tiene un doble propósito. Primero, proporcionar amplia información sobre los antecedentes del país. *Conozca El Salvador* hace posible que usted conozca a El Salvador plenamente ayudándole a comprender la historia y cultura del país. Nuestras secciones de Antecedentes cubren El Salvador desde sus raíces precolombinas hasta las últimas elecciones, de paso tocando tópicos como gente, tradiciones, comida y política. Se proporciona información histórica sobre la mayoría de las ciudades, y los **Cuadros Culturales** le ofrecen, através de todo el libro, interesantes impresiones sobre muchos aspectos de la vida salvadoreña.

Segundo, *Conozca El Salvador* le da información de viaje práctica, que le permitirá a usted diseñar su propio itinerario para explorar el país. Nuestras secciones de **Lo Básico** le cuentan todo lo necesario para preparar y disfrutar su viaje haciéndolo tan libre de contratiempos como sea posible, una vez que esté allí. Nuestros **Mapas Detallados** le muestran adónde ir, y proporcionan información específica para cada ciudad y sitio; acerca de precios de hotel y horarios; restaurantes en lugares distantes y horarios de autobuses. Después de todo, un libro con antecedentes sin información práctica sería un libro de historia, y una lista de Lo Que Debo Ver sin un marco histórico es sólo un panfleto de viaje. *Conozca El Salvador* le proporciona ambas partes, y sabemos que es suficiente para hacerlo viajar a El Salvador en forma fácil y grata.

Lo Mejor de El Salvador
(sin ningún orden en particular)

- **La Pema** (Santa Rosa de Lima)
- **Niños bellos**
- **Playa El Espino** (Departamento de Usulután)
- **Bosque Montecristo** (Departamento de Santa Ana)
- **Las botas de Sergio Acevedo** (Santa Ana)
- **Fruta deliciosa**
- **Pueblos de montaña** (Apaneca, Juayúa)
- **Museo del FMLN** (Perquín)
- **Subir al volcán**

Lo Peor de El Salvador

- **Autobuses manejados por locos**
- **Perros callejeros hambrientos**
- **Baches**
- **Manteca**
- **Contaminación**
- **Carros con vidrios polarizados**
- **Un poco de crimen**
- **Borrachos desde el mediodía**
- **Accidentes automovilísticos**

Antecedentes

El Salvador de Ayer

Historia Precolombina

Alrededor de 40,000 años después de que las primeras tribus nómadas cruzaron hacia las Américas, las culturas de Norte y Sur América se encontraron en las tierras bajas de Centroamérica y dieron origen a las florecientes civilizaciones de Mesoamérica. Las más avanzadas de estas culturas fueron la Azteca y la Maya, ambas habiendo alcanzado su esplendor mucho antes de que el "Nuevo" Mundo fuera descubierto por el "Viejo."

■ **La Cultura Maya.** De las dos, la Maya fue la más exitosa y tuvo el mayor impacto en las primeras personas de lo que sería El Salvador. El mundo Maya se extendió desde el centro de México hasta Nicaragua, floreció, mientras Europa permanecía en La Edad del Oscurantismo y sobrevivió seis veces más que el Imperio Romano. El Salvador está asentado sobre la frontera sur de este vasto territorio y aún hoy en día muestra rastros de su influencia.

El Período Formativo de la cultura Maya (1800 AC hasta 100 DC) vio el desarrollo gradual de muchas ciudades-estados, grandes y competitivas, que estaban unidas a culturas desde México hasta Panamá por una amplia red de comercio y comunicación. Sin embargo, muchos de los logros de los Mayas vinieron durante el **Período Clásico** (200 a 900 DC) Durante esa era, complejas burocracias agrícolas dieron apoyo a grandes poblaciones, mientras los pensadores Mayas predecían eclipses, "descubrían" el cero en matemáticas y desarrollaban un sistema de jeroglíficos altamente efectivo. Su calendario, increíblemente exacto, de "conteo largo" registraba los días mientras los arquitectos mayas, construían enormes centros ceremoniales que todavía estan en pie en Latinoamérica.

ANTECEDENTES

Los "Niños" de Cuscatlán

Los Pipiles hablaban Nahuat, un dialecto de la lengua Nahuatl que hablaban los aztecas de México. Cuando los españoles llegaron a El Salvador, los aztecas que los acompañaban reconocieron que la lengua indígena era similar a la suya propia, sin embargo la entonación era completamente diferente. Los aztecas percibieron que los primeros salvadoreños hablaban como niños, y los apodaron "Pipiles", que en Nahuatl significa "niños".

Alrededor del Siglo X DC, la civilización maya declino misteriosamente. Los historiadores no están de acuerdo sobre la causa, pero hoy en día muchos creen que la población urbana se volvió demasiado grande para mantenerla y los recursos de las ciudades fueron extendidos hasta más no poder.

La cultura maya disfrutó de un renacimiento durante el **Período Post-Clásico** (900 a 1400 DC). El comercio sustituyó a la religión como la fuerza social dominante y una increíble red de comercio náutico coordinaba alrededor de 4,000 barcos a la vez. Las ciudades mayas diseminadas por toda Centroamérica transportaban de esta manera sus productos entre una y otra.

En el Siglo XIV, revueltas provinciales en muchas ciudades hicieron caer la autoridad central de la sociedad y la civilización maya declinó nuevamente. Las ciudades-estado de los mayas lucharon entre sí durante los dos siglos siguientes, y para cuando los españoles llegaron, muchas de las ciudades de esta civilización, que una vez fuera grande, estaban desiertas.

En el Siglo XVI, cinco tribus principales se habían internado en El Salvador. Los primeros en llegar, los pokomames, los chortis y los lencas, se concentraron en las regiones orientales. Los lencas eran el grupo más grande, asentándose en lo que serían los Departamentos de Usulután, San Miguel y La Unión, y diseminándose hacia el Norte hasta Chalatenango. Ellos hablaban la lengua potón, y dejaron muchas de sus palabras en nombres de pueblos salvadoreños. Un grupo conocido como Ulúas llegaron después y establecieron unos cuantos asentamientos pequeños en la misma región.

■ **Los Pipiles.** El grupo indígena más grande de El Salvador llegó desde México alrededor del 900 DC, justo cuando el reino maya estaba llegando a su fin, y rápidamente se convirtieron en el grupo más grande de la región. Las poblaciones

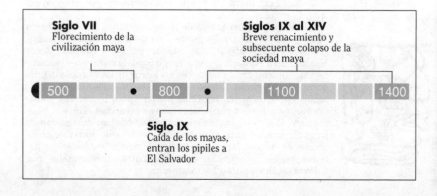

El Comienzo

Ellos dicen que la tierra estaba girando en el espacio, murmurando en el silencio. La oscuridad penetraba las fronteras de todo. Todo era negro; negra era la tierra y negro el cielo. El frío se extendía a través de las glaciales cavernas de la nada.

Vacío.

La muerte cubría el mundo. Nada volaba, nada flotaba, nada se movía. No habían ríos, ni valles, ni montañas. Solo existía el mar.

Un día Teotl frotó dos ramas de achiote y produjo fuego. Con sus manos roció manadas de centellas que se diseminaron a través del vacío, formando las estrellas. El misterio estaba poblado con puntos de luz.

Repentinamente en las alturas de los cielos apareció Teopantli, el Reformador quien rige el universo. El surgió sonriendo, envuelto en una cascada de luz.

Teotl tiró una última manada de fuego, la cual se condensó abajo de él formando una bola de luz: ese fue Tónal, el buen padre Sol.

Pero entre el ruido de los capullos de vida que estaban brotando, de los mundos siendo sumergidos en sus órbitas, de las explosiones de luz, Teopantli lloró.

Y su lágrima calló quedando suspendida. Se volvió blanco y comenzó a girar. Esa fue Meztli la buena madre Luna. Y así ella estaba triste. Ella proyectó su luz sobre la tierra y ya no estaba vacía. Los mares estaban golpeando contra las costas. Habían montañas y cañones. Bestias salvajes bramaban en las cimas de las montañas desiertas. La pálida luz de la luna brillaba sobre dos leones en combate. Lagartijas se escurrían entre los estanques y enredaderas. Los ríos se contorsionaban como serpientes gigantes.

La vida cantaba.

—Mito de la Creación Pipil

pipiles estuvieron concentradas en las áreas centrales y occidentales de El Salvador, en la región bordeada por el Río Lempa y el Río Paz.

Más guerreros que científicos, en comparación con sus antecesores mayas, los pipiles vivían dentro de una sociedad organizada en ciudades-estados. Cuscatlán, que significa "Tierra de la Felicidad", era la más grande de éstas, y servía como la capital pipil, localizada donde ahora está la ciudad de Antiguo Cuscatlán. Sonsonate y Ahuachapán son dos pueblos actuales salvadoreños que comenzaron como grandes ciudades-estados pipiles. Las ruinas del Tazumal, San Andrés y Joya de Cerén son remanentes de la civilización pipil.

Los pipiles operaban dentro de la economía agrícola basada en el maíz y cultivaban frijoles, tabaco, cacao, ayotes y calabazas en tierras comunales conocidas como *calpullis*. Todas estas cosechas eran cultivadas sin el uso de la rueda, el arado o el ganado doméstico. Los pipiles estaban entre los primeros grupos mesoamericanos que abolieron el sacrificio humano, y ellos limitaron el uso de la pena de muerte a casos de asesinato, adulterio o sacrilegio.

Contacto y Conquista

Desde 1513, cuando Vasco de Balboa contempló el Oeste desde Panamá y se convirtió en el primer europeo en ver el Océano Pacífico, la influencia de los españoles y los conquistadores ha marcado la historia de las Américas. Los españoles llegaron a Centroamérica tanto del Sur, cruzando el istmo de Panamá, como del Norte desde México, donde Hernán Cortés conquistó a los aztecas en 1521. En 1522, cuatro barcos piloteados por Andrés Niño navegaron dentro del Golfo de Fonseca. Los navegantes que desembarcaron en la isla de Meanguera fueron los primeros europeos en pisar lo que algún día sería El Salvador.

■ **La Campaña de Alvarado.** En 1523, Cortés envió a Pedro de Alvarado, uno de sus principales comandantes, a investigar los rumores acerca de una civilización en Centroamérica que se decía eran tan ricos como los aztecas. Alvarado salió de México con 100 soldados de caballería, 150 de infantería, varios miles de indígenas aliados e instrucciones estrictas de conquistar el área pacíficamente, si era posible.

Después de invadir a los Maya-Quichés de Guatemala y establecer una capital allí, Alvarado comenzó su invasión de El Salvador. Cruzó el Río Paz cerca de La Hachadura en el Departamento de Ahuachapán en 1524. Para cuando su ejército llegó, muchos pueblos ya estaban desiertos, ya fuera porque sus habitantes habían muerto de enfermedades europeas o porque se habían diseminado en el campo por miedo a la ya bien conocida reputación de Alvarado de ser hombre despiadado. Cuando las tropas de Alvarado finalmente se enfrentaron con los guerreros pipiles cerca de Acajutla, los pipiles resultaron victoriosos. Pronto después de eso, el desmoralizado Alvarado otorgó el mando a su hermano y regresó a México, donde murió quince años después con una deuda de 40,000 pesos.

En 1525, los españoles entraron a la capital pipil de Cuscatlán, que sus 10,000 habitantes habían dejado vacía. Sin embargo, las tribus nativas continuaron resistiendo a los españoles, y pronto forzaron la evacuación de la recién establecida Villa de San Salvador.

Al poco tiempo, las cosas cambiaron de dirección. Los españoles explotaron la falta de unidad que plagaba a las fuerzas nativas en El Salvador, como lo hicieron cuando lucharon contra los aztecas en México. Cada tribu pequeña confrontó a los españoles independientemente, en vez de hacerlo en un frente unificado. Para 1540, los españoles ganaron completo dominio sobre lo que hoy es El Salvador y lo incorporaron dentro de la Capitanía General de Guatemala.

El Estado Colonial

Los españoles, comprendiendo que la riqueza de El Salvador consistía en su increíblemente fértil suelo volcánico, rápidamente establecieron una sociedad agrícola en El Salvador típica de sus colonias en el Nuevo Mundo. Por todo el territorio construyeron plantaciones para cultivar algodón, bálsamo, cacao y añil. La buena fortuna de los españoles trajo miseria para la población indígena.

Los colonizadores españoles esclavizaron a los nativos para trabajar en las plantaciones e instituyeron sistemas laborales brutales. Uno de tales sistemas, la importación caribeña conocida como la encomienda, dio al español el derecho de demandar el trabajo y tributo de la gente indígena a cambio de "educarlos" y convertirlos al cristianismo.

Miles de trabajadores indígenas murieron por exceso de trabajo, desnutrición y enfermedades europeas. Solo 77,000 de los 500,000 habitantes originales de El Salvador sobrevivieron a la plaga de 1578, y a fines del Siglo XVI menos de 10,000 indígenas quedaban vivos en El Salvador. Como ya no quedaba suficiente fuerza laboral para trabajar las encomiendas, los españoles experimentaron con otros sistemas laborales. Eventualmente se establecieron en haciendas, grandes plantaciones en las cuales los trabajadores rápidamente se endeudaban con los terratenientes.

■ **Sociedad Colonial.** La naciente cultura colonial estaba dividida en distantes clases sociales basadas en la raza. En el tope de la escalera cultural estaban los europeos puros, ya sea peninsulares (nacidos en España), como los criollos (nacidos en el Nuevo Mundo). Luego venían los mestizos, mezcla de españoles e indígenas, a quienes se les permitían ciertas responsabilidades administrativas pero no poseer tierra, caballos o armas de fuego para evitar que se rebelaran. La clase siguiente eran los zambos, de padres negro e indígena. La clase más baja estaba reservada para los nativos de sangre y unos cuantos negros importados de Africa y del Caribe.

La Iglesia Católica predicaba a los nativos humildad y sumisión, diciéndoles que soportaran la carga de esta vida en espera del paraíso futuro. Las religiones nativas fueron destruidas, las antiguas celebraciones fueron prohibidas, los templos derribados y los dioses substituidos. Irónicamente, las personas que más defendían a los indígenas en este tiempo eran los representantes de órdenes religiosas. El Padre Bartolomé de las Casas pasó la mayoría de sus 92 años en los Siglos XVI y XVII defendiendo a las tribus nativas de El Salvador. "Yo prefiero a alguien que no esté bautizado" dijo él una vez, "que a uno muerto y cristiano."

Al principio, el comercio del cacao tuvo un gran auge cuando los españoles sustituyeron el chile y el maíz de la receta original del chocolate con azúcar. Sin embargo, pronto se tambaleó ya que la muerte de tantos indígenas dejó sin suficientes trabajadores a las plantaciones de cacao. Una depresión económica que duró hasta el Siglo XVII fue reemplazada por un auge agrícola en el Siglo XVIII, provocada por la demanda de añil en Europa. En una época, más del 90 por ciento de todo el añil exportado desde Centroamérica era o provenía de El Salvador.

El Siglo XVIII también vio el principio del nacionalismo salvadoreño, a medida que la tensión comenzó a crecer entre el Viejo y el Nuevo Mundo por varias razones. Muchos habitantes de Centroamérica sintieron que las colonias estaban dirigidas exclusivamente para el beneficio de España. La corona española imponía impuestos altos, restringía el comercio marítimo a los barcos reales y exigían tributo. Además, el abuso sobre los indígenas era contrario a las órdenes de la corona, añadiendo leña al fuego político.

Para fines del Siglo XVIII, ya estaban establecidos muchos patrones que atormentarían a El Salvador durante los siglos venideros. Una europeizada élite rica, regía la sociedad y miraba con desdén a la mayoría de sangre mixta, a los que con-

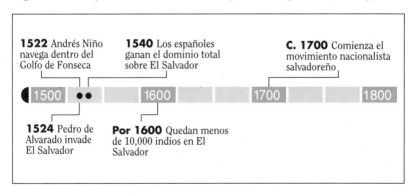

sideraba infrahumanos. La economía se estaba expandiendo rápidamente pero dependía de las exportaciones para su riqueza. Como resultado, la tierra se convirtió en la propiedad más preciada en El Salvador, en vez de algo usado para beneficio de todos. La Iglesia apoyaba el *status quo* ya que la población nativa estaba siendo diezmada por las enfermedades y el abuso. Finalmente, la clase militar iba ya en camino de convertirse en una clase autónoma y privilegiada; una ley llamada "el fuero militar" fue decretada para eximir a los miembros de las fuerzas armadas de la jurisdicción de las cortes españolas.

Independencia

El resentimiento colonial en contra de España y contra la ciudad de Guatemala, representante de la Corona en el Nuevo Mundo, continuó creciendo dentro del Siglo XIX. La caída en las ganancias del añil, debido en parte a los altos impuestos que obligaba España, solamente empeoraron las cosas. Cuando Napoleón invadió España en 1808, la Corona demandó grandes sumas de sus colonias para financiar sus batallas y para ayudar a volver al trono al depuesto Fernando VII.

La decisión de España de depender de sus colonias para financiar la guerra al otro lado del mar, enfureció a la gente de Centroamérica, y eventualmente causó el colapso del Imperio Español. En 1811, el Padre José Matías Delgado condujo la primera insurrección de El Salvador en contra del régimen español. La insurrección finalmente falló. Sin embargo, Delgado tuvo éxito en poner en marcha la maquinaria revolucionaria. En 1814, Pedro Pablo Castillo, vice-alcalde de San Salvador, condujo una fallida segunda revuelta en contra de la Corona.

Después de la abdicación de Napoleón en 1814, el Rey Fernando VII volvió al trono y procedió a perseguir a cualquiera en Centroamérica sospechoso de promover la independencia. Pero el espíritu revolucionario siguió viviendo y México,

1823 Se forma la Federación de Centroamérica

1824 Anastasio Aquino dirige la rebelión de los campesinos en El Salvador

1879 La introducción de tintes sintéticos en Europa arruina el mercado del añil

1800   1850

1821 Firma de la Declaración de Independencia de Centroamérica

1841 El Salvador se retira de la Federación de Centroamérica, se convierte en país independiente

1882 Son abolidas las últimas tierras comunales indígenas en El Salvador inspirado por el éxito de las revoluciones francesa y norteamericana, declaró su independencia de España el 16 de septiembre de 1810. El 15 de septiembre de 1821, representantes de cada nación centroamericana se reunieron en la Ciudad de Guatemala para firmar la Declaración de Independencia de España. El 15 de Septiembre todavía es celebrado como una fiesta nacional por toda Centroamérica.

Los países de Centroamérica inicialmente se unieron a México, en lo que se conoció como el Imperio Mexicano. Sin embargo, el Imperio tuvo corta vida, cuando la gente de Centroamérica descubrió que la vida era igual de insufrible ya sea con España o con México dando las órdenes. Cuando muchos de los países aliados decidieron separarse del imperio, México envió sus tropas a El Salvador y sitió San Salvador. Sin embargo, pronto el imperio entero se vino abajo.

■ **La Federación Centroamericana**. La Federación Centroamericana, firmada el 1º de julio de 1823, fue el siguiente intento de solidaridad regional. Manuel José Arce, un criollo que había ayudado a asentar pacíficamente la insurrección de Delgado, fue nombrado presidente de una alianza que incluía a El Salvador, Guatemala, Honduras, Nicaragua y Costa Rica. José Matías Delgado escribió la constitución de la federación la cual convirtió a la Federación Centroamericana en la primera nación en el Nuevo Mundo que abolió la esclavitud.

A pesar de las revoluciones, la condición de los campesinos cambió poco a través de la primera parte del Siglo XIX, y El Salvador sufrió frecuentes insurrecciones. En 1832, un campesino llamado Anastasio Aquino dirigió una rebelión campesina cerca de Zacatecoluca. Inspirado con el grito de "Tierra para los que la trabajan!", el ejército rápidamente organizado de Aquino, con unos 4,000 campesinos, logró capturar Zacatecoluca y San Vicente. La tropa de indígenas, principalmente formada por campesinos de las haciendas locales, fue dominada rápidamente, y la cabeza de Aquino fue exhibida colgada de un árbol cerca de San Vicente como una advertencia a otros revolucionarios potenciales.

La agitación civil, entre otras cosas, condujo a El Salvador a retirarse de la Federación Centroamericana en 1841. Para 1842, la Federación Centroamericana se derrumbó bajo el peso combinado de la desunión cultural y las diferencias políticas. De allí en adelante, cada pequeña nación centroamericana fue independiente.

William Walker:
País Equivocado, Agenda Equivocada

En 1855, el aventurero estadounidense William Walker se declaró a sí mismo presidente de Nicaragua. En el proceso reestableció la esclavitud y declaró el inglés la nueva lengua oficial del país. Los Estados Unidos rápidamente reconocieron el gobierno de Walker. El resto de los países de Centroamérica, temían una colonia estadounidense en medio de ellos, y se unieron en una inusual demostración de solidaridad. Pronto mandaron a Walker de regreso. Aparentemente quien quería ser filibustero no aprendió la lección, pues cinco años después volvió y trató de tomar el poder en Honduras. Allí fue capturado y ejecutado. Su tumba en Trujillo, Honduras dice, "William Walker: Fusilado".

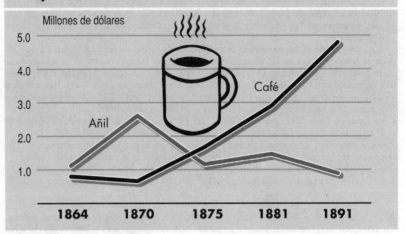

Exportaciones Salvadoreñas de Café versus Añil

Principios de la Nación

El Salvador se constituyó en una "nación soberana, libre e independiente" en 1821. Sus primeros años estuvieron marcados por luchas políticas por el poder y numerosas guerras cortas con sus vecinos, incluyendo batallas con Honduras en 1845 y Guatemala en 1844, 1851 y 1863. Muchos presidentes salvadoreños, tales como Francisco Malespín y al General Gerardo Barrios, llegaron al poder por medio de golpes de estado o invasiones de países vecinos. Mientras tanto, la población y la economía salvadoreña crecieron lentamente durante el final del Siglo XIX, hasta llegar el café a las plantaciones del país.

■ **El Café.** La introducción de los tintes sintéticos en Europa en 1879 causó que cayeran los precios del añil. Sin embargo el café llegó justo a tiempo, y la demanda que había era cosa seria. El impacto que este grano ordinario tuvo sobre la cultura salvadoreña no puede ser subestimado; la industria del café era y sigue siendo casi totalmente responsable de muchos de los desequilibrios económicos y sociales del país.

El café causó que la propiedad de la tierra estuviera concentrada en las manos de la élite del país aún más rápidamente de lo que ocurrió con el añil. El café no podía cultivarse donde se cultivaba el añil; éste florecía en las colinas altas y frescas donde los pocos indígenas del país todavía poseían tierra.

El gobierno apoyó el voraz apetito de los caficultores por más y más tierra, y en 1882 pasó una ley aboliendo los últimos vestigios de tierras comunales indígenas. Los campesinos desplazados fueron forzados a escoger entre trabajar en las plantaciones de café por un sueldo ínfimo o emigrar a los países vecinos tales como Honduras.

La economía salvadoreña pronto se convirtió peligrosamente dependiente del cultivo y exportación del café, excluyendo todos los demás cultivos. La industria y producción doméstica de alimento, cayó fuertemente a medida que la producción

La Historia del Café

El papel crucial del café en la historia salvadoreña ha sido hecha más interesante por la historia insólita de la planta. misma La palabra café se dice que viene de Kaffa, la provincia en el sur de Etiopía, donde la planta intoxicante fue descubierta. De acuerdo a la leyenda, en 850 D.C. un pastor de cabras llamado Kaldi estaba cuidando su rebaño cerca del Mar Rojo. El notó después de que sus cabras comían los granos rojos de cierto arbusto, se volvían especialmente juguetonas. Probó los granos él mismo, y pronto se convirtió en el primer adicto a la cafeína en el mundo.

Sin importar su origen, el café se volvió popular en Etiopía, aunque era usado principalmente como alimento ya que la gente masticaba las hojas y los frutos para tener más energía y aminorar las punzadas del hambre. Los árabes comenzaron a importar el grano hace más de 1,000 años y se les da el crédito de haber inventado el proceso de preparación. Las casas de café por toda la Mecca eran censuradas por los sacerdotes quienes decían que el café, como bebida intoxicante, era prohibida por el Corán. Pronto el café se abrió camino a Europa cuando los comerciantes daneses robaron una sola planta y la trajeron a Holanda en 1616. Las primeras casas de café de Londres se abrieron en 1652.

Menos de un siglo después la valiosa planta era nuevamente contrabandeada, esta vez al Nuevo Mundo. En los 1720, un oficial naval francés se robó una sola semilla de café de un arbusto del Jardín de Plantes, los jardines reales de París, y se lo llevó consigo en un barco para el Caribe. Cuando el agua para beber que llevaban en el viaje escaseó, el oficial se vio obligado a compartir su agua con la semillita que sobrevivió y creció hasta formar la industria caficultora de la isla.

La última jornada del café fue a tierra firme de Sur América. Cuando los soldados brasileños visitaron la Guayana Francesa, la esposa del gobernador les dio un ramo de flores como regalo de despedida. Uno se pregunta qué tan cariñosa fue la despedida, ya que dentro del ramo la señora había escondido una sola de las valiosísimas plantas de café. Así nació la industria brasileña de café, actualmente la más grande del mundo. Con el correr del tiempo, el café llegó hasta el Norte de El Salvador y estaba siendo cultivado seriamente a mediados del Siglo XIX.

del café se intensificaba, de 50 por ciento de las exportaciones de El Salvador en 1882 a 76 por ciento para el cambio de siglo.

Por su parte, los caficultores se veían a sí mismos como los salvadores de la economía de El Salvador. Después de todo, sí trajeron enormes riquezas al país. Sin embargo la mayoría de ese dinero era invertido en la industria cafetalera o llevado al extranjero. Poco era pagado en impuestos o redistribuido como beneficio a otros sectores de la economía salvadoreña. No había ningún incentivo para pagar a los trabajadores de café nada más que para raciones de supervivencia, ya que los campesinos de todas formas no podían costear la cosecha que cultivaban. El resentimiento de los campesinos debido a la distribución desigual de la riqueza creció rápidamente, y el gobierno respondió aumentando el tamaño y fuerza de su cuerpo policial.

Para fines del Siglo XIX, se había desarrollado en El Salvador una distribución enormemente desigual de la riqueza. Mientras que los cafeteros terratenientes ganaban más de $200,000 cada año, sus trabajadores luchaban por apenas $2.50 semanales. En 1890, la mitad del uno por ciento de la población salvadoreña controlaba el 90 por ciento de la riqueza del país.

Dentro del Siglo XX

■ **Desarrollo e Inestabilidad.** El desarrollo urbano en El Salvador comenzó a principios del Siglo XX, en parte gracias a la clase media y la trabajadora que estaban surgiendo en los 1920. El Salvador era el más grande importador de acero estructural en Centroamérica. En esa época, los primeros sindicatos de trabajadores comenzaron a aparecer en las ciudades. Campesinos desplazados eran fuertemente apoyados por estos sindicatos urbanos.

Por otro lado, las áreas rurales no se desarrollaban. El gobierno construyó en el área rural solamente la infraestructura necesaria para cultivar y extraer café, y no gastó mucho dinero en educar a la población. Por ejemplo, las escuelas no eran consideradas necesarias, ya que el alfabetismo no era un pre-requisito para cosechar café. En respuesta, los estudiantes de la universidad urbana viajaban al interior del país para establecer escuelas donde ellos enseñaban a los campesinos en todas las materias, desde matemáticas hasta política.

El gobierno se sintió amenazado por las acciones para organizar a los campesinos y pronto declaró ilegales a las organizaciones obreras. Los campesinos que trataban de organizarse en sindicatos fueron encarcelados, torturados y asesinados. La Guardia Nacional, fundada en 1912 con el propósito de mantener orden en el campo, era vista como una avenida hacia el poder y prestigio por la surgiente clase media y baja de las zonas urbanas.

La depresión económica mundial en los 1920 redujo la demanda de artículos de lujo tales como el café, y las exportaciones se vinieron abajo. En El Salvador, donde la exportacion de café constituía el 95 por ciento de los ingresos del país, casi la mitad de la fuerza laboral rural se quedó desempleada repentinamente. El apoyo de la causa izquierdista aumentó, incentivada por las anteriores expropiaciones de tierra y los recientes despidos. Los sindicatos militantes de las áreas caficultoras de occidente, decían tener 80,000 miembros, y en 1930 se fundó el Partido Comunista Salvadoreño. El gobierno respondió a la "amenaza terrorista" con más arrestos, palizas, torturas y asesinatos

■ **La corta permanencia de Araujo.** La elección presidencial de 1931 fue ganada por Arturo Araujo, un hacendado poco conocido que pagaba a sus trabajadores el doble del salario oficial, y quien había establecido una clínica para los trabajadores en su hacienda. Sorprendido, descubrió que era más fácil prometer mejorar la vida del ciudadano común, que cumplir. Ese mismo año, un grupo de oficiales governantes, en un golpe lo destituyó

Fines de 1920s
Depresión Económica mundial, caen los precios del café

1931 Arturo Araujo elegido presidente, depuesto por un golpe de estado

1940s
La economía comienza a mejorar

| 1900 | ● | 1925 | ●● | | |

1912 Se funda la Guardia Nacional

1930 Se funda el Partido Comunista Salvadoreño

1932 Insurrección indígena en el occidente de El Salvador enciende La Matanza

1950 Se escribe una nueva constitución

El Tío Sam se Interesa

Los Estados Unidos sustituyeron a Gran Bretaña como la principal potencia mundial a principios del Siglo XX, y comenzaron a hacer grandes inversiones en El Salvador. Los Estados Unidos vieron en Centroamérica una región importante de la que necesitaban el apoyo, ya que el área era el mejor lugar para construir un canal entre los Océanos Atlántico y Pacífico, así como una fuente de mano de obra barata. La inversión norteamericana en El Salvador subió de $1.8 millones en 1908 a $34 millones para 1930.

La Matanza

La inestabilidad civil creció después de la deposición de Araujo. El régimen de Martínez reprimía violentamente las huelgas y manifestaciones y perpetró un enorme fraude electoral en la elección de 1932 para asegurar su propia victoria.

Mientras tanto, el Partido Comunista Salvadoreño calladamente reunió apoyo y planeó una insurrección armada el 22 de enero de 1932. Sin embargo, el gobierno supo acerca de la insurrección con anticipación y los encabezados de los periódicos previnieron al país de la planeada rebelión días antes de que tuviera lugar. Siguiendo la pista dada por un informante, el gobierno arrestó a tres líderes de la insurrección, incluyendo a Farabundo Martí. Sin embargo, muchos simpatizantes de los comunistas continuaron sus preparativos para la insurrección.

El 20 de enero el Volcán de Izalco iluminaba los cielos, cuando los campesinos armados de machetes invadieron los pueblos de las zonas cafetaleras de Ahuachapán, Sonsonate y Santa Ana. La insurrección estuvo centrada alrededor de los pueblos indígenas y dejó libre años de rabia y resentimiento. Alrededor de cien oficiales del gobierno local y ricos terratenientes fueron arrastrados fuera de sus hogares u oficinas y asesinados por los campesinos rebeldes, quienes saquearon las tiendas y comenzaron a celebrar su "victoria" casi inmediatamente.

Sin embargo, muy pronto el gobierno contraatacó. Soldados y organizaciones paramilitares tales como la "Guardia Blanca" organizada por los cafetaleros retomaron los pueblos rápidamente, infligiendo fuertes pérdidas a las tropas rebeldes pobremente organizadas. Aunque el gobierno controló la región a una semana de la insurrección, éste continuó atacando a los campesinos con impresionante y calculada brutalidad, con el pleno apoyo de la oligarquía y de la Iglesia.

> "El Caballo Rojo del Apocalipsis parece significar la siniestra centella ella del Comunismo Mundial, el cual con el clamor de indomables fanáticos, con el alboroto de una tormenta violenta, con la furia de llamas implacables y el vapor de la sangre humana blandiendo sus muchos brazos, locamente busca derrocar la antigua estructura de la Civilización."
>
> — Edicto de la Iglesia, 1932

AGUSTÍN FARABUNDO MARTÍ (1893-1932)

El Revolucionario Original

El hombre cuyo nombre fue adoptado por el FMLN fue uno de los primeros revolucionarios salvadoreños que lucharon por traer el socialismo al país. Agustín Farabundo Martí, criado en la clase media alta a principios de Siglo XX, llegó a ser abogado Desde muy joven se involucró en política, y durante su vida Martí fue encarcelado y exiliado varias veces por sus luchas en contra de las fuerzas conservadoras del gobierno salvadoreño.

A finales de los 1920, Martí fue a Nicaragua y luchó junto con César Augusto Sandino, para echar a los *Marines* estadounidenses. quienes ocupaban el país. Aunque los dos luchaban por diferentes causas , Martí por el socialismo y Sandino por el nacionalismo, Martí admiró al líder nicaragüense, llamándolo "el patriota más grande del mundo".

Cuando Martí comprendió que Sandino no se uniría al socialismo, volvió a El Salvador a principios de los 1930, durante el período de la gran agitación civil. Martí fue encarcelado justo antes de La Matanza por su papel en la planeación de la insurrección. Mientras el ejército registraba cuidadosamente los campos, asesinando a miles de sospechosos de ser simpatizantes con los comunistas, Martí, acusado de sedición y rebelión, fue ejecutado por un batallón de fusilamiento. Cuando le preguntó el sacerdote, antes de su ejecución, si tenía pecados que confesar, Martí contestó que no.

■ **Represalia.** Los soldados ejecutaban a cualquier sospechoso de tener nexos con la insurrección, comenzando por los líderes. José Feliciano Ama, un líder rebelde de Izalco, fue colgado y se permitió que los niños de la escuela local lo vieran así. De ahí en adelante, las tropas del gobierno acechaban a cualquiera que tuviera rasgos indígenas, se vistiera como campesino o llevara machete. Todos eran fusilados ahí mismo.

En Juayúa, la sede de la insurrección, las tropas del gobierno asesinaron a todos los hombres, mujeres, niños y perros. Los campesinos, culpables o no, fueron forzados a cavar sus propias tumbas en la plaza del pueblo; los alineaban con los pulgares atados a la espalda, y eran fusilados con ametralladoras montadas en la parte trasera de camiones. En total, diez mil campesinos fueron masacrados en las siguientes semanas, en el hecho conocido como La Matanza.

Nadie sabe con exactitud cuanta gente murió en La Matanza; los cálculos varían entre 10,000 y 50,000. Algunas fuentes dicen que el ejército simplemente no tenía suficientes municiones para asesinar a más de 10,000 personas. La mayoría de los historiadores estiman que el total fue 30,000, cerca del dos por ciento de la población salvadoreña de esa época.

Lo sucedido en 1932, a través de los años, ha sido convenientemente olvidado. A pesar del olvido, sus efectos todavía se sienten en El Salvador moderno. Casi una generación rural entera fue eliminada, y la población indígena de El Salvador nunca se ha recuperado realmente. Desde entonces, a los indígenas salvadoreños se les ha hecho difícil borrase de la mente que ser descendientes de nativos es hasta cierto punto peligroso. Aparte de ciertas ocasiones especiales, raramente visten sus trajes tradicionales o hablan sus lenguas nativas. Finalmente, La Matanza estableció la forma en la cual se aplacarían los levantamientos populares en las décadas siguientes.

Consecuencias

Tambaleándose por los golpes de la depresión económica y de La Matanza, El Salvador entró a una época tenebrosa que duró la década de los 1940, con el General Martínez. El gobierno declaró un estado de sitio y quitó las libertades políticas conquistadas en las dos décadas anteriores. La actividad de oposición política y sindicalista se suspendió; cualquiera que se opusiera al *status quo* fue perseguido por comunista. El gobierno instituyó el sistema de cédula de identificación nacional, cerró los periódicos independientes y le dio a la Guardia Nacional el derecho de registro sin autorización legal. Los precios del café bajaron en 1932, causando que muchos campesinos desempleados huyeran a los departamentos del norte y más allá de las fronteras entrando a Honduras.

■ **La Vida Durante el Mando del General.** Martínez, quien rápidamente descubrió que una fachada democrática bastaba para tener contento a los Estados Unidos, mantuvo el poder durante los 1930 haciendo trampa en las elecciones. Irónicamente, su éxito en eliminar la amenaza de una insurrección campesina, lo condujo a su propia caída. Martínez y los que antes lo apoyaran, disputaron sobre el paso hacia la industrialización y la diversificación económica.

No tardaron los estudiantes universitarios y los trabajadores en convocar nuevas huelgas. En una demostración de fuerza hecha por la surgiente clase media salvadoreña, las huelgas pronto paralizaron al país. Cuando Martínez finalmente renunció en 1944, dejó tras de sí un legado de poder político centralizado y un aparato militar poderoso que era mejor para politiquear sobre "amenazas" internas que para defenderse de fuerzas externas.

MAXIMILIANO HERNÁNDEZ MARTÍNEZ (1882-1966)

El Brujo

Maximiliano Hernández Martínez era el general, con puño de hierro, conocido como autor de La Matanza. También es recordado como "El Brujo" por sus extrañas creencias "científicas" las que él, de vez en cuando, imponía sobre la población salvadoreña.

Martínez recibió algún entrenamiento legal en El Salvador, a fines de siglo, pero pronto lo abandonó a favor de educación militar en Guatemala. Ya como Presidente, Martínez presidió la matanza de miles de campesinos en 1932. El justificaba sus acciones explicando que "En El Salvador, yo soy Dios".

Martínez también estaba interesado en lo oculto, creía en la brujería y realizaba sesiones de espiritismo en su casa. Tenía extraños remedios para cada cosa. Una vez, cuando el país estaba en las angustias de una epidemia de viruela,

Martínez ordenó que se colocara celofán rojo sobre todas las luces de las calles de la ciudad, ya que él creía que la luz colorada limpiaría el aire y evitaría que la enfermedad se extendiera.

"Es bueno para los niños caminar descalzos", decía. "De esa forma ellos pueden recibir mejor las emanaciones benéficas del planeta. Las plantas y los animales no usan zapatos." Otra vez se le escuchó decir "es un crimen mayor el matar a una hormiga que a un hombre. Mientras que el hombre tiene un alma eterna, la hormiga se muere para siempre."

Doce años después de La Matanza, Martínez fue derrocado, marchando al exilio a Honduras, donde vivió en una granja. A la edad de 88 años, El Brujo fue apuñalado por su chofer.

Cuando la depresión económica terminó, junto con los 1930, la economía salvadoreña comenzó a recuperarse. Los esfuerzos de modernización avanzaron construyéndose carreteras por todo el país, incluyendo la Carretera Panamericana. El gobierno salvadoreño manejó la economía más de cerca, principalmente para beneficio de los ricos. Así también creció la influencia estadounidense, a pesar de la política no intervencionista de "Buen  Vecino" de Roosevelt. A medida que El Salvador pasaba a los 1940, muchos sectores de su economía estaban finalmente comenzando a florecer.

Modernización

La economía salvadoreña continuó creciendo durante la mitad del Siglo XX en una búsqueda de "progreso" que disfrazaba las supurantes enfermedades sociales. Se desarrollaron carreteras, fábricas y una red de energía eléctrica. Mucho del desarrollo iba encaminado a reducir la dependencia del país en el cultivo y exportación del café. La élite, claramente satisfecha con los ingresos del café estaba dividida en cuanto a como proceder hacia el progreso, aunque pocos estaban felices ante la idea de pagar impuestos para financiar el cambio.

Muchos nuevos trabajos, principalmente en San Salvador, proporcionaron empleo para la creciente clase media. A pesar de eso, la distribución de los ingresos se hizo más desigual, ya que muchos salvadoreños eran todavía demasiado pobres como para participar en la economía de consumo.

■ **Algodón y Caña de Azúcar.** Se plantaron nuevos cultivos en la poca tierra que quedaba sin sembrar. El algodón se cultivó en las áreas costeras depejadas durante los 1950. Desde 1935 hasta 1965, 110,000 hectáreas habían sido convertidas a la producción de algodón. La caña de azúcar se sembró en los valles que eran demasiado bajos para el café y muy altos para el algodón. El cultivo de la caña de azúcar aumentó de 8,500 hectáreas en 1960 a 33,200 hectáreas en 1975.

El incremento en la producción de estos cultivos fueron los últimos clavos del ataúd de los pequeños terratenientes, quienes fueron obligados a salir de la tierra que aún les quedaba. Las cosechas de granos básicos se hicieron a un lado en favor del algodón y la caña de azúcar, y el país se volvió mas dependiente de los alimentos importados. Con mejor maquinaria y granjas más grandes, las nuevas cosechas requerían menos trabajadores, y el desempleo aumentó.

La nueva constitución de 1950 prometía "libertad, salud, bienestar económico y justicia social" para cada salvadoreño. Contemplaba ciertas reformas, incluyendo una semana laboral de 48 horas, un día de trabajo de 8 horas y el derecho al voto para la mujer campesina. Sin embargo, la constitución prometía más de lo que el gobierno era capaz de dar. Al mismo tiempo la revolución cubana de 1959 amedrentó los corazones oligarcas y promovió las esperanzas de los revolucionarios izquierdistas.

Alguna oposición política era permitida durante este período, y las organizaciones laborales urbanas gozaban de algunas libertades. Pero la política en el campo era reprimida por la Guardia Nacional, la cual se convirtió en el ejército privado de los cafetaleros.

JOSE NAPOLEON DUARTE (1926-1990)

John Fitzgerald Kennedy, el Papa y Duarte

José Napoleón Duarte es la figura política de más renombre en El Salvador y fue durante un tiempo el más popular. Su carrera política lo hizo una leyenda entre los salvadoreños gracias a su esfuerzo para disminuir el desarrollo militar y moderar el extremismo político. Pero hacia el final de su período presidencial, su administración había perdido el apoyo popular y sus esfuerzos se consideraron fallidos.

Duarte venía de raíces humildes. Su madre, que no tenía el dinero para enviarlo a una buena escuela, convenció a sacerdotes de escuelas católicas para darles becas a Duarte y a su hermano. Más tarde, su padre ganó una fortuna en la lotería nacional y usó ese dinero para enviar a Duarte a estudiar a los Ee.Uu. en la Universidad de Notre Dame en Indiana.

Al volver a El Salvador, se convirtió en activista político de la oposición cuando ésta era poco permitida por el gobierno. Después de ayudar a fundar el Partido Demócrata Cristiano (PDC) a principio de los 1960, Duarte fue electo alcalde de San Salvador. Su popularidad se incrementó cuando su administración logró instalar alumbrado eléctrico en algunas calles de la capital. Las fotografías más populares en los hogares salvadoreños en esa época eran los retratos de John F. Kennedy, el Papa y Duarte.

En 1972 Duarte fue candidato a la presidencia de El Salvador, contra un líder militar. Cuando fue obvio que Duarte había ganado la mayoría de los votos, los militares suspendieron la comunicación de noticias y reprimieron la oposición. Duarte fue golpeado y enviado al exilio donde permaneció hasta finales de la década.

Después de su regreso a El Salvador a principios de los 1980, Duarte sirvió junto con miembros del ejército en dos Juntas. Ya que los escuadrones de la

muerte estaban activos durante ese tiempo, muchos sentían que Duarte socavaba sus derechos a la moderación al participar en un gobierno que permitía tales actividades..

Duarte fue candidato a presidente en 1984 contra Roberto d'Aubuisson, candidato del partido ARENA y ganó por voto cerrado. El prometió terminar con la guerra civil y reprimir a los grupos paramilitares que operaban por todo el país. Aunque Duarte llevó a los rebeldes brevemente a la mesa de negociación para las pláticas de paz en La Palma, su administración pronto se volvió corrupta e inefectiva y al final no logró casi nada.

Hacia el final de su período presidencial, se le diagnosticó cáncer terminal. El prometió sobrevivir la duración de su período, lo cual cumplió, y escribir una continuación de su autobiografía cuando la guerra terminara. Sin embargo, la guerra continuó después de la muerte de Duarte en 1990, y esa continuación no se escribió.

ANTECEDENTES

■ **Los Demócrata Cristianos.** La clase media ganó una nueva voz con la fundación del Partido Demócrata Cristiano (PDC) en 1960, la que llenó el espacio político entre el partido comunista y el derechista Partido de Conciliación Nacional (PCN).. El PDC buscaba el cambio social a través de la reforma agraria, y frecuentemente fueron reprimidos por el gobierno, en sus primeros años. Dos años después de las elecciones boicoteadas de 1962 (en las cuales los estudiantes universitarios llamaron burro al presidente), el PDC ganó por primera vez puestos de oposición en la Asamblea Legislativa. El candidato del PDC, José Napoleón Duarte fue elegido alcalde de San Salvador y reelegido dos veces.

Durante los 1960 y a principios de los 1970, el temor de otra insurrección creció entre la élite y más dinero fue canalizado hacia los militares. Con dinero e influencia política, los militares estaban surgiendo como una fuerza política independiente, aumentando su inmunidad a las reglas y valores normales que guiaban al resto de la sociedad.

A finales de los 1960, se fundó la Organización Democrática Nacional (ORDEN), un grupo de civiles paramilitares, apoyada por militares y aristócratas. Entrenados por la Guardia Nacional, ORDEN salió a combatir el "creciente espectro del comunismo", en el proceso demostrando lo atemorizada que se encontraba la élite de El Salvador.

La Guerra del Fútbol

En 1969, una vieja rivalidad entre El Salvador y Honduras estalló en una guerra corta, desviando momentáneamente la atención del deterioro de la situación política en El Salvador. La guerra fue causada por los vejámenes sufridos por muchos salvadoreños que habían emigrado a Honduras.

Hacia fines de los 1960, más de 300,000 salvadoreños se habían establecido en Honduras y muchos hondureños resintieron la pérdida de sus trabajos por el ahínco con que los inmigrantes trabajaban. Además, los dos países diferían en cómo aplicar las reglas relacionadas con el reciente Mercado Común Centroamericano. Las compañías salvadoreñas competían arduamente contra sus contrapartes hondureñas, disminuyendo los esfuerzos hondureños hacia la industrialización. Finalmente, los terratenientes hondureños buscaban un chivo expiatorio para el desequilibrio de su país, y enfocaron la atención en la meta más fácil: los inmigrantes salvadoreños.

1960 Se fundó el Partido Demócrata Cristiano

1964 Los Demócrata Cristianos ganan puestos en la Asamblea, Duarte es elegido alcalde de San Salvador

1969 El Salvador ataca a Honduras en la Guerra del Fútbol

1975 El Salvador auspicia el concurso de Miss Universo

1950   1960   1970   1980

1959 Revolución Cubana

1962 Elecciones boicoteadas por los partidos de oposición

A finales de los 1960s se funda ORDEN, Honduras comienza a deportar a los inmigrantes salvadoreños

1972 Molina es elegido presidente sobre Duarte

1977 Oscar Romero nombrado Arzobispo

Honduras comenzó a deportar salvadoreños a finales de los 1960, haciendo que los periódicos salvadoreños anunciaran malos tratos a manos de autoridades hondureñas. Las tensiones llegaron al máximo alrededor de los partidos de la Copa Mundial de junio de 1969 entre los dos países, y estalló la guerra el 14 de julio. Durante la guerra de cuatro días, la única llamada a la paz fue una manifestación organizada por el Partido Comunista Salvadoreño en San Salvador. La guerra comenzó con el pretexto de "proteger los derechos humanos de los pobladores salvadoreños", y terminó cuando la Organización de Estados Americanos logró un cese al fuego. En agosto, las tropas salvadoreñas habían regresado a casa para una "celebración de la victoria" organizada en la capital en un intento oficial de rescatar algo del honor nacional.

■ **¿Quien ganó?** La "Guerra del Fútbol", dejó 3,000 muertos, 6,000 heridos y causó un daño de $50 millones. Las relaciones entre los países empeoraron y Honduras cerró sus fronteras a los salvadoreños y bloqueó el embarque y compra de sus productos. A medida que los emigrantes salvadoreños regresaban a casa, aumentaban las presiones por adquisición de tierra y el desempleo.

Al final, los militares fueron los únicos que se beneficiaron con la guerra. La "efectividad" de las fuerzas armadas había sido demostrada, y el Coronel Sánchez Hernández condujo una ola de fervor nacionalista hacia las elecciones presidenciales de 1970. El PCN, aliado a los militares, recibió el 60 por ciento de los votos contra el 28 por ciento del PDC. Sin embargo, la represión, la tortura y la desaparición de disidentes continuó.

Los Turbulentos 1970s

La Unión Nacional Opositora, coalición de los Demócrata Cristianos y otros grupos de izquierda, nombraron a Duarte como candidato para presidente en las elecciones de 1972. La coalición confrontó la persecución gubernamental en una   difícil y reñida campaña, y se sorprendió cuando el conteo oficial de votos señaló que Duarte había sido electo presidente. Sin embargo, el Consejo Central de Elecciones anunció que el candidato del PCN, el Coronel Arturo Molina, había ganado.

Este fraude evidente provocó el intento de golpe del 25 de marzo, por los jóvenes oficiales militares que habían perdido la paciencia ante la corrupción del gobierno. Duarte convocó a sus simpatizantes para que se enfrentaran a las tropas que avanzaban sobre los oficiales jóvenes, pero solo unos cuantos respondieron. El golpe falló y Molina asumió la presidencia. Mientras tanto, Duarte fue perseguido por los militares, golpeado y exiliado a Venezuela. Como resultado de su derrota, el apoyo a los Demócrata Cristianos disminuyó en los 1970, y la mejor oportunidad de los políticos moderados para tomar el poder en muchos años, se había perdido.

■ **Caos Social.** La creciente ola de violencia e intimidación, patrocinada por el gobierno, fue enfrentada por la izquierda en intentos de organizarse y responder. La creencia de la oposición, que la única oportunidad para efectuar cambios en el país era una revolución, iba aumentando. Se formaron numerosos grupos paramilitares clandestinos que eventualmente se unirían en un ejército de guerrilla a principios de los 1980. Estos empezaron a infiltrar armas de Nicaragua y Cuba, que llegaron a manos de grupos de resistencia, incluyendo algunos grupos que financiaban sus operaciones secuestrando y pidiendo rescate por salvadoreños ricos. Para 1979, la izquierda era responsable del diez por ciento de los asesinatos políticos y sus miembros demandaban millones de dólares de rescates. Surgieron también grupos clandestinos de izquierda, sustituyendo a los antiguos partidos izquierdistas silenciados desde el fraude electoral de 1972.

Puesto que la oposición política legal era imposible, la izquierda comenzó esfuerzos populares para organizar a los campesinos. Sindicatos comerciales, organizaciones campesinas y grupos estudiantiles iniciaron huelgas, marchas, demostraciones y ocupaciones. Grupos de estudiantes radicales de la Universidad Nacional obligaron a Molina a cerrar la ciudad universitaria con tanques y aviones en 1972. Cuando la Universidad se volvió a abrir un año después, la dirigía un rector nombrado por Molina. Hacia fines de la década, la economía del país se había paralizado por la inestabilidad, y la inversión extranjera se había retirado.

En 1975, la oligarquía estaba aterrorizada por la inseguridad y buscaba formas de proteger su vida. Soldados, ex-soldados y terratenientes rurales se unieron en grupos paramilitares pro-gobierno similares a ORDEN, tales como la Unión Guerrera Blanca (UGB) y FALANGE. Ellos respondieron a la creciente posición izquierdista de la Iglesia con panfletos con mensajes como "¡Sé patriota! ¡Mata un Cura!" Repetidamente pusieron bombas en la Universidad Centroamericana de los Jesuitas en San Salvador.

Los esfuerzos de reformas del gobierno fueron permanentemente socavados por la derecha. Molina encontró resistencia encarnizada de los terratenientes, cuando trató de limitar la tenencia de tierras en los departamentos de San Miguel y La Unión, a 86 acres, lo que hubiera requerido que el gobierno dividiera varias haciendas grandes. Eventualmente, el gobierno se sometió e hizo la reforma agraria voluntaria. Una caricatura de 1973 en El Salvador mostraba a un estudiante de primer grado inclinado sobre un compañero murmurando, "¡El Salvador debe de ser el país más grande del mundo porque han estado llevando a cabo una reforma agraria durante diez años y todavía no terminan!"

■ **La Iglesia cambia su posición.** En medio de la creciente inestabilidad política, los miembros de la Iglesia Católica también estaban reclamando cambios. Bajo la guía del Arzobispo Romero y la Teología de la Liberación que él adoptara, la Iglesia se vió involucrada en la lucha política, usualmente en favor de la izquierda. Los sacerdotes se fueron al campo a educar a los campesinos y a organizarlos en cooperativas y sindicatos. Debido a sus esfuerzos los miembros del clero católico fueron blanco de los grupos de derecha, y varios sacerdotes fueron asesinados. Muchos se unieron después, por frustración, a los grupos rebeldes.

El General Carlos Humberto Romero (sin parentesco con el Arzobispo), funcionario conservador de derecha, fue electo presidente en 1977. Miles de personas ya muertas fueron incluidas entre los que supuestamente votaron por Romero, en algunos pueblos se registraron más votantes que el total de su población. Muchos en el país interpretaron las elecciones como una señal de que la oligarquía estaba atacando y volviendo más tenso su manejo del poder.

Después de que se anunciaron los resultados de las elecciones, los manifestantes ocuparon la Plaza Libertad en San Salvador para pedir nuevas elecciones. Miles acamparon allí. Día a día la muchedumbre creció, hasta que 60,000 de ellos se sentaron frente a la Catedral Metropolitana. La escena era un carnaval de protesta con oradores políticos, música en vivo y comida a la venta.

El 28 de febrero, el ejército rodeó la plaza y ordenó a la muchedumbre que se dispersara en diez minutos. En respuesta, los manifestantes cantaron el himno nacional. Los soldados abrieron fuego y lanzaron gases lacrimógenos en la plaza. Docenas de manifestantes fueron asesinados, incluyendo muchos que trataron de buscar protección en la Catedral Metropolitana. Reporteros internacionales filmaron el hecho, y Oliver Stone las utilizó para abrir créditos para su película sobre El Salvador. En total, entre 80 y 300 personas murieron alrededor de la plaza. En los días siguientes al ataque, la multitud enardecida quemó carros y oficinas del gobierno en la capital.

Vendedora de pupusas, Olocuilta

Dos niños al anochecer en Playa San Marcelino

ANTECEDENTES

OSCAR ARNULFO ROMERO Y GALDAMEZ (1917-1980)

La Voz de los que no tienen Voz

El Arzobispo de San Salvador, a finales de los 1970, Oscar Arnulfo Romero, era el abogado revolucionario de los desposeídos y reprimidos. El hablaba con frecuencia en contra de la evidente violación de los derechos humanos por parte del ejército, y fue criticado por alinearse muy cerca de la izquierda política. Cuando la derecha del país sintió que las homilías semanales de Romero amenazaban sus propios intereses, fue asesinado.

Romero fue considerado como conservador en la política cuando fue elegido en 1977 por Roma para servir como arzobispo de El Salvador, la posición más alta en el país dentro de la Iglesia Católica. Se sobreentendía que había sido preparado por la oligarquía, y se esperaba que guardara silencio. Romero sustituyó al Arzobispo Chávez, un líder políticamente liberal que había llevado a la Iglesia, políticamente hacia la izquierda.

Pero pronto, después de la ordenación de Romero, el Padre Rutilio Grande, amigo de Romero y conocido abogado de los derechos de los pobres, fue asesinado en un camino vecinal. A pesar de la solicitud de Romero, el gobierno se rehusó a investigar. Este incidente, junto con la frecuente interacción entre Romero y los campesinos, cuyas familias habían sido afectadas por las campañas del ejército, hizo que reconsiderara su visión política.

Romero pronto ganó el apoyo de la clase social baja del país. Sus sermones eran transmitidos por todo el territorio y hasta el 75% de los salvadoreños lo sintonizaban cada semana para escucharlo. Las fuerzas de derecha se sintieron amenazadas por la creciente influencia de Romero y, repetidamente, pusieron bombas en la estación de radio que transmitía las palabras de Romero.

Muchas de sus homilías fueron dirigidas en contra de la violencia del ejército y los abusos de los derechos humanos. Romero creía que la Iglesia tenía la obligación de hablar por los que, de otra manera, estaban silenciados. "Cuando una dictadura viola seriamente los derechos humanos y ataca los bienes comunes de la nación," explicaba él, "cuando se vuelve insufrible y cierra los canales del diálogo, entendimiento, y raciocinio; la Iglesia habla del legítimo derecho a la insurrección violenta."

Cuando la derecha acusó a Romero de dirigir la Iglesia a socavar el gobierno, él estuvo en desacuerdo y respondió, "la Iglesia no está en contra del gobierno. La verdad es que el gobierno está en contra de la gente y nosotros estamos con la gente."

Romero también negaba que él fuera un izquierdista, como decía el gobierno, aunque sí estaba de acuerdo con mucho por lo que abogaba la izquierda. "Yo no los llamo las fuerzas de izquierda, sino las fuerzas de la gente", decía. "Su voz es la voz de la ira resultado de la injusticia social. A lo que se llama la izquierda es la gente. Es gente organizada, y ese llanto es el llanto de la gente."

Un día antes de que fuera asesinado, Romero dirigió un sermón a los soldados del país pidiendoles que reconsideraran su papel en la sociedad: "Yo hago una súplica especial al ejército, a la Guardia Nacional, a la policía y a los militares. No asesinen a su prójimo campesino, sus hermanos y hermanas. Ningún soldado está obligado a obedecer una orden que va en contra de la ley de Dios."

Este llamado, visto por las fuerzas armadas como un llamado directo para amotinarse, selló el destino de Romero. Cuando daba misa en el Hospital de Cáncer de la Divina Providencia el 24 de marzo de 1980, Romero fue asesinado de un tiro en el corazón, frente a los asistentes.

Tiempo después, Roberto d'Abuisson, fundador del partido político ARENA y una vez candidato presidencial, fue implicado en el asesinato.

Más de 100,000 personas asistieron al funeral de Romero. A medida que los dolientes cruzaban la Plaza Gerardo Barrios frente de la Catedral de San Salvador, los tiradores del ejército, coloca-dos arriba del Palacio Nacional abrieron fuego, matando docenas de personas. Muchos consideran el asesinato de Romero y la tragedia en su funeral como el vedade-ro comienzo de la guerra civil.

■ **Revolución en Nicaragua.** La revolución Sandinista Nicaragüense de 1979, contra el dictador Somoza, respaldada por los Ee.Uu., con frecuencia se ha consi-derado una de las chispas que encendieron la guerra civil en El Salvador. Las mul-titudes en San Salvador, apoyadas por la izquierda, gritaban "¡Romero y Somoza, son la misma cosa!". Mientras tanto, el ejército salvadoreño, vacilaba en su leal-tad hacia el centro y la derecha, y se encontraba incómodo respaldando completa-mente a cualquiera de ellos. Con una insurrección comunista a la vuelta de la esquina y con Reagan al mando, el gobierno de los Ee.Uu. se interesó mucho en los asuntos internos de El Salvador.

El General Romero eventualmente perdió apoyo de todas las partes. La oligar-quía y los Ee.Uu. lo consideraban un incompetente para enfrentar la oposición, y para el ejército ya no era útil. El 15 de octubre de 1979, Romero fue depuesto en un golpe de los oficiales del ejército.

La Guerra Civil

Para sustituir a Romero se nombró una junta cívico-militar. Este grupo de oficiales del ejército y civiles prominentes, fue visto como la mejor esperanza para el país y para detener la inminente guerra civil. La junta trató de hacer ciertas reformas; prometió elecciones democráticas e invitó a los recién formados grupos de guerri-llas, a unirse a las pláticas con el gobierno. Pero pocas reformas fueron iniciadas y la violencia paramilitar continuó. Muy pronto, los miembros civiles de la junta renunciaron por frustración. Aunque siguieron otras juntas, incluyendo una con Duarte, quien había vuelto de su exilio en 1980, ninguna fue capaz de efectuar cambios.

El 22 de enero de 1980, las calles de la capital se llenaron con la más grande marcha pacífica de protesta en la historia de El Salvador. Mas de 220,000 personas se manifestaban en contra de los escuadrones de la muerte, de las desapariciones y de los secuestros. Repentinamente, en medio de la mar-cha, disparos comenzaron desde arriba del Palacio Nacional. Docenas de los manifestantes fueron asesinados a medida que la muchedumbre se dis-persaba. La mayoría de los testigos culparon a los soldados del gobierno de abrir fuego sin provocación.

■ **La Gota Final.** Los izquierdistas sintieron que si ni el Arzobispo estaba seguro en El Salvador, toda esperanza de negociación de paz estaba perdida.

EN LAS NOTICIAS

Universo Perdido

En 1975, el gobierno salvadoreño gastó un millón de dólares preparándose para recibir el concurso de Miss Universo. Manifestaciones estudiantiles pacíficas en las calles de San Salvador con una asistencia hasta de 50,000 personas estaban presentes en protesta de la decisión de recibir el evento. La policía abrió fuego sobre los manifestantes y mató a docenas e hirió muchos mas.

Hacia octubre, cinco grupos guerrilleros se habían unido bajo la bandera del Frente Farabundo Martí para la Liberación Nacional (FMLN), y la guerra civil comenzó en serio. Un puñado de partidos de izquierda se retiraron del proceso político y formaron el Frente Democrático Revolucionario (FDR), el cual se convirtió en el brazo político del FMLN. Casi al mismo tiempo, Duarte era juramentado como presidente con el apoyo del gobierno de los Ee.Uu.

El 2 de diciembre, cuatro monjas estadounidenses que habían venido a El Salvador a trabajar con las víctimas de la guerra, desaparecieron en la carretera al aeropuerto de El Salvador. Su vehículo fue encontrado la siguiente mañana cerca de Zacatecoluca, quemado y sin placas. Los cuerpos de las mujeres, que habían sido violadas y asesinadas a tiros, fueron descubiertos, enterrados superficialmente, cerca de allí.

Repentinamente la guerra civil dejó de ser solo un problema salvadoreño. A pesar de la sugerencia del entonces Secretario de Estado de Ee.Uu., Alexander Haig, de que las monjas habían sido asesinadas cuando trataron de cruzar una barricada, los Ee.Uu. suspendieron $25 millones de ayuda militar y económica durante la investigación oficial. Sin embargo, la ayuda fue reanudada dos meses después, cuando el FMLN lanzó una serie de ataques mayores.

La "ofensiva final" del FMLN en enero de 1981, ayudó al movimiento rebelde a ganar credibilidad como fuerza de combate. Los rebeldes hicieron avances iniciales al norte y oriente de El Salvador, forzando al gobierno a abandonar las pláticas sobre reformas y enfocar sus esfuerzos en la lucha.

Cuando Ronald Reagan llegó a presidente de los Estados Unidos, el temor de que el comunismo estilo soviético estuviera ganando dominio en Centroamérica, incentivó a los Estados Unidos a inyectar millones de dólares en ayuda para El Salvador. Los préstamos de los Eu.Uu. al gobierno salvadoreño, subieron de $5.9 millones en 1980 a $553 millones en 1985. Para 1985, cuando el Congreso amenazó con bloquear la ayuda a El Salvador en respuesta al fracaso para controlar las actividades de los escuadrones de la muerte, Reagan declaró que el gobierno había hecho "buen progreso" en parar los abusos a los derechos humanos. El mismo año la Iglesia Católica salvadoreña anunció que las tropas del gobierno eran responsables de 3,059 asesinatos políticos durante los primeros seis meses.

■ **Surgimiento de la Derecha.** Las elecciones para la Asamblea Nacional Constituyente en marzo de 1982, fueron proclamadas un éxito para la democracia salvadoreña, y usadas por los Ee.Uu. para justificar su decisión de proporcionar más ayuda. Pero otros mantienen que esas elecciones fueron sólo un evento publi-

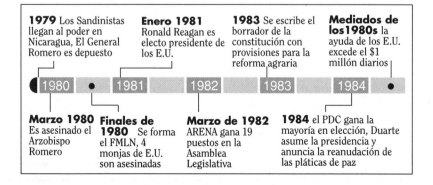

1979 Los Sandinistas llegan al poder en Nicaragua, El General Romero es depuesto

Enero 1981 Ronald Reagan es electo presidente de los E.U.

1983 Se escribe el borrador de la constitución con provisiones para la reforma agraria

Mediados de los1980s la ayuda a los E.U. excede el $1 millón diarios

1980 • 1981 1982 1983 1984 •

Marzo 1980 Es asesinado el Arzobispo Romero

Finales de 1980 Se forma el FMLN, 4 monjas de E.U. son asesinadas

Marzo de 1982 ARENA gana 19 puestos en la Asamblea Legislativa

1984 el PDC gana la mayoría en elección, Duarte asume la presidencia y anuncia la reanudación de las pláticas de paz

citario, y culparon los resultados a la inflación de votos y a las urnas trans-
parentes. Según dijo el entonces embajador de los Ee.Uu. Robert White, "Ningún
poder sobre la tierra, podrá convencer a un pobre campesino analfabeta con una
papeleta numerada en sus manos, de que el comandante militar de su distrito no
sabrá por quien votó."

El recientemente fundado partido Alianza Republicana Nacionalista, ARENA,
sorpresivamente ganó 19 puestos en la asamblea. ARENA, que representaba la
derecha radical así como el FMLN representaba la izquierda radical, había pagado $200,000 a una empresa publicitaria norteamericana para dirigir su campaña.
Roberto d'Aubuisson, fundador del partido, fue elegido presidente de la Asamblea,
reflejando el reciente cambio de El Salvador hacia la derecha, frente a la insurgencia izquierdista. En 1982, la Asamblea nombró al Dr. Alvaro Magaña, un ban-
quero, como presidente interino de El Salvador, que fuera solamente una figura
más que un verdadero líder. Un año después la Asamblea había ya preparado el
borrador de la nueva constitución.

■ **Reforma Agraria Fallida.** Un tema clave en la nueva constitución era la reforma agraria, un programa de tres fases iniciado en 1983, apoyado por los Ee.Uu. y
escrito por el mismo profesor de leyes estadounidense que hizo el borrador para la
reforma agraria en Vietnam del Sur, durante la guerra de Vietnam. La primera
fase en la que las haciendas mayores de 1,250 acres (representando el 15 por ciento de la tierra agrícola de El Salvador), serían convertidas en cooperativas creó en
realidad haciendas menos productivas que las privadas que había reemplazado.
La segunda fase, que habría redistribuído las tenencias de entre 500 y 1,250

ROBERTO D'AUBUISSON (1943-1992)

Hombre de Derecha

Roberto d'Aubuisson, quien murió de cáncer en 1992, a la edad de 45 años, fue un hombre de grandes contradicciones. Era tanto un populista como un extremista, un candidato presidencial y un menospreciado conspirador en el asesinato del Arzobispo Romero. Sin embargo, por sobre todo, el fundador del partido ARENA fue tanto el principal anticomunista del país durante la guerra, como uno de los organizadores y partidario de los escuadrones de la muerte en El Salvador.

D'Aubuisson, criado en una familia de la clase media, entró a la escuela militar a los 15 años y fue enviado a Taiwan y Ee.Uu., a aprender cómo combatir la insurgencia comunista.. En una época, d'Aubuisson trabajó bajo las órdenes del Coronel José Medrano, fundador de ORDEN, el primer escuadrón de la muerte organizado en El Salvador.

Durante su carrera, d'Aubuisson era tan terriblemente xenófobo como anticomunista. En su campaña contra la política moderada de Duarte y la cercana relación de su administración con los Ee.Uu., d'Aubuisson alegaba que Duarte y el Presidente Carter habían conspirado para volver comunista al país tal como lo hicieran en Nicaragua. Cuando surgió evidencia de que Nicaragua estaba apoyando a la guerrilla salvadoreña, d'Aubuisson abogó por un ataque en represalia contra el vecino más grande de El Salvador.

A pesar de su visión extremista, d'Aubuisson era un efectivo organizador de campañas, orador y líder público. También era una figura imponente, con un chaleco contra balas, botas tacón alto, pantalones de mezclilla y una pistola al cinto.

(continúa en la siguiente página)

Su constitución era baja y musculosa, rodeado constantemente de guarda-espaldas. Su chaleco y su guardaespaldas lo acompañaban siempre, después que una bala de franco tirador lo alcanzó en 1982.

Pero d'Aubuisson es más recordado por su retórica agresiva.. Con profunda voz, mandíbulas apretadas y las erres pronunciadas con fuerza, él se refería al entonces Presidente Duarte como "El loco Duarte", y repetidamente maldijo a los políticos de Ee.Uu. y a la prensa internacional.

En una de sus campañas tácticas mejor conocidas, d'Aubuisson tomó una sandía cuyo color representaba el verde oficial del PDC, y la partió por la mitad de un solo machetazo, para mostrar como, al igual que la sandía,el PDC era "verde por fuera, pero rojo (comunista) por dentro." Cuando d'Aubuisson comenzó su campaña presidencial, continuó expresando su visión política extremista al amenazar rociar napalm sobre pueblos y jurando liberar al ejército de cualquier restricción de derechos humanos.

El legado de d'Aubuisson está atado a su participación en el asesinato del Arzobispo Romero en 1980, sus constantes esfuerzos para socavar cualquier fuerza política moderada en el país y su partido ARENA.. Cuando el ejército irrumpió sobre d'Aubuisson y otros conspiradores en el asesinato de Romero, trató de comerse ciertos papeles incriminatorios. Después de haber sido enviado a un breve exilio, se le permitió regresar, en parte porque el gobierno de Ee.Uu. en ese tiempo estaba más preocupado con la amenaza comunista de lo que lo estaba por el terrorismo patrocinado por el estado.

D'Aubuisson estaba tan cercanamente relacionado a los escuadrones de la muerte, que el Embajador estadounidense Robert White lo describió ante el Congreso como un "asesino patológico".

A pesar del borrascoso principio de ARENA, el partido político de d'Aubuisson ha prosperado. D'Aubuisson creó el partido después de no lograr provocar un golpe para derrocar la junta militar de 1980, la cual incluía a Duarte.

Inicialmente, se hizo popular por sus presentaciones en televisión, en las cuales mostraba fotos de supuestos terroristas. No por coincidencia, esas apariciones televisivas, eran seguidas por ataques de los escuadrones de la muerte.

Cuando ARENA llegó al poder en la Asamblea Constituyente, en 1982, sus amigos paramilitares surgieron nuevamente. En su campaña de 1984 para la presidencia, d'Aubuisson prometió exterminar la guerrilla a los tres meses de formar la nueva Asamblea Nacional Constituyente, prometiendo además capturar a Duarte y enjuiciarlo por traición.

Las sueños políticos de d'Aubuisson se desvanecieron poco antes de su muerte, antes que el gobierno y los rebeldes llegaran a los acuerdos de paz. El pareció comprender que, a largo plazo, sus ambiciones extremistas podrían realmente dañar la popularidad de su partido, y se retiró de la escena. Más tarde, el Presidente Cristiani le dio crédito a d'Aubuisson de haber hecho posibles los acuerdos , y dijo que sin su apoyo los elementos radicales en ARENA nunca hubieran permitido que se llevaran a cabo esas pláticas de paz.

EN LAS NOTICIAS

Viejos Temores

El 50 aniversario de La Matanza, a principios de 1982 provocó que 1,000 policías registraran casa por casa en San Salvador por temor a una insurrección por dicho aniversario.

acres, nunca fue implementada. La tercera fase fue diseñada para darle en propiedad a los campesinos, parcelas de tierra que anteriormente alquilaban o compartían. En ese punto, 150,000 serían supuestamente beneficiados por la reforma agraria. De hecho, menos de 1,000 títulos de propiedad fueron entregados.

Cuando comenzó la reforma agraria, los te-rratenientes de derecha estaban furiosos. Muchos campesinos que solicitaron títulos de propiedad de tierras fueron asesinados, o desaparecidos. Rodolfo Viera, Director del Instituto Salvadoreño de Transformación Agraria, fue asesinado después de hablar en contra del paso atrás dado por la derecha. Antes de que se derrumbara totalmente el programa de la reforma agraria, la Asamblea votó para permitir a los terratenientes ser propietarios de hasta 262 hectáreas cada uno. ARENA clamó victoria por haber reprimido ese programa.

■ **Tácticas de Guerrilla y Respuesta del Ejército.** A principios de los 1980 el FMLN continuó fortaleciendo su control sobre el Norte y Oriente de El Salvador. Berlín y San Miguel fueron ocupados por las fuerzas de la guerrilla en 1983. En 1984 , los 10,000 rebeldes ,comparados a los 50,000 de las tropas del ejército, atacaron exitosamente guarniciones militares e importantes blancos económicos.

Las guerrillas destruyeron el enorme puente Cuscatlán sobre el Río Lempa, en enero de 1984, a pesar de los 400 soldados del ejército encargados de protegerlo. Pronto el FMLN atacó el occidente de El Salvador, amenazando la industria del café, tan importante para el país. Los ataques de la guerrilla sobre la estructura del país eran un intento de socavar al gobierno demoliendo la economía básica del país. Sin embargo, al final estos ataques dañaron la reputación del FMLN casi tanto como dañaron las carreteras, autobuses, presas y cables de energía del país.

El hecho de que la confianza pública en el FMLN había declinado a medida que la guerra progresaba, benefició al ejército, porque aún con la ayuda de los batallones de reacción-inmediata entrenados de los Ee.Uu. y las fotos de vigilancia mostrando la ubicación de las tropas de la guerrilla, los esfuerzos de contener la revolución se hacían sin entusiasmo y frecuentemente fracasaban. Con ataques indiscriminados contra civiles, que creían que apoyaban a la guerrilla, el ejército socavaba la confianza, tanto en el gobierno como en la política de Ee.Uu. de proveerles armamento.

Hacia 1981, más de 300,000 salvadoreños habían huído a los países vecinos o a los Ee.Uu. Los departamentos de Chalatenango, Morazán y Cabañas fueron dejados casi desiertos.

■ **El Regreso de Duarte.** Los salvadoreños tenían menos esperanzas de paz en las elecciones de 1984 que las que tuvieron en las de dos años antes. El FMLN rehusó participar y obstaculizó la votación en áreas bajo su control. Los propietarios de las estaciones de radios fueron amenazados repetidamente por grupos parami-litares para que no transmitieran anuncios de la Democracia Cristiana. Los Ee.Uu., que temían a la plataforma virulentamente conservadora de ARENA, apoyaban a Duarte. Duarte ganó, en una segunda votación de desempate, por poco más de la mitad de votos, convirtiéndose en el primer presidente elegido libremente en más de cincuenta años en El Salvador.

Al mismo tiempo los Demócrata Cristianos ganaron la mayoría en la Asamblea y anunciaron planes para comenzar reformas sociales.

Con el ímpetu de esa resonante victoria, Duarte rápidamente anunció la reanudación de las pláticas de paz, las que se llevarían a cabo en La Palma, Departamento de Chalatenango. Pero después de dos rondas de pláticas, no llegaron a ningún acuerdo, acusándose mutuamente de no querer llegar a un compromiso. Durante el resto de su presidencia, Duarte repetidamente discutió con la derecha radical y con los militares, y fue incapaz de finalizar la guerra o de lograr cualquier reforma significativa.

■ **La Guerra Continúa.** Para mediados de 1980, el enorme financiamiento militar de Ee.Uu. comenzó a mostrar resultados, a medida que el ejército gradualmente iba recobrando control de áreas una vez dominadas por la guerrilla. Los aviones suministrados por los Ee.Uu. le dieron a El Salvador la fuerza área más poderosa de Centroamérica y le permitió al ejército bombardear grandes partes del territorio guerrillero. A fines de 1980, durante el zenit de ayuda estadounidense, El Salvador recibía diariamente más de $1 millón de dólares, los cuales eran rápidamente redestinados a la supresión de la guerra. Tales sumas hicieron de El Salvador el quinto receptor más grande del mundo de ayuda de los Ee.Uu. A medida que la lucha entre el ejército y el FMLN se alargaba, muchos salvadoreños llegaron a pensar que ninguno de los dos bandos ganaría pronto.

El FMLN expresó su deseo de participar en las elecciones programadas para fines de 1989, el mismo año en que George Bush fuera elegido presidente de los Ee.Uu. Los rebeldes pidieron que la votación fuera pospuesta por seis meses más, para poder prepararse para las elecciones, y que ambas partes acordaran un inmediato cese al fuego por 60 días. El gobierno rehusó posponer las elecciones. En respuesta, el FMLN, durante un ataque el día de las elecciones a la sede de la Guardia Nacional en San Salvador, mató más de 40 personas. A pesar de la ley que hace al voto obligatorio, una combinación de apatía y miedo hizo que más de la mitad de los salvadoreños se mantuvieran alejados de las urnas. Por primera vez en la década, el FMLN no atacó los centros de votación, aunque sí pusieron bombas en estaciones eléctrica y dejaron sin luz al 90 por ciento del país. Rubén Zamora, el líder izquierdista que recientemente había regresado de un auto- exilio, fue candidato a la presidencia por el Partido Convergencia Democrática.

El candidato de ARENA, Alfredo Cristiani, rico hombre de negocios, criado en una de las plantaciones de café más grandes del país, y educado en la Universidad de Georgetown en los Ee.Uu., fue electo presidente. Ee.Uu. percibían a Cristiani, quien tenía un récord más limpio que su mentor, d'Aubuisson, como un político moderado. ARENA tenía la esperanza que él sería capaz de ayudar al partido a borrar la imágen fanáticamente conservadora que adquirió cuando d'Aubuisson estaba al mando.

■ **Una Oportunidad de Paz.** En septiembre de 1989, el gobierno y el FMLN comenzaron otra ronda de pláticas de paz a petición de los países de Centro América. En octubre, las negociaciones fueron suspendidas brevemente cuando una bomba estalló en la sede de la Federación Nacional de Trabajadores Salvadoreños (FENAS-TRAS), matando a diez e hiriendo a 29. El FMLN culpó al ejército y rehusó volver a la mesa de negociación. Un mes después la guerrilla había lanzado una nueva ofensiva que alcanzó las calles de la capital.

El gobierno declaró estado de sitio nacional mientras lanzaba una contra-ofensiva en la capital. Cuando la situación había llegado a ser peor, seis sacerdotes Jesuitas fueron asesinados en la Universidad Centroamericana en la mañana del 16 de noviembre de 1989. Sus cuerpos, junto con el de la empleada doméstica y el de su hija, fueron encontrados acribillados a balazos en sus dormitorios. El audaz asesinato inmediatamente achacado al ejército, recordó el asesinato del Arzobispo Romero casi una década antes. Muchas personas se preguntaban si el ciclo de violencia comenzaría nuevamente. A pesar de la agitación, las negociaciones de paz comenzaron nuevamente a principios de 1990. Esta vez las NU mediaron las pláticas, pero eran incapaces de ayudar a las dos partes a llegar a un acuerdo sobre el número y el papel futuro de los militares en el país. Para finales del año la lucha había resurgido. El FMLN derribó un avión del gobierno con armas de tierra-aire soviéticas, a fines de 1990, y en enero de 1991, los rebeldes derribaron un helicóptero militar estadounidense que iba para Honduras. Dos militares de Ee.Uu., que sobrevivieron al impacto, fueron ejecutados posteriormente por el FMLN, haciendo que los Ee.Uu. reanudara la ayuda militar.

EN LAS NOTICIAS

El Caso Jesuita

Cinco soldados, dos subtenientes y el Coronel Guillermo Benavides, entonces director de la Academia Militar, fueron culpados por los asesinatos de los jesuitas. Había rumores de que oficiales de alto rango habían participado en el complot, pero no hubo evidencia suficiente para procesarlos.

Hubo una larga batalla para llevar el caso a juicio. Aún el Presidente Cristiani estaba frustrado con la avergonzante falta de progreso, y pidió a la Scotland Yard británica y a la policía española que ayudara en la investigación. En mayo de 1990, evidencia importante desapareció,

incluyendo el diario de Benavides. Para enero de 1991, dos fiscales del estado habían renunciado, alegando interferencia del ejército y del Fiscal General.

Cuando el caso llegó a la Corte Suprema en abril de ese año, los dos subtenientes y los cinco soldados fueron absueltos por haber seguido órdenes. Benavides y el otro subteniente fueron declarados culpables de los asesinatos y sentenciados a 30 años de prisión, la máxima pena permitida. Catorce meses después, en marzo de 1993, ambos fueron liberados bajo la Ley General de Amnistía del gobierno

La Paz

A principios de los 1990, los líderes y simpatizantes de ambas partes estaban cansados de la lucha sin fin. El punto que cambió las negociaciones fue cuando el gobierno aceptó la petición de depurar la fuerza armada. El 25 de septiembre de 1991, representantes del gobierno salvadoreño y del FMLN firmaron un acuerdo en la ciudad de Nueva York, en la sede de las Naciones Unidas, bajo el auspicio de NU y la Iglesia Católica. En este acuerdo preliminar, el FMLN aseguró los derechos de los campesinos de ocupar permanentemente las tierras controladas por la guerrilla, y una Comisión Nacional de Consolidación de los Acuerdos de Paz (COPAZ), formada por ambas partes, fue organizada para supervisar el proceso de paz y la introducción formal del FMLN en el proceso político.

Los acuerdos de paz finales, conocidos como los Acuerdos de Chapultepec, fueron firmados el 16 de enero de 1992 en México. Un programa de dos años fue establecido para implementar la larga lista de reformas y cambios para el gobierno y el FMLN. El gobierno acordó reducir el número de sus fuerzas militares activas de 30,000 a la mitad, y de desmovilizar los 17,000 miembros de los batallones de reacción-inmediata. La notoria Guardia Nacional y la Policía de Hacienda, ambas implicadas en actividades de escuadrones de la muerte, serían desmovilizadas también. Los servicios de inteligencia fueron transferidos al control civil, el reclutamiento forzado para el ejército se terminó y los requisitos para entrar al servicio militar se hicieron más estrictos.

Lo más importante, los acuerdos de paz, pedían al gobierno la depuración de funcionarios y oficiales del órgano judicial, acusados de abuso de los derechos humanos y de corrupción, y de decretar enmiendas a la constitución que dirigieran la misión militar en la dirección de defender al país de amenazas externas en vez de internas. Fue creado el Consejo Nacional de la Judicatura (CNJ) para evaluar la capacidad de los jueces.

Las provisiones de la reforma agraria requerían la transferencia de la propiedad de 245 hectáreas, con preferencia dada a los ex-combatientes. Fue creada una nueva fuerza policial civil, la Policía Nacional Civil (PNC), para sustituir a la antigua y desacreditada Guardia Nacional. Una Oficina de Asesoría para la Defensa de los Derechos Humanos vigilaría la situación después que la Misión de Naciones Unidas para El Salvador (ONUSAL) abandonara el país. Se establecería una Comisión Nacional de la Verdad, para investigar los pasados abusos de dere-

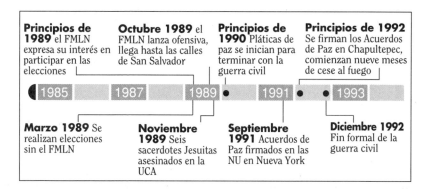

Principios de 1989 el FMLN expresa su interés en participar en las elecciones

Octubre 1989 el FMLN lanza ofensiva, llega hasta las calles de San Salvador

Principios de 1990 Pláticas de paz se inician para terminar con la guerra civil

Principios de 1992 Se firman los Acuerdos de Paz en Chapultepec, comienzan nueve meses de cese al fuego

1985   1987   1989   1991   1993

Marzo 1989 Se realizan elecciones sin el FMLN

Noviembre 1989 Seis sacerdotes Jesuitas asesinados en la UCA

Septiembre 1991 Acuerdos de Paz firmados en las NU en Nueva York

Diciembre 1992 Fin formal de la guerra civil

chos humanos por ambas partes, y para proponer una lista de acciones recomendadas, que el gobierno acordó adoptar. El FMLN, por su parte, acordó entregar sus armas en un proceso de desmilitarización de cinco etapas y renacer como un partido político.

■ **Cese al Fuego.** Un cese al fuego de nueve meses entre el gobierno y las fuerzas rebeldes, mandado por los acuerdos de paz, comenzó el 1º de febrero de 1992, bajo la supervisión de 1,000 elementos de la NU. Una muchedumbre de 30,000 simpatizantes de la guerrilla se reunieron en la Plaza Gerardo Barrios para celebrar el primer día sin lucha, mientras Radio Venceremos, la clandestina voz de guerra del FMLN, transmitía libremente desde el techo de la Catedral Metropolitana. Una bandera del FMLN de 40 pies fue colgada a la entrada de la Catedral. Mientras tanto, a dos cuadras de distancia, los simpatizantes del gobierno dieron la bienvenida a Cristiani, que regresaba de las pláticas de paz, y disfrutaron de fuegos artificiales y bailes hasta el amanecer.

El 15 de diciembre se llevó a cabo una ceremonia formal marcando el final de la guerra, a la cual asistieron Cristiani, los líderes del FMLN, el Secretario General de las NU y los jefes de estado de Centroamérica. Ese mismo día, el FMLN fue registrado como partido político oficial. Después de una década de derramamiento de sangre, la que eliminó el uno por ciento de la población, dejó incontables lisiados e indigentes y que mandó a casi el 15 por ciento de la población al extranjero, la guerra civil había terminado.

■ **Las Elecciones del Siglo**. Marzo de 1994 vio las primeras elecciones presidenciales, legislativas y municipales en El Salvador desde el fin del conflicto. Dos mil observadores de las elecciones presenciaron un gran despliegue de retórica de campaña. ARENA previno a los terratenientes de que el FMLN quería nacionalizar todas sus tenencias y dijeron que un El Salvador administrado por la izquierda terminaría con tarjetas de racionamiento de alimentos como en Cuba. El FMLN señaló como ellos habían arriesgado sus vidas por el bienestar del país durante la guerra, mientras que ARENA parecía haber descubierto a los votantes sólo a la hora de las elecciones. Rubén Zamora, de la coalición centro-izquierda, representaba al FMLN y otros grupos de izquierda, contra Armando Calderón Sol, un abogado conservador, co-fundador de ARENA y dos veces alcalde de San Salvador.

La poca concurrencia empañó las elecciones y el Tribunal Supremo Electoral fue acusado de hacer la votación difícil para los votantes rurales. Los campesinos

April 1994 el candidato de ARENA Armando Calderón Sol gana la segunda vuelta de-desempate en contra de Rubén Zamora, candidato del FMLN

Diciembre 1994 Las luchas del FMLN conducen a la desintegración de la unidad política de izquierda

1994   1995

Marzo 1994 ARENA domina las elecciones para la Asamblea Legislativa, el FMLN tiene el segundo lugar

Julio1994 La Asamblea Legislativa elige una nueva Corte Suprema

Noviembre 1994 Muere el Arzobispo Rivera y Damas

tenían que votar en las cabeceras departamentales en vez de las municipalidades cercanas a sus hogares. El registro de votantes era particularmente difícil ya que muchos registros rurales habían sido destruidos durante la guerra. Más de 70,000 personas no pudieron votar porque no se encontraron sus certificados de nacimiento.

Viendo el Futuro

El resultado de la primera ronda de votación fue tan reñido entre ARENA y el FMLN, que fue necesaria una segunda vuelta de desempate. Al final, la desconfianza general hacia el nuevo partido político del FMLN, y el continuo espectro del comunismo, convencieron al electorado a votar por ARENA, a pesar de sus nexos con los escuadrones de la muerte. Cuando se terminó la segunda ronda de votación Calderón Sol quedó con el 68 por ciento de la votación y se convirtió en el nuevo presidente de El Salvador. ARENA ganó 39 puestos en la Asamblea Legislativa, los grupos simpatizantes del FMLN ganaron 21 puestos, el PDC ganó 18 y otros grupos ganaron los puestos restantes. Los observadores de las NU declararon que las elecciones habían sido libres de fraude, pero otros grupos dijeron lo contrario.

En julio de 1994, la Asamblea eligió una nueva Corte Suprema y ningún miembro de la anterior fue reelegido, cumpliendo las recomendaciones de la Comisión de la Verdad patrocinada por las NU. A finales de septiembre, ex-soldados tomaron por asalto la Asamblea Legislativa, demandando indemnización para 30,000 de sus compañeros fuera de servicio como resultado del proceso de paz.

A medida que avanzaba 1994, las diferencias internas pronto amenazaron con dividir los grupos que formaban el partido político del FMLN. Para finales de 1994, la izquierda política estaba en completa desorganización ya que los elementos extremistas rompieron con el anterior líder rebelde Joaquín Villalobos, quien trató de tomar una línea política moderada. Los simpatizantes de todos lados animaron a Villalobos a disolver el FMLN de una vez y para siempre. Villalobos, mientras tanto, tenía otras preocupaciones, ya que fue enviado a la cárcel con cargos de difamación en contra de un prominente hombre de negocios. Más tarde la Corte Suprema de Justicia lo absolvió de los cargos y ordenó su liberación.

En noviembre, uno de los más fuertes simpatizantes del Arzobispo Romero, el Arzobispo Arturo Rivera y Damas, murió de muerte natural. Rivera y Damas siguió los pasos de Romero dando homilías regulares que denunciaban abusos contra los derechos humanos y jugó un papel importante en lograr que el gobierno y los rebeldes firmaran los acuerdos de paz en 1992. El Presidente Calderón Sol asistió a la velación del Arzobispo, pero dijo que él no estaba de acuerdo en nada por lo que Rivera y Damas luchara.

Los "desaparecimientos" en El Salvador habían terminado para fines de 1994. Los asesinatos políticos estaban también declinando, aunque varias figuras públicas, incluyendo líderes de izquierda fueron asesinados en circunstancias sospechosas el año anterior. Las NU anunciaron que las fuerzas de seguridad del país continuaban cometiendo abusos contra los derechos humanos, pero que su esfuerzo en controlarlos había mejorado. Todo esto distrajo la atención pública hacia el Presidente Calderón Sol, quien de todos modos tuvo un deslucido comienzo en la lucha contra la corrupción y el crimen.

Geografía

El Salvador es el país más pequeño de Centroamérica, siendo apenas del tamaño de Massachussetts. Mide 260 kilómetros de Este a Oeste, 100 kilómetros de Norte a Sur y tiene 320 kilómetros de línea costera sobre el Pacífico. Es concebible atravesarlo completamente en coche en un día, aunque las carreteras digan lo contrario. El tamaño y la forma de El Salvador le han ganado el cariñoso apodo de *El Pulgarcito* de Centroamérica.

El Salvador está dividido en tres regiones geográficas de Este a Oeste. La Sierra Madre ocupa las **tierras altas internas**, fronterizas con Honduras y Guatemala. Las viejas y bajas montañas están escasamente pobladas. La **región central** consiste en valles altos separados por montañas y volcanes. La mayoría de las ciudades principales de San Salvador y sus mejores haciendas, incluyendo muchas plantaciones de café sobre la parte baja de las faldas de los volcanes, están situadas aquí. La **planicie costera** es estrecha pero fértil, con unas cuantas ciudades portuarias, haciendas y numerosas playas. La cordillera montañosa costera la rodea hacia el Norte.

■ **Terremotos y Volcanes.** La geografía hiperactiva de El Salvador es el resultado directo de ser parte del **Cinturón de Fuego**, un anillo de volcanes y zonas de fallas que rodea el Océano Pacífico. De acuerdo con los registros históricos, ha habido por lo menos 50 terremotos destructivos en Centroamérica desde 1502, causados por movimientos de las capas terrestres, y erupciones volcánicas. Los terremotos son muy frecuentes en las tierras altas del centro, donde desafortunadamente se encuentran ubicadas la mayoría de las ciudades principales. Hay 14 grandes volcanes en el país, aunque muchos están extintos. Los más grandes son los volcanes de Santa Ana (2,365 m), San Vicente (2,181 m) y San Miguel (2,129 m). Erupciones periódicas durante siglos han cubierto el país de cenizas y usualmente coinciden con terremotos.

Volcanes Más Altos de El Salvador

Metros

2,300
2,200
2,100
2,000
1,900
1,800
1,700

Izalco | San Salvador | Cerro Verde | San Miguel | San Vicente | Santa Ana

Cerca del 90 por ciento de El Salvador ha sido bendecido con tierra volcánica increíblemente fértil. El Río Lempa, el único río grande del país, fue formado por erupciones volcánicas y ha creado una planicie aluvial de 24 kilómetros de ancho en el Sur-Este de El Salvador. El paisaje está salpicado por unos cuantos lagos, incluyendo el Lago de Ilopango, al Este de San Salvador. El radiante Lago de Coatepeque descansa junto al Cerro Verde y los volcanes de Izalco y Santa Ana al Oeste de San Salvador. Hay géiseres por todo el país, que le proporcionan parte de la electricidad. ■ **Divisiones Políticas.** El Salvador está dividido en 14 departamentos, cada uno con su propia capital. Las capitales de los departamentos usualmente son las ciudades más grandes de cada uno, y con frecuencia comparten el nombre. **San Salvador**, la capital de la nación, está ubicada en el centro del país, en el departamento del mismo nombre.

Zonas Climatológicas en El Salvdor

	Temp. Promedio (°C/°F)
Metros 1,800 — Ciudad Barrios y mayoría de los volcanes	(10-16/ 50-60)
1,200 — San Salvador, Santa Ana y San Vicente	(12-19/ 53-66)
600 — Usulután, San Miguel y La Unión	(22-28/ 72-82)
0	

El resto del país (así como este libro), esta dividido en tres regiones principales. La **región occidental,** contiene los departamentos de Ahuachapán, Santa Ana y Sonsonate La **región central,** contiene los departamentos de La Libertad, San Salvador, Chalatenango, Cabañas, Cuscatlán, La Paz y San Vicente. La **región oriental,** los departamentos de Usulután, San Miguel, Morazán y La Unión.

Clima

El Salvador está situado en el trópico, donde el clima permanece más o menos constante a través del año, pero la lluvia cambia bastante con las estaciones. De hecho, la temperatura cambia más de día a noche de lo que cambia de estación en estación. El Salvador se extiende por tres diferentes zonas climáticas (vea la tabla de arriba).

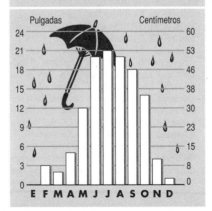

Promedio de Lluvia Mensual

Pulgadas — Centímetros

E F M A M J J A S O N D

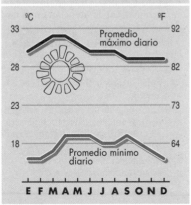

Temperaturas Altas y Bajas

°C — °F

Promedio máximo diario

Promedio mínimo diario

E F M A M J J A S O N D

La **estación lluviosa**, conocida como *invierno*, va de mediados de mayo hasta mediados de octubre. La lluvia cae a cántaros, predeciblemente a horas avanzadas de la tarde, saturando unas zonas más que otras. La lluvia hace brotar lo mejor del follaje del país (los verdes son especialmente verdes) pero muchas calles vecinales se vuelven intransitables. La **estación seca**, o verano, comienza a mediados de noviembre y continúa hasta mediados de abril. El país se cubre de flores, pero el clima es siempre cálido. Los pequeños períodos entre el verano y el invierno son estaciones de transición parecidos a la primavera y el otoño de zonas más lejanas del ecuador.

Medio Ambiente

La increíble belleza natural de El Salvador está siendo amenazada por la contaminación, desforestación y los efectos devastantes de la guerra civil. En vista de esos problemas, es de esperarse que la tranquilidad política permitirá al país enfocar un poco de atención en el medio ambiente y salvar los pocos recursos que le quedan.

■ **Lo poco que queda.** El medio ambiente de El Salvador ha estado bajo ataque desde que los europeos pusieron sus pies en el país. Las NU calculan que El Salvador ha perdido un astronómico 95 por ciento de sus bosques naturales, la segunda tasa de desforestación más alta del mundo. Los bosques vírgenes del país, han sido tan profundamente reducidos, que el cinco por ciento restante ya no alcanza a cubrir la demanda doméstica, por eso, la madera para la construcción es importada de Honduras. Muchos animales que una vez proliferaban en los bosques, especialmente felinos y monos, ya están extintos. La erosión reduce el 20 por ciento de la superficie de tierra del país cada año, y ha dejado yermas las tres cuartas partes de la tierra.

El acceso limitado al agua dulce es también un problema. Durante los 1980, el manto acuífero en El Salvador ha disminuido más de un metro por año. Para satisfacer la demanda, el agua ha sido desviada desde un río a 130 kilómetros de distancia. Eventualmente, esta fuente se contaminó.

■ **Salud Pública.** Ocasionalmente se han utilizado desastres de salubridad pública, para enfocar la atención en el medio ambiente de El Salvador. Cada año, pesticidas prohibidos en los Ee.Uu., y en uso en El Salvador, matan a miles de personas. Bancos de peces muertos aparecen en la playa al finalizar el cultivo del algodón, cuando la lluvia ha llevado los pesticidas hacia el mar. Durante la guerra, los bombardeos en las selvas produjeron fuegos forestales incontrolables que dejaron la tierra desnuda, contribuyendo a la erosión.

En noviembre de 1990, explosiones de ácido sulfúrico en Soyapango, cerca de San Salvador, quemaron tanto los techos de zinc como los hogares de esa

Estadísticas Ambientales

■ Las tierras agrícolas salvadoreñas es la mitad de productiva que era hace 30 años.

■ Cinco tipos de peces de agua dulce, tres tipos de anfibios, 21 reptiles, 68 aves y 18 mamíferos se han extinguido en El Salvador.

■ Noventa por ciento de los ríos del país están contaminados.

zona. El gobierno no dijo nada, pero los reporteros descubrieron que desperdicios tóxicos eran "almacenados" en barriles de acero diseminados alrededor de unas instalaciones cercanas. El gobierno respondió repartiendo antihistamínicos.

Compañías extranjeras han contribuido a la debacle al considerar a El Salvador y otros países de Centroamérica, como instalaciones de almacenaje de desperdicios, que de otra manera necesitarían tratamiento especial en los Ee.Uu. Una compañía con sede en Texas trató de embarcar cenizas tóxicas a La Unión, alegando que el material no era dañino y serviría de buenos cimientos para las casas. Esta "ayuda" a la gente de La Unión hubiera traído suficiente metal pesado para que cualquiera que viviera sobre él se enfermara de muerte.

Finalmente, la falta de reglamentos ambientales y la incapacidad de hacer valer las leyes, contribuyen a las pérdidas. Hay ríos contaminados con pesticidas que fueron usados en exceso o ilegalmente. Los bosques, destruidos para obtener leña porque las altas tarifas sobre el petróleo, han imposibilitado su importación por muchos años. Además, los pocos recursos que quedan se están agotando por el rápido crecimiento de la población.

▪ **Esperanza.** A pesar de todo, aún hay esperanzas para el sufrido medio ambiente de El Salvador. La Laguna de El Jocotal, en el Departamento de San Miguel, está siendo vigilada como parte de un proyecto de restauración de la vida silvestre. El área alrededor de El Trifinio, en la unión de El Salvador, Honduras y Guatemala, será desarrollada con dinero del Banco Interamericano de Desarrollo, aunque se teme que el Bosque de Montecristo sea dañado en el proceso. Y lo que quizás es más importante en un país desgarrado por la lucha política; los políticos tanto de izquierda como de derecha, están de acuerdo en que el medio ambiente ya no puede esperar.

Gente

El Salvador es un pequeño y populoso país. La mayoría habla español, y poco de la cultura indígena original ha sobrevivido. La pequeña clase alta de El Salvador es mayormente de ascendencia europea, mientras que la mayoría de los campesinos son mestizos o descendientes de indígenas.

De los cinco millones de salvadoreños aproximadamente la mitad vive en o alrededor de las ciudades, las que están sobrepobladas y creciendo rápidamente. La increíble densidad de población, 250 personas por kilómetro cuadrado, es agravada por la tasa de 2.2 por ciento de crecimiento demográfico anual. Como resultado, casi la mitad de la población es menor de 15 años. Al ritmo actual de crecimiento, la población de El Salvador será el doble para el año 2025. El índice de vida es de 65 años y la mortalidad infantil es de 49 por 1,000 (1990).

▪ **Grupos Culturales.** El Salvador se puede dividir en tres grupos étnicos, los que tienden también a corresponder a clases sociales. Los salvadoreños de pura ascendencia europea son sólo el uno por ciento de la población, sin embargo, forman la mayoría de la clase alta del país. Los mestizos, que son el 89 por ciento de la población, son de descendencia mixta, europea e indígena, y forman parte de todas las clases sociales. Los indígenas forman sólo el diez por ciento de la población, son usualmente pobres y se encuentran en limitadas zonas del Sur-Oeste y Sur-Este.

ANTECEDENTES

■ **Habitantes Indígenas.** La población indígena de El Salvador, es en su mayoría, descendiente de la tribu Pipil. Desde que los españoles llegaron, con frecuencia han sido reprimidos por hacerse oír en los ámbitos de la política, y por resistirse a la apropiación de sus tierras (lo que con frecuencia significaba ser izquierdista). Su aislamiento aumentó a medida que el país fue adoptando el idioma y las costumbres de los españoles. En la actualidad, la población indígena que queda en El Salvador lucha para proteger sus comunidades de la extinción cultural.

Los salvadoreños nativos (significando los de ascendencia indígena) son difíciles de ver por las calles, en parte debido a que en La Matanza de 1932, asesinaron a muchos de ellos. Después de la masacre, los indígenas aprendieron a vestirse con ropas europeas, se cortaron el cabello y en público, hablaron en español. Muchos temen que al reafirmar su tradición cultural, estarían invitando otras medidas enérgicas. En los años recientes, ha habido un limitado renacimiento de la cultura indígen debido en parte a la venta de artesanías, pero el gobierno no los ayuda.

■ **La Mujer.** La mayoría de las mujeres en El Salvador llevan una vida difícil, que no ha cambiado por siglos a pesar de la guerra, el hambre y el levantamiento político. Las mujeres salvadoreñas tienen gran dificultad en encontrar empleo, luchando contra tradiciones abusivas que son legalmente sancionadas. Además, como muchas dan a luz tan jóvenes, están demasiado ocupadas en la crianza de sus familias para luchar por un cambio. Recientemente esa situación ha comenzado a mejorar lentamente.

Las mujeres luchan por encontrar trabajo por todo el país. Hay 20 por ciento más de desempleo entre las mujeres que los hombres, por ello muchas salvadoreñas recurren a la venta frutas y pupusas en las calles., El ser consideradas ciudadanas de segunda clase, así como el ser víctimas de violencia marital, aunque evidente en todo el mundo, es un problema especialmente en Latinoamérica. Hay una cláusula en el código civil de El Salvador, que requiere que el hombre proteja a su esposa y que la esposa obedezca al marido. También hay un historial de abuso sexual en el campo, donde mujeres jóvenes y sin educación trabajan para terratenientes que controlan sus pagos y sus vidas. Una encuesta realizada en 1971 indicó que un tercio de todas las niñas campesinas salvadoreñas de 14 años habían estado embarazadas por lo menos una vez.

La guerra también marcó la vida de muchas mujeres. Por la muerte de esposos y padres muchas mujeres y niñas se vieron encabezando familias, las cuales frecuentemente incluían varios menores. Sin un segundo ingreso, ellas luchan para encontrar trabajo y mantener a los miembros de sus familias. A pesar de eso, la década pasada trajo esperanza a las mujeres salvadoreñas. El verlas luchar lado a lado con ellos en las guerrillas, dio a los hombres un nuevo respeto por sus compañeras. La clase alta, con muchos salvadoreños educados en el extranjero, ahora incluyen más a mujeres profesionales que antes. Cerca del 30 por ciento de los médicos y abogados, y más todavía de dentistas y profesores de secundaria, son mujeres.

La píldora se está convirtiendo en el anticonceptivo más frecuentemente usado en el país, aunque las salas ginecológicas de la nación están llenas de un número alarmante de mujeres lesionadas debido a abortos mal atendidos. Los hospitales públicos en El Salvador, influidos por la Iglesia, todavía se rehúsan a realizar abortos.

PARA INVOLUCRARSE

Todavía en Marcha

Más de uno de cada cuatro salvadoreños, alrededor de 1,300,000, abandonaron sus hogares y pueblos durante la guerra civil, y medio millón mas o menos, que continuan en el país, nunca han regresado a su lugar de origen. Del resto, cerca de 1,000,000 están en los Estados Unidos y más de 250,000 emigraron a México. En la época de la guerra se produjeron asentamientos dirigidos por la Iglesia, pero estos sólo fueron una cura temporal. Si usted quiere involucrarse, póngase en contacto con:

Creative Associates (USAID)
Blvd El Hipódromo
Pje 1 #124
Col San Benito
San Salvador
Tel 298-1540, 224-6347

Comité Cristiano para Desplazados
23 C Pte #1520
San Salvador
Tel 226-3717, 225-5853

Fundación para Desplazados
Universidad Centro Americana
Autopista Sur
San Salvador
Tel 224-0011, ext 133

Fundación Habitat
C Pacaraina #20
Col Miramonte
San Salvador
Tel 226-0816

Comité Internacional de Rescate
41 Av Sur and 12 C Pte #2137
San Salvador
Tel 271-0924

Alto Comisionado de las NU para Desplazados
73 Ave Sur #232
Col Escalón
San Savlador
Tel 298-1809, 298-1810

Finalmente, el sistema legal muestra señales de que el derecho de la mujer debe ser mejor resguardado. El código de trabajo del país protege a las mujeres embarazadas evitándoles desempeñar trabajos peligrosos, aunque esto ocasionalmente es usado como base para la discriminación. La constitución de 1983 incluye una cláusula garantizando igualdad para hombres y mujeres ante la ley. Sin embargo, en la práctica estas leyes raramente se cumplen.

ANTECEDENTES

Religión

La Iglesia Católica siempre ha sido extremadamente poderosa en Latinoamérica, y El Salvador, con más de 80 por ciento de la población católica, no es una excepción. En décadas recientes, la Teología de la Liberación ha influido a la Iglesia y ha sido la base de su lucha con el gobierno y el ejército.

La Teología de la Liberación, adoptada por Roma a mediados de los 1960 es, esencialmente, un intento de la Iglesia de hacer el catolicismo accesible a los más pobres y a las clases trabajadoras, haciéndolos conscientes políticamente, instruyéndolos a mejorar su vida presente en vez de esperar un paraíso futuro. A principios de los 1960, la Iglesia organizó congregaciones por todo el país, reuniendo gente para practicar sus cultos y para tomar acción política. A medida que esas coongregaciones se volvieron más y más revolucionarias, amenazando a los terratenientes y a la oligarquía, sus miembros con frecuencia eran reprimidos, encarcelados y asesinados.

■ **La Iglesia Contra el Ejército.** El ejército comenzó su campaña en contra de la Iglesia en los 1970, justo cuando la Teología de la Liberación comenzaba a difundirse. Los sacerdotes Jesuitas fueron el blanco desde el principio, pero la frecuencia de los actos terroristas aumentó cuando Oscar Romero se convirtió en arzobispo y comenzó a predicar seriamente ese nuevo evangelio. Para fines de los 1970, cuando el ejército hacía incursiones en los pueblos en busca de comunistas, los soldados frecuentemente atacaban a los campesinos que pertenecían a la Iglesia.

La campaña continuó hasta el final de la guerra civil. Cuando el FMLN atacó la capital en noviembre de 1989, el ejército rodeó cientos de líderes de la Iglesia y los culpó de haber protegido a los guerrilleros. Las relaciones entre la Iglesia y el ejército se deterioraron rápidamente, hasta que seis sacerdotes Jesuitas fueron asesinados posteriormente en la Universidad Centroamericana. La investigación siguiente condujo a la histórica decisión de juzgar a oficiales militares. En total, unos 600 sacerdotes o simpatizantes de la Iglesia fueron asesinados durante la guerra.

Actualmente la Iglesia opera varios programas sociales, pero la mayoría son menos orientados hacia la política de lo que antes fueron. Una rama de la Iglesia distribuye ayuda internacional, y otra dirige un orfanato. La oficina de ayuda legal de la Iglesia investiga abusos a los derechos humanos en el país, a pesar de las frecuentes amenazas por parte del ejército. El último Arzobispo, Arturo Rivera y Damas, un líder menos carismático que su apasionado predecesor, movió la Iglesia hacia el centro político y se retiró el patrocinio de la Teoría de Liberación.

Festividades

Las muchas festividades de El Salvador son eventos religiosos y culturales que reúnen a las comunidades, dándoles una ocasión común para preservar y participar en tradiciones religiosas, comer y bailar en las calles.

De todas las danzas festivas en El Salvador usted probablemente verá el Baile de Los Historiantes. La historia contada por medio de la danza mezcla temas de la vida religiosa pre-colombina con escenas de España bajo el dominio moro. En cierto momento Dios interviene para ayudar a los cristianos a derrotar a los moros.

> **"La posición de la Iglesia en relación con el conflicto es clara: la Iglesia está del lado de los que sufren y en contra del prejuicio."**
>
> — Arzobispo Rivera y Damas, en contestación a una acusación de que sus homilías dividen a la gente de El Salvador

VOCES DE LA GUERRA

Los festivales más importantes son las Fiestas Patronales, dedicadas al santo patrón de cada pueblo.

Los festividades se originaron a la llegada de los españoles y la imposición del catolicismo a las tribus nativas. Ahora, muchos pueblos tienen tanto nombre católico como indígena, tal como Concepción Quezaltepeque. La mayoría, pero no todos, celebran las festividades durante la estación seca (noviembre a abril). Fuera de las ciudades principales, pocas personas trabajan durante la época de festividades.

Las festividades son emocionantes. Las preparaciones comienzan unos 15 días antes para dar tiempo de preparar alimentos y bebidas, incluyendo la chicha, que se tiene que fermentar. Los comerciantes venden las especialidades alimenticias locales, incluyendo tamales, pan de torta (un pan dulce similar al *pound-cake*), sopa de gallina y variedad de dulces. Las orquestas tocan música tradicional y las imágenes religiosas se llevan en procesión por las calles. Durante la mayoría de esas festividades se corona como "reina" a una joven que presidirá las celebraciones.

■ **Asuetos Importantes.** Largas celebraciones de **Navidad** por todo el país incluyen tres actividades tradicionales. Primero, los niños se disfrazan y cantan en la iglesia y en varias casas. Después, la imagen de la Virgen María es llevada de casa en casa, pidiendo donaciones para la Iglesia. Finalmente una misa conocida como Misa del Gallo se celebra a la media noche de la víspera de Navidad. San Salvador celebra una de las mayores festividades del país, llamada **Fiestas Agostinas**, desde la última semana de julio hasta la primera semana de agosto. Jueves y viernes, durante la semana antes del Domingo de Resurrección, o **Semana Santa**, también son épocas de celebración popular. En algunas ciudades con festivales especialmente largos, los salvadoreños participan en la Procesión de las Cruces al caminar por el pueblo para visitar maquetas de las "14 Estaciones del Vía Crucis", siguiendo a Jesús en la ruta hacia la Crucifixión. Tanto Izalco como Texistepeque tienen celebraciones famosas de Semana Santa.

Educación

El sistema educativo de El Salvador, y especialmente las escuelas públicas, nunca han sido muy efectivas. Las escuelas rurales han sido escasas, y por consecuencia mucha de la población rural es analfabeta. La guerra civil sólo empeoró las cosas, ya que muchas escuelas se cerraron por una década mientras los gastos del gobierno eran dirigidos hacia las fuerzas armadas.

Las universidades en el país han sufrido otros problemas no financieros. Grupos clandestinos, especialmente el FMLN, siempre han usado los sistemas universitarios del país como trampolín ideológico. El ejército, mientras tanto, ha sido excesivamente sensitivo a las críticas hechas por profesores y estudiantes, y ocasionalmente ha atacado la ciudad universitaria.

Los estudiantes siempre han estado a la vanguardia de los cambios políticos en El Salvador. En 1944, los estudiantes ayudaron a derrocar la dictadura de Martínez al organizar una huelga general. En 1989, el FMLN usó la Universidad Nacional como base para lanzar incursiones a la capital. El ejército respondió bombardeando e invadiéndola.

■ **Problemas con los Militares**. El ejército, por su parte, siempre ha reaccionado mal a las críticas de los círculos intelectuales, y tradicionalmente ha relacionado las universidades con la ideología liberal a la que tanto se oponen. La paranoia es justificada en parte en la Universidad Nacional, donde las facilidades de ingreso permiten la inscripción a estudiantes de bajo nivel intelectual, incluyendo muchos de las familias más pobres. La universidad, percibida más como un centro político que una institución de investigación, gradúa pocos estudiantes pero está llena de grupos izquierdistas.

El ejército ha infiltrado o atacado la ciudad universitaria dos veces desde que comenzó la guerra civil. En 1980, tropas del ejército invadieron la Universidad Nacional y mataron a 22 estudiantes. Durante esa misma década, los soldados estuvieron estacionados ahí varias veces.

La Universidad Centroamericana (UCA) dirigida por los Jesuitas, más importante que la Universidad Nacional, no fue inmune a los ataques, como lo demostró el asesinato de seis sacerdotes Jesuitas en 1989. Ese mismo año, la imprenta de la UCA fue dinamitada por los militares después que los periódicos escolásticos incluyeron artículos que se interpretaron como simpatizantes con el FMLN.

La educación pública supuestamente es gratis, pero no lo es, ya que muchos padres no pueden pagar los materiales educativos que sus hijos necesitan para asistir a la escuela. Solo 15 por ciento de los salvadoreños llegan a la escuela secundaria, incluyendo 6 por ciento de los estudiantes rurales contra el 62 por ciento de los urbanos. Solo 30 por ciento de las escuelas rurales del país ofre-

Estadísticas Educativas

■ De acuerdo a los cálculos de la UNESCO, los alfabetas entre los salvadoreños mayores de 15 años eran el 73 por ciento.

■ Fueron inscritos cerca del 70 por ciento de los niños de El Salvador en edad escolar primaria.

■ Sólo se inscribieron el 15 por ciento de los niños en edad de escuela secundaria.

(1990)

cen clases hasta el quinto grado. Este sistema ha producido un populacho subeducado: casi la mitad de la fuerza laboral no ha pasado de tercer grado y tres de cada cinco personas en las áreas rurales son analfabetas.

Durante la guerra civil, el sistema educativo sufrió pérdidas irremisibles. Cerca de 2,000 escuelas fueron cerradas durante los dos primeros años de la guerra, dejando más de 100,000 niños sin escuela. Los gastos per-capita en educación decayeron 66 por ciento de 1978 a 1987, a medida que el gobierno cambiaba los recursos hacia la lucha contra el FMLN. Los líderes de los sindicatos de maestros han sido el blanco, y por décadas fueron asesinados por los grupos simpatizantes con los intereses del ejército y otras causas conservadoras. Los acuerdos de paz sólo pueden beneficiar el sistema educativo del país. Los grupos de estudiantes, siguiendo la dirección del FMLN, han aceptado tales acuerdos. El ejército ahora tiene menos enemigos en las universidades del país. Desafortunadamente, el dinero que antes se reservaba para el sistema escolar, no se usará pronto para ese mismo propósito, ya que tantas otras cosas necesitan ser también reconstruidas.

Política y Gobierno

■ **Estructura**. El gobierno salvadoreño tiene una legislatura unicameral elegida cada tres años, con miembros sujetos a reelección. El presidente sirve por un término de cinco años y no puede ser reelegido. La Corte Suprema es el tercer órgano del gobierno. Las municipalidades son gobernadas por alcaldes elegidos por voto popular.

■ **Antecedentes**. El poder político en El Salvador deriva de varias fuentes. La minoría rica tradicionalmente ha apoyado la política derechista y a los militares para socavar los esfuerzos de reforma política. Los militares y el gobierno de los Ee.Uu., por medio de su embajada en El Salvador, tienen planes propios, y han sido capaces de ejercer control por medio de fuerza y dinero, respectivamente. Aunque el país siempre ha tenido una enorme clase baja, ésta nunca se ha podido organizar efectivamente y ha sido reprimida por décadas.

El gobierno salvadoreño ha sido tradicionalmente de derecha y fanáticamente anti-socialista. Desde que el café se convirtió en la cosecha principal y unas cuantas familias ganaron el control de la mayoría de las plantaciones en el país, el dinero del café fue canalizado a las causas políticas de derecha para buscar favores de los militares, y para desalentar el surgimiento de partidos de izquierda que abogaban por la reforma agraria.

La izquierda de El Salvador, respaldada por los campesinos, ha tenido pocas oportunidades de ganar poder político. Cuando las oportunidades aparecieron, como con las victorias de Duarte en 1972 y 1984, se perdieron dado a que los militares intervinieron o que la derecha impidió llegar a un acuerdo a través de su apoyo a los escuadrones de la muerte.

Además de los políticos de derecha y los militares, el gobierno de Ee.Uu. por medio de su embajada, ha sido otro jugador principal en la política salvadoreña. Durante toda la guerra civil, los Ee.Uu. suministraron armas a los que de otra manera resultaban anticuados ejércitos y mantuvieron el gobierno a flote con préstamos regulares que eventualmente fueron condonados. El ejército necesitaba armas y aviones para la lucha, especialmente ya que los soldados eran reacios a pelear fuera del horario de nueve a cinco y de lunes a viernes. El gobierno, mientras tanto, había dirigido la mayoría de su presupuesto hacia lo militar y necesitaba el efectivo sólo para mantenerse a flote.

■ **Cambios Recientes.** Los últimos veinte años fueron testigos de tremendos cambios en la política salvadoreña. El surgimiento de los Demócratas Cristianos a mediados de los 60, fue una victoria parcial para la izquierda, ya que Duarte y su camarilla eran moderados y representaban a las clases media y baja del país. El surgimiento y subsecuente legalización del FMLN, representó un paso más en la democratización de la política salvadoreña.

Los acuerdos de paz han comenzado a abrir el proceso político; a moderar fuerzas, y han reducido la influencia de los militares, de la embajada de los Ee.Uu. y de los más estridentes políticos de derecha. Los líderes de izquierda pueden ahora confrontar al gobierno con más facilidad y seguridad, aunque los escuadrones de muerte son, de vez en cuando, acusados de nuevos asesinatos políticos. La embajada de los Ee.Uu., con mucho menos ayuda que distribuir, lleva una batuta menor, y los militares, desprovistos de sus generales más notorios por los acuerdos de paz, y sin tener que confrontar la amenaza interna, ha dado señales de apoyo al proceso político.

Preguntas y Respuestas Políticas

■ **P:** ¿Cómo pudo ARENA permanecer en el poder después de estar relacionada con los escuadrones de la muerte y el ejército durante la guerra civil?

■ **R:** La guerrilla sobreestimó la simpatía de la mayoría de los salvadoreños. Cuando el FMLN declaró, "O todos comemos, o nadie come" y procedió a sabotear la infraestructura del país, los campesinos fueron los primeros en sentir las dificultades. Cuando las plantaciones de café fueron bombardeadas y los campesinos se quedaron sin empleo, su vida, de por sí difícil, se volvió insufrible.

Segundo, aunque algunos simpatizantes de ARENA estuvieron involucrados en los ataques de los escuadrones de la muerte, los blancos eran elegidos arbitrariamente y afectaban sólo a ciertas familias. Otras familias, heridas por el sabotaje de la guerrilla cerca de sus pueblos, estuvieron felices de ver el ejército limpiar el área a cualquier precio.

Tercero, ARENA tenía dinero y un líder carismático. Los propietarios de las fincas de café del país iban a perder todo si la guerrilla llegaba a ganar las elecciones, así es que dieron dinero a montones para la causa derechista. D'Aubuisson era una figura popular, a pesar de su reputación, y muchos salvadoreños no asociaban su oscuro pasado con el partido que representaba.

La reciente victoria de ARENA pudo ser adjudicada a la combinación de la experiencia política del partido gobernante, ventaja financiera y una persistente desconfianza hacia el recientemente legalizado FMLN. Esa desconfianza se debió principalmente a la astuta retórica de campaña de ARENA, la cual presentaba al voto como una elección entre un fuerte, aunque desacreditado gigante político y una chusma de ex-terroristas comunistas.

■ **P:** ¿Por qué no tuvo éxito el FMLN en derrocar al gobierno?

■ **R:** La razón principal por la cual la guerrilla no logró su objetivo de paralizar al gobierno, fue el poder aéreo suministrado por los Ee.Uu. Para que la guerrilla pudiera instigar un levantamiento popular general, tenían que presentarse como una alternativa razonable al gobierno que estaba en el poder, lo cual definitivamente no podían hacer. Como resultado, el apoyo de las masas, bajó del nivel necesario para destituir al gobierno.

En las primeras etapas de la guerra, el FMLN podía presentarse a sí mismo como una alternativa política viable, al tomar control de pueblos por días y aún semanas, mientras el ejército del gobierno luchaba para idear cómo contra-atacar dentro del horario de nueve a cinco. Pero todo cambió cuando los Ee.Uu. entraron en escena, proporcionándole al ejército aviones y dándole la posibilidad a la fuerza aérea de bombardear grandes objetivos tales como los centros de control rebeldes.

PARA INVOLUCRARSE

Organizaciones de los Derechos Humanos

Muchas organizaciones de derechos humanos instalaron oficinas en El Salvador durante la guerra y falta mucho para que terminen su trabajo. Si a usted le interesa ayudar, póngase en contacto con:

Tutela Legal del Arzobispado
(Oficina de la Iglesia que trata los asuntos de derechos humanos)
1a. C. Pte
Seminario San José de la Montaña
San Salvador
Tel 226-2085, 224-4427, 224-0492

Oficina de Derechos Humanos de la Universidad Centroamericana
Universidad Centroamericana
Autopista Sur
San Salvador
Tel 224-0011

Comité de Madres y Parientes de Prisioneros, Desaparecidos y Asesinados
C Gabriela Mistral
Casa 617
Col Centroamérica
San Salvador

Comisión Gubernamental de Derechos Humanos
Paseo General Escalón
87a Av Sur
Bloque 2 #226
San Salvador
Tel 223-7443

Amnistía Internacional USA
322 8th Av
New York City, NY 10001
Tel 212/807-8400
Fax 212/627-1451

De ahí en adelante, la guerrilla no pudo ya operar en grandes grupos, puesto que éstos eran fácilmente visibles desde el aire y bombardeados por los jets del gobierno; y donde una vez tomaban pueblos enteros, lo único que le quedó al FMLN fue poner minas y correr. A partir de ese momento, los asaltos a gran escala y enfrentamientos con el ejército resultaban imposibles. Fundamentalmente, la guerrilla se redujo a grupos vagabundos de terroristas; y para muchos, las acciones del FMLN comenzaron a ser tan inaceptables como las atrocidades cometidas por el ejército y los escuadrones de la muerte. A medida que la mayoría de salvadoreños pobres sintieron los efectos de los continuos ataques del FMLN para interferir con las cosas de las cuales dependía su vida diaria, tales como autobuses, puentes y caminos, el apoyo popular al movimiento de guerrilla se desvaneció.

Partidos Políticos

■ **Partido de Conciliación Nacional (PCN).** Un partido de derecha creado por los militares. El Coronel Arturo Molina, candidato a presidente en 1972 por el PCN, fue oponente de Duarte de la Democracia Cristiana. Duarte perdió por fraude y fue enviado al exilio. Al final, la oposición a los militares se fortaleció a medida que los oponentes se convencieron de que una insurrección armada era la única forma de lograr el cambio político. El PCN gradualmente fue sustituido por ARENA.

■ **Alianza Republicana Nacionalista (ARENA).** Fundado en 1981 por el comandante del ejército Roberto d'Aubuisson y por Armando Calderón Sol, ARENA unió a los políticos de la derecha y al ejército, ganando popularidad cuando el Presidente Duarte fue incapaz de llevar la guerra a su fin o revertir el descenso económico del país. En 1988, ARENA ganó control de la Asamblea Legislativa, y un año después Cristiani, un protegido de d'Aubuisson, se convirtió en presidente. El partido ha sido tradicionalmente nacionalista y anti-comunista, y está compuesto de muchas facciones, incluyendo algunos conservadores que se oponen a cualquier acuerdo con el FMLN.

■ **Partido Demócrata Cristiano (PDC)**. Moderado y reformista, se opone a la lucha de clases, es el partido de la clase media y en pro del control civil. El liberal PDC, fundado a mediados de los 60, y dirigido durante muchos años por José Napoleón Duarte, perdió apoyo al no traer la paz al país mientras estuvo en el poder. A mediados de los 1980, el PDC, bajo Duarte, se alineó muy de cerca con los militares para evitar ser acusado de simpatizar con la izquierda. Duarte falló en parte porque su administración fue vista como corrupta, porque los continuos abusos a los derechos humanos encolerizaron al Congreso de los Ee.Uu. y porque la guerra duró tanto. Los votos por el PDC han descendido en cada elección, desde principios de los 1980s.

■ **Partido de Convergencia Democrática (CD).** Un puñado de partidos socialistas y liberales demócratas formaron la Convergencia Democrática en 1988 para participar en la campaña electoral de 1989. Los líderes izquierdistas Rubén Zamora y Guillermo Ungo estuvieron a cargo. El partido tuvo algo de apoyo en las ciudades más grandes. Cuando el FMLN fue legalizado para la elección de 1994, la Convergencia Democrática se unió con otros partidos izquierdistas, incluyendo al FMLN para apoyar la candidatura de Zamora para presidente.

■ **Frente Farabundo Martí para la Liberación Nacional (FMLN).** Siendo tanto un partido político como una antigua fuerza militar, el FMLN fue un grupo coordinador para muchas organizaciones de izquierda que no eran lo suficientemente grandes para sobrevivir por sí mismas. Durante la mayor parte de la guerra civil, Joaquín Villalobos dirigió la principal organización rebelde. Antes de eso, el FMLN se unió con el Frente Democrático Revolucionario (FDR), una colección de grupos disidentes de izquierda.

Cuatro grupos de guerrilla fraguaron una alianza con el FMLN y acordaron apoyar a Rubén Zamora en su campaña para presidente en 1994. Zamora se rasuró la barba para la elección para estar más presentable. Previamente, Zamora realizó viajes a los Estados Unidos para recaudar fondos, y en su publicidad discutió el sistema económico y social, en vez de la guerra,. A medida que se aproximaban las elecciones, los elementos del FMLN renunciaron realmente al marxismo.

La transición de la guerra a la política fue difícil para el FMLN y sus simpatizantes. Cada uno de los partidos que formaban el FMLN apoyó su propio candidato para alcalde de San Salvador en las elecciones de 1994. Después de la elección en la que la izquierda quedó en segundo lugar con el 32 por ciento de los votos, el FMLN luchó para evitar que su grupo se dividiera en partidos políticos separados. Sin embargo, las facciones marxista y moderadas encontraron imposible coexistir bajo el mismo título, y el partido fue disuelto en diciembre de 1994.

Economía

En El Salvador, las oportunidades son pocas, la paga es baja y la excesiva burocracia gubernamental vacía las arcas de la nación y erige barreras y reglas que dificultan hacer las cosas. Puesto que tan gran porcentaje de los campos están dedicados al cultivo del café, el país no logra el autoabastecimiento de su población. Así, mientras los ricos se enriquecen por la venta del café en el exterior, los pobres pagan altos precios para comprar los alimentos más básicos.

■ **Producción en Retroceso.** Los salvadoreños tienen reputación de ser muy trabajadores, pero sus habilidades no fácilmente encuentran uso en el país. El trabajo es difícil de encontrar, especialmente fuera de la capital, los trabajos en las fincas no pagan mucho y el salario mínimo no es tomado en cuenta. Aunque el salvadoreño promedio gana alrededor de $1,400 por año, la mayoría de los campesinos no ganan ni la mitad de esa suma.

El sistema agrícola del país tiene dos mercados principales: países extranjeros que compran café y la gran población salvadoreña que necesita comida. Las plantaciones de café ocupan grandes porciones de tierra, pero las ganancias son solamente para los propietarios, que pagan a sus trabajadores salarios ínfimos, ignorando los impuestos. El maíz y otros alimentos básicos son poco cultivados, ya que su precio es menor que el del café. Como resultado, El Salvador ha importado frijoles, maíz y harina desde el Siglo XIX.

■ **Efectos de la Guerra.** La guerra devastó la economía. El FMLN, luchando bajo el slogan "O todos comemos o nadie come", saboteó la industria del café y mucha de la infraestructura del país. En total, los rebeldes destrozaron más de 70 puentes y 35 por ciento de los autobuses del país. La baja producción costó a la

ANTECEDENTES

> **"¿Soldado, por qué arriesgar tu vida por una salario miserable? Aquí todos somos pobres. Deserta ahora."**
>
> — Graffiti de la guerrilla

> **"Mi país es un pequeño país**
> **diminuto**
> **Tan infinitesimal**
> **que no sé dónde pueden meter**
> **a todos los muertos."**
>
> — Salvadoreño desconocido

> **"Tiemblen, Tiemblen, comunistas!**
> **Porque la gente ha despertado.**
> **Ellos han entendido, ellos han entendido**
> **Quien es el enemigo."**
>
> — Canción de campaña de ARENA

VOCES DE LA GUERRA

economía del país $2 billones anuales. El gobierno respondió dedicando la mitad de su presupuesto para contrarrestar la guerrilla.

Con la lucha finalmente terminada, la economía salvadoreña puede mejorar. Las reformas del gobierno están abriendo el mercado a la inversión internacional y están haciendo a las compañías salvadoreñas más competitivas. El gobierno también está logrando préstamos internacionales para reconstruir su infraestructura.

La economía de El Salvador era muy fuerte, como lo prueba el que hasta 1970 El Salvador fuera la nación más industrializada de Centroamérica. El gobierno, incitado por el partido ARENA encarnizadamente capitalista, busca importantes reformas estructurales. El gobierno de Cristiani eliminó el control de precios sobre muchos productos de consumo, facilitó las importaciones y retiró el control de divisas. En 1992, tres bancos fueron privatizados, el Hotel Presidente fue vendido y el gobierno lanzó un programa de $81 billones para la reconstrucción nacional.

La comunidad internacional ha respondido positivamente al programa de reforma. La Agencia Internacional para el Desarrollo de los Estados Unidos (USAID) administró programas por $200 millones en 1992, el gobierno de Ee.Uu. borró cerca de $500 millones de la deuda nacional salvadoreña y el Fondo Monetario Internacional y el Banco Mundial han proporcionado algunos préstamos grandes. Además El Salvador y Guatemala recientemente establecieron una zona de libre comercio. Si el país permanece políticamente estable, la economía continuará cre-

Estadísticas Económicas

Agricultura	La agricultura emplea el 35 por ciento de la fuerza laboral de El Salvador, incluyendo siete por ciento de los hombres.
Cultivos para la venta	Los principales cultivos para la venta son: café, caña de azúcar y algodón. El maíz, arroz y frijol son los principales cultivos alimenticios.
Tierra	La mitad de los terratenientes en El Salvador poseen menos de 2.5 acres cada uno. Unidos, estas tenencias comprenden menos del cinco por ciento del área total del país.
Salario mínimo	Industria y comercio: $4.12 diario. Agricultura: $2.45 diario.
Desempleo	Se calcula que un cincuenta por ciento de la fuerza laboral de El Salvador estaba desempleada en 1991.
Crecimiento Económico	Desde 1980 a 1991, la economía dc El Salvador creció 1.1 por ciento. En 1993 solamente, creció cinco por ciento.

ciendo hasta finales de los 1990. El gobierno aún tiene varios dolores de cabeza importantes, tales como un sistema de caminos en muy mal estado y una red de teléfonos anticuada que dificultan los negocios; pero hay mucho que hacer, y la construcción está floreciendo.

El Salvador en las Artes

■ **Películas Acerca de El Salvador.** *Salvador* (1986) describe la historia salvadoreña contemporánea a través de los ojos de un periodista americano. La película de Oliver Stone es absorvente pero imaginativa, y a veces cruza la línea hacia la ficción. A pesar de sus defectos, sí da una vívida imagen del caos de la vida en El Salvador durante el principio de los 1980. "*Romero*" (1989) estelarizada por Raúl Julia como el Arzobispo Romero. La película es lenta pero logra mostrar la lucha y muerte de Romero en una forma directa, casi hipnótica. Al final, es más efectiva que *Salvador* en exponer su punto de vista, aunque es menos entretenida. Por cierto, le daremos puntos extra si usted puede identificar al actor que hace el papel de "malo" en *Salvador* pero de "bueno" en *Romero*.

■ **Documentales.** Muchos documentales han sido hechos acerca de la guerra civil salvadoreña. *Haciendo que las Noticias Quepan* (Cinema Guild, 1984, 27 min) usa a El Salvador como ejemplo de como la parcialidad de los medios informativos puede alterar la visión pública de los sucesos. *El Salvador: Las Semillas de Libertad* (Biblioteca de Cine Mundial Maryknoll, 1981, 24min) enfoca el asesinato de las monjas americanas, e incluye entrevistas con figuras famosas salvadoreñas. *Guazapa* (Northstar, 1984, 37 min) muestra como la guerrilla vivió y luchó en las lomas del Volcán de Guazapa, a través de los ojos de un reportero que vivió con ellos por seis semanas. *Testigo de Guerra: Un Doctor Americano en*

ANTECEDENTES

ROQUE DALTON (1933-1975)

La Pluma y La Espada

El escritor de izquierda Roque Dalton fue un revolucionario y escritor prolífico quien se unió al ERP cerca de su comienzo. Aunque escapara muchas veces de la muerte y de largos encarcelamientos, finalmente murió a manos de sus propios camaradas.

Hijo de madre salvadoreña y padre norteamericano, Dalton recibió aclamación internacional por sus escritos. Escribió 15 libros en total, la mayoría en exilio en México, Cuba y Checoslovaquia. Durante su vida, muchos de sus libros fueron prohibidos en El Salvador por su inclinación izquierdista.

Mientras vivió en El Salvador, Dalton fue encarcelado repetidamente y se ganó su reputación por escapar bajo circunstancias extraordinarias. En 1960, el gobierno izquierdista del Coronel José María Lemus cayó en un golpe de estado días antes de que Dalton fuera a ser ejecutado. Después, un terremoto que meció a la capital abrió un agujero tan grande en la celda de Dalton, que le permitió escaparse. A pesar de la aclamación que recibieran sus escritos, Dalton enfocó su atención en la revolución. A principios de los 1970, él decidió volver a su país y unirse a los rebeldes en la lucha para derrocar al gobierno. Se unió a un grupo llamado Ejército Revolucionario del Pueblo (ERP) que incluía a Joaquín Villalobos, futuro líder del FMLN.

Dalton tuvo dificultad adaptándose al estilo de vida regimentado de la guerrilla y perdió popularidad en el ERP. Al poco tiempo, en una acción que la guerrilla después lamentaría, Villalobos y otros acusaron a Dalton de ser espía de la CIA y lo sentenciaron a muerte. Dalton fue ejecutado junto con otro camarada por un escuadrón de fusilamiento el 10 de mayo de 1975. Su cuerpo fue abandonado en el Playón, el sitio donde los escuadrones de la muerte tiraban los cuerpos de sus víctimas. La noticia de la muerte de Dalton estremeció a los intelectuales del país, muchos de los cuales simpatizaban con la causa rebelde pero condenaban el asesinato.

Años después, al final de la guerra civil, Villalobos discutió la situación más abiertamente. El dijo que el comando rebelde cometió un error al asesinar a Dalton, y en adelante prefirió encarcelar en lugar de ejecutar. En una entrevista de posguerra acerca de la muerte de Dalton, Villalobos comentó, "Si pudiera borrar una parte de la historia de nuestra organización, sería ésta."

El Salvador (First Run Features, 1985, 30min) comenzó como un libro del doctor americano Charlie Clement acerca de su trabajo con los campesinos salvadoreños durante la guerra. El documental es bien conocido, pero mucha de su trama es acerca de Clements, un cuáquero que encuentra su neutralidad profundamente puesta a prueba, ya que se trata de los guerrilleros a los que atendió.

■ **Libros acerca de El Salvador.** Muchos libros históricos sobre El Salvador enfocan la guerra civil y su marco histórico. ***Latinoamérica: Una Historia Concisa Interpretativa*** (1972), por E. Bradford Burns, es una buena introducción a la historia Latinoamericana. *Hijos de Caín: Violencia y los Violentos en Latinoamérica* (1991) de Tina Rosenberg. Un relato escalofriante bien escrito de las experiencias propias de la autora, con la violencia en Latinoamérica desde Chile hasta Guatemala, con un gran capítulo sobre el Salvador. *A través de los Volcanes* de Jeremy Paxman (1985) y *Tan Lejos de Dios* de Patrick Marnham (1985) Cada uno tiene un capítulo sobre viajes de los autores por El Salvador. *Tierras Amargas: Raíces de Revolución en El Salvador* (1985) de Lisa North, *El Salvador en Crisis* (1984) de Philip Russel y *Tierra Prometida: Rebelión de Campesinos en Chalatenango, El Salvador* (1986) de Jenny Pearce todos tratan sobre la guerra civil y sus causas en detalle. *Espejos de la Guerra* (1985), publicado por Zed Books, es una excelente colección de extracto de poesía y prosa de autores salvadoreños que escriben acerca de la guerra civil.

■ **Autores Salvadoreños**. Tanto **Curbstone Press** (321 Jackson St., Willimantic, CT, 06226; tel 203/423-5110) y la **Latin American Library Review Press** (2300 Palmer St., Pittburgh, PA 15218; tel. 412/351-1477) ofrecen traducciones de libros escritos por autores latinoamericanos, incluyendo algunos autores salvadoreños.

Salvador Salazar Arrué, escribiendo bajo el seudónimo de *Salarrué*, fue uno de los fundadores del género de cuentos cortos modernos centroaméricanos. **Cuentos de barro** (1934) es su libro más famoso. **Claudia Lars** nació en 1899 con el nombre Carmen Brannon. Se convirtió en una de las poetisas más sobresalientes de Centroamérica. Su trabajo incluye **Poesía Ultima** 1970-1973 y **Canciones** 1960.

Claribel Alegría nació en Nicaragua en 1924 pero se considera a sí misma salvadoreña. Ella ha publicado muchos libros de poesía que tratan sobre la vida diaria en Centroamérica, incluyendo la celebrada colección **Sobrevivo**, 1978. Ella también ha escrito novelas, incluyendo **Cenizas de Izalco**, 1966 y **Flores del Volcán**, 1982. **Manlio Argueta** es una de las figuras literarias más famosas de El Salvador. Su trabajo es revolucionario y controversial. Su novela más famosa es **Un día en la vida**, 1981. También es autor de **Cuscatlán Donde Bate la Mar del Sur**, 1983.

Roque Dalton fue uno de los poetas más famosos y políticamente conscientes de El Salvador. Fue uno de los fundadores del Ejército Revolucionario del Pueblo (ERP) y murió a manos de sus compañeros revolucionarios después de ser acusado de ser espía de la CIA. Sus libros de poesía incluyen **Poemas Clandestinos**, 1975 y **Las Historias Prohibidas de Pulgarcito,** 1975. **Poesía y Militancia en Latinoamérica**, publicada por Curbstone Press, describe la visión de Dalton sobre la relación entre la poesía y la participación política

David Escobar Galindo poeta laureado nacional e internacionalmente. Nacido en 1943, es narrador, fabulista y dramaturgo **Sonetos Penitenciales** y **Una Grieta en el Agua**.

Lo Básico

Antes de Llegar

Cuando Viajar

Unos cuantos detalles que debe tomar en cuenta al planear un viaje a El Salvador son los precios de los boletos de avión, las fechas de las festividades nacionales y religiosas y el clima. Los boletos cuestan mucho más desde diciembre hasta mediados de enero y desde julio a mediados de septiembre y durante esas temporadas escasean los asientos. Las festividades importantes son: Semana Santa (la semana antes del Domingo de Resurrección), Navidad y las celebraciones de la ciudad de San Salvador, durante la primera semana de agosto, la cual prácticamente cierra la capital. El comercio se paraliza durante estos períodos y todos o celebran o descansan, así es que no es buena época para cruzar una frontera o para lidiar con las autoridades. Los lugares turísticos y las playas están colmadas durante las vacaciones, y la mayoría de las habitaciones de hotel ocupadas por el turismo. Finalmente, puesto que los aguaceros durante la estación lluviosa, (de mediados de mayo hasta mediados de octubre), son pronosticables, Ud. podra planear sus actividades sin ningun problema.

Empacando

Dos palabras: **lleve poco**. Obedezca el viejo dicho de los corresponsales: "Ponga todo lo que crea que necesitar sobre la cama, luego quite la mitad de ello y doble la suma de dinero que piense llevar." O "Nunca lleve más de lo que pueda cargar si tiene que correr un kilómetro para salvarse la vida". Además, ¿dónde va a poner todos sus recuerdos si su maleta ya está llena?

■ **LLevándolo todo.** Las **mochilas** con marco interior, del tipo "blando", son las elegidas por los viajeros con experiencia. Son resistentes, flexibles y usualmente más cómodas que las mochilas de marco externo. No protegen tan bien sus posesiones, pero las pequeñas tienen el beneficio adicional de ser fáciles de meter debajo de los asientos o en los estantes superiores en los autobuses. Las **mochilas** de marco externo son más adecuadas para caminar que para viajar en autobús. Más compartimientos externos significan organización y acceso fáciles, pero los marcos expuestos se doblan fácilmente y resultan estorbosos.

Mochilas convertibles, el curioso descendiente de la mochila y las maletas, son una alternativa más barata que la mochila convencional. Son buenas si usted no planea alejarse del camino conocido. De otra forma, usted pensará que se parecen más a las maletas que a las mochilas, ya que las correas para los hombros y el cincho de caderas, no están hechos para largas excursiones. Las mochilas convertibles usualmente son mejores para viajar que las mochilas convencionales, simplemente porque están diseñadas tomando en cuenta los encargados de equipaje y los portaequipajes. Lleve una maleta sólo si usted planea quedarse en los hoteles de más categoría y que alguien carge su equipaje la mayor parte del tiempo. Las **mochilas pequeñas** son buenas para viajes cortos cuando usted no necesita llevar muchas cosas. Meta una mochila de nylon dentro de su maleta más grande.

■ **Ropa.** No necesita mucha ropa para viajar. Lo que lleva puesto, un conjunto más y algunas cosa extra será todo lo necesario

● Un **suéter, chaqueta o saco liviano** para las grandes altitudes.
● Uno o dos pares de **pantalones largos de algodón.** Los pantalones de mezclilla son calientes, pesados y toman una eternidad para secarse.
● Uno o dos pares de **pantalones cortos.** Para hombres, un traje de baño que se convierte en un par de pantalones cortos es ideal.
● Una o dos **camisas manga larga,** incluyendo una con cuello con la que se pueda ver "elegante" si fuera necesario.
● Dos o cuatro **camisetas.**
● Suficiente ropa **interior y calcetines.**
● **Para la lluvia.** Un poncho o una chaqueta impermeable es esencial durante la estación lluviosa.
● **Traje de baño.**

■ **Zapatos.** Si planea caminar mucho, invierta en un buen par de botas para excursión. Asegúrese que le queden bien y úselos con anticipación para suavizarlas. Un par de zapatos de lona o sandalias son buenas para descansar o explorar las playas.

■ **Ropa de cama.** Un saco de dormir (una sábana de color oscuro doblada a lo largo y cosida abajo y parte del lado) es el arreglo más versátil para dormir. Una bolsa de dormir es necesaria sólo si usted planea ir a acampar a lugares altos. También puede comprar una hamaca en San Salvador para colgarla en la playa. Traiga su propia funda de almohada para guardar la ropa sucia durante el día o para sustituir las fundas sucias en los hoteles.

■ **Artículos de tocador**
- **Cepillo de dientes**.
- **Pasta de dientes**.
- **Hilo dental**.
- **Jabón**. Una barra en una jabonera plástica o jabón líquido.
- **Champú/acondicionador**. Sellado dentro de una bolsa, ya que estas cosas parecen estar diseñadas para abrirse dentro de las mochilas.
- Cortauñas/ lima.
- Medicinas/ recetas personales. Trate de mantener las medicinas en sus empaques y etiquetas originales, para evitar molestias en las fronteras ("¡Pero oficial, juro que son para dolores de cabeza!"). Lleve copias de las recetas de cada medicamento que usted lleve consigo, junto con la dosis y el nombre genérico en caso que necesite comprar más. Los diabéticos deberían llevar sus propias jeringas esterilizadas más la certificación de su condición.
- **Anticonceptivos**.
- **Toallas sanitarias**.
- **Toallas**.

■ **Botiquín de Primeros Auxilios**. Algún tipo de botiquín es esencial para cada viajero que planee dejar las ciudades principales. Estos pueden comprarse completos o formarlo usted mismo. Los botiquines ya preparados son fáciles de encontrar en almacenes especializados en deportes. Son compactos, caros y usualmente contienen instrucciones para su uso. Su contenido está orientado hacia lesiones relacionadas con el campo, así es que si usted compra uno probablemente todavía deseará agregar algunos artículos por su cuenta.
- Una **breve historia médica personal** que describa su tipo de sangre, cualquier condición médica especial, enfermedades recientes y recetas que usted esté tomando.
- **Medicinas para la diarrea**. Lleve dos: Pepto-Bismol y tabletas de Immodium.
- **Termómetro** en estuche duro (algunas aerolíneas prohiben los termómetros de mercurio).
- **Pinzas**.
- **Loción Calamina** para las picaduras de insectos y erupciones cutáneas.
- **Polvo fungicida** para el pie de atleta.
- **Curitas** de diferentes tamaños.
- **Parches protectores** para ampollas.
- **Gasa estéril**.
- **Esparadrapo**.
- **Vendas elásticas (ACE)** para torceduras, pequeñas y medianas.
- **Pastillas** contra: la malaria (Cloroquinina, etc.), el dolor (aspirina, Tylenol, Advil), mareos por movimiento (Dramamina), resfriados (Sudafed, Actifed), antiácidos (Maalox).

Padre con sus hijos, cerca de La Unión

Calle empinada, Chalatenango

Arriba: Panorama desde el Hotel de la Montaña, Cerro Verde
Abajo: Playa El Espino

Arriba: Vendedores jóvenes, La Libertad
Abaja: Piscina en*Turicentro* , Quetzaltepeque

¿Qué Es un Buen Regalo?

Un regalo, sencillo y de buen gusto, es la forma mas fácil de romper el hielo. Los regalos típicos, tal como camisetas o recuerdos de su ciudad, estado o universidad; objetos con logos o fotografías; tarjetas postales, o distintivos son todos una buena idea. Para muchos niños que no pueden pagar materiales escolares, lápices y cuadernos serán muy apreciados.

■ **Cosas esenciales.**
  ● **Anteojos/lentes de contacto**, si los necesita, más un par de repuesto.
  ● **Repelente de Insectos**.
  ● **Linterna de mano**.
  ● **Película**. En San Salvador se pueden comprar tanto películas para diapositivas o fotografías en varias tiendas especializadas. También hay bastantes lugares para revelado y procesamiento, aunque las diapositivas pueden ser un problema. Aún en pueblos pequeños hay lugares donde venden y revelan películas, pero la existencia puede ser vieja y para revelarlas, de todas formas las enviarán a la capital. Por lo tanto, es mejor llevar consigo películas y hacerlas revelar cuando vuelva a casa.
  ● **Candados**. Un candado de combinación, para los cuartos de hotel barato, y unos cuantos pequeños para sus maletas. Los vendedores callejeros de la capital los ofrecen a bajo precio. Un candado con cable también es útil para asegurar su equipaje a algo fijo, como a un poste, durante períodos cortos o toda la noche.
  ● **Etiquetas con su nombre** aseguradas firmemente a su equipaje.
  ● **Fotocopias** de su pasaporte y boleto de avión. Deje un juego extra en casa.
  ● **Equipo de reparación** incluyendo cinta aislante, que será la mejor herramienta de reparación pero para evitar llevar el rollo entero, ponga un poco alrededor de un lápiz u otra cosa parecida; baterías extras para la linterna de mano y para la cámara; tijeras (pueden ser parte de una navaja suiza del ejército); estuche de costura o hilo fuerte con unas cuantas agujas; un foco extra para la linterna de mano.
  ● **Cualquier equipo especial** que usted pueda necesitar: equipo para acampar (tienda, bolsa de dormir, brújula, colchoneta, equipo de cocina); equipo de buceo; tabla de surf en estuche de viaje.
  ● **Anteojos de sol**.
  ● **Crema protectora contra el sol,** a prueba de agua.
  ● **Navaja suiza**. A ningún viajero le debería faltar una. Con frecuencia incluye tenazas y tijeras.
  ● **Papel higiénico**.
  ● **Reloj despertador** o reloj digital con alarma audible.
  ● **Fotografías de cartera** de usted, y de su familia.
  ● **Cantimplora** para excursiones o viajes largos en autobús. Tanto las cantimploras de campamento (Nalgene) y botellas de agua de bicicleta funcionan bien, sólo asegúrese de que cierren bien.
  ● **Bolsos con candado en el cierre**. Excelentes para guardar casi todo.

■ **Tal vez....**
- **Libros**. Los de bolsillo son más livianos y duran más.
- **Sandalias de plástico** para usar en las duchas sucias.
- **Toallas de mano**.
- **Diario personal,** lapiceros, papel y sobre para escribir cartas.
- **Cubierta para mochila** para proteger la mochila de la lluvia y desanimar a los ladrones.
- **Radio de onda corta**.
- **Suplementos vitamínicos**.
- **Radio/tocacinta portátil** con cintas y baterías de repuesto.
- **Artículos de lavado**, incluyendo detergente, cuerda para tender ropa.
- **Tabletas para purificar agua** o un filtro de agua.

Tarjetas de Identificación

Las tarjetas de identificación para estudiantes no necesariamente le ahorrarán dinero en El Salvador, pero como algunas ofrecen seguros básicos y acceso a tarifas especiales de avión, vale la pena llevarlas. Las cuotas de entradas a museos y sitios similares, de por sí, no son caras, así que encontrará que la identificación de la universidad puede ser útil (o inútil) en muchas ocasiones.

La Tarjeta de Identificación Internacional de Estudiante (ISIC), sin embargo, le ofrece beneficios que justifican el costo de $15. Esto incluye una línea de llamada telefónica de emergencia, gratuita; seguro médico limitado y acceso a tarifas económicas de avión a través del Council Travel, STA y otras organizaciones de viajes y educativas. La Tarjeta Juvenil Internacional, disponible hasta los 26 años, ofrece algunos de los mismos beneficios de la tarjeta ISIC. Hay una Tarjeta Internacional para Profesores a la disposición de maestros y profesores. Para información sobre estas tarjetas, pregunte en una universidad local, comuníquese con el Council Travel o con STA, o llame 800/438-2643 en Ee.Uu.

Seguro de Salud y de Viaje

Asegúrese evitar posibles complicaciones relacionadas con los seguros de salud antes de partir. Lo más fácil sería quedarse con el seguro que Ud. ya tiene, si es que lo cubre aún estando fuera del país. La Tarjeta de Identificación Internacional de Estudiante ofrece protección limitada que bien vale el precio de la tarjeta. También algunas tarjetas de crédito ofrecen una variedad de seguros. Finalmente, hay compañías especializadas en seguro de viajes que cubren casi todo lo que puede sucederle en un viaje, desde reembolsarle el costo por retraso del vuelo y protección por pérdida de equipaje, hasta evacuación por emergencia médica y repatriación de restos. Sus tarifas tienden a ser más caras, así es que busque la mejor.

Veríficacion de su Seguro

■ **Antes de Salir**
✓ Asegúrese que su compañía de seguros cubre viajes al extranjero.
✓ Entienda si, y cómo, va a ser reembolsado por tratamiento médico en el extranjero ya que la mayoría de los doctores no aceptarán su tarjeta de seguro y le pedirán que pague en efectivo inmediatamente.
✓ Aclare si su póliza no cubre ciertas actividades. Estas suelen incluir actividades peligrosas, tales como alpinismo sobre rocas o motociclismo.
✓ Siempre lleve consigo el número de su póliza, prueba de seguro (una tarjeta de seguro) y el número de teléfono de su agente.

■ **Si algo sucede...**
✓ Guarde todos los recibos.
✓ Haga un informe a la policía de robos y asaltos en cuanto ocurran y obtenga una copia de ese informe policíaco.
✓ Comuníquese con su su embajada o consulado en cuanto a asuntos más serios como una cirugía. Ellos le pueden dar nombres de médicos de buena reputación y ayudarle a arreglar pagos de cuentas grandes por parte de su compañía de seguro o sus familiares.

Vacunas Antes de Viajar

Algo de lo que viene a continuación son sólo recomendaciones, aunque alguno de ellos le podrá evitar dolor y sufrimiento. Algunas contra-indicaciones o limitaciones existen para las mujeres embarazadas, los niños pequeños y personas con ciertas condiciones médicas, así es que consulte a su médico para asegurarse. Tenga al día su Certificado de Vacunación Internacional, la tarjeta amarilla de salud, la cual puede obtenerse en casi cualquier departamento de salubridad. Las clínicas de viajero son excelentes fuentes de información y en la mayoría vacunan.

■ Vacunas/Exámenes requeridos:

SIDA Un examen negativo de SIDA es requerido para cualquiera mayor de 18 años que esté planeando entrar a El Salvador en forma permanente. Para detalles llame a la embajada salvadoreña.

Fiebre amarilla Un certificado de vacuna contra la fiebre amarilla es necesario para toda persona mayor de seis meses que llegue de áreas consideradas infectadas, tales como Panamá y muchas partes de Sur América (*Dosis simple, sirve para diez años*)

■ Vacunas recomendadas:

Malaria Las tabletas de fosfato de cloroquina tienen un sabor espantoso, pero como ninguna clase de mosquitos resistentes a la cloroquina ha invadido El Salvador, serán su mejor fuente de protección. La cloroquina se puede obtener bajo su forma genérica o bajo la marca Aralen. (*Una tableta de 500 mg. por* *semana, comenzando dos semanas antes de entrar al país y continuando cuatro semanas después de regresar a casa).*

Cólera Aunque El Salvador se considera libre de cólera, algunos médicos recomiendan esta vacuna que es efectiva sólo en un 50 por ciento, y considerada por muchos más dañina que la misma enfermedad. Ya que no es requisito para entrar al país, la vacuna es recomendada sólo para personas con estómagos débiles o para quienes planeen permanecer por largos períodos en áreas rurales. (*Una sola dosis, dura seis meses*).

Hepatitis A (Hepatitis Infecciosa) Una vacuna de gamma globulina (GG) se recomienda para los viajeros, especialmente aquellos que planeen permanecer largo tiempo en áreas rurales con malas condiciones sanitarias. Durante una visita larga, una dosis de refuerzo cada cuatro a seis meses es necesaria. Pregúntele a su médico si el recibir otras vacunas al mismo tiempo podrían interferir con ésta, si no, vacúnese lo más tarde posible antes de su viaje. (*Una dosis sencilla, dura alrededor de seis meses*).

Tifoidea La vacuna oral Ty21a se recomienda para personas que visiten el área rural, para los que se quedarán más de tres semanas y para los aventureros en cuanto a la comida. La hay también inyectada. (*Cuatro tabletas tomadas durante una semana, duran cinco años; dos vacunas con un mínimo de cuatro semanas de intervalo, son válidas para tres años*)

Rabia Sea vacunado antes de estar expuesto a la rabia, con la vacuna rábica de células diploides humanas (HDCV) o las Vacuna de Rabia Absorbida (RVA),se recomienda sólo para quienes anticipen un contacto frecuente con animales salvajes. Discútalo con su médico, ya que tratamiento es caro. (*Dos vacunas administradas durante un mes*)

Vacunas de Rutina Las vacunas establecidas para la niñez deberían ser actualizadas antes de viajar a cualquier lugar del tercer mundo. Consulte con su médico sobre cuales podría necesitar, incluyendo: tétano, difteria, paperas, sarampión, rubéola, influenza, neumococo, poliomielitis (una dosis de refuerzo oral de la polio OPV o una vacuna inactivada de polio IPV) y un refuerzo de la del sarampión para toda persona nacida después de 1956. Planeé las visitas médicas con tiempo, ya que algunas no pueden de ser administradas juntas o requieren otras dosis.

Oportunidades para Voluntarios

La turbulenta historia política de El Salvador ha dado origen a muchos grupos voluntarios al nivel local. La mayoría tienen una inclinación izquierdista y dan la bienvenida a los voluntarios extranjeros.

Cristianos por la Paz en El Salvador (CRISPAZ) han estado enviando voluntarios a El Salvador durante diez años, para promover el alfabetismo y los cuidados de la salud. CRISPAZ es ecuménica pero está abierta a cualquiera. También publican una revista trimestral de noticias y análisis llamado SALVANET. Los puestos de voluntarios duran por lo menos un año. (*1135 Mission Rd, San Antonio, TX 78210; tel 210/534-6996*).

El Comité de Solidaridad con las Personas de El Salvador (CISPES) comenzó en 1980 en oposición a la intervención de los Ee.Uu en El Salvador, y ha evolucionado hasta convertirse en una organización activista de gran envergadura. Son muy izquierdistas y no ocultan su afiliación con el FMLN. Escríbeles para obtener información acerca de sus programas, que tratan con justicia social y derechos humanos. (*19 W 21st St #502, New York, NY 10010; Tel 212/229-1290*)

La Asociación sobre las Fuerzas de Trabajo de Reconciliación de Latinoamérica y el Caribe. ofrece un programa de voluntariado en el cual usted puede trabajar con las mayorías pobres, en educación de la no violencia y sobre los derechos humanos. Costos tales como el viaje, comida y hospedaje no están incluidos, y los solicitantes deben tener por lo menos 21 años. FRTFLAC también dirige el Centro de Recursos de No Violencia en Santa Cruz. (*515 Broadway Santa Cruz, CA 95060; tel. 408/423-1626*)

El Centro Internacional Solidario (CIS) en San Salvador alberga la Escuela de Idiomas Mélida Anaya Montes (vea Estudiando en El Salvador) y actúa como un "punto de referencia para solidaridad internacional". El centro comenzó como parte de CISPES y coloca a voluntarios por todo El Salvador, trabajando con organizaciones locales, comunidades marginales y grupos de interés especial. (*Urb. Padilla Cuéllar, Pje. Los Pinos #17, San Salvador; tel. 225-0076*)

La Red Nacional de Derechos Humanos Centroamericanos envía delegaciones a El Salvador y otros países centroamericanos para hacer exámenes de salud y para investigar condiciones salubridad. Las giras duran alrededor de 10 días y cuestan $700-$800, incluyendo todo menos el pasaje aéreo. (*11 Maiden Lane, Suite 10D, New York, NY 10038; tel. 212/732-4790*)

Compañeros de las Américas unen a estados de los Ee.Uu. con áreas específicas de Latinoamérica para planear y ejecutar programas de desarrollo rural, salubridad y educación. Louisiana está emparejada con El Salvador, pero los programas están abiertos a cualquiera que esté interesado. (*1424 K St NW, Washington DC 20005; tel 202/628-3300*)

Brigadas de Paz Internacionales han ofrecido programas vigilando la no violencia y la democracia en El Salvador desde 1987. Ellos aceptan voluntarios hispano-parlantes por un mínimo de 7 meses, y prefieren personas mayores de 25 años. (*2642 College Ave., Berkeley, CA 94704; tel 510/540-0749*)

Universidades Salvadoreñas

Universidad Centroamericana José Simeon Cañas (UCA)
(Privada)
Autopista Sur y Jardines de
Guadalupe
San Salvador
Tel 273-4400

Universidad Americana
(Privada)
Centro Profesional Feria Rosa
San Salvador
Tel 279-0680, 223-9691

Universidad Francisco Gavidia
(Privada)
Alam Roosevelt #3031
San Salvador
Tel 224-5962, 223-9704

Universidad El Salvador
(Pública)
Ciudad Universitaria
San Salvador
Tel 225-8826

Estudiando en El Salvador

Para estudiar en una escuela o universidad salvadoreña usted necesita presentar un diploma de estudios de secundaria certificado por autoridades competentes, un pasaporte, una copia de su acta de nacimiento y un certificado médico. Si usted escribe con anticipación a la fecha que planee viajar, y se asegura que su universidad aceptará los cursos, usted podrá ahorrar algún dinero. La Universidad Centroamericana es la mejor universidad de El Salvador.

▪ Escuelas de Idiomas

AmeriSpan Unlimited ofrece clases de español comenzando en $345 por dos semanas, lo cual incluye seguro de viajes, hospedaje y dos comidas al día. Las clases tienen un máximo de cuatro personas y se reúnen cuatro horas al día. Servicios opcionales de aeropuerto y excursiones cuestan más. (*PO Box 40513, Philadelphia, PA 19106; tel 800/879-6640*).

Escuela de Idiomas Mélida Anaya Montes dirigida por CISPES. El programa de idiomas cuesta $177.50 por semana o $710 por mes, incluyendo hospedaje y dos comidas al día. Se incluyen discusiones políticas y culturales y viajes educativos. (*CISPES, 19 W 21st St #502, New York, NY 10010; tel 212/229-1290*)

▪ Otras Oportunidades Educativas

Compañeros de Misión de Centro América (CAMP) es una organización humanitaria sin fines de lucro que dirige una gira de estudios educativos de Centroamérica. La gira cubre muchos aspectos de la historia y cultura de Centroamérica, enfocándose en el papel de la Iglesia. La tarifa de $1,350 cubre pasaje de avión, estadía de hotel y otras cosas. (*PO Box 10206, Oakland, CA 94610; tel 510/644-8077*)

Otras Organizaciones y Publicaciones Utiles

■ Recursos Generales

DataCenter (Centro de Información) es una bodega de información sobre temas sociales de todo el mundo, enfocándose en Latinoamérica y el Tercer Mundo, Derechos Humanos y temas de Derecho del Saber. La información está disponible por medio de una biblioteca pública, servicios de investigación y recortes y servicios de información por computadora. (*464 19th St. Oakland, CA 94612-2297; tel. 835-4692*).

The Overseas Development Network (La red de desarrollo de ultramar) tiene una gran lista de publicaciones acerca del voluntariado por todo el Tercer Mundo, incluyendo *Los Cuerpos de Paz y Más: 120 Formas de Trabajar, Estudiar y Viajar en el Tercer Mundo* , por $10. (*Departamento de Publicaciones, 333 Valencia St., Suite 330, San Francisco, CA 94103; tel. 415/431-4204*).

The South American Explorers Club (El club de exploradores de Sur América) tiene gran cantidad de información sobre toda Latinoamérica. Su humorística carta de noticias/catálogo trimestral *South American Explorer* (Explorador de Sur América) está lleno de listas de guías para el viajero, reportajes de viaje y otras cosas buenas. Los beneficios de la membresía incluyen descuentos en artículos del catálogo y asistencia de viaje. Les encantará enviarle información sobre algun destino en particular. (*126 Indian Creek Rd., Ithaca, NY 14850; tel 607/277-0488; membresía anual $30*)

Third World Resources (Recursos del Tercer Mundo). tiene la mejor lista de información com docenas de organizaciones, libros, revistas, folletos y películas. Publican un Boletín de información trimestral (*464 19th St.,Oakland, CA 94612-2297; Tel 800/735-3741*).

Volunteers for Peace (Voluntarios para la paz) ofrece campos de trabajo en Ecuador, Cuba, Guatemala, México y Costa Rica, y publican una lista de recursos de oportunidades para voluntarios en América Latina. (*43 Tiffany Rd. Belmont VT 05730; tel 802/259-2759*)

■ Viajeros Incapacitados

The Information Center for Individuals with Disabilities (Centro de información para incapacitados) da asistencia a viajeros incapacitados con informacón escrita, noticieros y lista de agentes de viajes con servicios para incapacitados (*Fort Point Pl, 27-43 Wormwood St. Boston, MA 02210-1606; tel 617/727-5540*)

Mobility International USA (Mobilidad Internacional USA) proporciona información sobre viajes para incapacitados, alrededor del mundo y tiene una lista de publicaciones y vídeos. También ofrece programas de intercambio específicamente para viajeros incapacitados. (*PO Box 10767, Eugene, OR 97440; tel 503/343-1284; membresía anual $20*)

The Society for the Advancement of Travel for the Handicapped (La Sociedad para el Avance de Viajes para Incapacitados) tiene una lista de operadores de giras y otra información dirigida a estos. Para información de viajes sobre un destino específico tal como El Salvador, envíeles $2 y un sobre con su dirección y una estampilla. (*347 5th Ave., Suite 610, New York, NY 10016; tel 212/447-7284; membresía anual $45, estudiantes y ciudadanos de la tercera edad $25*)

Travel Industry and Disabled Exchange (Industria de Viaje e Intercambio de Incapacitados) promueve viajes por medio de folletos y noticieros. (*5435 DonnaAv, Tarzana CA 91356; tel 818/343-3786; membresía anual $15*).

LO BÁSICO

■ Otras Publicaciones

The Diabetic Traveler (El Viajero Diabético) es un noticiero trimestral. (*Box 8223 RW, Stamford, CT. 06905; tel 203/327-5832; suscripción anual $18*)

The International Gay Travel Association (La Asociación Internacional de Viajes para Homosexuales) proporcionan una lista de agencias de viaje que son miembros de esa asociación. (*PO Box 4974, Key West, FL 33041; tel 800/448-8550*)

Recursos de Internet

El mundo del Internet, en tan rápido crecimiento, proporciona contactos con más de 20 millones de personas alrededor del mundo,por lo tanto, lo más probable es que Ud. podrá encontrar gente interesada en Latinoamérica, Centroamérica y en El Salvador. Tableros de anuncios como Compuserve y America Online (América en Línea) son buenos lugares para encontrar a dichas personas.

Lista Internet

● Algo de la información transmitida en esta lista está en español..

● sub: dirección para unirse a la lista

● list: dirección para transmitir un mensaje en la lista transmitida

● On Your Own:jjb9e@uva.pcmail.virginia.edu

Centro para Información, documentación y Ayuda en la Investigación en El Salvador en la Universidad Centroamericana
cidai@huracan.cr

Central America General (Centroamérica General)
sub: listserv@ubvmbitnet
list: centam-l@ubvmbitnet

Latin American Database Interest Group
ladbad@unmb

Latin America General
sub:lasnet-request@emx. utexas.edu
list: lasnet@emx.utexas.edu
lasnet@utxvm.bitnet
nicbbs@bitnic.bitnet

Latin American History
hlatam@syncorva.cortland.edu
h123ahg@mailhost.tcs.tulane.edu

Latin American Poetry
postmast@unalcol

Latin American Music
crjh@asuacad

Latin American and Caribbean Folklore
sub/list: follac@ccwf.cc.utexas.edu

Rocky Mountain Council for Latin American Studies
cneas@unmb

The New York Transfer News Collective es un grupo de noticias sin fines de lucro, apolítico, que transmite todas las noticias que no "encajan". Usted puede conectarse por modem (212/675-9690 ó 212/675-9663) para accesar el servicio de noticias, una biblioteca en línea, grupos de discusión y artículos sobre varios países latinoamericanos y asuntos relacionados. La suscripción mínima trimestral cuesta $40.00; y un año cuesta $125.00.
(sub: nyt@blythe.org; information: info@blythe.org)

(Listas cortesía de Michael Blackmore)

"Usenet News", el boletín por computadora más grande del mundo, con más de 5,000 tópicos, también es un gran recurso. Allí usted puede comunicarse con gente en los grupos de noticias como Travel (Viaje), Society and Culture of Latin America (Sociedad y Cultura de Latino América) y Society and Culture (Sociedad y Cultura) de países específicos (sin embargo, no hay, hasta ahora, ninguno para El Salvador).

Arrivando y Partiendo
Visas y Embajadas

Para entrar a El Salvador, usted necesita uno de dos documentos. Una **visa de turista**, obtenible en las embajadas salvadoreñas en el extranjero, válida durante la vigencia de su pasaporte menos un año. Gratis para los americanos, pero a cierto costo para otras nacionalidades, requieren dos fotos, antecedentes y unos días de trámites. En El Salvador, refiera problemas de visa a la Oficina de Inmigración, 2o. piso, Edificio Federal, Centro de Gobierno. (*Lun-Vier 8am-12p.m., 1:30-4 pm*)

La nueva **tarjeta de turista** es una alternativa práctica. Se consiguen en fronteras y aeropuertos por $10 y duran seis meses. Los ciudadanos de Gran Bretaña y Alemania no necesitan visa o tarjeta de turista para entrar. Ciudadanos de Ee.Uu., Canadá y Australia sí la necesitan.

Embajadas de El Salvador en El Extranjero

Canadá
209 Kent St
Ottawa, Ontario K2P 1Z8
Tel 613/238-2939

Costa Rica
Av 10, C 33
San José
Tel 224-9034

Alemania
Burbacherstr. 2
DW-5300
Bonn 1
Tel 228/22-1351

Guatemala
12a C 5-43, Zona 9
Guatemala City
Tel 32-5848

Honduras
2a Ave Nte #205
Col San Carlos
Tegucigalpa
Tel 32-5045

México
Ave Las Palmas #1903
Lomas de Chapultepec
México DF
Tel 596-7366

Nicaragua
Ave del Campo #142 y Pje
    Los Cerros
Reparto Las Colinas
Managua
Tel 74892

Panamá
Via España # 124
Edifico Citibank, 4to piso
Ciudad de Panamá
Tel 233020

Reino Unido
5 Great James St
London WC1N 3DA
Tel 071-430-2141

Estados Unidos
2308 California St NW
Washington DC 20008
Tel 202/265-3480, 265-
    9671

46 Park Ave, 3rd floor
New York, NY 10016
Tel 212/289-3608

104 S Michigan Ave #423
Chicago, IL 60603
Tel 312/332-1393

6655 Hillcroft #212
Houston, TX 77081
Tel 713/270-6239

425 Ingraham Bldg
25 Southeast 2nd Ave
Miami, FL 33131
Tel 305/371-8850

2412 W 7th St, 2nd floor
Los Angeles, CA 90013
Tel 310/608-4343

1136 International Trade
  Mart
New Orleans, LA 70130
Tel 504/522-4266

870 Market St
San Francisco, CA 94102
Tel 415/781-7924

Visas para Salir de El Salvador

Los requisitos para obtener una visa cambian, por lo tanto, pregunte en su embajada en El Salvador si necesitará visa para entrar a cualquiera de los tres países vecinos. La mayoría de las embajadas requieren su pasaporte, fotografías tamaño pasaporte, un pequeño pago y unos días de trámite.

■ Para Guatemala

No necesitan visa ciudadanos de: Ee.Uu., Canadá, países de Centroamérica, ciertos países Europeos. Obtenga la tarjeta de turista válida por tres meses ($5) en la frontera.

Sí necesitan visa los ciudadanos de: Australia, Nueva Zelandia, otros países de Latinoamérica y de Europa. La visa cuesta $10.

■ Para Honduras

No necesitan visa los ciudadanos de: Ee.Uu., Reino Unido, Canadá, Australia, Nueva Zelandia, Japón, la mayoría de los países de Europa Occidental. Si usted es ciudadano de alguno de esos países, se puede quedar por 30 días sin visa. Solicitando una extensión en la oficina de migración, podrá tener una estadía de hasta 90 días más, antes de tener que salir y volver a entrar al país.

■ Para Nicaragua

No necesitan visa ciudadanos de: Ee.Uu., España, Inglaterra, algunos países de Europa, algunos países de Sur América, Guatemala, El Salvador, Honduras. Recibirán una tarjeta de turista válida por 30 días.

Sí necesitan visa los ciudadanos de: Canadá, Australia, Nueva Zelandia, algunos países de Europa. La visa cuesta $25 y es válida para entrada a Nicaragua por 30 días. Después que usted entre al país, es válida para una estadía de 30 días. Las visas pueden extenderse dos veces, por 30 días más cada vez, en la oficina de inmigración en Managua. Después de eso usted tendrá que salir y volver a entrar.

Embajadas Extranjeras en El Salvador

Todas están en San Salvador, menos la embajada de Ee.Uu., la cual se encuentra cerca de Antiguo Cuscatlán.

Argentina
79 Av Nte #704, Apt #384
Col Escalón
Tel 224-4238

Brasil
Edif la Centroamericana,
    5to piso
Alam Roosevelt #3107
Tel 223-1214

Belice
Cond Médico B
Local 5, 2do piso
Tutunichapa, Urb La
    Esperanza
Tel 226-3588

Chile
Pje Belle Vista #121
Entre 9a C Pte y 9a C Pte
    Bis
Col Escalón
Tel. 223-7132

Colombia
C El Mirador #5120
Col Escalón
Tel 279-3290, 279-3204

Costa Rica
Edif la Centroamericana,
    3er piso

Alam Roosevelt #3107
Tel 279-0303

Ecuador
Blvd.del Hipódromo #803
Col San Benito
Tel 224-5921

Francia
Pje A 41-46, Apt 474
Col La Mascota
Tel 223-0728

Alemania
3a C Pte #3831,Apt 693
Col Escalón
Tel 223-6140

Guatemala
15a Av Nte #135 y C Arce
Tel 271-2225

Honduras
67a Av Sur #530
Col Flor Blanca
Tel 271-2139, 221-2234

Italia
1a C Pte y 71a Av Nte #204
Tel 223-7325

Japón
Av La Capilla #615
Col San Benito
Tel 224-4597

México
Pje 12 y Av Circunvalación
Col San Benito
Tel 298-1079, 278-1084

Nicaragua
72a Av Nte
y 1a C Pte #164
Tel 223-7729, 223-9860

Panamá
55a Av Nte #2838
y Alam Roosevelt
Tel 223-7893

Perú
Edif. La Centroamericana,
    2do piso
Alam Roosevelt #3107
PO Box 1620
Tel 223-0008

España
51a Av Nte #138
Entre 1a C Pte y Alam
    Roosevelt
Tel 223-7961

Reino Unido
Edif. Inter Inversión
Pas Gen Escalón #4828, Apt
    1591
Tel 298-1763

Estados Unidos
Final Blvd Santa Elena
Urb Santa Elena
Antiguo Cuscatlán
Tel 278-4444

Uruguay
Edif Intercapital, 1er piso
C La Ceiba y Pas Gen
    Escalón
Tel 224-6661

Festividades Públicas

Enero 1	Año Nuevo
Marzo, Abril	Semana Santa (Jueves y Viernes Santo y Domingo de Resurrección)
Mayo 1	Día del Trabajo
Primera semana de Junio	Corpus Cristi
Junio 29-30	Cierre bancario
Agosto 1-6	Festividad de El Salvador del Mundo (San Salvador)
Septiembre 15	Día de la Independencia
Octubre 12	Día de la Raza
Noviembre 2	Día de los Fieles Difuntos
Noviembre 5	Primer Grito de Independencia (1811)
Diciembre 24-31	Navidad

LO BÁSICO

Por Avión

■ **De y Para los Ee.Uu.** Los vuelos menos caros para El Salvador desde Ee.Uu. salen de las ciudades de Miami, Houston, Los Angeles, Nueva Orleans, Nueva York, San Francisco y Washington DC. Los precios de los boletos de ida y vuelta cuestan más o menos $500, pero varían dependiendo de cuándo va y de dónde sale. Los precios durante la estación alta (diciembre hasta mediados de enero, y julio hasta mediados de septiembre) son hasta 50 por ciento más caros.

Para obtener el boleto más barato posible, busque ofertas en las secciones de viaje y de avisos clasificados de los principales periódicos , o llame a una agencia de viajes respetable. **Council Travel** (800/800-8222, 212/661-1450) y **STA Travel** (800/777-0112, 213/937-5714) son dos de las más grandes organizaciones de viajes por descuento, con muchas oficinas regionales por todos los Ee.Uu. Una agencia preferida por muchos en el este de los Ee.Uu. para viajes a Centroamérica es **Peace Frogs** (804/977-1415).

Airhitch's Target Flight Program (212/864-2000) también puede ahorrarle dinero en un vuelo a El Salvador, si usted tiene flexibilidad en cuanto a su fecha de salida, ya que ellos trabajan con el sistema de "espacio disponible". Vivir cerca del aeropuerto le ayudará también. Finalmente, **consolidadores** compran grandes cantidades de boletos sin usar y los revenden individualmente, a precios muy rebajados (vea la caja de Consolidadores de Boletos Aéreos).

Preguntas que deben hacerse al comprar un boleto de avión:

✓¿Puedo cambiar la fecha de regreso?¿ Cuánto costará?
✓ Si el boleto tiene la fecha de regreso abierta, ¿cuánto dura el boleto?
✓¿Existe una tarifa especial para estudiantes? ¿Cuales son los requisitos? ?
✓¿Hay costo extra por hacer escala en otra ciudad ? ¿Cuánto tiempo puede durar cada escala?
✓¿Puedo regresar desde una ciudad distinta a la cual llegaré?
✓¿Qué hago si pierdo el boleto?

■ **Desde y hacia Canadá**. Los vuelos desde Canadá a Centroamérica pasan por Estados Unidos. Travel CUTS (416/977-3703) es el gigante de las agencias de viajes de Canadá, y usted no necesita ser estudiante para usar sus servicios.
■ **Desde y hacia Inglaterra**. Los vuelos más baratos originan en Londres. Muchas tiendas de descuento llamadas *"bucket shops"* anuncian en los periódicos, tal como el Sunday Times, el Evening Standard, Time Out o TNT. Asegúrese que la tienda esté garantizada antes de comprar boletos. Tanto Council (071/465-0484) como STA (071/937-9962) tienen oficinas en Londres.
■ **Desde y hacia Europa Continental**. Sus mejores opciones para tarifas baratas desde Europa a Centroamérica son desde Amsterdam, Bruselas, Frankfurt y Atenas. Puede resultar más barato si usted viaja a través de Londres. Tanto Council Travel y STA tienen oficinas en Francia (CT:142/662087; STA:142/61-0001) y Alemania (CT:211/329088; STA:496/9430191). Aerolíneas Iberia, en España, tiene vuelos a San Salvador cinco veces por semana.
■ **Desde y hacia Australia y Asia**. Viniendo de Australia y Asia los vuelos a través de Miami y Los Angeles son menos caros. STA tiene oficinas en Australia (03/347-4711), Nueva Zelandia (09/309-9723) y Hong Kong (725-3898).
■ **Desde y hacia Sur América y México**. Volar hacia El Salvador desde Sur América es un poco más interesante. Las dos rutas más rápidas son vuelos directos, ya sea a Managua, Nicaragua o San José, Costa Rica y de allí a El Salvador. Hay vuelos directos a México desde El Salvador dos veces por semana.
■ **Alrededor de Centroamérica**. Volar entre los países de Centroamérica es cada vez más fácil, ya que las líneas aéreas de estos países cooperan para ofrecer ofertas especiales (vea la caja Ofertas Aéreas a Centroamérica).

LO BÁSICO

Números para Llamadas Gratis de Líneas Aéreas en los Ee.Uu.

American	800/433-7300	**Continental**	800/231-0856
TACA	800/535-8780	**United**	800/538-2929

Oficinas de Líneas Aéreas en Salvador

Aerolíneas Argentinas
Alam Roosevelt #3006 y 57a Av Nte
Tel 224-3936

American Airlines
Edif Montecristo, 4to piso
Tel 298-0666

Continental Airlines
55 Av Sur
Centro Roosevelt
Edif D, 5to piso
Tel 223-8968, 239-9501

COPA (Panamá)
Alameda Roosevelt y 55 Av Nte #2838
Tel 223-2042, 271-2333

LACSA (Costa Rica)
43 Av Nte #216
Entre Alam Roosevelt y 1a C Pte
Tel 298-1322

Mexicana
Av La Revolución
Hotel Presidente
Tel 271-5936, 271-5950

TACA International Airlines
Plaza Las Américas
Edif Caribe
Tel 222-244,224-0044

VARIG (Brasil)
Urb La Esperanza, 2da Diagonal y Pje #5
Edificio Diagonal, 4to piso
Tel 226-0840, 225-8526

■ **Transporte desde el Aeropuerto.** El Aeropuerto Internacional de Cuscatlán está a 44 kilómetros de San Salvador, y las idas y venidas a la ciudad son un dolor de cabeza. El recorrido desde el aeropuerto toma un poco menos de una hora en taxi, sin tráfico. Los taxis y microbuses corren entre la ciudad y el aeropuerto y hacen parada justo fuera de la terminal. Los precios son excesivos (taxi $11.50, 35 min; microbús de $2.50a$10, 45 min), por lo tanto la mejor opción es compartir el gasto de un taxi con otras personas. Los *microbuses Acacya* funcionan diariamente desde San Salvador al aeropuerto (*3a. C. Pte. y 19 Av. Nte. #1107; tel. 271-4937/8; 6, 7, 10 a.m., 2 p.m.; $2.50 de ida*)

■ **Impuesto de Salida.** Dejar El Salvador por avión le costará la gigantesca suma de $20.

Por Autobús

■ **Desde y Hacia Guatemala.** Tanto *Puerto Bus* como *Tica Bus* operan desde San Salvador (vea San Salvador). Los autobuses a la frontera también salen de la Terminal de Occidente en San Salvador. En la frontera usted puede cruzar y en el otro lado tomar un autobús Guatemalteco. Autobuses internacionales de la Ciudad de Guatemala también salen hacia Santa Ana (vea Santa Ana).

Varios autobuses internacionales van desde la Ciudad de Guatemala a San Salvador. Melva Internacional (3a.Av. 1-38, Z9, Ciudad de Guatemala, Tel. 02/310874) tiene servicio pasando por la frontera en San Cristóbal y pasando por Santa Ana en El Salvador. El viaje toma cerca de cinco horas.

■ **Desde y hacia Honduras.** *Tica Bus* viaja desde El Salvador hasta Panamá pasando por Honduras, Nicaragua y Costa Rica (vea San Salvador). Autobuses regulares no internacionales salen desde San Salvador a la frontera norte de El Poy. También puede viajar a la frontera El Amatillo desde San Salvador pasando por San Miguel, La Unión o Santa Rosa de Lima. La frontera de Sabanetas al noreste de Perquín en el Departamento de Morazán supuestamente será abierta en 1995, aunque los caminos por allí son tan malos que sólo los autobuses locales hacen el viaje. Si usted cruza caminando, hágalo temprano, para llegar a tiempo de tomar un autobus hondureño.

Desde Tegucigalpa, Honduras, *Tica Bus* tiene servicio internacional regular para El Salvador (17a C. entre 7a Av. y 8a Av.; tel 380740, 386587). En Comayagüela, Honduras, los autobuses salen cerca del Mercado Conal Belén.

Por Automóvil

Manejar hasta El Salvador desde los Ee.Uu. significa pasar por México, lo que requiere que los conductores compren seguro y obtengan un permiso para regresar (ambos se pueden conseguir en la frontera). Esté prevenido: puede ser difícil encontrar gasolina sin plomo en México, y el viaje desde la frontera de Ee.Uu. hasta El Salvador lleva por lo menos tres días.

Los extranjeros deben mostrar su licencia y prueba de propiedad al llegar a la frontera salvadoreña, pero no debe costar nada. Con estos documentos se le permite una estadía de 15 días en el país. Para quedarse más tiempo, necesitará ir a la Oficina de Tránsito para conseguir un "permiso de circulación dentro del país", válido por 30 días. Lleve sus documentos, más una fotocopia de su licencia y $2.85. (*Ministerio de Tránsito, Autopista Norte, Departamento de Tránsito; tel 226-4840; Lun-Vier 8am-12pm, 2-4:30pm, Sab 8-11:30am*)

Los Mejores Paseos Automovilísticos por El Salvador

Algunos caminos de El Salvador pueden estar en muy malas condiciones, pero la belleza de los paisajes está casi garantizada. Aquí están:

■ **Camino desde la Carretera Panamericana atravesando San Jorge hasta la Carretera del Litoral**. Este camino pavimentado conecta la Carretera Panamericana justo al oeste de San Miguel con la Carretera del Litoral al este de Usulután. El camino pasa por sobre las suaves lomas en la base del Volcán de San Miguel. Los suelos volcánicos vuelven partes del camino color marrón , y los cercos hechos de rocas de lava apiladas rodean las fincas de café. Si usted viene del norte, hay una vista magnífica de las planicies costeras del sur al pasar sobre la base del volcán.

■ **Camino desde San Salvador hacia Sonsonate.** Al poco tiempo de dejar la Carretera Panamerica en El Poliedro, este camino cruza un pequeño río donde la gente se baña y lava ropa. Al pasar por las anchas planicies, los distintivos triples picos del Cerro Verde y los volcanes de Izalco y Santa Ana aparecen por la derecha.

■ **Carretera Panamericana desde San Salvador a Santa Ana.** La carretera ampliamente dividida está bordeada por árboles que forman una cúpula sobre ella, y pasa a través de las granjas más ricas del occidente de El Salvador. Note a la derecha que hasta las laderas de los cerros están cultivadas

■ **Camino desde la Carretera Panamericana Noreste a Quetzalte-peque.** Este camino pasa por enormes río de lava seca que continúa hacia la parte superior del Volcán de San Salvador hacia el sur. El ennegrecido y mellado páramo resulta impresionante en medio de las verdes granjas que lo rodean.

■ **Camino a Cerro Verde.** Solo por las expresiones de admiración que produce, este empinado camino puede ganarse un premio. En los pocos kilómetros que conducen a la cima del Cerro Verde, usted se deleitará con los panoramas, hacia el este, del refulgente Lago de Coatepe, del cono del volcán Izalco y del mismo Cerro Verde. El camino es estrecho y lleno de curvas, pero por lo menos está pavimentado. Hay algunos lugares donde salirse del camino para disfrutar de las vistas.

■ Las vías de entrada a muchas ciudades y pueblos salvadoreños, especialmente los de montaña, son con frecuencia tan pintorescos como los pueblos mismos. Apaneca, La Palma, Metapán y Ciudad Barrios tienen los más bellos alrededores.

Fronteras

Hay siete fronteras terrestres por las cuales usted puede entrar o salir de El Salvador. Las oficinas de migración están abiertas de 8am-5pm, pero muchos guardias de frontera viven en sus puestos, así es que es posible pasar fuera de las horas oficiales de trabajo. Trate de llegar lo más temprano posible para mejorar sus oportunidades de cruzar y tener tiempo de llegar al siguiente pueblo antes de que oscurezca. En las fronteras lo abrumarán con ofertas de cambio de dinero o de ayuda con sus trámites. Allí no hay bancos, así es que tal vez sí necesite cambiar dinero en el ruidoso mercado negro (vea Dinero), pero ya que no hay trámites si lleva una tarjeta de turista, pase por alto a esa mitad de la muchedumbre. Puede ser tentador, y hasta bastante fácil, deslizarse por la frontera sin cumplir todos los requisitos legales, pero usted se buscará problemas si lo hace, ya que al salir le pedirán mostrar el sello de entrada. Tóme el tiempo que sea necesario para obtener los sellos y firmas correctas o una tarjeta de turista.

Fronteras Internacionales

Guatemala	La Hachadura (Ahuachapán). Las Chinamas (Ahuachapán). San Cristóbal (Santa Ana). Anguiatú (Santa Ana).
Honduras	El Poy (Chalatenango). Sabanetas (Morazán). El Amatillo (La Unión).

Mientras esté allí

Horas Hábiles
En Latinoamérica las horas hábiles son flexibles. Durante el almuerzo (12-2pm) usted encontrará muchas tiendas y oficinas cerradas. He aquí una breve guía de cuando podrá usted esperar que estén abiertos ciertos negocios:
- **Antel**. En San Salvador, usted puede hacer llamadas internacionales de Lun-Sab 7 am a 9 pm. En ciudades más pequeñas de 8am a 4pm.
- **Bancos** Lun-Vier 9am a 12pm, 1:45 a 4pm, Sab 9am a 12pm.
- **Oficinas de Gobierno**. Lun-Vier 8 am a 4 pm.
- **Oficina de Correos**. La oficina principal de correos en el Centro de Gobierno está abierta de Lun-Vier de 7am a 5pm, y Sab 7am a 12pm. El servicio de correo expreso, en el mismo edificio, también está abierto durante este mismo horario.
- **Restaurantes**. Ya que los salvadoreños son madrugadores, el desayuno, por lo general, comienza a servirse alrededor de las 6 am, el almuerzo se sirve de 11 am. a 2pm. y la cena desde 5 a 9pm. Cuando hay música y tragos, algunos restaurantes permanecen abiertos hasta mucho más tarde.
- **Tiendas**. Lun-Sab de 8am a 12pm. y de 2 a 7pm. Los grandes almacenes generalmente no cierran a la hora del almuerzo.

Hora/Electricidad/Medidas

El Salvador tiene una hora menos que la Hora Standard del Este y seis horas menos de la Hora del Meridiano de Greenwich. Ya que el país está a lo largo del ecuador, no tiene horario de verano.

El país usa 110 voltios, al igual que México y los Ee.Uu. No encontrará facilmente enchufes eléctricos con toma de tierra, así es que traiga un transformador para enchufes de 3-a 2 tomas si tiene algo importante que conectar.

El Salvador utiliza el sistema métrico decimal, con algunas excepciones. El combustible se vende por galón, y a veces el peso se mide por libras (1 libra= 0.48 kg.) así como en kilogramos.

Protección y Seguridad

Aunque el crimen ciertamente es un problema en El Salvador, especialmente desde el fin de la guerra, usted se evitará problemas si toma algunas simples precauciones y se mantiene en alerta. Las pandillas juveniles y los asaltantes, armados con rifles de la guerra civil, causan problemas. Ahora, sin embargo, una nueva y efectiva fuerza policíaca patrulla las calles del país y se ve aún en los pueblos más pequeños. Reconozca los peligros anticipadamente, y tome precauciones extras en cuanto a equipaje y dinero.

La guerra terminó y la violencia política casi ha desaparecido; la mayoría del crimen ahora tiene poco que ver con la política. Los robos son ahora el problema más común, especialmente en las grande ciudades donde la muchedumbre llena aceras, autobuses y mercados. Los lugares públicos llenos de gente son el

---

EN LAS NOTICIAS

Problemas con los Cables de Energía

Las tropas rebeldes destrozaron miles de cables de energía durante la guerra en un intento de socavar la infraestructura de El Salvador. Ya que el ejército rebelde era una fracción del tamaño del ejército del gobierno, atacó el sistema eléctrico del país afectando a todos e hizo a los rebeles parecer más grandes que la realidad.

Todo esto hizo que el trabajo de un reparador de energía salvadoreño no fuera para nada una diversión. Equipos de electricistas trabajaron durante la guerra civil para reparar las líneas de energía dañadas en inmensas operaciones de labor intensiva. Ya que los rebeldes con frecuencia ponían trampas explosivas alrededor de las líneas caídas, los electricistas con frecuencia esperaban horas mientras el equipo de expertos en explosivos peinaban el área.

Los electricistas eran llevados por todo el país para trabajar en las líneas caídas, y trabajaban bajo helicópteros del ejército los cuales volaban sobre ellos para defenderlos contra ataques. Si usted mantiene los ojos abiertos, podrá ver los postes de teléfono y eléctricos, por todo el país, que fueron botados por el FMLN y rápidamente sujetados de nuevo con abrazaderas por los reparadores de energía.

territorio de los carteristas. Las playas son otro sitio conocido de los ladrones, pues la gente deja sus bolsas sin cuidado.

■ **Preparación.** La mejor fuente de información sobre estos peligros es su embajada en El Salvador. Comuníquese con ellos en cuanto llegue, o por anticipado si planea estar mucho tiempo. El Departamento de Estado de Ee.Uu. tiene un servicio de fax automático (tel 202/647-3000) y un boletín electrónico (tel 202/647-5225) el cual proporciona información sobre seguridad en cada país. Los radios de onda corta son convenientes para mantenerlo al día.

■ **Permanezca a Salvo**. Hay unas cuantas reglas básicas de acción durante su viaje. Cuando llegue a San Salvador con sus maletas, tome un taxi a su hotel para evitar a los carteristas en los autobuses, donde saben que los turistas recién llegados son el blanco más fácil. Si su hotel no es de primera calidad, trate de encadenar su equipaje al marco de su cama al salir de su habitación. No necesitamos recordarle que siempre cierre la puerta de su habitación con llave, aún cuando tuviera que comprar su propio candado.

Evite las zonas inseguras de pueblos y parques, autobuses y estaciones de tren, durante el día pero especialmente después de oscurecer. Pregunte al gerente del hotel dónde se puede caminar con tranquilidad por la ciudad. Muéstrese seguro al caminar y sólo mire su libro guía mientras no lo vean. Si usted necesita poner sus maletas en el suelo, vigílelas cuidadosamente o coléqueles el candado de cadena sujetándolas a algo sólido. Si alguna vez se siente amenazado, olvide sus inhibiciones y grite. Llamar la atención es su mejor defensa.

■ **Si Lleva Objetos Valiosos**. Salvaguardar sus objetos valiosos es tan importante como ver por dónde va. Si quiere usar joyas, lleve baratijas que no atraigan a los ladrones. Para sus cosas más importantes como cheques de viajero, efectivo, pasaportes, y boletos de avión, use un cinturón de dinero o un bolsa pequeña que quepa bajo la cintura de sus pantalones. Divida el resto de su dinero: ponga un poco de efectivo en su equipaje y el resto en otra parte de su ropa, como por ejemplo dentro de sus zapatos. En esta forma, aún si le robaran todo lo que lleva, todavía le quedaría efectivo. Los viajeros con experiencia, ponen algo de efectivo dentro de sus calcetines, su ropa interior, o dentro de bolsas extras cosidas en su ropa. Las bolsas cerradas con pequeñas tiras de *velcro* son más difíciles y ruidosas de robar, y las maletas hechas de nylon grueso son difíciles de cortar.

■ **Peligros para las Mujeres**. El Salvador es tan machista como el resto de Latinoamérica, así es que las turistas enfrentarán problemas especiales para los que deberán precaverse, sobre todo si su cabello y piel son claras. La ropa escasa provocará problemas adicionales para cualquier mujer.

Los hombres latinos con frecuencia silban y piropean a las mujeres que pasan por las calles. Ignórelos evitando el contacto visual, cualquier tipo de respuesta será vista como una invitación. Si alguna vez se siente amenazada, camine rápido para salir de allí y grite para llamar la atención.

■ **En el Agua**. Aunque se menciona la presencia de tiburones en las aguas de El Salvador, no aparecen con la frecuencia suficiente como para preocuparse por ello. Sin embargo, las fuertes corrientes superficiales pueden ser muy peligrosas pues llevan rápidamente

---

EN LAS NOTICIAS

Los Nuevos "Tipos Buenos"

La nueva fuerza de la Policía Nacional Civil (PNC) de El Salvador es una consecuencia realmente positiva de los acuerdos de paz. La policía del país fue una vez tan pobremente capacitada, corrupta y violenta que la mayoría de los salvadoreños los evitaba por rutina, aún cuando no hubiera ayuda por ningún otro lado.

La nueva Policía Nacional es un enorme cambio para el país. A diferencia de sus predecesores, no están bajo las órdenes del ejército y su composición: 20 por ciento de la antigua guerrilla, 20 por ciento de los antiguos miembros de la anterior policía y 60 por ciento de civiles, ayuda a asegurar que ellos no son parciales a ninguna facción política. A los miembros también se les exige pasar un examen psicológico que elimine a los transgresores más notorios de ambos lados del conflicto. La Policía Nacional viste elegantemente, con camisa beige y pantalón azul, y llevan pistolas en contraste a los rifles usados por la antigua fuerza policial. El gobierno construyó una nueva academia de policía para capacitarlos, gobiernos extranjeros están colaborando para financiar los camiones pick-up que ellos manejan y un dato tranquilizante es que uno de cada diez policías es mujer.

---

hacia alta mar, aún a los nadadores expertos. No se puede nadar contra de ellas, pero como no tienden a hundir, y tienden a deshacerse donde se rompen las olas, no se preocupe si lo llevan a mar abierto. Si se ve atrapado en una de estas corrientes, trate de no asustarse, recuerde flotar y de nadar en dirección paralela a la playa. Cuando la corriente de la ola se desvanezca, usted podrá volver nadando en un ángulo de 45 grados.

Salud

El mejor consejo para permanecer saludable en el extranjero es simplemente poner atención a cómo se siente. Usted conoce su cuerpo mejor que cualquier otra persona; si se siente enfermo, probablemente lo está. Busque ayuda médica competente siempre que sea posible. Si esto significa salirse de su camino para buscar una ciudad grande, hágalo. El agua y comida contaminadas causan la mayoría de enfermedades al turista, por lo tanto, tenga cuidado de lo que come o bebe. Si se ha vacunado, si se cubre con repelente, y no toma demasiado sol, usted estará bien.

El botiquín médico es esencial (vea Empacando). Cubra inmediatamente cualquier cortadura o rasguño que reciba, con una bandita adhesiva y ungüento antibiótico, ya que una infección puede empeorar si no se atiende. Para problemas más serios, su embajada le proporcionará una lista de médicos muchos de los cuales hablan inglés y fueron entrenados en Ee.Uu. o Europa.

Algunas enfermedades no muestran síntomas inmediatamente, así que puede ser difícil relacionar algo que contrajo en el camino con una enfermedad que aparece a su regreso. Los médicos con frecuencia dan diagnósticos equivocados sobre enfermedades del turista, pues no necesariamente las conocen. Así es que mantengase alerta sobre su estado general de salud por los seis meses siguientes a su regreso y hágase análisis de sangre durante su próxima visita médica.

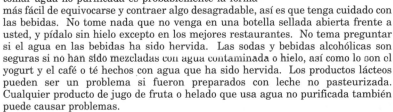

■ **Recomendaciones Concernientes a la Salud Alimentos y Bebidas** Recuerde las cuatro claves para comer y beber con seguridad bajo condiciones no sanitarias: "Pélelo, hiérvalo, cocínelo y olvídelo."

Pele las frutas y vegetales cuando sea posible. El tomar agua no purificada es probablemente la forma más fácil de equivocarse y contraer algo desagradable, así es que tenga cuidado con las bebidas. No tome nada que no venga en una botella sellada abierta frente a usted, y pídalo sin hielo excepto en los mejores restaurantes. No tema preguntar si el agua en las bebidas ha sido hervida. Las sodas y bebidas alcohólicas son seguras si no han sido mezcladas con agua contaminada o hielo, así como lo son el yogurt y el café o té hechos con agua que ha sido hervida. Los productos lácteos pueden ser un problema si fueron preparados con leche no pasteurizada. Cualquier producto de jugo de fruta o helado que usa agua no purificada también puede causar problemas.

Si usted está cocinando y no está seguro de la pureza de los líquidos hiérvalos al menos diez minutos, use un filtro especial para agua (¡no camisetas!) o use tabletas para purificación. Las tabletas de cloro como *Puritabs* o *Steritabs* y las tabletas de yodo tales como *Potable Aqua* funcionan bien. Cinco gotas de tintura de yodo (2%) por cuarto de galón o un litro de agua también mata casi todo lo que esté en el agua en 30 minutos. Sin embargo, tenga cuidado ya que mucho yodo lo puede enfermar. Las mezclas de bebidas en polvo ayudan a los productos químicos a tener un sabor más aceptable.

La comida en muchos puestos del camino es tentadora, pero recuerde está arriesgando su salud. Algunas veces, deberá escoger entre esta posibilidad o seguir hambriento, la decisión es suya.

La Diarrea del Viajero es un hecho cotidiano en los países en desarrollo. Ya que la diarrea le roba los líquidos y electrólitos de su cuerpo, tomar bastantes líquidos limpios al primer signo de molestia gástrica, será el primer paso para sentirse mejor. Pruebe con un té liviano con un poquito de azúcar o solo y soda diluída con agua potable. Sopas ligeras le podrán sentar bien. Alimentos no condimentados tales como bananas, arroz, frijoles y papas le proporcionarán proteínas y vitaminas. Evite otros alimentos sólidos y leche hasta que se sienta mejor.

SÍNTOMAS: sentirá que tiene el aparato intestinal lleno de agua mineral.

TRATAMIENTO: *Pepto-Bismol, Kaopectate, Lomotil, Immodium AD*. Si aparecieran síntomas más severos y persistentes como náuseas, vómitos, espasmos estomacales, fiebre o defecación con sangre, podría ser disentería. Con cualquiera de estos síntomas, los ingredientes en *Lomotil e Immodium* pueden ser dañinos (sin embargo *Pepto-Bismol* está bien). Busque atención médica si sospecha que sufre de algo más grave que diarrea.

Los estudios han demostrado que una dosis simple de 500 mg del antibiótico *ciprofloxacin* disminuye la duración del ataque de la diarrea de viajero. Algunos médicos aconsejan llevar consigo *ciprofloxacin* u otra clase de antibióticos a base de quinolina.

Mosquitos La mejor estrategia es evitar la actividad durante las horas del día y en los lugares donde prevalecen los mosquitos: el alba, el atardecer y la noche, y en las regiones calientes y húmedas a lo largo de la costa y en la jungla. Los riesgos más grandes está en las altitudes menores de 600 metros, durante la estación lluviosa. Los mosquitos casi nunca suben a más de 900 metros y hay menos durante la estación seca. Siempre que sea posible, use camisa manga larga y pantalones largos para cubrir la mayor parte de su piel.

Sólo compre repelentes que contengan *DEET*, la matería química más efectiva. Se recomienda una solución de 12 a 30 por ciento de concentración de *DEET*, ya que menos no será efectiva y demasiada no es aconsejable. Las lociones duran más y son más compactas que los aerosoles. También, tome en consideración llevar consigo un mosquitero personal que pueda ser colgado sobre una hamaca o sobre la cama.

Deshidratación es la pérdida excesiva de fluidos del cuerpo que puede ser causada por actividad extenuante, diarrea o la altitud. Si usted está sudando y sediento, hay la posibilidad que usted ya esté deshidratado. La forma más fácil de permanecer hidratado es tomar líquidos constantemente, usualmente más de lo que usted cree que necesita.

SÍNTOMAS: poca micción, orina amarillo oscuro, boca seca, dolor de cabeza.

TRATAMIENTO: tome agua o mezcla rehidratante (vea Diarrea de Viajero).

Calambres por Calor ocurren cuando usted pierde demasiada sal al transpirar, usualmente por actividad extenuante en clima caliente.

SÍNTOMAS: calambres en los músculos, sudor excesivo.

TRATAMIENTO: tome agua ligeramente salada (una cucharadita de sal en un cuarto de galón de agua), descanse.

Agotamiento por el Calor, también conocido como postración por el calor, es un caso extremo de deshidratación. Ha este punto, la temperatura física no es mucho más alta de lo normal, pero sin atención puede convertirse en insolación.

SÍNTOMAS: pálidez, piel fría y húmeda, sudor excesivo, respiración y pulso rápidos, náusea, mareos.

TRATAMIENTO: administre líquidos y sales (vea Diarrea de Viajeros), recueste a la persona en un lugar fresco, aflojele la ropa, póngale los pies a más altura que la cabeza. Busque atención médica si no mejora.

Insolación es una condición que pone a riesgo su vida, y ocurre cuando el cuerpo se vuelve incapaz de regular su propia temperatura por estar sometido a elevadas temperaturas. Los órganos internos se ven amenazados a medida que la temperatura del cuerpo sube consumiendo el agua y la sal.

SÍNTOMAS: la temperatura del cuerpo a más de 104 grados Farenheit (40 grados Celsius), piel caliente, seca y sonrosada, falta de sudor, pulso rápido y fuerte, confusión, pérdida del sentido.

TRATAMIENTO: lleve a la persona al lugar más fresco, quítele la ropa, aplíquele agua fría al cuerpo, séquelo con toallas húmedas frías, búsque atención médica inmediatamente.

Las Quemaduras de Sol ocurren muy rápidamente cuando se está cerca del ecuador. Una hora o dos alrededor del medio día, aún con crema de protección contra el sol, puede convertirlo en un chile picante viviente. Expóngase gradualmente al sol, comenzando con no más de media hora. Siempre use crema de protección contra el sol (por lo menos *SPF 15*) y no olvide reaplicarlo cuando sude o nade.

Cura de Cocina para la Diarrea de Viajero

Mezcle una copa de jugo de fruta (por el potasio) con una cucharadita de miel o de maíz (por la glucosa) y una pizca de sal de mesa (por el sodio). Esta mezcla no deberá ser más salada que las lágrimas. En un segundo vaso disuelva una cucharadita de polvo de hornear en ocho onzas de agua. Tome de los dos vasos alternativamente hasta que ya no tenga sed o hasta que se los termine. Haga esto durante toda su enfermedad.

Cuando sea posible use ropa manga larga, suelta de color claro y sombrero.

SÍNTOMAS: de acuerdo con la severidad, piel rojiza, ardorosa, ampollada.

TRATAMIENTO: loción calamina u otro ungüento contra quemaduras, compresas heladas y medicamentos para el dolor tales como aspirina. Casos más severos de ampolladuras pueden requerir atención médica.

■ Enfermedades Provocadas por Insectos

Dengue (Fiebre Quebrantahuesos) es transmitida por el mosquito *aedes*. No hay vacunas disponibles, pero afortunadamente es relativamente benigna y tiende a desaparecer por sí misma. Prevalece en los alrededores de la Presa del Cerrón Grande, al Norte de San Salvador, más que en otras partes del país.

SÍNTOMAS: se parece a la influenza, incluyendo severas fiebres repentinas, dolor de cabeza y dolor de músculos y coyunturas. Con frecuencia es acompañada de vómitos, náusea, ganglios linfáticos hinchados y una erupción pálida o rojiza en la cara. La fiebre normalmente viene en ciclos de dos o tres días, separados por períodos de remisión de un día.

TRATAMIENTO: permanezca hidratado, descanse y busque atención médica.

Encefalitis (Encefalitis Japonesa) es una infección viral transmitida por mosquitos. Ocurre principalmente en las áreas rurales de los trópicos durante la estación lluviosa. La mayoría de la gente que ha sido infectada no muestra síntomas, y los síntomas que sí aparecen semejan los de otras infecciones originadas por insectos. Si cualquiera de esto ocurre repentinamente o todo junto, vea al doctor.

SÍNTOMAS: debilidad, anquilosamiento, dolor múscular, delirio, vómitos. Fiebre, escalofríos y dolores de cabeza con frecuencia comienzan repentinamente. Convulsiones, parálisis y coma pueden seguir si se no obtiene tratamiento.

TRATAMIENTO: permanezca hidratado, busque atención médica inmediatamente.

Leishmaniasis (Fiebre Dum-dum o Kala Azar) es una de las varias enfermedades parasitarias tropicales transmitidas por medio de la mordida del jején. Condiciones internas más serias pueden tomar meses o aún años para aparecer. Los jejenes son más activos por la noche.

SÍNTOMAS: pequeñas ulceraciones (1-2 cm) en la cara que no sanan, seguidas de fiebre e hinchazón de algunos órganos internos.

TRATAMIENTO: busque atención médica.

Malaria La gente antes pensaba que la malaria era causada por respirar aire contaminado (de allí su nombre, en Italiano, "mal aire"). Ahora sabemos que la enfermedad es causada por un protozoo parasitario portado por la hembra del mosquito. Cuatro especies parasitarias causan la malaria. La especie *plasmodium vivax* es el más común, y raramente fatal. El *plasmodium falciparum*, por el otro lado, causa sólo un pequeño porcentaje de infecciones, puede ser mortal en unas horas.

Recuerde que aún con profilaxis, la infección todavía es posible.

SÍNTOMAS: escalofríos y dolor de cabeza, seguido de fiebre alta, dolor de cabeza, náusea, diarrea, anquilosamiento, dolor de coyunturas, orina color café, cansancio, facultades mentales vagas y delirio. Estos síntomas, caracterizados por períodos alternados de calor y frío, usualmente vuelven en oleadas cada dos o tres días.

TRATAMIENTO: busque atención médica, aún si ha usado profilaxis.

■ Enfermedades por Falta de Salubridad

Cólera Felizmente, los ataques de esta aguda infección intestinal son leves y fáciles de controlar. Para minimizar sus oportunidades de contraerla, evite comida y agua contaminada.

SÍNTOMAS: diarrea aguda repentina, vómitos, debilidad extrema y calambres en los músculos.

TRATAMIENTO: permanezca hidratado para contrarrestar los efectos de la diarrea, busque atención médica (*Tetraciclina, dos cápsulas de 250 mg., 4 veces al día*).

Disentería usualmente sigue a una diarrea mal cuidada y viene en dos formas. Disentería bacilar o bacterial es altamente contagiosa pero dura poco y usualmente se quita en una semana. Disentería amébica, aunque es caracterizada por síntomas menos severos, es más seria y puede causar daños a largo plazo. Un examen de heces es necesario para determinar la causa de la diarrea.

SÍNTOMAS: diarrea con sangre, dolor de estómago, dolor de cabeza (ambos tipos), fiebre, vómitos (la bacilar únicamente)

TRATAMIENTO: atención médica inmediata para prescripción de antibióticos. (*Disentería bacilar: tetraciclina, una cápsula de 250 mg., 4 veces al día por 7-10 días*)

■ Giardia

(Giardiasis) está causada por la ingestión de un parásito intestinal a través de agua o comida contaminada, y ocurre por todo el mundo.

SÍNTOMAS: severos desórdenes del sistema digestivo, diarrea, fatiga y pérdida de peso.

TRATAMIENTO: coma, beba y descanse lo más que pueda. (Metronidazole o Flagyl, una cápsula de 250 mg., tres veces al día por cinco días).

Hepatitis A (Hepatitis Infecciosa) es una enfermedad que ataca el hígado. Es transmisible a través de higiene impropia, comida contaminada y contacto sexual. Es especialmente peligrosa para las mujeres embarazadas.

SÍNTOMAS: náusea, dolor de cabeza, fiebre, vómitos y pérdida del apetito. Eventualmente, orina de color oscuro, heces color claro, y dolor en el lado derecho del cuerpo cerca del hígado. Se desarrolla un tinte amarillento en la piel y/o los ojos.

TRATAMIENTO: descanso, tome muchos líquidos. Busque tratamiento médico inmediatamente.

Fiebre Tifoidea es una infección peligrosa del estómago y los intestinos, transmitida por medio de comida y agua contaminada. Las vacunas proporcionan protección limitada.

SÍNTOMAS: la fiebre tifoidea progresa en una forma típica, comenzando con síntomas como de influenza: dolor de cabeza, ardor de garganta, diarrea ocasional y vómitos, todo durante la primer semana. La fiebre sube mientras la fre-

cuenca del pulso disminuye.   Durante la segunda semana comienzan temblores, delirio, debilidad y pérdida de peso y puntos rosados aparecen por todo el cuerpo.

TRATAMIENTO: tome muchos líquidos, busque atención médica inmediatamente.

■ **Otras Recomendaciones sobre Salud.**

SIDA A menos que usted planee dar rienda suelta al uso de drogas intravenosas en el extranjero, el mayor riesgo de contraer el SIDA es a través de contacto sexual o por transfusiones de sangre contaminada. Por lo tanto no comparta agujas, y si usted planea intercambiar fluidos del cuerpo con alguien cuya historia sexual no conozca a fondo, use un condón.

SÍNTOMAS: fatiga, fríos, fiebre, pérdida de peso repentina, manchas blancas u oscuras sobre la piel (usualmente en la cara), tos persistente, diarrea constante.

TRATAMIENTO: ninguno.

Sanguijuelas. A pesar de lo repugnante que pueden ser, las sanguijuelas no transmiten enfermedades y su mordida no produce dolor. Siempre revísese en busca de éstas después de haber pasado por cualquier masa de agua o bosques húmedos. Si usted tiene una, que no cunda el pánico y no se la arranque. Aplique repelente contra insecto, sal, jugo de limón o vinagre, o quémelo con un cigarrillo encendido. Cubra la herida con una bandita adhesiva y apliquese ungüento antibiótico.

Garrapatas Revísese en busca de garrapatas después de haber pasado en medio de vegetación seca. Es importante sacar tanto el cuerpo como la cabeza de la garrapata, la que podría quedarse y causar infección. Para eliminarla, aplique alcohol, vaselina o aceite; o encienda un fósforo, apáguelo y apliquelo a la garrapata.

Rabia Si lo ha mordido un animal actuando extrañamente, ya sea que sea demasiado amistoso o echando espuma por la boca, existe la posibilidad de que usted pueda contraer esta horrible enfermedad. El tratamiento para la rabia puede empezar antes de que aparezcan los primeros síntomas, porque una vez que la rabia aparece, ya no hay nada que hacer para salvar su vida.

SÍNTOMAS: agitación, irritabilidad, inhabilidad de comer o beber, produce espuma por la boca, locura. Los síntomas pueden tomar de 10 días a dos años en aparecer.

TRATAMIENTO: lave bien la herida con agua y jabón pero no la tape. Si es posible, capture o mate al animal para que lo examinen. Busque atención médica inmediatamente.

Transfusiones. Mucho del suministro de sangre en los países en desarrollo no ha sido examinada en busca del SIDA. Si usted o cualquier persona que conoce se encuentra en una situación en que requiera una transfusión de sangre, primero asegúrese que ésta sea absolutamente necesaria; en algunos casos, los dilatadores de plasma pueden ser usados en vez de transfusiones. Si la transfusión es inminente, trate a toda costa de asegurarse que la sangre sea analizada contra el virus del SIDA, aún si esto significa irse a un hospital en otro país. La evacuación a su país de origen es una alternativa cara pero que le puede salvar la vida.

■ **Otros Recursos Médicos**

Ambulancia Aérea Este servicio con base en Miami puede proporcionarle traslado de emergencia a los Ee.Uu. (*Tel. 305/525-5538*)

Herchmer Medical Consultants (Consultores Médicos Herchmer) puede proporcionar un informe personalizado acerca de los peligros a la salud en cualquier país. Obtenerla lleva alrededor de dos meses y su costo es aproximadamente es de $15. (*Tel 800/336-8334*)

Travel Health Fax (Fax Salud de Viaje) le enviará un índice gratis de 229 países, entre los que usted puede elegir para pedir un reporte sobre peligros para la salud, por $10 cada uno. *(Tel 800/777-7751)*

Immunization Alert (Alerta de Inmunización) es un servicio computarizado que ofrece información de viaje y salud actualizada, sobre más de 200 países. La información para un máximo de cuatro países cuesta $40; cada país adicional cuesta $15.*(PO Box 406, 93 Timber Drive, Storrs CT 06268)*

The International Association for Medical Assistance to Travelers (IAMAT) (La Asociación Internacional para Asistencia Médica a Viajeros) parece demasiado buena para ser real. Gratis (o por una pequeña donación) IAMAT le enviará un extenso panfleto sobre muchas enfermedades. Ellos también adjuntan una lista de médicos que hablan inglés en casi todos los países del mundo (incluyendo dos en El Salvador), todos los cuales parecen haber acordado estar disponibles las 24 horas. *(417 Center Street, Lewiston, NY 14092; tel 716/ 754-4883)*

Intermedic también tiene una red internacional de médicos que hablan inglés. *(777 Third Avenue, New York, NY 10017; tel 212/486-8900)*

Medic Alert (Alerta Médica) suministra brazaletes grabados y tarjetas para la billetera para identificación de las personas con problemas médicos serios como alergias o diabetes. *(PO Box 1009, Turlock, CA 95381; Tel 209/668-3333)*

Traveling Healthy (Viajando Saludable) es una carta informativa bimensual que cuestar $29 al año, o $2 por cada ejemplar. *(104-48 70th Road, Forest Hills, NY 11375; 718/268-7290)*

The US Center for Disease Control (El Centro de Ee.Uu. para Control de Enfermedades) en Atlanta, ofrece la Línea Telefónica Roja para Viajeros Internacionales (tel 404/332-4559; fax 404/332-4565), la cual proporciona información continuamente actualizada sobre temas de salud y enfermedades alrededor del mundo, incluyendo áreas de riesgo y tratamientos. Le pueden enviar información gratuita por fax. El Centro también publica Health Information for International Travel (Información de Salud para Viajeros Internacionales), un manual detallado sobre información y riesgos de salud mundial, el cual cuesta solo $6. *(Superintendent of Documents, US Government Printing Office, Washington DC 20402; tel 202/783-3238)*

The US Department of State's Citizen's Emergency Center (El Centro de Emergencia de Ciudadanos del Departamento de Estado de Ee.Uu.) puede proporcionarle asesorías de viaje en forma escrita o grabada sobre la mayoría de lugares del mundo. Como último recurso, ellos también pueden hacer arreglos por emergencia médica para ayudarlo a trasladarlo. *(Bureau of Consular Affairs, Room 4811, NS, US Department of State, Washington DC 20520; tel 202/647-5225)*

■ **Libros Acerca de Cómo Viajar Sin Enfermarse**

International Travel Health Guide (Guía de Salud para Viajes Internacionales) por Stuart R. Rose, M.D. *(Travel Medicine Inc., 351 Pleasant Street, Suite 312, Northampton, MA 01060; tel. 800/872-8633)*

The Medical Guide for Third World Travelers (La Guía Médica para Viajeros en el Tercer Mundo) por Marc Robin y Bradford Dessery *(K.W. Pubblications, 11532 Alkaid Drive, San Diego, CA 92126-1370; tel 619/566-6489; $16.95)*

The Pocket Doctor: Your Ticket to Good Health While Traveling (Su Boleto para Mantener Buena Salud Mientras Viaja) por Stephen Bezruchka, M.D.

(The Mountaineers, 1011 SW Klickitat Way, Suite 107, Seattle, WA 98134; tel. 800/553-4453)

Staying Healthy in Asia, Africa and Latin America (Permaneciendo Saludable en Asia, Africa y Latino América) por Dick Schroeder *(Volunteers in Asia Press, PO Box 4543, Stanford, CA 94305)*. Este es nuestro favorito.

Traveler's Medical Resource (Recursos Médicos del Viajero) por William Forgey, M.D. *(ICS Books, Inc., 1370 East 86th Place, Merrilville, IN 46410; tel 800/541-7323)*

Where There is No Doctor (Donde No Hay Médicos) por David Werner *(The Hesperian Foundation, PO Box 1692, Palo Alto, CA 94302)*

Dinero

■ **Moneda.** El colón o peso equivale a 100 centavos, y circula en billetes de ¢5, ¢10, ¢25 y ¢100 colones. Los centavos se encuentran en monedas de 5, 10, 25 y 50 centavos.

Desde que el gobierno inició el mercado libre de cambio, en 1990, un puñado de casas de cambio brotaron para competir con los bancos.

■ **Cambiando dinero**. Lo más fácil es llevar su dinero en US dólares. Cualquier banco en el país le cambiará dólares en efectivo por colones. Los cheques de viajero en otras monedas son aceptados en muy pocos lugares. Otras monedas centroamericanas y los dólares son cambiados en el mercado negro y en las fronteras, pero averigüe la tasa de cambio antes de hacerlo.

Los cheques de viajero son difíciles de cambiar en todas partes en El Salvador, pero le resultará más fácil si lleva su recibo y su pasaporte consigo. Si usted pasa por la oficina de American Express en San Salvador, ellos le sellarán sus cheques y lo enviarán al banco del segundo piso para un cambio rápido y fácil.

El Salvador tiene un **mercado negro** para el cambio de dinero, pero ya que las tasas no son más altas que en los bancos, la única vez que usted deba cambiar dinero de esta forma es cuando los bancos estén cerrados. Nuevamente, los US dólares sirven, de preferencia en efectivo.

Tasas para cambiar dinero varían de lugar a lugar, y los cheques de viajero obtienen una tasa mejor. Las casas de cambio y los bancos ofrecen las mejores tasas, y los hoteles las peores, ellos en ocasiones no le permitirán cambiar dinero en absoluto, a menos que sea un huésped.

■ **Llevando dinero** A pesar de la dificultad de cambiarlo, usted debe llevar la mayoría de su dinero en **cheques de viajero**. La marca American Express es la más reconocida, y tienen oficina en San Salvador. Aunque los cheques de viajero son reemplazables, usted debe salvaguardarlos como efectivo, ya que un centro de reembolso puede estar muy lejos o cerrado cuando usted lo necesite. También, lleve una copia de sus recibos, una lista de los centros de reembolso y los números de teléfono de los mismos y de la oficina matriz, en caso que usted tenga una emergencia y necesite llamar por cobrar. Los de baja denominación son mejores, porque de esa forma es menos probable que usted se quede con colones no gastados y porque los bancos salvadoreños no cobran comisiones sobre esos cambios.

Los viajeros también necesitan llevar consigo algunos **US dólares** en efectivo. Los necesitará si se encuentra en algún pueblito donde no acepten cheques de viajero, o en cualquier otra situación en la que los cheques de viajero no le sirvan. De nuevo, los de baja denominación son mejores.

Las tarjetas de crédito se aceptan en la mayoría de los restaurantes y almacenes grandes en las principales ciudades, y son la mejor forma de tener reservas de dinero. Puesto que existe la posibilidad de que otras personas usen, sin permiso, su número de tarjetas de crédito, llame por cobrar a su compañía de tarjeta de crédito de vez en cuando para revisar el saldo de su cuenta y para asegurarse que todos los cargos en ella sean suyos. Si usted planea conducir un automóvil, la mayoría de las tarjetas de crédito cubren el costo del seguro y eliminan la necesidad de dar un depósito en efectivo.

■ **Obteniendo dinero.** Hay varias formas convenientes y baratas de obtener dinero cuando está en el extranjero. Planee por anticipado, hable con su compañía de tarjeta de crédito, y lleve por lo menos la lista y direcciones que podrá necesitar durante el viaje.

Tarjetas American Express valen la pena obtenerlas por sólo sus beneficios de viaje. Los que tienen esta tarjeta puede hacer retiros en efectivo hasta de $1,000 cada 21 días en las oficinas de American Express en todo el mundo ($5,000 con una tarjeta de oro). La cuota por este servicio es el uno por ciento del valor del total de cada retiro. Hay una oficina de American Express en San Salvador (vea San Salvador).

Otras tarjetas de crédito le permitirán retirar fondos, pero la mayoría cobran intereses desde el día que efectúa el retiro. Asegúrese con la compañía de tarjeta de crédito antes de partir y averigüe cómo y dónde puede hacer retiros.

Si usted planea usar su tarjeta de crédito en el extranjero y estará fuera por más de un mes, tendrá que lidiar con el estado de cuenta. Con la tarjeta American Express, usted puede pagar su estado de cuenta en cualquiera de sus oficinas en el extranjero. Con otras tarjetas de crédito, usted podrá hacer un pago por adelantado y girar sobre esos fondos a medida que la use. La otra opción es que alguien en su país se ocupe de todo. Haga lo que haga, permanezca en contacto regular con su compañía de tarjeta de crédito (la mayoría aceptan llamadas por cobrar desde el extranjero) y con quien esté manejando sus finanzas.

Las transferencias directas de fondos son generalmente la forma más cara de obtener dinero en el extranjero. Además de sus servicios normales y cheques de viajero, American Express tiene el servicio Moneygram que le transferirá efectivo en diez minutos entre cualquiera de sus oficinas en los Ee.Uu. a una subsidiaria de un banco salvadoreño. La cuota está basada en la cantidad transferida, aunque por lo general será más caro que hacer un retiro en efectivo con su tarjeta. Llame a American Express por cobrar para obtener más detalles (tel 303/980-3340; en los Ee. Uu. 800/926-9400).

Tasas de Cambio (1994)		
¢8.7	=	1US$
¢6.25	=	1A$
¢6.4	=	1C$
¢5.2	=	1DM
¢13.2	=	1UK£

Los bancos extranjeros también pueden transferir dinero a bancos salvadoreños. Haga esto como último recurso, ya que su banco local probablemente no tendrá mucha experiencia transfiriendo dinero a El Salvador. Si usted decide hacer esto, primero vaya al banco receptor para obtener más información y luego llame a casa. Pregunte en qué moneda será emitido el dinero, a qué tasa de cambio y qué tan largo es el proceso. Aún si usted trata de aclarar todo por anticipado, podría tardarse varias semanas por un número de preciosas razones burocráticas.

Finalmente, los ciudadanos de Ee.Uu. tienen un servicio de emergencia (solo por razones de encarcelamiento o médicas) y puede hacer que le remitan dinero por medio del consulado o la embajada. Llame al Departamento de Estado de Ee.Uu. para mayor información (tel 202/647-5225).

■ **Gastando Dinero**. Se espera que regatee en muchas compras pequeñas. Toma habilidad y paciencia, los comerciantes o los vendedores de fruta no son sus enemigos, pero ellos quieren vender por un precio alto casi tanto como usted quiere comprar por un precio bajo. No permita que lo timen; solo recuerde mantener las cosas en perspectiva.

Hable con varias personas que vendan la misma cosa, y averigüe cuál sería un precio justo. Si manipula los precios que le ofrecen, a veces logrará que bajen los precios más rápidamente ("¡pero la señora me dijo que me lo daba por diez!"). Además, sepa cuándo regatear. En algunos lugares, como el mercado o con vendedores ambulantes (excepto comida), se espera que usted regatee. En otras partes, con hoteles en la temporada alta, las oportunidades de obtener un precio mejor de esta forma serán escasas. Los precios de alimentos cocinados generalmente no son negociables.

■ **Costos**. El Salvador puede ser un lugar barato para viajar. Si fuera necesario, es posible vivir con solo $10 o menos por día. Pero no dan premio por vivir barato, y una ducha caliente o una cena en un buen restaurante puede salvar un mal día. Los precios de hotel (en dólares) comienzan en precios menores, pero $10 es el mínimo que usted pagará por un cuarto limpio con baño privado. Comer en las calles es barato, usualmente menos de $2 por comida. Los restaurantes cobran más o menos la mitad de lo que un lugar similar cobraría en los Ee.Uu. Las cervezas cuestan alrededor de $1 la botella, y las Coca Colas, disponibles en todos los lugares, valen más o menos $0.50 cada una. El mejor medio de transporte en El Salvador es el público, y el viaje más largo a través del país nunca le costará más de $3; la mayoría de las tarifas de los autobuses son menos de $1. Los precios también varían de región a región, Oriente es ligeramente más caro que Occidente, aunque La Unión no es cara. San Salvador, por supuesto es el lugar más caro del país.

Correo

Enviar o recibir correo en El Salvador es una ciencia imperfecta. Si quiere asegurarse que su carta o paquete llegue a su destinatario, no querrá usar el correo común, pero claro está que tendra que pagar mucho más.

■ **Enviando Correo.** Antes de decidir cómo enviar algo, considere su valor y cuánto desea pagar para que llegue a su destino. El servicio postal es ineficiente, para no hablar mal. Aún existe la posibilidad que

alguien meta mano en su carta o paquete. Calcule que una carta tardará dos semanas para llegar a El Salvador, y un poco menos para una enviada a Ee.Uu..

Si usted va a enviar un paquete desde la oficina de correos, llévelo abierto pero con su empaque listo para cerrarlo, de manera que aduanas lo pueda inspeccionar. Si es importante considere usar un servicio de correo privado. EMS tiene una oficina en el Correo Central y Urgente Express tiene buena reputación (vea San Salvador). Ellos entregarán sus cartas desde y para El Salvador, así como entre otro países centroamericanos.

Enviar cartas fuera del país por medio de la oficina de correos cuesta $0.30. Los paquetes cuestan y tardan más. El costo de la mayoría de los servicios de correo privado comienzan desde $5 por una carta y cobran de acuerdo al peso por los paquetes, de entre $5 y $10 por una libra.

■ **Recibir Correspondencia**. Para recibir cartas en El Salvador, usted puede usar la lista general de correo o hacer que American Express le retenga su correspondencia (vea San Salvador). (Es mejor enviar la correspondencia a lista general de correo a San Salvador). Para cualquiera de estas dos opciones, use estampillas no atractivas, subraye su apellido en todo y asegúrese que el remitente ponga su nombre, no "Sr." o "Sra." lo que podría confundir a la persona que está clasificando las cartas. Para la correspondencia enviada a lista general de correo, escriba claramente en esta forma:

(su nombre)
Lista de Correos
Correo Central
(Ciudad), El Salvador
Centroamérica

Teléfonos

Antel es la compañía nacional de teléfonos salvadoreña y tiene oficinas en cada pueblo. A pesar de la omniprescencia de Antel (o tal vez por el monopolio), el sistema de teléfonos no es perfecto, los salvadoreños dicen haber tenido que esperar dos años para que les instalaran teléfonos en sus casas. Sin embargo, las llamadas internacionales usualmente son problemáticas. El código internacional para El Salvador es 503.

Los teléfonos públicos requieren una moneda para **llamadas domésticas**. El sistema de monedas en el país fue cambiado recientemente y la mayoría de los teléfonos de las calles solo aceptan las monedas viejas que son más grandes. Veinticinco centavos le permitirán llamar a cualquier lugar del país por tres o cuatro minutos, y una moneda de un colón le sirve para 15 minutos. En Antel le marcan llamadas domésticas por el mismo precio que en la calle. Tarda más llamar desde una oficina de Antel, pero por lo menos todos los teléfonos funcionan.

Tiene dos opciones para **llamadas intercionales**. Las oficinas de Antel cobran $3 por minuto. El servicio de discado directo a Ee.Uu. puede ser hecho desde cualquier teléfono de la calle o desde Antel, pero cobran una cuota de operadora de aproximadamente $2.50 más casi $1 por minuto. Estos servicios también hacen llamadas por cobrar, y AT&T contesta con operadoras bilingües que le pueden ayudar si usted está en un aprieto.

Transporte

■ **Autobuses** Los autobuses en El Salvador son baratos, confiables y llaman la atención. Ya sea que usted esté viajando en la ciudad o entre ciudades, se estará mezclando con los habitantes, viendo coloridos murales y viajando a una velocidad alarmante. Y ni piense quedarse parado en medio de cualquier camino ni un minuto más de lo absolutamente necesario, ya que los chóferes abusan de sus bocinas y motores pero tratan a los frenos como porcelana fina. El Salvador es el lugar a donde van a morir los viejos autobuses escolares, aunque muchos de ellos parecen estar funcionando bastante bien y usualmente están repletos de pasajeros. La mayoría de los salvadoreños viajan en autobuses los cuales se llenan increíblemente y resultan incómodos en las horas de mayor congestión. El gobierno subsidia la compra de gasolina para el sistema de transporte así es que los choferes están interesados en amontonar el máximo de pasajeros. Tenga listo su dinero.

Los autobuses entre ciudades ofrecen un buen panorama del país. La vida pasa zumbando, pero algunos de los mismos volcanes se ven en el horizonte sin moverse por lo que parecía ser todo el viaje. Durante los viajes más largos, ponga su equipaje en un lugar seguro que usted pueda vigilar. Los vendedores hacen fila en las paradas vendiendo frutas y bebidas. Algunas de las rutas entre las ciudades principales tienen servicio express, para hacer el viaje en menos tiempo.

Un Dígito Extra

El sistema de numeración salvadoreña cambió recientemente, un dígito fue agregado al principio de cada número telefónico para hacer un total de siete dígitos. Si usted se encuentra con un número viejo de seis dígitos, agréguele uno de los siguientes dígitos al principio para obtener el nuevo número. Por ejemplo, en San Salvador 26-9987 se convierte en 226-9987.

■ **San Salvador**	**2**	
■ **Occidente de El Salvador**	**4**	(Sonsonate, Ahuachapán, Santa Ana)
■ **Centro de El Salvador**	**3**	(Chalatenango, La Libertad, San Salvador, Cabañas, Cuscatlán, San Vicente)
■ **Oriente de El Salvador**	**6**	(Usulután, San Miguel, Morazán, La Unión)

Algunas veces le ahorrará tiempo tomar dos autobuses, cambiando en una parada. Algunos pueblos no comerciales, como San Francisco Gotera en el Departamento de Morazán, no tienen rutas regulares, así es que intercambiar rutas es lo más conveniente para llegar allí.

Se puede llegar a países vecinos tomando un autobús hasta la frontera, cruzando a pie y tomando otro transporte desde allí, o simplemente tomando un autobús directo internacional. Estos por lo general son más cómodos y eliminan la necesidad de encontrar medio de transporte al cruzar. Sin embargo hay una larga espera de trámites en aduana.

Las líneas domésticas salen usualmente cada pocos minutos entre puntos principales, y con menos frecuencia hacia pueblos más pequeños. Salidas son desde las 5 am hasta el oscurecer, cuando termina el servicio. Los autobuses hacen paradas con gran facilidad, aún en medio de la calle. Las estaciones se encuentran en los centros de los pueblos principales, excepto en San Salvador donde tres están diseminadas por los alrededores de la ciudad. Las centrales de autobuses son lugares sucios e inseguros, no son buenos para andar vagando por ahí. Los taxis que están dentro de las estaciones esperando pasajeros cobran más que los taxis que están pasando por enfrente.

■ **Taxis**. Los taxis salvadoreños son baratos y confiables, aunque desvencijados. Ninguno tiene medidor, así es que negocie el precio antes de abordarlo. Hay taxis disponibles en Santa Ana, San Miguel y San Salvador. En Santa Ana y San Miguel, no pague más de $2.00 por el viaje. En San Salvador, los precios son un poco más altos, pero no deberá pagar más de $4.00 por un viaje a través de la ciudad, y menos por un viaje más corto.

■ **Conduciendo**. Conduciendo su propio vehículo en El Salvador tiene ventajas y desventajas, pero definitivamente le cambiará sus experiencias del país, para mejor o peor. Los baches en vez de la gente serán sus más grandes recuerdos y si no hace un esfuerzo especial para salir de su vehículo, los únicos salvadoreños que conocerá serán los que le llenen el tanque.

Con su propio carro usted puede parar donde quiera para tomar fotos, girar a capricho en desvíos no explorados y viajar a lugares remotos que los buses raramente ven. Con sus maletas en el baúl y su mapa en el asiento trasero, los carteristas no son amenaza para usted y de alguna forma siempre encontrará el camino adónde quiere ir. Pero los alquileres, la gasolina y el seguro hace que viajar en vehículo y cruzar la frontera puede consumir su tiempo y ser frustrante. Usted estará en verdaderos problemas si su carro se muere a kilómetros de la estación de servicio; El Salvador no es un lugar

> **Números de Teléfono Directos a Los Ee.Uu.**
>
> Llame a estos números de cualquier teléfono (sin costo alguno) para hablar con una operadora:
>
> | | |
> |---|---|
> | **AT&T** | **800-1785** |
> | **Sprint** | **800-1776** |
> | **MCI** | **800-1767** |

> ### Receta de Autobús Salvadoreño
>
> 1. Tome un viejo bus escolar de Ee.Uu.
> 2. Píntelo como caricatura de los Beatles.
> 3. Escriba el nombre de su novia en el parabrisas y del santo patrón a un lado.
> 4. Añada una bocina de aire y un motorista loco, mezcle bien.
> 5. Encienda el motor y no pare por nada.

Arriba: Puente Cuscatlán (temporario)
Abajo: Muelle, La Libertad

Arriba: Guitarrista, Playas Negras
Abajo: Grafiti político

donde le gustaría quedarse varado.

Las calles de la capital y la mayoría de las ciudades principales son decentes, pero eso cambia rápidamente una vez que usted deja la ciudad. Partes de la Carretera Panamericana y la del Litoral están en total abandono, y la mayoría de los caminos vecinales no son nada más que tierra y piedras, aunque están marcadas en los mapas con grandes líneas negras. En las ciudades, esté pendiente de alcantarillas abiertas y baches sin fondo.

Los conductores extranjeros en El Salvador deben llevar sus licencias consigo, y es recomendable también tener una de conductor internacional. Asegúrese que su seguro lo cubre fuera de su país. No tendrá problemas para encontrar gasolina, ya que hasta los pueblos más pequeños las gasolineras venden tanto diesel como gasolina sin plomo. Las tiendas de venta de repuestos de automóviles están en las calles principales, especialmente a la entrada de los pueblos, y no cobran mucho. Asegúrese que el mecánico sepa qué arreglar y establezca cuanto costará antes de empezar el trabajo.

Manejando en El Salvador

- Esté pendiente de las vacas en la carretera, especialmente de noche.
- Tenga cuidado con los choferes de autobuses, no disminuyen la velocidad para dejarlo pasar. Y si usted trata de pasar y ellos vienen en dirección opuesta, algunas veces aceleran.
- Calcule que cada pulgada del camino que no pueda ver en ese preciso momento estará lleno de baches, porque con frecuencia lo está.
- Revise el aceite, agua y ruedas regularmente.
- Lleve una reserva de agua, siempre disponible en las estaciones de gasolina.
- Conducir por la noche podría ser espeluznante. Nunca hay luces en el camino y raramente pasan otros vehículos. También es la hora de mayor riesgo de asaltos. No maneje de noche si su automóvil no está funcionando bien o si Ud. se asusta fácilmente.
- La gente espera pagarle un colón o dos para que les dé un aventón, alégreles el día diciéndoles no gracias.
- Con solo dos carriles en la mayoría de los caminos, rebasar es peligroso. Aprenda a hacer señales con la mano, comience a hacerlas locamente con el brazo del lado del pasajero para indicarle a la persona que usted está rebasando que reduzca la velocidad y le permita pasar. Se siente ridículo al principio, pero le puede salvar la vida.
- Suene la bocina anticipadamente cuando pase por un pueblo; con frecuencia hay niños y animales por las calles.
- Con frecuencia, los conductores no obedecen los semáforos, un hábito aprendido durante la guerra cuando atacaban los coches al llegar a los semáforos. Así, esté muy seguro que el tráfico transversal ha parado antes de cruzar aún con luz verde.
- Muchos caminos menores son intransitables sin un vehículo de 4x4, y nadie en los alrededores tendrá teléfono. Evite problemas, sepa cuando regresar.
- Asegúrese tener suficiente visibilidad para rebasar. No pase detrás de otro carro.
- Lo mas importante: maneje despacio de manera que pueda evitar lo inesperado sin salirse del camino.

■ Alquiler de Vehículos. Alquilar un vehículo elimina algunos pero no todos los problemas que usted tendría con su propio automóvil. El alquiler pueder resultar barato si usted viaja en grupo y ha hecho un trato por anticipado. Los vehículos de alquiler eliminan el problema de pasar su vehículo por las fronteras y aduanas.

Agencias de Alquiler de Vehículos

Hay cuatro agencias principales de renta de vehículos en San Salvador. Usted encontrará algunas agencias pequeñas en el directorio telefónico, también, pero tenga cuidado ya que algunos de sus vehículos no son confiables.

AVIS
43a Av Sur #137
Tel 224-2623

Hertz
C Los Andes #16
Col Miramont
226-8099

Bargain
79a Av Sur #6
Col La Mascota
Tel 223-1668

Dollar
Av Roosevelt #3119
Tel 224-4385

■ Motocicletas. Si usted planea llevar su motocicleta hasta El Salvador, la estación lluviosa no es una buena época para hacerlo. Tenga cuidado con los motoristas locos y asegúrese que puede reparar todo usted mismo.

■ Bicicletas. Aunque las carreras de bicicletas son populares en El Salvador y hay muchos ciclistas en el camino, no lo recomendamos; los conductores salvadoreños no son conocidos por su deseo de compartir el camino. También los caminos malos y la lluvia pueden hacer que el viaje sea casi imposible.

■ Pidiendo Aventón. El pedir aventones es una forma de vida en El Salvador rural, donde los motoristas de los camiones cubren costos llevando a los campesinos. Sin embargo, los autobuses pasan con tanta frecuencia por los caminos principales que pedir aventón no es necesario. Recuerde, como en cualquier lugar del mundo, siempre está tomando un gran riesgo al subir al vehículo de un extraño. Si usted obtiene un aventón en la parte trasera de un pick-up, ofrezca pagar uno o dos colones por la gasolina cuando el viaje haya terminado.

Alojamiento

Calcule no pagar mucho u obtener mucho, por hospedaje en El Salvador, excepto en un puñado de hoteles de primera clase en San Salvador y algunas sorpresas en pueblos pequeños. Sin embargo, por todo el país usted podrá encontrar un cuarto pasadero con ducha privada por menos de $10. La única excepción es para los pocos aventureros que encuentran su propio lugar en una playa aislada, en otros tiempos, el mejor alojamiento que existía.

Claves para Rentar un Vehículo

- Para obtener un buen precio, contacte una verdadera agencia con la mayor anticipación posible.
- Las agencias de alquiler más pequeñas son más baratas, pero muchos de sus vehículos no son confiables, ningún ahorro vale la pena ante la posibilidad de quedarse trabado en medio de la nada.
- Su tarjeta de crédito cubrirá el costo del seguro, y usted la puede usar en lugar de dejar un depósito de seguridad.
- Las programaciones de alquiler largo son más baratas.
- Los camiones pick-up son baratos, durables y no son grandes blancos para los ladrones.
- Obtenga millaje ilimitado o estará limitado a la ciudad.
- Asegúrese que las llantas estén casi nuevas.
- Asegúrese que la llanta de repuesto queda bien, probándola antes de partir.
- Obtenga el número de teléfono de a quién hablarle en caso de emergencia. Aún con este número, no espere que le presten mucha atención si se queda trabado. Tienen su depósito de seguridad, así es que usted está por su cuenta en lo que a ellos concierne.
- En el camino, no tome riesgos. Si algo suena raro, devuelva el vehículo inmediatamente.

Los lugares para alojarse en El Salvador tienen diferentes nombres. Los hoteles son generalmente, pero no siempre, los mejores. Otros como las posadas, pensiones, hospedajes y casas de huéspedes son nombres de lugares que pueden ser buenos, malos o intermedios. Los moteles que cobran por hora son la excepción-trate de evitarlos.

Los salvadoreños salen de vacaciones con toda su familia y duermen todos en un solo cuarto, así es que ocasionalmente las tarifas son elevadas asumiendo que usted meterá unas cuantas personas más. Aprenda a vivir sin agua caliente, porque solo los mejores hoteles y los curiosos pueblos de montaña sí tienen. Una bolsa de dormir y papel higiénico son prerrequisitos para vivir barato. Siempre pida ver la habitación primero, ya que la calidad varía de una puerta a la siguiente. Asegúrese que las sábanas esten limpias y pida un ventilador si su cuarto no tiene uno.

Alimentos y Bebidas

La comida salvadoreña no es cara, es sencilla, ocasionalmente no saludable y algunas veces deliciosa. Las pupusas son la comida típica preferida, aunque los restaurantes de comida rápida tienen hamburguesas y pizza que están en segundo lugar. El país tiene gran variedad de frutas exóticas, sus propias sodas y unas cuantas cervezas locales. En las ciudades grandes hay suficientes restaurantes para satisfacer el gusto de todos.

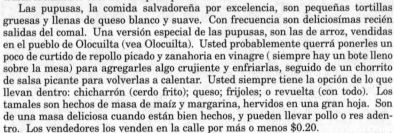

El almuerzo es la comida fuerte del día y puede costar entre $1.50 en las calles y muchísimo más en los restaurantes exclusivos de la capital. Usualmente vale la pena buscar un restaurante en vez de optar por la comida de la calle, ya que los restaurantes no resultan caros y la comida es mejor (y mejor para usted). Aún los pueblos más pequeños del país tienen restaurantes, generalmente buenos.

■ **Cocina Local**. El Salvador tiene una variedad de platillos y bebidas, algunos tradicionales y otros importados. El plato típico, servido en todas partes, consiste de una taza de frijoles refritos, una cucharada de crema, un plátano frito y unas cuantas tortillas. La Mariscada es una crema de mariscos bastante común. Naturalmente, es mejor y más fresca en la costa, pero puede encontrarla fácilmente casi en cualquier parte.

Las pupusas, la comida salvadoreña por excelencia, son pequeñas tortillas gruesas y llenas de queso blanco y suave. Con frecuencia son deliciosímas recién salidas del comal. Una versión especial de las pupusas, son las de arroz, vendidas en el pueblo de Olocuilta (vea Olocuilta). Usted probablemente querrá ponerles un poco de curtido de repollo picado y zanahoria en vinagre (siempre hay un bote lleno sobre la mesa) para agregarles algo crujiente y enfriarlas, seguido de un chorrito de salsa picante para volverlas a calentar. Usted siempre tiene la opción de lo que llevan dentro: chicharrón (cerdo frito); queso; frijoles; o revuelta (con todo). Los tamales son hechos de masa de maíz y margarina, hervidos en una gran hoja. Son de una masa deliciosa cuando están bien hechos, y pueden llevar pollo o res adentro. Los vendedores los venden en la calle por más o menos $0.20.

■ **Restaurantes**. En El Salvador hay restaurantes de todo tipo y calidad. Los restaurantes decentes con frecuencia no son mucho más caros que los pequeños puestos de comida. Una clave de que un lugar sirve buena comida puede ser que siempre están llenos, así es que planifique comer su almuerzo a la misma hora que el resto del país, alrededor del mediodía.

El Salvador, y especialmente San Salvador, está lleno de cadenas de restaurantes de comida rápida de Ee.Uu.; a veces parece que hay una Pizza Hut en cada esquina, y algunas veces dos. Un McDonalds ocupa un bello edificio a dos cuadras de la plaza central y Burger King y Wendy's están comprando los mejores terrenos disponibles. Hay unas cuantas cadenas de comida rápida con sucursales por todo el país como Biggest, Sir Pizza y Toto's Pizza. El pollo frito es muy popular, y Pollo Campero lo hace bien para los estándares salvadoreños. Usted verá a muchos salvadoreños que vuelan a los Ee.Uu. llevando grandes cajas de pollo consigo, por encargo de sus familias.

■ **Mercados y Vendedores**. Los Mercados tienen las frutas más frescas, que es la mejor opción si usted tiene en qué llevarlas y las puede lavar. La mejor fruta se encuentra temprano en el día. Busque el mejor precio y compre por volumen.

Aparte de eso, las ventas de comida en los mercados sirven comida sabrosa, pero no necesariamente saludable. Si usted va a comer allí, o aún en un restaurante, dé un vistazo primero para ver si es limpio. También pregúntele a la gente que trabaja en el mercado cuál es el mejor lugar para comer; uno o dos siempre tienen la mejor reputación.

■ **Fruta.** Los mercados de El Salvador ofrecen una impresionante variedad de fruta, incluyendo alguna que, le garantizamos, no habrá visto antes. También se vende en la calle mucha fruta deliciosa, partida y embolsada. El mamey es carnoso, color naranja como de ocho pulgadas de largo y tiene sabor de albaricoque. Un zapote es redondo, de más o menos tres pulgadas de diámetro con cáscara roja o verde, carne naranja y una gran semilla. Muérdalo hasta la pulpa, la que tiene sabor como de mango maduro (cuando la cáscara está naranja o roja).

■ **Bebidas.** El Salvador tiene una gran selección de bebidas nativas pesar de ser un país tan pequeño, incluyendo cerveza, licor, sodas y una bebida sorprendentemente refrescante hecha de leche, arroz y canela llamada horchata. Hay cuatro marcas de cerveza-Pilsener, Suprema, Regia y Golden Light-producidas localmente. La Pilsener es la más popular y tiene un vago sabor Bohemio, Golden Light sabe a agua y la Regia viene en grandes botellas café y es popular entre los jóvenes. El aguardiente es un licor producido por el gobierno, distribuido en expendios (venta de licor autorizadas por el gobierno) en casi todos los pueblos.

El aguardiente es hecho con caña de azúcar, tiene un ligero sabor a ron y podría remover pintura. Tres Puentes es la marca nacional, Muñeco es hecho en San Salvador y Unidas en Santa Ana, pero son todos básicamente el mismo aguardiente. La chicha alcohólica está hecha de maíz, fermentado y le mezclan azúcar morena. Ha sido consumida por miles de años, encontraron restos en San Andrés, y todavía se consume bastante.

Algunas veces la soda parece mejor que el agua purificada. La Coca-Cola hace una labor increíble llevando su líquido mágico hasta pueblos que ni los helicópteros encontrarían. Por alguna razón la Pepsi es escasa, exceptuando en las Pizza Huts y los Texaco Starmarts. Kolachampán, la "gaseosa nacional", es una bebida increíblemente suave que fascina a los salvadoreños pero que a los extranjeros parece no gustarles. Algunas otras marcas más pequeñas son pasables, incluyendo la crema soda de la Tropical.

El agua mineral se vende por todo el país, incluyendo en las gasolineras y supermercados. Es una buena idea llevar una botella con usted, ya que el agua corriente lo podría enfermar (Vea Salud). El café, por supuesto, está por todos lados y usualmente es de primera, aún en las mini cafeterías.

■ **Comida Vegetariana.** Hay unos cuantos restaurantes vegetarianos en San Salvador y Santa Ana. Muchos campesinos sobreviven con frijoles, arroz y tortillas ya que la carne es muy cara, lo que hace a la mayoría de los salvadoreños vegetarianos por carencia. Esté prevenido que los frijoles con frecuencia son cocinados con manteca.

LO BÁSICO

Recetas Salvadoreñas

Pupusas

Masa (harina de maíz finamente molida que la venden en la mayoría de almacenes)
Queso blanco suave, así como el mozzarella
Salsa Tabasco

Mezcle la masa con agua y del resultado haga tortillas delgadas, cada una como de cinco pulgadas de diámetro y pulgada de grueso. Coloque el queso en el centro de una tortilla y póngale otra encima y presione las orillas sellándolas juntas. Póngalas en una plancha con un poco de aceite vegetal y cocine igual ambos lados. Sirva con salsa tabasco y curtido de repollo (vea abajo). Otros rellenos pueden sustituir el queso, incluyendo frijoles y carne.

Curtido de Repollo (Repollo Picado en Vinagre)

Un Repollo
Vinagre,
Zanahoria, Cebolla

Parta el repollo en rodajas y los vegetales en tiras, colóquelos en vinagre y añada, orégano, sal y chile al gusto. Deje la mezcla sumergida por aproximadamente seis horas antes de servirla con las pupusas.

Sopa de Frijoles Rojos o Negros

Frijoles Rojos o Negros
Agua
Cebolla
Ajo, Sal

Después de revisar bien los frijoles para limpiarlos de palitos o tierra, déjelos en agua durante la noche, lávelos y póngalos en una olla de agua. Añade la cebolla, ajo y sal, luego cocínelos hasta que estén blandos. También se le puede agregar yuca o hueso a la sopa para darle más sabor. Es mejor cuando se sirve con arroz frito.

Horchata

Horchata
Arroz
Leche, agua, hielo

Tueste el arroz crudo (dos cucharaditas por vaso, como 3/4 de taza por jarra) en un sartén sin grasa hasta que se doren ligeramente pero que no se quemen. Muélalos hasta que se hagan polvo, usando un procesador de alimentos, si tiene uno. Mézclele leche y agua hasta llenar un vaso o la jarra (dos partes de agua y una parte de leche). Sírvalo helado.

Medios de Información

■ **Periódicos** La prensa salvadoreña, históricamente muy derechista, ha comenzado a ampliar sus fronteras. Comparado con el período durante la guerra civil, cuando la prensa estaba claramente bajo el control de los militares, los periódicos salvadoreños están experimentando un pequeño renacimiento liberal, aunque todavía les falta mucho. La Prensa Gráfica, el diario más grande de El Salvador, es muy conservador pero bueno para noticias diarias de grandes noticias y eventos, e incluye una lista de los entretenimiento. Pisándole los talones está El Diario de Hoy, casi tan popular y aún más conservador. El

Mundo y Diario Latino son periódicos más pequeños que salen en la tarde, y ambos tienen una posición más moderada.

■ **Radio**. Radio Venceremos (100.5 MHz) ha evolucionado de ser un blanco del gobierno, la voz clandestina del FMLN, a una de las mejores radiodifusoras que ya produce ganancias. Las noticias de las 7 am son buenas, aunque ocasionalmente entrevistan políticos y estrellas famosas. La estación todavía tiene la inclinación del FMLN pero los lazos políticos se están cortando lentamente.

Saliendo a los Alrededores

■ **Excursionismo; Acampar y Escalar**. Para ser un país tan pequeño y tan densamente poblado, El Salvador tiene una respetable variedad de lugares donde disfrutar al aire libre. Montecristo y el Cerro Verde son dos de los lugares más obvios, pero también hay buenos caminos y vistas cerca de Apaneca, Metapán, y Santiago de María. Cualquier volcán grande, particularmente los que están cerca de las grandes ciudades, son buenos para escalar, con vistas espectaculares garantizadas. Cantidad de opciones más allá del camino trillado, como

excursionar en las regiones montañosas de los Departamentos de Morazán y Ahuachapán, esperan a los más aventureros. Si usted va a ir de excursión, pare por el Instituto Geográfico en San Salvador antes de salir para que compre un buen mapa del área (vea San Salvador).

■ **Sobre el Agua**. El Salvador tiene playas soberbias y, si usted viene en la temporada apropiada, encontrará algunas secciones de la costa desiertas y limpias. El Espino, El Icacal y El Cuco son todas playas bellísimas. Los pueblos de los pescadores se alinean por la costa, y por un precio razonable, lo llevarán en un paseo por lancha sobre las olas de la costa, o a otro sitio cercano Haga un viaje a las Playitas, a las islas en el Golfo de Fonseca, métase en las olas de la playa San Marcelino o explore en una canoa el tranquilo estuario de la Barra de Santiago.

■ **Surfeando**. Es difícil de creer que un país de 260 kilómetros de largo tenga unas olas a nivel mundial, pero El Salvador las tiene. La mayoría están concentradas cerca de La Libertad, con unos cuantos lugares buenos en ambas direcciones.

La estación del surf dura desde finales de febrero hasta noviembre. Las costas son menos activas entre noviembre y febrero, pero los vientos de fuera de la costa pueden todavía crear buenas olas durante ese período. En general, las olas son de uno a dos metros hasta romperse. Algunas veces suben hasta tres metros, y ocasionalmente hasta cinco. *(La información sobre el surf ha sido cortesía de el Surfer Publications, editores de The Surf Report, una pequeña revista sobre destinos para surfear alrededor del mundo. Para información o para suscribirse a esta revista u ordenar ediciones atrasadas o un reporte más completo sobre el surf en el Salvador, escriba a: The Surf Report, PO Box 1028, Dana Point, CA 92629 tel 714/496-5922 ext 3030)*

■ **En la ciudad**. Varios centros culturales y galerías en la capital organizan exhibiciones de arte, representaciones y otros eventos. Los teatros y los cines en las ciu-

Frecuencias de Onda Corta

Horario	Frecuencia (kHz)
BBC	
5-8am	15220
8-10:15am	17840
4-6:30pm	15070
5-9:30pm	12095
6-9:39pm	9915
6:30-8:30pm	9590
8pm-12:30am	5975
11pm-12:30am	9640
La Voz de las Américas	
6-8pm	11740
6-8:30pm	5995, 9775
	9815, 11580
9-10pm	6130, 9455
Christian Science Monitor	
6pm-12am	13760
6-10am	13760

dades grandes exhiben películas americanas dobladas al español (los teatros de las ciudades pequeñas tienden a películas superficiales y películas de aventuras-acción de bajo presupuesto). Hay muchas opciones en San Salvador para disfrutar música latina o en vivo, siempre y cuando que usted tenga la ropa y el efectivo, mientras que La Luna y otros cafés más pequeños en la capital son consi derablemente más informales y baratos. Los teatros nacionales en San Salvador, Santa Ana y San Miguel organizan conciertos ocasionalmente. Si usted prefiere pasar una noche tranquila, pruebe la plaza principal en un pueblo pequeño como Conchagua, donde la gente se reúne para flirtear, discutir los eventos del día y ver cómo salen las estrellas.

De compras

Los artesanos de El Salvador producen artesanías que harían buenos regalos o recuerdos. Las hamacas, del pequeño pueblo de **Concepción Quezaltepeque** en el Departamento de Chalatenango tienen un tejido muy elaborado y vienen en diferentes materiales y diseños. Son buenas compañeras de viaje, especialmente si usted planea acampar en la playa. Las mejores están disponibles en el pueblo, aunque es todo un día de viaje desde la capital.

Las pequeñas cajas de madera y otras piezas de **La Palma** en el norteño Departamento de Chalatenango, son las artesanías más conocidas de El Salvador. Las piezas de madera son pintadas con diseños simples e infantiles de la campiña salvadoreña en colores brillantes, y luego laqueadas. Cualquier tienda que venda artesanía salvadoreña, dentro o fuera de El Salvador, invariablemente incluye piezas de La Palma.

La ciudad de **Nahuizalco** en el occidente, es conocida por sus muebles de mimbre y de madera. Estas piezas llevan mucho tiempo en su manufactura, y serían excelentes recuerdos si tan sólo no fueran tan difíciles de llevar a casa.

Ilobasco produce cerámica pintada que es exportada por toda Centroamérica. Aunque parte de este trabajo es más bien rudimentario, los talleres de cerámica hacen de la ciudad un lugar interesante que visitar.

San Sebastián en el Departamento de San Vicente tiene una antigua industria casera que una vez produjo los mejores textiles del país en grandes telares de madera. Ahora, usted encontrará más importaciones chinas en los mostradores de las tiendas de El Salvador, que textiles de San Sebastián, así es que no hay mucha razón por la cual visitar la ciudad.

Los artículos de cuero son otro excelente recuerdo de El Salvador. Sergio Acevedo en **Santa Ana** le hará el mejor y más cómodo par de botas estilo vaquero que usted haya usado. Otras tiendas y artesanos por todo el país venden cinturones de cuero, monturas, carteras, billeteras y zapatos.

San Salvador es bueno para comprar las mejores artesanías del país. Las hamacas son vendidas cerca de la plaza central por campesinos que viajan desde Concepción Quetzaltepeque. Numerosas galerías venden arte y artesanías, incluyendo algunos estilos que usted no encontrará en ninguna otra parte. Dos mercados artesanales fuera del centro de la ciudad, tienen una buena selección de cada tipo de artesanía salvadoreña, aunque los precios son más altos allí (vea San Salvador).

Las Mejores Paradas en El Salvador

Lugares en el Occidente
- Playa Barra de Santiago hasta Acajutla
- Playa Los Cóbanos
- El Zonte

Cerca de La Libertad
- El Zunzal
- Playa Conchalío
- El Punto (La Libertad)
- La Paz (La Libertad)
- Playa San Diego

Lugares en Oriente
- Playa El Cuco
- Playa Las Tunas

LO·BÁSICO

San Salvador

San Salvador de Ayer

Desde muchos puntos de vista la historia de San Salvador es la historia de El Salvador. Las angustias, decepciones, grandes esperanzas, promesas y bendiciones ocasionales de la ciudad reflejan las experiencias de todo el país. Las mugrientas calles del centro y los elegantes barrios residenciales de la capital son reflejo tanto de El Salvador como de su capital.

■ **Fundación.** La capital pipil de Cuscatlán, establecida en 1054, fue la primera ciudad principal en la vecindad del actual San Salvador. Este núcleo indígena, situado en las cercanías del Valle de Zalcoatitán, era rico y poderoso.

La llegada de los españoles rápidamente llevó a la próspera cultura pipil a su fin. Pedro de Alvarado atacó la ciudad cuando entró a El Salvador en 1524, pero pronto fue derrotado. Volvió muy pronto para montar una segunda campaña en contra de los cuscatlecos, pero pronto comprendió que la única forma de derrotar a los pipiles sería establecer una colonia en el área.

Hacia fines de marzo de 1525, Gonzalo de Alvarado fundó la villa de San Salvador cerca de Cuscatlán, nombrándola en honor a Cristo, Divino Salvador del Mundo. Sin embargo, antes de un año, el nuevo pueblo fue quemado totalmente durante un levantamiento sorpresivo de los pipiles. Los pocos españoles que sobrevivieron huyeron a Guatemala.

Sin embargo, la historia de la familia Alvarado junto con la de San Salvador no había terminado todavía. En 1528, Jorge de Alvarado, a cargo de la campaña para establecer El Salvador en la ausencia de su hermano Pedro, envió a su primo Diego para reestablecer la villa de San Salvador en su lugar actual. Pronto las tribus locales fueron dominadas, y muchos pobladores regresaron al área. San Salvador fue declarada ciudad en 1546, con el Parque Libertad, la Iglesia del Rosario y El Cabildo constituyendo el centro de la ciudad.

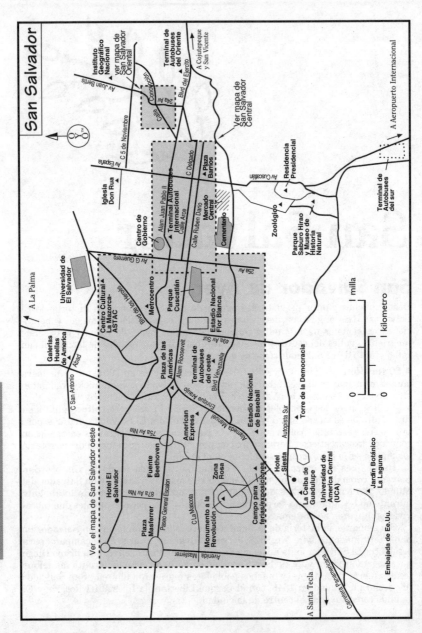

SAN SALVADOR

■ **Independencia.** En 1811, el Padre José Matías Delgado dio el grito para la independencia de Centro América desde San Salvador. Al amanecer del 5 de noviembre, las campanas de la iglesia se oyeron por toda la ciudad para mostrar que había empezado la lucha. El movimiento fracasó. El 15 de septiembre de 1821 se proclamó la Independencia en la ciudad de Guatemala. Cuando las noticias llegaron a San Salvador de que la revolución había sido un éxito, las calles se llenaron para la celebración. Las fuerzas leales españolas de los países vecinos fueron completamente dominadas en 1835, y San Salvador fue declarado capital de la República de Centroamérica, establecida de 1824 a 1841. La ciudad se convirtió en la capital de El Salvador cuando la república se derrumbó cuatro años más tarde.

San Salvador se expandió rápidamente desde el Siglo XIX hasta el presente. Los teléfonos y la electricidad llegaron en 1880. El cercano Volcán de San Salvador hizo erupción repetidamente durante años. En 1940, cerca de 100,000 personas vivían en la capital. Cincuenta años después, la cifra era de un millón debido en gran parte a la afluencia de campesinos de la empobrecida campiña arrasada por la guerra.

■ **Historia Reciente.** Durante la primera parte de la guerra, la capital escapó en gran parte de la lucha, pero en agosto de 1981, el FMLN dinamitó ocho estaciones de energía y dejó la ciudad sin ella durante diez días. Aparte de los efectos sicológicos de la campiña enfrascada en la guerra, la capital no sufrió mucho daño directo durante la primera mitad de los 1980.

Los ciudadanos de la capital trataron de proseguir sus vidas, pero los efectos de la guerra no podían ser ignorados. Fue impuesto un toque de queda a las diez de la noche y cumplido estrictamente, la Iglesia documentó cientos de casos de gente que murió debido a la violación del toque de queda. El ritmo social de San Salvador fue cambiado también. Los hoteles comenzaron sus ofertas "del toque de queda hasta el amanecer", en las cuales los huéspedes que no querían aventurarse después de oscurecer pagaban un precio por cenar, bailar y una habitación para la noche. Algunas personas desafiaban el peligro y salían, para pasear, vagar o tomarse de las manos.

■ **Terremoto.** Una paz inestable fue estremecida el 10 de octubre de 1986, cuando un terremoto de 7.5 grados en la escala de Richter destrozó edificios por toda la ciudad y cerró la mayoría de los negocios. Hoteles y edificios de oficinas se derrumbaron, quedando cientos de gente atrapados o enterrados. La embajada de Ee.Uu, el Ministerio de Planificación y el Gran Hotel San Salvador fueron destruídos o severamente dañados. Cuatro de los seis hospitales principales, así como miles de hogares y la mayoría de los vecindarios pobremente construídos, resultaron seriamente afectados.

El nivel de mortalidad subió por cientos, con miles de lesionados y millares de gente quedaron sin hogar. El gobierno salvadoreño apeló a la comunidad internacional en busca de ayuda, mientras luchaba para encontrar fuentes adecuadas de agua, alimento y medicina. Mientras tanto, el ejército se preocupaba más por evitar un posible ataque de la guerrilla que en ayudar en los esfuerzos de rescate, y declaró zona restringida el centro de la ciudad. Helicópteros y camiones del ejército patrullaban las calles para prevenir que la guerrilla tomara ventaja del caos. En respuesta, el FMLN declaró un cese al fuego en la capital durante la emergencia.

Aún ahora, los efectos del terremoto son evidentes. Algunos edificios, tal como la Catedral Metropolitana y la Biblioteca Nacional original, se están reedificando mientras que otros edificios, como el Museo Nacional, permanecen cerrados debido al daño sufrido. La alta y negra Torre Democracia en la Autopista Sur cerca de la UCA seriamente dañada, se destaca en el paisaje urbano eompletamente reconstruida.

■ **La Lucha Llega a la Capital.** El FMLN tuvo éxito en llevar la guerra a San Salvador en 1989. El plan original de los rebeldes ocasionó ataques simultáneos en Usulután, San Miguel, Zacatecoluca, Santa Ana y San Salvador en un esfuerzo para instigar un levantamiento popular. Atacaron en la madrugada de un día feriado, cuando para muchos soldados había fin de semana libre. Sin embargo, el ejército lo averiguó con anticipación y canceló los permisos poniendo a sus unidades en estado de alerta.

Como resultado, los ataques a Santa Ana, Zacatecoluca y Usulután fallaron, y sólo San Miguel y San Salvador corrieron peligro. En San Salvador, la guerrilla, a diferencia de otras veces, atacó los barrios ricos para provocar que el ejército bombardeara los hogares de los principales simpatizantes, ya que a principios de la guerra el gobierno lo hizo con los vecindarios pobres ocupados por el FMLN. La casa del Presidente Cristiani en la Colonia Escalón fue una de las primeras atacadas por los rebeldes.

Sin embargo, el ejército no mordió el anzuelo, y se contentó con hacer salir de la ciudad a la guerrilla más bien despacio, en vez de tratar de terminarlos allí mismo. Solo 200 soldados fueron enviados para pelear y, cuando estos fallaron, el ejército recurrió a ataques aéreos estratégicos. Aunque algunos residentes ricos se quejaron después por los ataques aéreos sobre su vecindario, las secciones Norte y Oeste de San Salvador sufrieron un daño mínimo durante la ocupación.

Aunque la guerrilla controló casi un diez por ciento de la ciudad en un momento, fueron sacados en parte, porque perdieron la oportunidad de atacar a la Fuerza Aérea Salvadoreña en el cercano aeropuerto de Ilopango. También, la población de San Salvador estaba desencantada con el intento guerrillero para iniciar un levantamiento general. Los residentes de la ciudad simplemente querían que la guerrilla se fuera y se llevara la lucha a otra parte. En total, cerca de 700 personas, incluyendo casi 100 civiles, murieron en los combates en San Salvador. Dos mil personas fueron heridas, la mitad de ellos civiles, y los refugios de seguridad estuvieron repletos con más de 2,500 refugiados.

San Salvador Ahora

El corazón geográfico, económico y político de El Salvador es probablemente el lugar más sucio, populoso y peligroso en el país, pero también ofrece cosas que no hallará en ninguna otra parte. Con un poco de paciencia, se puede encontrar casi todo en San Salvador, y ya que usted no podrá evitar pasar por esa ciudad, trate de aprovechar mejor esa visita.

La mayoría de los temblores que azotan el área son cortesía del Volcán de San Salvador que se encuentra hacia el Oeste, aunque los terremotos políticos y sociológicos son hechos en casa. Es reconfortante saber que esta jungla de concreto está a solo 30 minutos de las cercanas playas de La Libertad y del Lago de Ilopango, siendo ambos buenos sitios para escaparse si está mucho tiempo en la ciudad.

San Salvador es la ciudad más densamente poblada de Centroamérica, con un impresionante cálculo oficial de 500,000 residentes. Sin embargo, cuando todas las personas de los suburbios de la clase media y los barrios marginales que rodean la ciudad se agregan a ésto, la cifra probablemente sea de más de 1,500,000 de habitantes.

Meciéndose en San Salvador

Lo que los pipiles conocían como Zalcoatitán, o "Valle de la Serpiente Emplumada", fue llamado por los españoles Valle de las Hamacas. Este nombre más exacto (tal vez menos poético) vino de la observación de que el área se mece como una hamaca cada vez que la erupción de un volcán o un terremoto lo conmociona. San Salvador fue destruído por primera vez por un terremoto en 1575 y un promedio de dos o más veces cada siglo por los siguientes 300 años.

Poco después San Salvador fue declarado la capital de El Salvador. El terremoto de 1854 destruyó la mayoría de los edificios de la ciudad y surgió el debate de si el gobierno debería cambiar la capital a una localidad más estable. Al final, el gobierno decidió reconstruir en la misma área, aunque limitó la construcción vertical a dos pisos. Aunque los edificios se han construído más altos que eso desde entonces, los salvadoreños han aprendido que en los confines oscilantes de su capital, los edificios más bajos son los más seguros.

Gente de todo el país vienen a la capital en busca de trabajo. Ahora que la guerra ha terminado, muchos han regresado al campo, pero el desempleo en la ciudad todavía es alto. Sin embargo, la gente sigue adelante, y usted encontrará vendedores de todo lo imaginable en cualquier esquina.

La primera impresión de San Salvador no es positiva. La contaminación, el ruido, el caos y las multitudes pueden a veces ser abrumadoras. El crimen es un problema, especialmente en el centro cerca de la Plaza Barrios. Usted no verá mucha gente en las calles, por la noche, que siempre es inquietante en una ciudad tan grande. Algunas veces la ciudad puede ser increíblemente frustrante, trate de mantener la calma cuando encuentre que el tráfico está congestionado por diez cuadras, porque hay hombres reparando un bache en la intersección de más movimiento durante las horas pico. Aún los más exclusivos vecindarios del Oeste de la ciudad, aunque limpios, son poco invitadores. La Colonia San Benito, por ejemplo, tiene mansiones rodeadas de altos muros, amplias calles vacías y poca gente en las calles, aparte de los guardias.

Por otro lado, San Salvador está bien ubicada en el centro del país, a un día de viaje desde cualquier punto y convenientemente cerca del aeropuerto internacional. La ciudad tiene un montón de hoteles, desde cinco estrellas hasta sin estrellas. Aquí usted encontrará casi todos los tipos de restaurantes que pueda imaginar, desde pupuserías hasta los más elegantes, donde un platillo cuesta $20 y hay piano bar y copas de cristal. San Salvador ofrece la mejor, diríase la única, vida nocturna en el país, con muchos lugares que valen la pena. Los museos y las galerías son buenos para las tardes de domingo, y por lo general hay competencias deportivas en los diferentes estadios de la ciudad. Igualmente puede ir a caminar a algún lugar cercano, ya sea por los caminos del Jardín Botánico en La Caldera o en las faldas del Volcán de San Salvador (vea Santa Tecla).

En resumen, a pesar de que las multitudes, el crimen y la población en San Salvador lo pueden poner tenso, usted encontrará bastante qué hacer. La ciudad, base conveniente desde donde explorar el resto del país, lo mantendrá ocupado por días, ya sea que lo desee o no.

Orientación

San Salvador es a veces, una jungla de concreto que puede confundirlo. Sin embargo, tiene cierto orden, que si usted se toma un momento para aprender cómo funciona, cómo va la numeración, cuáles calles principales cruzan y salen de la ciudad y dónde están situadas las señales importantes, usted descubrirá que no es tan difícil orientarse.

■ **Calles y Avenidas**. Las calles de San Salvador están diseñadas con cierta lógica; el problema real reside en que muchas de las principales calles de la ciudad cambian de nombres cada doce cuadras. Como la mayoría de las ciudades salvadoreñas, San Salvador tiene avenidas que corren de Norte a Sur. La Avenida Cuscatlán/España es la avenida principal, y consecuentemente tiene dos nombres diferentes; uno para cada una de sus mitades Norte y Sur. Las avenidas pares aumentan hacia el Este de la Avenida Cuscatlán/España. Hacia el Oeste de la Avenida Cuscatlán/España, las avenidas con números impares aumentan. Las avenidas externas no oficiales de San Salvador son la Avenida Masferrer hacia el Oeste y la Terminal de Occidente hacia el Este, y la Avenida 49 divide a la ciudad por mitad.

Igualmente, las calles corren de Este a Oeste. La Calle Delgado/Arce divide todas las calles pares (hacia el Sur) e impares (hacia el Norte). Los límites no oficiales del Norte y Sur de la ciudad son la Autopista Sur hacia el Sur y la Calle San Antonio Abad hacia el Norte. La calle de más tráfico tiene tres nombres diferentes: Calle Rubén Darío en el centro de la ciudad, luego cambia a Alameda Franklin Delano Roosevelt cerca de la 25 Av. N hacia el Oeste, y finalmente se convierte en Paseo General Escalón cuando pasa de la Plaza de las Américas hacia la Plaza Masferrer. Calle Delgado/Arce, a una cuadra al Norte de la Calle Darío/Alameda FDR/Paseo Escalón, se llama Delgado del centro de la ciudad al oriente y cambia a Calle Arce cuando pasa la Avenida Cuscatlán/España hacia el Oeste.

Realmente, es sencillo cuando logre entenderlo. La Avenida Cuscatlán/España y la Calle Delgado/Arce dividen la ciudad, uniéndose una cuadra al norte de la Plaza Barrios en el corazón de la ciudad. El Paseo General Escalón con sus bellas casas, el Boulevard de los Héroes con sus restaurantes, vida nocturna y centros comerciales y la Avenida Juan Pablo II en frente del Centro de Gobierno son las otras calles principales de la ciudad.

■ **Saliendo de San Salvador.** Muchas calles conducen fuera de San Salvador en todas direcciones. Saliendo de la ciudad hacia el Norte, está la 24 Av./Calle Concepción, que lleva a Apopa y luego a los Departamentos de Cuscatlán y Cabañas. El Boulevard del Ejército corre hacia el Este saliendo de la ciudad y se une a la Carretera Panamericana, antes de continuar para San Vicente. La Avenida Cuscatlán (que se convierte en Avenida de los Diplomáticos) y la 49 Av. salen de la ciudad hacia el Sur-Este rumbo al aeropuerto y la Costa del Sol.

Usted encontrará otra ruta Sur si va hacia el Oeste y toma hacia la izquierda (hacia el Sur) en la Plaza de las Américas y El Salvador del Mundo, hacia Santa Tecla por la Alameda Manuel Enrique Araujo. Una vez que sale de la ciudad, puede cruzar ya sea hacia el Sur a La Libertad o continuar hacia el Oeste a Santa Tecla.

■ **Marcas**. Si usted se llega a perder, no viajará mucho sin tropezar con alguna de estas marcas, así es que es buena idea saber dónde están ubicadas. En el mapa de San Salvador Oeste, de Oeste al Este por el Paseo Escalón encontrará la Plaza

---

EN LAS NOTICIAS

Problemas de Pandillas

La violencia pandillera en ciudades como Los Angeles y Nueva York han obligado al gobierno de los Ee.Uu. a deportar a los peores ofensores a sus países de orígen. Para algunos salvadoreños con historia de violencia y arrestos, significa el retorno a El Salvador

Esta repatriación forzada es difícil, tanto para los deportados como para sus países. El Salvador no está preparado para lidiar con pandillas; y los deportados encuentran que la vida en sus países no es tan fácil. Para facilitar la transición, muchos pandilleros hacen lo que naturalmente saben para sobrevivir: forman nuevas pandillas en El Salvador.

Muchos salvadoreños jóvenes ven a los miembros de las pandillas con una mezcla de miedo, impresión y admiración. Con sus ropas extrañas y su pavoneo confiado, los pandilleros fácilmente encuentran reclutas entre los jóvenes desempleados del país. A medida que las pandillas salvadoreñas crecen y sus tácticas se vuelven más violentas, el ciclo de violencia que comenzó en el Norte gradualmente vuelve a casa.

Masferrer, la Fuente Beethoven y la Plaza de las Américas con la estatua de El Salvador del Mundo. Metrocentro está al norte, unas cuadras sobre la 49 Av./Blvd. de los Héroes, y el distrito de restaurantes y vida nocturna la Zona Rosa está entre el Paseo Escalón y la Alameda Araujo hacia el Sur-Oeste.

El mapa de San Salvador Central contiene la mayoría de los sitios principales de la ciudad: la Catedral Metropolitana, el Palacio Nacional, la Biblioteca Nacional, el Teatro Nacional y el Mercado Central en la estrechez de dos cuadras de la Plaza Barrios. El Centro de Gobierno está al Norte de la Alameda Juan Pablo II. Un puñado de hoteles baratos y las secciones más pobres de la ciudad están en el mapa del Este. El mapa completo de San Salvador lista unos cuantos sitios más que no son mostrados en los otros mapas, incluyendo la Universidad de El Salvador en el Norte, el Zoológico y el Palacio Presidencial al Sur y la Universidad Centroamericana (UCA) al Sur-Oeste.

■ **Terminales de Autobuses.** La Terminal de Occidente en el Boulevard Venezuela está al Sur de la Plaza de las Américas. La Terminal de Oriente está sobre el Boulevard del Ejército en la parte Norte de la muy congestionada Plaza Arce. Una gran fábrica se asienta como un fuerte entre la terminal y el Boulevard del Ejército. La Terminal del Sur está al Sur del Centro en el suburbio de San Marcos. Tres paradas de autobuses internacionales están diseminadas por la ciudad, una en la Terminal de Occidente, otra al otro lado del Centro de Gobierno y la tercera cerca del Hotel San Carlos (vea el mapa de San Salvador Central).

■ **Barrios.** Las calles más pequeñas alrededor del Paseo General Escalón al oeste de la Plaza de las Américas y la Colonia San Benito cerca de la Zona Rosa, es donde están las casas más bonitas de la ciudad. Allí, las calles vacías están bordeadas de árboles, flores, muros altos, cámaras y alambrados de seguridad. Las áreas menos ricas de San Salvador, especialmente cerca de la Terminal de Oriente y alrededor del Mercado Central pueden ser peligrosas.

SAN SALVADOR

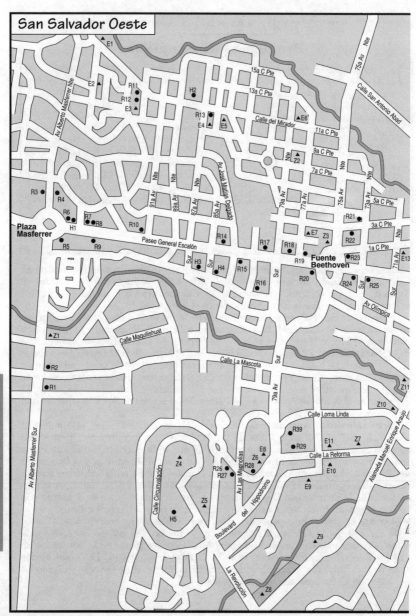

San Salvador Oeste

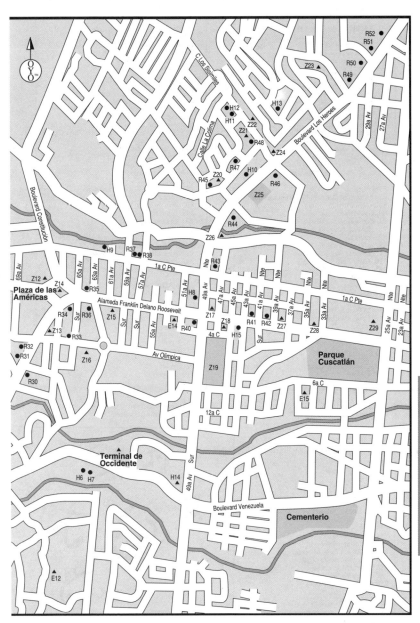

ALOJAMIENTO ●

H1 Suky Apart-Hotel
H2 Hotel El Salvador
H3 Hotel Terraza
H4 Hotel Ramada Inn
H5 Hotel Presidente
H6 Hotel Roma
H7 Hotel Pasadena
H8 Hotel Occidental
H9 Novo Apart-Hotel
H10 Hotel Camino Real
H11 Hotel Good Luck
H12 Hotel Happy House
H13 Ximena's Guest House
H14 Hotel Valencia
H15 Hotel Alameda

ALIMENTOS Y BEBIDAS ●

R1 El Chalán
R2 Restaurant Del Arbol/El Arbol de Diós
R3 Kalpataru
R4 *Cardisi's ice cream*
R5 *Burger King*
R6 Daruma, Nestor's Argentinean Restaurant
R7 Fonda del Sol
R8 La Taberna del Vino, Abordo
R9 La Pampa Argentina
R10 *China Town*
R11 El Rosal
R12 Kamakura
R13 Sambuca
R14 Beto's
R15 La Diligencia
R16 La Piccola Trattoria
R17 Panes con Pavo
R18 Jau Sin
R19 El Bodegón
R20 Las Carnitas de Don Carlos
R21 *Restaurant China Inn*
R22 *Gino's Pizza*
R23 Chela's Steak House
R24 *Wendy's*
R25 *Sir Pizza*
R26 Madeira
R27 Restaurant Dynasty
R28 Basilea
R29 *Pizza Hut*
R30 *Pizza Boom*
R31 Sao Yin
R32 *Toto's Pizza*
R33 Pronto Gourmet
R34 *Burger King*
R35 *Pizza Hut*
R36 *Pops Ice Cream*
R37 *Tacomex*
R38 *Chele's Restaurant and Bar*
R39 Restaurant München
R40 China Palace
R41 La Fuente de Salud
R42 Café de Don Pedro
R43 Chino de Oro
R44 Pueblo Viejo
R45 *Restaurant Chantilly*
R46 *Restaurant Doña Mercedes*
R47 *Restaurant Metro-Canchas*
R48 *Restaurant El Carbonero*
R49 Pupusería Margot
R50 El Corral Steakhouse
R51 Las Antorchas
R52 Villa Fiesta

LO DEMAS ▲

Z1 Génesis 7 Curiosidades
Z2 Las Columnas Centro de Artes
Z3 Cines Gemelos Beethoven
Z4 Monumento a la Revolución
Z5 Galería 1-2-3
Z6 Bookmark's
Z7 Plaza San Benito
Z8 International Fairgrounds
Z9 Mercado Nacional de Artesanías
Z10 Bigith Supermarket
Z11 American Express office
Z12 TACA Airlines headquarters, Cines Caribe
Z13 Deluxe Theater
Z14 El Salvador del Mundo
Z15 American Airlines office
Z16 El Laberinto Gallery
Z17 Esso Automarket
Z18 Laundromat
Z19 Flor Blanca National Stadium
Z20 Hertz
Z21 Artesanias de La Palma
Z22 Laundromat
Z23 La Luna Nightclub
Z24 El Mundo Feliz Amusement Park
Z25 Metrocentro/Continental Airlines office
Z26 Metrosur shopping center
Z27 Artisans of El Salvador store
Z28 Military Compound
Z29 Hospital

EMBAJADAS ▲

E1 Colombia
E2 Chile
E3 Venezuela
E4 Israel
E5 México
E6 Argentina
E7 Ecuador
E8 Brazil
E9 Canadá
E10 Uruguay
E11 España
E12 Panamá
E13 Nicaragua
E14 Costa Rica/Perú
E15 Honduras Consulado

Hay restaurantes baratos diseminados por todo el centro de San Salvador, mientras que los más caros están a lo largo del Paseo General Escalón y en la Zona Rosa. Otros, incluyendo muchos restaurantes de carne y otros con entretenimientos nocturno están a lo largo del Boulevard de los Héroes. Usted encontrará hoteles baratos y de precio medio en el centro y en el lado este, mientras que los hoteles más caros, incluyendo el Hotel El Salvador y el Camino Real, están diseminados por la ciudad.

Alojamiento

Hoteles de Lujo

Hotel El Salvador El hotel más elegante en El Salvador acaba de renovarse por un valor de $8millones. Todas las habitaciones en la nueva torre tienen instalaciones de alta calidad, con llaves de tarjetas electrónicas y el único sistema contra incendio que cumple los reglamentos de Ee.Uu. Muchas habitaciones tienen excelentes vistas del Volcán de San Salvador y todas tienen obras de arte originales salvadoreñas en las paredes. El club al otro lado de la calle ofrece a los huéspedes canchas de tenis, squash, y frontón. *(Tel 298-5444, fax 223-2901; 78 habitaciones $80, 190 habitaciones en la nueva torre $130 y $150, dos suites de $400 todas con baño privado, agua caliente, AC, TV, teléfono; lavandería; piscina; salida 1 p.m.; estacionamiento; cuatro restaurantes, bar)*

Hotel Presidente Esperamos que este lujoso hotel, comience a mostrar los resultados de su reciente privatización muy pronto. Por ahora, todavía se siente como una burocracia manejada por el gobierno: aún cobran por la botella de agua que le ponen en el cuarto. Bonita vista sobre la piscina. *(Zona Rosa, cerca del Monumento de la Revolución; tel 279-4444, 226 habitaciones S $100, D $118, 18 suites a $253; todas con baño privado, agua caliente, AC, TV, teléfono; lavandería; piscina; salida 2 p.m.; tres restaurantes, bar)*

Westin Camino Real La misma clase que Hotel El Salvador, sólo un poco más viejo, aunque muchos de los muebles y habitaciones son nuevos. Aquí es donde la mayoría de los extranjeros se quedaron durante la guerra. Desde entonces, hombres de negocios han reemplazado a los periodistas. Usted podrá disfrutar música en vivo en el bar todas las noches, y música de mariachi y un buffete junto a la piscina miércoles y viernes por la noche. *(Al otro lado de Metrocentro; tel 279-3888; 102 habitaciones normales $100, 102 habitaciones de lujo $130, todas con baño privado, agua caliente, AC, TV, teléfono; lavandería; piscina; salida 2 p.m.; restaurante, café, bar)*

Hotel Siesta Este pequeño hotel de lujo, junto a la Ceiba de Guadalupe, tiene una pequeña piscina con una fuente interesante. Es agradable, pero por lo que cobran podría esperarse un poco más. *(Carretera Panamericana a Santa Tecla; tel 278-5266; 51 habitaciones, S $83, D $90, todas con baño privado, agua caliente, lavandería; piscina; salida 1 p.m.; estacionamiento, restaurante, bar)*

Hoteles en el Oeste de San Salvador

Hotel Occidental Este lugar casero parece...la casa de alguien, con patio, chucherías en los estantes y fotografías en las paredes. Las habitaciones son amplias y limpias con baños grandes. Bueno y barato. *(49 Av N #171, entre la 1a C Pte y Alam Roosevelt; tel 223-7715; 5S $9.20 con baño compartido, 5D*

$17.25 con baño privado, TV, todos tienen venti-
lador; salida las 24 horas)

La Casa de Huéspedes de Ximena Una casita de
apariencia cansada e instalaciones decentes.
Busque el "cuarto verde" con su extraña iluminación. Lisa de Carmona, la propietaria, es americana y dirige una pequeña escuela de español, la
que incluye una habitación y 20 horas de instruc-
ción por $75 a la semana (llame para pedir informa-
ción). El restaurante sirve comida liviana y es sólo para huéspedes. El desayuno
vale $1.70. *(C San Salvador #52; tel 225-9268; 15 habitaciones, S $10.35 con
ventilador $12 con baño privado, D $10.35 con ventilador, $15.50 con baño pri-
vado; lavandería; salida 2 p.m.; restaurante)*

Suky Apart-Hotel Apartamentos completamente amueblados con pequeña cocinas y baños, para alquiler por día o por más tiempo. *(Pas Gen Escalón #5265,
arriba del restaurante Daruma; tel 279-4009; 10D $66, todos con baño privado,
agua caliente, cocina, TV con cable; lavandería; salida 2 p.m.)*

Hotel Terraza Este lugar está siendo renovado. Las alfombras limpias y la piscina son un buen comienzo. *(Pas Gen Escalón y 85 Av Sur; tel 279-1680; 80S $74,
D $80, todas con baño privado, agua caliente, lavandería, piscina; salida 1 p.m.)*

Hotel Ramada Inn Un hotel caro con instalaciones modernas que recuerdan a
Ee.Uu., pero que no puede superar la atmósfera opresiva oscura que producen
sus acabados en madera. *(85 Av Sur; tel 279-1700; 23 habitaciones S $65, D $75,
T $81, todos con baño privado, agua caliente, AC, TV, teléfono; lavandería; pisci-
na; salida 2 p.m.; restaurante, café, bar)*

Hotel Alameda La administración de este viejo hotel en decadencia guarda un
secreto -¿a dónde se irá el dinero de las altas tarifas por sus habitaciones? La
Mansión (el restaurante de al lado), también es administrado por el hotel y tiene
el mismo estilo de muebles de los 1970. *(Alam Roosevelt y 43 Av; tel 279-0299;
110 habitaciones S$57.50, D $63, todos con baño privado, agua caliente; lavandería, piscina; salida 2 p.m.; restaurante, 6:30am-10:30pm, bar)*

Novo Apart-Hotel Un lugar decente para pasar un largo tiempo si alguien más
está pagando. El personal es muy atento y las esculturas que rodean la piscina,
valen la pena verse. Hay hamacas para disfrutar del placentero patio cubierto
de pasto. *(Tel. 279-0099; 50 habitaciones, S $47.50, D $57.50 o $1,200 mensual,
todos tienen baños privados, agua caliente, AC, cocinas, salida 1 p.m.)*

Hotel Pasadena No hay mucho que ver pero la administración hace lo mejor con
lo que tiene. Las sábanas son limpias, por lo menos *(Boulevard Venezuela #3093,
cerca de la terminal de buses de occidente; tel 223-7905; 10S $5.75, 6D $9.20,
todas tienen ventiladores, hamacas, algunas tienen baño privado, lavandería,
salida las 24 horas)*

Hotel Roma Muy básico, pero bueno. La hora de salida es temprano pero puede
ser flexible. *(Tel 224-0256; 8S $4.60, $5.75 con baño privado, 6D $6.90, la ma-
yoría tienen ventiladores; lavandería, salida 8 am)*

Amor Bajo el Volcán

El tiempo pasa. Enormes ceibas crecen de semillas que caen al suelo. Los niños se convierten en padres, abuelos y luego mueren. Pero el Cipitío todavía es bonito. Sus ojos todavía son negros, y su piel del color de la canela y lleva un palo de olor dulce para poder brincar sobre los arroyos.

El tiempo pasa, pero el hijo de la Siguanaba sigue por siempre de diez años, su eterna juventud es un regalo de los dioses. Siempre evasivo, se escabulle por allí, escondiéndose entre el follaje, jugando entre los pétalos de los lirios silvestres.

El Cipitío es el dios del amor joven. Dicen que las mujeres jóvenes de los pueblos siempre van, en el frío del amanecer, a dejarle flores para que juegue en las riveras de los ríos. Desde lo alto de los árboles él las espía, y cuando una niña pasa por debajo él mueve el árbol para que sus flores caigan de las ramas.

Pero usted debe saber que el Cipitío ya tenía un amor-una niña, pequeña y bella, como él. Su nombre era Tenancin.

Un día el Cipitío se quedó dormido sobre el pétalo de un gran flor. Tenancin estaba vagando por el bosque recogiendo diminutas flores cuando se perdió. Corriendo, perdida, se tropezó y fue a caer donde el Cipitío dormía.

Ella lo vio.

El ruido de los arbustos despertó al Cipitío, y huyó a esconderse en los arbustos.

Corrió de flor en flor, cantando dulcemente. Tenancin lo siguió. Después de largo rato, el Cipitío llegó a una roca al lado de un volcán. Los pies y manos de Tenáncin estaban llenos de aruñones y sangraban por las espinas.

El Cipitío tocó la roca con una shilca y se abrió una puerta de musgo. Tomados de las manos, los dos entraron-primero el Cipitío y luego Tenancin. La puerta de musgo se cerró detrás de ellos.

Y Tenancin nunca fue vista de nuevo.

Su padre la buscó por bosques y montañas, y varios días después murió del dolor que le causó su pérdida. Dicen que la caverna donde el Cipitío y Tenáncin desaparecieron juntos está en el Volcán Sihuatepeque en el Departamento de San Vicente.

El tiempo ha pasado. El mundo ha cambiado, los ríos se han secado y las montañas han nacido. Pero siempre el hijo de la Siguanaba permanece por siempre de diez años de edad. No es raro en él el sentarse en un lirio o esconderse en los árboles, espiando a las niñas que ríen abajo por el río.

—Leyenda de la Mitología Cuscatleca

Hotel Valencia Sucio y húmedo. *(Intersección del Blvd. Venezuela y 49 Av.; tel 223-1521, 87S $5.75, 4D $9.20, la mayoría con baño privado; lavandería; salida 11 am; comedor)*

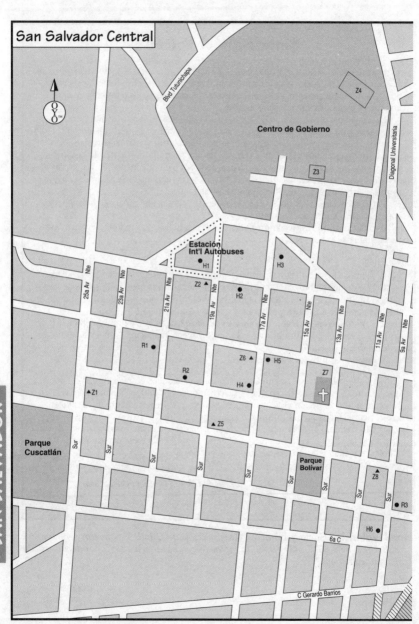

SAN SALVADOR

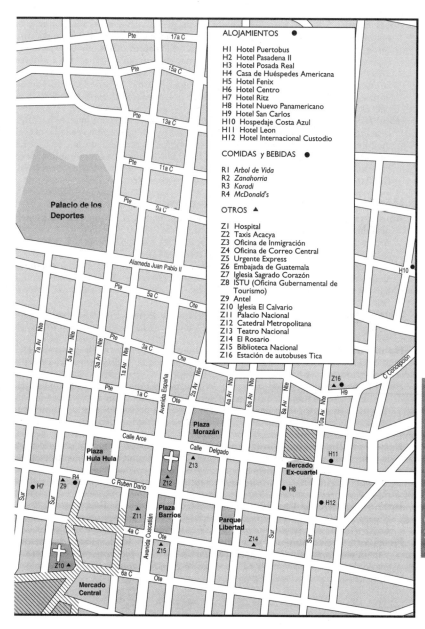

ALOJAMIENTOS ●

H1 Hotel Puertobus
H2 Hotel Pasadena II
H3 Hotel Posada Real
H4 Casa de Huéspedes Americana
H5 Hotel Fenix
H6 Hotel Centro
H7 Hotel Ritz
H8 Hotel Nuevo Panamericano
H9 Hotel San Carlos
H10 Hospedaje Costa Azul
H11 Hotel Leon
H12 Hotel Internacional Custodio

COMIDAS y BEBIDAS ●

R1 Arbol de Vida
R2 Zanahorria
R3 Koradi
R4 McDonald's

OTROS ▲

Z1 Hospital
Z2 Taxis Acacya
Z3 Oficina de Inmigración
Z4 Oficina de Correo Central
Z5 Urgente Express
Z6 Embajada de Guatemala
Z7 Iglesia Sagrado Corazón
Z8 ISTU (Oficina Gubernamental de Tourismo)
Z9 Antel
Z10 Iglesia El Calvario
Z11 Palacio Nacional
Z12 Catedral Metropolitana
Z13 Teatro Nacional
Z14 El Rosario
Z15 Biblioteca Nacional
Z16 Estación de autobuses Tica

SAN SALVADOR

Hotel Buena Suerte Una familia china dirige este gran hotel impecable y el restaurante adjunto. Las habitaciones son grandes y limpias, tal vez un poquito caras, y hay una lavadora y una secadora. El restaurante tiene un almuerzo especial por $1.15 que incluye pollo o carne, chow mein y arroz. Está abierto más temprano para los huéspedes del hotel. *(Av Los Sisimiles; tel 226-8287; 19 habitaciones S/D $23, T $31, todas con baño privado, ventilador TV, +$8.60 para AC; lavandería; restaurante de lunes a sábado 11:30 am-3 pm, 5:30-9:30 pm, Domingo 11:30 am-3 pm)*

Hotel Happy House Un mejor nivel en calidad y precio entre los hoteles baratos, este lugar parece estar de acuerdo con su nombre. El pequeño y verde jardín, el mobiliario y el estéreo parcen salidos de algún hogar feliz de los 1970. La administración es muy amistosa (aún feliz) y las habitaciones son amplias, pero las camas y los baños no son muy limpios. *(Tel 226-68666; 15 habitaciones S $18, D$22, todas con baño privado; salida 2 pm; restaurante)*

Hoteles del Centro de San Salvador

American Guest House Un lugar extraño y agradable, con atmósfera de principios de siglo, papel tapiz color dorado y antiguas TVs. *(17a Av Nte #119, entre C Arce y 1a C Pte; tel 271-0224; 2S $17.25, 9D $20, todas con baño privado, agua caliente, lavandería; salida a las 2 pm; restaurante)*

Hotel Centro Un lugar limpio con una administración amable, pero las habitaciones no tienen ventanas y parecen celdas de concreto. *(Tel. 271-5045, 21S/D $13.80, todas tienen baño privado, TV, lavandería; salida las 24 horas, restaurante)*

Hotel Pasadena II Limpio y barato hotel, con un pequeño patio central de concreto *(Tel 221-4786; 11S $6.25, 5D $10.35, todas con baño privado, ventilador; salida a las 11 am)*

Hotel Posada Real Completamente ordinario. Limpio, sencillo y barato. *(Tel 271-5710; 4S $5.75c 1D $10.35, todas con ventilador, baño compartido; lavandería; salida las 24 horas)*

Hotel Puertobús En el segundo piso de la terminal Puertobús, este hotel es nítido, conveniente, impersonal e increíblemente caro. Tome un taxi y cruce la ciudad para conseguir algo por una cuarta parte del precio. *(Terminal Puertobus; tel. 221-1000; 7S $40, 20D $45, 7T $50, todas con baño privado, agua caliente, TV, teléfono, AC; salida a las 2 pm)*

Hotel Ritz Decente para los años 60 pero fuera de época y demasiado caro para los 90. Todo aquí, desde la ropa de cama hasta los muebles (y más alarmante aún, el elevador), se ven viejos *(Tel. 222-0033; 6s $30, 24D $35.60, 22T $42, todos con baños privados, agua caliente, lavandería, piscina, eatacionamiento, salida a las 2 pm; restaurante)*

Hotel Internacional Custodio Razonablemente nuevo, sencillo y limpio. *(10 Av. Sur #509 y C. Delgado; tel 222-5698; 8S $5.75 con baño compartido, $6.90 con baño privado, 5D $9.20 con baño privado; lavandería; salida 1 pm)*

Hotel San Carlos Aunque los cuartos son algo viejos y los servicios son básicos, vale la pena por su bajo precio. La Señora Rivera, propietaria, maneja todo con mano firme. *(C. Concepción #121; tel 222-8975; 27 habitaciones $6.50 por persona; lavandería; salida 12 pm)*

ALOJAMIENTO   ●

H1 Hospedaje Centro American
H2 Hotel Cuscatlán
H3 Hotel Yucatán
H4 Hospedaje Emperador
H5 Hotel Imperial
H6 Hospedaje Figueroa
H7 Hospedaje Santa Rosa
H8 Hospedaje Izalco

Hotel Nuevo Panamericano
Bien dirigido y cómodo, pero relativamente caro para la calidad de los cuartos. Puede cambiar dinero en el primer piso. *(Tel. 222-2959; 27 habitaciones $8.80 con baño privado, ventilador +$2.85 por TV, AC, cama adicional; lavandería; salida 12 pm, estacionamiento.)*

Hotel León   No es tan agradable como el San Carlos ni tan cómodo como el Panamericano, pero más barato que los dos. *(C. Delgado #621; tel 222-0951; 38 habitaciones $4/$5.25/$6.90 por 1/2/3/ personas sin ventilador, + $1 por ventilador, + $2 por estar en el primer piso; lavanderia salida 12 pm; estacionaminto)*

Hospedaje Costa Azul   Un nuevo edificio con habitaciones simples y limpias. Mucho mejor que la zona. *(11 habitaciones $5.75 por persona, todas con baño privado; salida 2 pm)*

Hoteles en el Este de San Salvador

Probablemente tratando de establecer un record de capacidad, siete hoteles baratos se amontonan a una cuadra de la Calle Concepción cerca de la terminal de buses de oriente. También hay una colección de hospedajes destartalados en la intersección de la 14 Av. Nte. y 9a C. Ote., cerca del bonito Hospedaje Costa Azul (vea arriba y el mapa del Centro de San Salvador)

Hospedaje Centroamericano   Una pura residencia temporal que aunque no muy limpia es muy económica. Pésquese un partido de billar en el **Billar de Oscar,** que queda a un lado. *(C. Concepción #837; tel 276-6689; 10S $2.30 con baño compartido, $4 para dos personas; 7D $5.75 con baño privado, ventilador, $8.75 por tres personas; lavandería; salida 9 am)*

Hospedaje Rosita   Debido a que está cerca del mercado, este hospedaje se mantiene lleno con la clientela regular de vendedores, así es que usted podrá sentirse como un intruso en la familia. Callado y limpio. *(10 habitaciones $1.70, todas con baño compartido; salida 7 am)*

Hospedaje Figueroa   Sofás, hamacas y arbustos con flores le dan a este lugar una atmósfera cómoda. Las habitaciones son limpias y austeras, y cierran con llave las puertas a las 10 pm. *(Tel 222-1541, 4S $2.85, 17D $4.60, 5D con baño privado y ventilador $6.90)*

Hospedaje Emperador   La única cosa rara en este lugar es el olor en los baños. La licorería/comedor **Rosita**, a la par, llena el hospedaje con otros aromas más

SAN SALVADOR

tentadores. *(Tel 222-7572, 10 S/D habitaciones $4.60 con baño compartido, $6.90 para tres personas, 13 habitaciones con baño privado, AC $5.75, $8.05 por tres personas, +$2 por TV; salida 24 horas)*

Hotel Imperial Habitaciones grandes y gastadas son sin lugar a duda una ganga*(Tel 222-5159; 13 habitaciones $4 por persona con baño compartido, 25 habitaciones $5.75 por persona con baño privado; lavandería; salida 2pm; restaurante)*

Hotel Yucatán Dirigido por una familia simpática, que disfruta platicando con los extranjeros. *(Tel 221-2585, 11S $2.85 con baño privado, 9D $5.75 con baño privado, menos por baño compartido; salida 2 pm; estacionamiento)*

Hotel Cuscatlán Oscuro, caro para el área y con olor a alfombra mojada. *(Tel. 222-3298; 10S $6.90, 25D $8.05, todos con baño privado, TV; salida 12 pm)*

Hospedaje Izalco Un lugar grande muy extendido hacia atrás. Por $2.30 usted consigue TV por cable. *(Tel 221-7214; 49D $8.05, 14 habitaciones con ventilador $9.30, todas con baño privado, TV, lavandería, salida 1 pm, estacionamiento).*

Hospedaje Santa Rosa Suficientemente limpio y un poco mejor que el Izalco. Tome una cerveza al lado, en **Ara's Beer,** o coma en el **Comedor Centroamerica** enfrente. *(Tel 222-9290; 1 habitación $2.30 con baño compartido, 14 habitaciones $2.85 por persona con baño privado, todas con ventilador; salida 12 pm; estacionamiento)*

Alimentos y Bebidas

Consulte los mapas de San Salvador Oeste y San Salvador Completo para localizarlos apropiadamente.

Sobre el Paseo Escalón

Restaurante Argentino Nestor's Dos pisos de mesas y barandales de madera hacen de este pequeño rancho un lugar agradable para hartarse de carne, que es casi lo único que sirven. El filete de chorizo, 8 onzas de carne de res, cuesta $4. *(Plaza Masferrer; 11 am-3 pm, 6-10 pm)*

Daruma Este restaurante está en el mismo complejo del Hotel Sucky. Es casi lo más cerca que El Salvador llegará al Japón, aparte de alguna ayuda financiera para reconstruir puentes. Unas cuantas pinturas japonesas y un pequeño bar de sushi lo dicen todo. Los platos de Sushi cuestan alrededor de $9.20. *(Junto al Nestor's, 12-3 pm, 6-11pm)*

Kalpataru Disfrute el famoso café con una vista de la Avenida Masferrer, en este restaurante vegetariano, en el segundo piso de una tienda de comida vegetariana. El buffet de almuerzo cuesta alrededor de $5.75, y el bar de ensalada la mitad de eso. Sirven jugos de fruta natural y especialidades diarias. Para postre, cruce la calle hasta **Cardisi's** para un helado. *(7-8:30am, 12-3 pm, 3-9:30 pm)*

La Pampa Argentina Un restaurante donde se sirven asados argentinos que estarían bien en la misma pampa, excepto por los trajes de los meseros. Las maderas ásperas son usadas desde el rótulo hasta el cielo raso, las paredes, mesas y bancas. El especial, **Pamperito Mixto** por $10.35 incluye 6 onzas. de carne de res asada con camarones. (Este es uno de dos restaurantes La Pampa en San Salvador). *(Paseo General Escalón; Lun-Jueves 12-2:30 pm, 6-10:30 pm, Viernes-Sábado hasta las 11 pm, Domingo 12-3:30 pm, 6-9:30 pm)*

Fonda del Sol Un restaurante elegante, hecho para que parezca una casa, con platos de alpaca, flores exóticas pero naturales y una pequeña bodega de vino en la pared de la derecha. Pruebe la deliciosa Corvina Fonda del Sol (un filete de pescado con espárragos y queso) por $10.90. *(Pas Gen Escalón en frente de La Pampa Argentina; 12-3p.m., 7pm-12am)*

La Taberna del Vino Esta esquina oscura y romántica parece fuera de lugar en la Escalón. Las paredes de madera están decoradas con botellas de vino grabadas en ella, y la bodega ofrece vinos de California, España, Chile, Francia, Italia y Portugal. Las botellas cuestan alrededor de $17.25, y algunas cosechas las venden por vaso, más o menos a $2.30. Agréguele un fondue de queso por $4-$7.50. *(Pas Gen Escalón; 6 pm-12 am)*

El Bodegón Muy elegante, elegante, elegante, con mesas de madera sacadas de algún museo, y una administración demasiado estirada para poder disfrutar este lugar. La paella valenciana, un plato de arroz español con pollo y camarones, cuesta $8.05. Otros platillos por alrededor de $11.50 o más. *(Paseo Escalón y 77 Av Nte; Lunes-Sab 12-3 pm, 6-11 pm)*

Jau Sin Un gran caserón viejo, con unos cuantos biombos chinos y candelabros de madera. El chow mein cuesta $4 y los mariscos $5.75 o más. *(Martes-Domingo 12-3 pm, 6-11 pm)*

Panes con Pavo Cómase un gran sandwich de pavo por $1.70 en esta modesta cafetería que siempre está llena de gente *(Col Escalón y 79 Av. Nte; 12-10 pm)*

Beto's Artefactos náuticos colgantes le dan a esta mezcla de mariscos y pasta un aire ligeramente marítimo, pero no pueden esconder los precios altos. Tome una cerveza con un cóctel de mariscos de $5.75 y relájese bajo el amplio toldo rojo. *(Lunes a Jueves 11:30 am-10:30pm, Viernes-y Sábado hasta 11:30 pm, Domingo hasta 10 pm)*

La Diligencia. Luz de velas y murmullos llenan este restaurante decorado con vitrales y meseros muy amables. Los platos de carne comienzan en $10.35 *(7 am-11 pm)*

Las Carnitas de Don Carlos Tradicional pero de buen gusto, con vista hacia la Plaza Beethoven. Hay un gran horno en el centro para asar las carnes, las cuales son servidas por meseros usando pintorescos trajes. Bocadillos como tacos y fajitas valen de $2.85 a $5.75, y platillos más sustanciosos van de $8 a $12.54. *(6 am-11:30 pm)*

Café de Don Pedro Al aire libre, abierto las 24 horas, con aire de *drive-in* que parecería de los 1950, este será el único lugar abierto a las 3 de la mañana. El restaurante da la sensación de apertura y familiaridad, donde todos se conocen, y su menú variado incluye desde omelettes baratos y sopas hasta filet mignon por $6.90. Seis botellas de cerveza en una cubeta de hielo le costarán $4.80. Tríos musicales rondan el lugar cantando con sus guitarras y acordeones todas las noches hasta la madrugada.

Restaurante München, alemán hasta en los carteles descoloridos de las paredes y los *umlauts* en el menú. Ataque un *würst* alemán por $4, y bájeselo con una Heineken por $2.30. *(Zona Rosa, Lunes-Sábado 11 am- 12 pm)*

China Palace Aquí Mao Tse Tung se sentiría en casa. El está muerto y así también la atmósfera de este restaurante. El gran menú incluye muchos platos baratos *(Entre 51a y 53a Av; Mierc-Lunes, 12-2pm, 6-10pm)*

La Fuente de Salud. Una cafetería vegetariana popular, para la hora del almuerzo. Un plato de comida en la "fuente de la salud" incluye arroz, *tortas* y carne de soya con sabor raro y cuesta $1.60. Una ensalada de fruta cuesta $0.70. *(Condominio Roosevelt #2218, lado Norte de la Alameda Roosevelt entre 41a y 43a Av Nte; Dom-Vier)*

La Piccola Trattoria Una atmósfera italiana bien lograda, con música folclórica de acordeón, iluminación tenue, una fuente interna y servicio amable. Sin embargo, la comida es así así. Los platillos de pasta cuestan $4.60, los mariscos son más caros. *(81 Av. Sur #131, una cuadra al sur de la Col Escalón; Lunes-Sábado 11 am-3 pm, 6 pm-1 am)*

Cerca de la Zona Rosa

Restaurante Dinasty Rojo neón enmarca las paredes por encima de una alta mampara negra en este ostentoso restaurante chino. Usted podrá comer unos camarones agri-dulces dentro, o afuera en la terraza con vista a la Zona Rosa. *(En la Zona Rosa; 11:30 am-3 pm)*

Basilea Un restaurante cómodo establecido en un segundo piso con vista a la Zona Rosa. Dos loros miran desde sus jaulas puestas a la orilla del jardín exuberante. Hay pinturas de artistas salvadoreños e internacionales a la venta en la galería de un cuarto trasero. Platos vegetarianos y de pasta llenan el menú, con la especial *corvina almandine* a $7.50 *(Centro Comercial Basilea, Zona Rosa; 11am-11pm)*

En el Boulevard de los Héroes

Pueblo Viejo Rifles oxidados y viejas fotografías en las paredes de adobe dan a este restaurante un aspecto de viejo mundo en todo , menos en el precio. Este lugar tan bonito puede volverse muy ruidoso especialmente cuando exhiben juegos de fútbol en la pantalla gigante de TV. Dieciséis onzas de *churrasco* cuestan $8.60. El gran mural lleno de color es Apaneca *(Metrosur; 6:30 am- 11:30 pm, jueves- a sábado hasta la 1 am)*

Las Antorchas Más de 100 mesas de madera rústicas llenan este restaurante especializado en asados. Presenta grupos de *salsa* y *merengue* en vivo durante los fines de semana con un derecho de mesa de $2.30. Los *tacos* cuestan $2.05 y otros platillos alrededor de $3.45. *(6pm-2am)*

Pupusería Margot Una de las más grandes pupuserías que usted encontrará, manejada por una mujer. *(12m-10pm)*

Villa Fiesta La comida aquí es realmente una última idea después de las bebidas y la vida nocturna del fin de semana. El precio promedio de cada uno de los cinco platos que sirven es de $8; mientras que las cervezas y las bebidas cuestan de $1.15 a $3.45. El derecho de mesa para bailar es $2.85 los jueves y $5.75 los sábados. *(Blvd Los Héroes; Miércoles-Sábado 6 pm-hasta tarde)*

El Corral Steak House Otro restaurante de carnes, aquí los meseros usan trajes de vaqueros. Usted podrá escuchar música en vivo casi todas las noches, desde latina hasta rock. Después de las 8pm los viernes y sábados el derecho de mesa para bailar es $2.85. Los platos asados van de $2.30 a $6.90. *(lunes-miércoles 11:30 am-11pm, jueves hasta las 12:30am, viernes- y sábado hasta la 1am)*

Otros Restaurantes

Kamakura   Este restaurante japonés le da la bienvenida con puertas corredizas de madera y ofrece un pequeño bar *sushi* que sirve auténtico pescado crudo por $1.70 a $2.30 la pieza. Los precios por platos como *tempura* y *sashimi* comienzan desde $8.60 y van bien, bien alto. La mujer japonesa propietaria del Kamakura aprendió español en el Japón, luego vino aquí y abrió el restaurante *(93a Av Nte #617, a media cuadra de C El Mirador; Lunes-Sábado 12-3 pm, 6-10:30 pm)*

Sambuca   Vincenzo Belvito era propietario de unos cuantos restaurantes en Dallas antes de venir a San Salvador con su novia y convertir esta casa en un bistro italiano. Ha hecho un excelente trabajo, y también prepara la comida él mismo, incluyendo pizzas horneadas en horno de piedra. Los panes caseros y los *calzone* son deliciosos y a precio moderado. *(85 Av Nte #643 y C El Mirador, una cuadra del Hotel El Salvador; 8 am-3pm, 6pm-12am)*

Restaurante Del Arbol   Localizado en el mismo edificio de la Galería del Arbol de Fernando Llort (vea Entretenimiento), este restaurante está puesto con buen gusto en los locales posteriores, cerca de un jardín y un patio. El arte de Llort llena las paredes. Levante el menú de bronce pintado y consiéntase usted mismo con un plato de sopa de frijoles negros por $4, o una entrada de $8.05 a $11.50. El flan de kahlua por $3.45 es riquísimo también. El "Happy Hour" es los miércoles de 6:30 a 7:30 pm y ofrece bebidas a mitad de precio, música y boquitas gratis. *(Final C La Mascota y Av Masferrer, tome el bus 101D; de lunes a jueves 12-10 pm, viernes a sábado 12-11 pm)*

El Chalán   Este restaurante peruano recientemente abierto es manejado por una pareja peruana que sirven un menú cargado de mariscos, incluyendo ceviche por $5.75. Pruebe el postre especial "La Negrita", hecho con maíz negro traído desde...adivine, Perú, por $1.70. *(Av Masferrer #5; 11:30am-3:30pm, Lunes-Sábado 6:30-9:30 pm)*

El Rosal   En una casa de esquina, arriba de una tienda de alpaca, este restaurante familiar italiano está lleno de mesas sencillas de madera. La *lasagna de tres quesos* cuesta $5.75, y el espaguetti con albóndigas $4.10. *(93 Av y C del Mirador; 12-9pm)*

Pronto Gourmet   Vinos, especias y otras ricuras de todas partes cubren los mostradores de esta fiambrería gastronómica. Sirven carnes frías, quesos y platos calientes de $4.60 para arriba. *(lunes-sábado 8-10 pm, 10am-3pm)*

Chela's Steak House   Un rincón deliciosamente decorado cerca de la Fuente Beethoven que se especializa en carnes y mariscos. Las paredes están cubiertas de una interesante colección de menús de todo el mundo. El *steak pimienta* cuesta $11.50. *(12 pm-12am)*

Chino de Oro   No parece gran cosa, pero este pequeño restaurante tiene alguna de la mejor comida china en la ciudad. Pregunte cuál es el pescado fresco del día, luego pídalo empanizado y frito, se deshará en su boca. Grandes platos de sopa son una comida por sí mismos. *(11am-10pm)*

Sao Yin Aunque la mejor comida aquí es mediocre, la atmósfera es intrigante. Tiene un ambiente nostálgico de los antiguos templos chinos, una vez grandes pero últimamente caídos en el abandono a pesar de las columnas decoradas y la fuente afuera. Ahora, la mitad del menú son selecciones karaoke. El plato económico cuesta $1.60, mientras que las entradas regulares están sobre valuadas en $4.60. *(Carretera a Santa Tecla #066)*

Puntos de Interés

Monumentos

El Salvador del Mundo (mapa de San Salvador Oeste) El símbolo nacional de El Salvador, Cristo sobre el globo terráqueo, se encuentra en la Plaza de las Américas. En 1777 el franciscano Silvestre García esculpió la versión original de este famoso monumento, que fue erigido en 1990. *(Plaza de las Américas, Alam Roosevelt y 65 Av)*

Monumento de la Revolución (mapa de todo San Salvador) La entrada al vecindario opulento de San Benito es inapropiada para esta enorme imagen hecha de mosaico de colores. La figura orwelliana, desnuda, con los brazos en alto y la cabeza hacia atrás, es una visión impresionante, hace que el monumento parezca un lugar para rituales de sacrificios nocturnos. Supuestamente erigido en conmemoración del "movimiento revolucionario de 1948", podría, al igual, conmemorar eventos recientes. *(Plaza de la Revolución, Col San Benito)*

Parques

El Zoológico (mapa de todo San Salvador) Cientos de diferentes tipos de animales habitan este zoológico que, comunmente, está lleno de familias durante los fines de semana. *(Al sur del centro sobre la Av. Cuscatlán, luego al oeste sobre la C Modelo hasta el final; tome el autobus ruta 2; tel 270-0828; martes a domingo 9am-5pm; niños $0.10, adultos $0.15)*

Parque Saburo Hirao/Museo de Historia Natural (mapa de todo San Salvador) Si el zoológico no es suficiente para entretener a los niños, siga las señales media cuadra al sur, al Parque Saburo Hirao. Este parque tiene área de juegos infantiles, y una zona desde donde los padres pueden vigilar a sus hijos. Adentro del parque se encuentra un pequeño Museo de Historia Natural, con exposiciones de plantas, animales y ciencias. *(350m al Sur del Zoológico; autobus ruta 2; Miércoles-sábado 9am-4pm; entrada $0.10)*

Jardín Botánico La Laguna (mapa de todo San Salvador) Escape del ajetreo de la capital y pase una tarde rondando las frescas y tranquilas veredas del Jardín Botánico La Laguna. Creado en el fondo del cráter de un volcán extinto, el jardín alberga cientos de diferentes plantas y flores de todo el mundo. *(Tome el autobús ruta 101c, 101d o 42 hacia Santa Tecla, el jardín se encuentra al sur de la carretera que lleva de regreso a San Salvador, baje al llegar al rótulo del jardín, camine un kilómetro cuesta abajo hacia el estacionamiento tel 223-7584' Martes-Domingo 9am-5pm, entrada $0.25 por persona)*

Arriba: Autobuses, San Salvador
Abajo: Tienda de Artesanías, La Palma

Arriba: Museo del FMLN, Perquín
Abajo: Maqueta de campo guerrillero, Museo del FMLN , Perquín

Iglesias

Catedral Metropolitana (mapa de San Salvador Centro) Esta mole de concreto es, en muchas formas, una metáfora para el país: prometedora, pero aún necesitada de reparación. Construída para sustituir una iglesia de madera que se quemó en 1951, fue dañada durante el terremoto de 1956. Poco antes de su muerte, el Arzobispo Romero declaró que los fondos de la Iglesia no serían utilizados para reconstruir la catedral hasta que necesidades más apremiantes, como alimentar a la gente, fueran satisfechas.

Romero fue asesinado en 1980, y fue en las gradas de la catedral que se filmó cómo el ejército ametrallaba civiles durante su funeral. La catedral sigue siendo uno de los más terribles recuerdos del doloroso pasado de El Salvador. *(Plaza Gerardo Barrios)*

Iglesia Don Rúa. (mapa de todo San Salvador) A una corta distancia del centro de la ciudad y aún funcionando, se encuentra la iglesia más grande de la ciudad. Las paredes blancas y amarillas contrastan con dos niveles de vitrales. Una serie de ventanales cuentan la historia de Don Bosco, un santo italiano del Siglo XIX, conocido por todo el Salvador por su labor con los niños. Su retrato está a la derecha del altar. Directamente sobre el altar hay cuatro mosaicos triangulares representando a Ezequiel, Daniel, Isaías y Jeremías. Si usted logra obtener permiso para subir al enorme campanario, podrá contemplar toda la ciudad y el valle. *(5a Av y 25 C)*

La Ceiba de Guadalupe (mapa de todo San Salvador) La iglesia más bonita de toda la capital está a un paso de la humareda y los bocinazos del tránsito en la Carretera Panamericana a Santa Tecla. Pero pase del encegecedor exterior blanco, por las puertas de madera tallada, y ya en el interior, el ruido ensordecedor de la autopista se desvanecerá. Adentro, usted encontrará un increíble cielo raso de madera, pinturas de la Virgen y de los ángeles sobre el altar, e interesantes vitrales redondos que giran para dejar entrar el aire. *(Carretera Panamericana hacia Santa Tecla, cerca de la UCA)*

■ **Otras Iglesias Interesantes**

Iglesia El Rosario El sacerdote José Matías Delgado, padre de la independencia de Centroamérica, esta enterrado aquí. *(6a Av entre 2a y 4a C Pte., en frente de Plaza Libertad)*

Iglesia El Calvario *(Final de la 6a C Pte, una cuadra de la Av Cuscatlán)*

Iglesia Sagrado Corazón *(C Arce y 13 Av Nte)*

Otros Lugares que Ver

Palacio Nacional (mapa de San Salvador Centro) La entrada de este grandioso edificio antiguo está franqueada por las estatuas de Cristóbal Colón y la Reina Isabel, donadas en 1924 por el Rey de España. Anteriormente era la residencia presidencial, y actualmente se está restaurando. El antiguo piso de ladrillo, las columnas de yeso y trabajos decorativos en hierro negro, rodean un patio amplio, lleno de árboles. Sus puertas son de madera tallada y las escaleras de mármol.

Los Archivos Nacionales están almacenados en el sótano y contiene documentos que datan desde 1600. Durante la guerra, los documentos fueron recogidos de todas las alcaldías del país para protegerlos de la guerrilla. El palacio está cerrado al público, pero si le habla dulcemente a uno de los guardias de la puerta, en el lado sur del edificio, tal vez le permita entrar a curiosear. *(Al oeste de la Plaza Gerardo Barrios)*

Teatro Nacional (mapa de San Salvador Centro) El teatro de la ópera, sumamente ornamentado, parecería tan fuera de lugar en medio del centro de San Salvador, como un campo de golf de nueve hoyos, pero vaya una cuadra al Este de la Catedral Metropolitana, y encontrará este edificio de ochenta años de antigüedad con asientos rojos y piso de mármol. Las gruesas alfombras y la decoración con volutas que amortiguan los ruidos del tráfico, lo harán sentir que ha entrado en otro siglo. Hay varias salas representando otros estilos de arte y los baños son, probablemente los más lindos de la ciudad. Los candelabros son de Austria y un famoso mural de 230 metros cuadrados cubre el cielo. Algunas salas todavía muestran daños del terremoto de 1986.

Producciones teatrales y recitales de poesía se presentan aquí de vez en cuando, y la Orquesta Nacional toca cada dos semanas por un precio de $2.85. Los asientos en los tres niveles le costarán lo mismo, pero el segundo piso le dará el mejor ángulo sobre el escenario. La taquilla abre un poco antes de la hora del espectáculo. (Vea Entretenimiento para la información de los boletos. *(1 cuadra al este de la Catedral Metropolitana; vea Entretenimiento para la información sobre boletos)*

Biblioteca Nacional (mapa de San Salvador Centro) reubicada en 1993, la Biblioteca Nacional continúa sufriendo los efectos del terremoto de 1986 que destruyó el 40 por ciento de su colección. Hoy en día este monolito parece tristemente vacío dentro del enorme edificio que antes fuera un banco. El primer piso alberga la sección de textos de referencias y trabajos internacionales. Subiendo la escalera que está en mal estado, en el segundo piso encontrará los libros salvadoreños y centroamericanos y el fichero. También hay una enorme pintura en el segundo piso la cual presenta a todos los presidentes de El Salvador, hasta el presidente Cristiani, en tamaño natural,. *(al sur de la Plaza Gerardo Barrios; tel 222-9181; 7:30am-5:30pm)*

Universidad Centroamericana (mapa de San Salvador completo) La sombreada ciudad universitaria de la UCA es un buen lugar para relajarse y conocer estudiantes universitarios salvadoreños. Hay una aceptable librería; una cafetería con comida parecida a la que usted encontraría en la de las universidades pequeñas de Ee.Uu. y, en las afueras de la universidad, encontrará gran cantidad de tiendas florecientes por el fotocopiado de libros de textos y de notas. *(Atrás de la Ceiba de Guadalupe, al final de la ruta 101 especialmente marcada para la UCA)*

De compras

Mercado Central (mapa de San Salvador Centro) Desde las 6 a.m este enorme mercado que rodea la Iglesia del Calvario está atiborrado de gente. Venga temprano para obtener la fruta más fresca, pero los caparazones de armadillo y la ropa usada están disponibles todo el día. Usted verá vendedores ofreciendo pulcros paquetitos de hierbas medicinales. Pregúnteles para qué es cada una y se impresionará de los remedios caseros disponibles para cualquier enfermedad imaginable. *(Entre 10a y 12a C Pte, C Gerardo Barrios y 15a Av Sur)*

Señora Suerte

En casi todas las esquinas de las calles de El Salvador se venden dos tipos de billetes de lotería. Los plateados se raspan para ver si se ha ganado instantáneamente. Los otros, en papel blanco con una fila de números, le dan una oportunidad en la lotería nacional semanal. Los billetes cuestan $0.60 y $0.80.

Mercado Nacional de Artesanías (mapa de San Salvador completo) Toda artesanía salvadoreña está disponible aquí, aunque a un 50 por ciento más de lo que costarían en donde fueron hechos. También se venden artículos de Guatemala y de otros países de Centroamérica. *(Junto al campo de la Feria Internacional, Carretera Panamericana Sur; 9am-6pm)*

Mercado Ex-Cuartel (mapa de San Salvador Centro) Aquí encontrará, entre otras cosas, artesanías salvadoreñas, y los precios son generalmente más bajos que en el Mercado Nacional de Artesanías. *(Entre C Delgado y 1a C Ote., 8a y 10a Av. Sur)*

Metrocentro y Metrosur (Mapa de San Salvador Oeste) Este centro comercial al estilo de Ee.Uu. es de los más grandes de Centroamérica. Adentro hay supermercados, tiendas de ropas, restaurantes, bancos, oficinas de correos, Antel y casas de cambio. Sin embargo los precios son altos. *(Blvd de Los Héroes)*

Génesis 7 Curiosidades (mapa de San Salvador Oeste) Esta pequeña tienda vende una selección singular de curiosidades y chucherías de toda Centroamérica. Usted puede dar un vistazo entre flores de papel, tallados en madera y literatura actual, o rentar un disco compacto. Fíjese en las cortinas hechas de semillas secas. *(Lunes-Sábado 8:30 am-7:30pm)*

Entretenimiento

Vida Nocturna

El **Boulevard de los Héroes** es lo más céntrico de la ciudad para comer algo, conseguir pareja y salir a bailar. Los restaurantes a lo largo del Boulevard van desde baratos hasta caros, pero los más caros son los que tienen música en la noche. Las Antorchas, El Corral Steak House y Villa Fiesta todos tienen música en vivo los fines de semana por un modesto derecho de mesa.

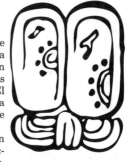

La **Zona Rosa** es el lugar más popular de San Salvador para entretenimiento nocturno. Esta colección de restaurantes al aire libre, tiendas de ropa chic, cafés y discotecas lujosas se encuentran diseminadas fuera de la Colonia San Benito en la intersección del Boulevard del Hipódromo y Calle La Reforma. Si usted quiere bailar, venga bien vestido y espere pagar un derecho de mesa entre $5.75 y $8.60. Mario's es un club popular, junto con el Búho y Underground Discotec.

Colonia Escalón un buen lugar para entretenimiento nocturno. Cerca de la Plaza Beethoven, en la Colonia Escalón y 75a Avenida, hay unas cuantas discotecas, restaurantes y cines.

Al final de la colonia Escalón en la intersección con la avenida Masferrer, usted encontrará la **Plaza Masferrer**, una alternativa más tranquila a los precios altos de los clubes nocturnos exclusivos de la Zona Rosa y el Boulevard de los Héroes. Cafés, puestos de comida barata y bebidas se encuentran en las calles de la plaza, y las grupos de mariachi hacen sus rondas musicales hasta ya avanzada la madrugada. Lo mejor de todo, es gratis.

■ **Clubes**

La Luna (Mapa de San Salvador Oeste) Un grupo de artistas convirtió esta casa en un lugar nocturno para darle a la gente un lugar a donde ir, relajarse y disfrutar del arte. Establecido en el centro de un barrio residencial, sus paredes y techo pintados, más su clientela de universitarios y adultos lo hacen parecer salido de Greenwich Village. Cada noche la música va desde latina a jazz y rock. Durante el día hay lecciones de yoga, películas, recitales de poesía y aún presentaciones de danza moderna. Pase por allí y tome un programa en la puerta principal. Una tienda anexa que se llama El Ropero vende material de lectura con inclinación izquierdista, ropa y joyería. La entrada es gratis antes de las 7 pm, y alrededor de $2.30 después de esa hora. *(C Berlín #204, a dos cuadras del Blvd de los Héroes; tel 225-5054; 4:20 pm-2am)*

Eventos Culturales

■ **Centros Culturales**

El Centro Cultural La Mazorca-ASTAC (Mapa de San Salvador completo) Busque los murales brillantes en la pared del frente del edificio, luego entre para ver una exhibición de fotografía o un video educativo. La pequeña tienda al lado, La Cosecha, vende artesanías. Llame para obtener la programación actualizada. *(C San Antonio Abad #1447; tel 226-5219; Lunes-Viernes 8am-6pm, Sábado 8am-12pm)*

Las Columnas Centro de Arte/Academia de Teatro y Arte "William Shakespeare" (Mapa de San Salvador Oeste) Ofrece producciónes teatrales, arte, música y cursos para niños y adultos. Los programas están puestos en la puerta. *(9a C Pte. #4036, entre 77a y 79a Av Nte)*

También **Yuri Omas Ben-Iosef** es una autoridad muy amistosa en cuanto a eventos culturales en El Salvador. Es un guía de turista que habla nueve idiomas, así es que no importa de dónde es Ud., él podrá informarlo correctamente. Yuri le dará información sobre producciones del Teatro Nacional y Teatro Presidente en San Salvador, el Teatro Nacional en Santa Ana y el Teatro de San Miguel, y también le ayudará a comprar boletos. *(Tel 273-3056, 221-6350)*

Museos y Galerías

Galería El Arbol de Dios (mapa de San Salvador Oeste) Usted reconocerá esta galería, en el mismo edificio que el Restaurante del Arbol (vea Alimentos y Bebidas), por las figuras distintivas, como hechas por niños, de Fernando Llort, en la pared blanca del frente. Hay una tienda de regalos cara que vende artesanías salvadoreñas, y la galería vende cientos de originales y litografías, estilo cubista de Fernando Llort, que son los souvenirs más bellos, pero caros, de El

Salvador. Una litografía de 20x30 vale entre $58 y $115. Los originales comienzan por cientos de dólares. Si le queda dinero, pase por un bocadito al Restaurante del Arbol a un lado de la galería. *(Lunes-Jueves 12-10pm, Viernes-Sábado 12-11 pm)*

Galería Huellas de América Todo en la galería "Huellas de América" está hecho de piel de vaca y de serpiente finamente trabajadas. Las artesanías son hechas en las instalaciones, así es que pida permiso para curiosear atrás donde trabajan. *(Lunes-Viernes 9am-9pm)*

Galería 1-2-3 Presenta trabajos de artistas de toda Centro América. *(Av La Capilla #258, Col San Benito; tel 223-1624; Lunes-Viernes 8:30 am-12:30 pm, 2:30-6pm, Domingo 8:20am-12:30pm)*

El Laberinto *(Av Olímpica #3341; tel 223-1115; Lunes-Viernes 9am-12:30pm, 3-6:30pm, Sábados 9am-1pm)*

Festividades

■ **Las Fiestas de Agosto** Las Fiestas Agostinas comenzaron el Siglo XVI con un simple desfile. Para el Siglo XVIII habían crecido, gracias al patrocinio de los aristócratas locales. Una imágen de El Salvador del Mundo, santo patrono de El Salvador, era tallado en madera y llevado por toda la ciudad. Pronto se tallaron imágenes de los santos patronos de cada ciudad. Hoy en día, cuando pasa la procesión que lleva la imagen de El Salvador del Mundo, todo el público se arrodilla. El último día de las fiestas, una imagen de Cristo es llevada por la ciudad en presencia de enormes multitudes.

Autobuses

Autobuses Urbanos

Los autobuses de la ciudad de San Salvador están numerados del 100 para abajo, exceptuando la 101 que lleva a Santa Tecla. Todos cuestan $0.17, excepto los que salen de la ciudad. También corren microbuses casi por las mismas rutas, aunque mucho más rápido, y cuestan lo mismo.

■ **Principales Destinos: Universidad Nacional (3, 9, 30)** desde el Mercado Central y Metrocentro; **(33b)** desde el Este de San Salvador. **Planes de Renderos (12pr, 12mc)** desde el Mercado Central. **Lago de Ilopango y Turicentro Apulo (15)** desde el centro de San Salvador (parada de autobuses del parque "Hula Hula"). **Panchimalco (17p, 17r)** desde el mercado central. **Ciudad Merliot hacia Santa Tecla (42). La UCA (44)** desde Metrocentro. **Plaza Masferrer (52)** desde Metrocentro. **Embajada de Ee.Uu. y Santa Tecla (101)** desde el centro de la ciudad pasando la Plaza de las Américas.

■ **Puntos Principales de Salida: Terminal de Autobuses de Occidente (4cd)** hacia el noreste de San Salvador; **(28)** a la Plaza Libertad; **(34)** a la Zona Rosa o Mercado Central; **(42)** hacia Ciudad Merliot y Santa Tecla. **Terminal de Autobuses de Oriente (5, 21)** hacia el sureste de San Salvador; **(7)** hacia la Plaza de las Américas vía la Calle Arce; **(8)** hacia el suroeste de San Salvador; **(23,24)** hacia el norte-centro de San Salvador; **(29)** hacia Metrocentro. **Terminal de Autobuses del Sur (Ruta A)** hacia el centro de San Salvador. **Mercado Central de San Salvador (6)** hacia el norte-centro de San Salvador; **(16)** hacia el oeste de San Salvador, luego hacia el norte por la C. San Antonio Abad; **(20)** hacia el noreste de San Salvador; **(30)** hacia Metrocentro y Universidad Nacional **(34)** a la terminal de occidente y Zona Rosa. **Plaza Masferrer (Ruta A)** hacia la terminal del sur. **Metrocentro (29)** hacia la terminal de oriente; **(30)** hacia el mercado central y la Universidad Nacional; **(44)** hacia la UCA; **(52)** hacia la Plaza Masferrer; **(Ruta B)** hacia el Centro de Gobierno. **Centro de Gobierno (31)** hacia el sureste de San Salvador; **(Ruta B)** hacia Metrocentro. **Zona Rosa (34)** hacia la terminal de occidente y el mercado central.

Terminal de Autobuses de Oriente

Berlín (303), 6, 11am, 1, 3pm, 109km, 2hr 30 min. **Chalatenango (125)**, cada 10 min hasta las 6pm, 69km, 2hr 20 min. **El Poy (119)**, cada 30 min hasta las 3:30 pm, 90 km, 3hr, 30 min. **Ilobasco (111)**, cada 10 min hasta las 7pm, 54km, 1 hr 30min. **La Palma (119)**, cada 30 min hasta las 3:30pm, 81km, 3hr. **La Unión (304)**, cada 30 min hasta las 3:40pm, 183km, 4hr. **Lolotique (442)**, 10:45am, 130km, 3hr 30 min. **San Francisco Gotera (305)**, 6:40am, 12:30pm, 197 km, 4hr. **San Miguel (301)**, cada 10 min hasta las 5:10pm, 136km, 3hr Director es 2hr 30min. **San Sebastián (110)**, cada 20 min hasta las 6pm, 50km, 1hr 30min. **San Vicente (116)**, cada 10 min hasta las 8pm, 58km, 1hr 30 min. **Santa Rosa de Lima (306)**, cada 15 min hasta las 3:20 pm, 176 km, 4hr. **Santiago de María (302)**, 6, 7am, 4pm, 118km, 3hr. **Sensuntepeque (112)**, cada 15 min hasta las 5pm, 2hr 15min. **Suchitoto (129)**, cada 25 min hasta las 6:30pm, 44km, 1hr 30min. **Usulután (302)**, cada 10 min hasta las 4:15pm, 122km, 2hr 30min.

Terminal de Autobuses de Occidente

Acajutla (207), cada 10 min hasta las 6:50 pm, 81km, 2hr. **Ahuachapán (202)**, cada 5 min hasta las 6:30pm, 100km, 2hr 20 min. **Apaneca (206a)**, 5pm, 91km, 2hr 30 min. **Chalchuapa (456)**, cada 10 min hasta 6:20pm, 78km, 1hr 10 min. **Juayúa (206)**, 2, 3, 4pm, 81km, 2hr 30min. **La Hachadura (498)**, 128km, 3hr. **San Antonio del Monte (206b)**, cada 10 min hasta las 6pm, 68km, 1hr 30min. **San Cristóbal (498)**, cada 10 min hasta las 6pm, 93km, 2hr. **San Juan Opico (108)**, cada diez minutos hasta las 6:45pm, 40km, 1hr 10min. **Santa Ana (201)**, cada 5 min hasta las 6:40pm, 63km, 1hr 30min. **Sonsonate (205)**, cada 5 min hasta las 6:30pm, 65km, 1hr 30min.

Terminal de Autobuses del Sur

Costa del Sol (494), cada 20 min hasta las 6:30pm, 60km, 1hr 30min. **La Herradura (134)**, cada hora hasta las 6pm, 60km, 1hr 30 min. Cerca de la Costa del Sol. **La Libertad (166)**, 7, 9:20am, 12, 2pm, 32km, 1hr 45min. **Puerto el Triunfo (185)**, cada 3 horas hasta las 2:10pm, 107km, 2hr 30min. **Usulután**

(302), cada 10 min hasta las 4:30pm, 112km, 2hr 30min. **Zacatecoluca (133)**, cada 10 min hasta las 7pm, 55km, 1hr 20 min.

Autobuses Internacionales

■ **Terminal de Autobuses de Occidente: Mermex** los envía a Guatemala. **Ciudad de Guatemala**, 4:15 am y 8:30am, 5hr, $4.65. **El Condor** a la frontera mexicana en Tecumumán y Talismán vía Sonsonate y La Hachadura, **Frontera Mexicana**, 7am-9pm, 9hr, $10.

■ **Quality** tiene autobuses que salen diariamente para Guatemala y Honduras desde el Hotel Siesta y el Hotel Presidente. Salen del Hotel Siesta, luego pasan al Hotel Presidente. *(Condominio Balám Quitzé, Local 4b; tel 279-4166)* **Tegucigalpa**, 12:45/1pm, $30. **Ciudad de Guatemala**, 6:15am/6:30am, 3:15/3:30pm, $22.

■ **Puerto Bus** manda autobuses a Guatemala, Honduras y la frontera mexicana. Los boletos los venden sólo para el mismo día. *(Alam Juan Pablo II y 19a Av Nte, cerca del Centro de Gobierno; tel 222-2158)* A Guatemala salen cada 30-45 min desde las 3:30-11am, cada hora desde las 11am-5pm diariamente, $5, 5hr 30min. A Honduras salen 6am, 1pm diariamente. $15, 6hr 30 min. A la frontera mexicana, hasta las 11:30am, $10.35, 10hr.

■ **Cruceros del Golfo** está en el mismo edificio del **Puerto Bus**, y manda dos autobuses por día a **Tegucigalpa**. *(Alam Juan Pablo II y 19a Av Nte, cerca del centro de Gobierno).* A Tegucigalpa salen a las 6am, 1pm $16.

■ **Comfort Line** salen para Guatemala desde el Hotel El Salvador *(89 Av Nte y 11 C Pte; tel 279-3382)* A la ciudad de Guatemala salen a las 8am, 2pm $22.

■ **Tica Bus** manda autobuses a la mayoría de los países de Centroamérica. Usted puede comprar los boletos aquí durante horas de oficina. Los autobuses pasan por la oficina un poco antes de partir. *(Junto al Hotel San Carlos en la C Concepción; tel. 222-4808; Lunes-Viernes 9am-12pm, 2-7pm, Sábado 9am-12pm)* A la ciudad de **Guatemala salen a las** 6am, 7hr, $8. **A Tegucigalpa salen a las** 5:30 am, 10hr, $15. **A Managua**, 5:30 am, 13hr, $35. **A San José**, 5:30am, 24hr $50. Se pasa la noche en Nicaragua. **A Panamá sale a las** 5:30am, 40hr, $75, con parada en Nicaragua y Costa Rica.

Detalles

■ **American Express** *(Centro Comercial La Mascota, local #1; tel 279-3844; lunes-viernes 8am-12pm, 2-5pm, sábado 8-10am).*

■ **Servicios de Correo Privado: Urgente Express** *(C Rubén Darío #1056 y 19a Ave Sur, Edif Bolívar #2-1; Tel 221-0487; en los Ee.Uu. 800/262-1389).* **León Express** *(Alam Roosevelt #2613, entre 49a y 51 Av Sur, tel 224-3005, 224-3026).*

■ **Número de Emergencia (PNC):** 121.

■ **Tienda de Libros en Inglés: Bookmarks** tiene una selección moderada de novelas en inglés, y revistas. Sin embargo, no tiene guías. *(Centro Comercial Basilea, lunes-sábado 9am-7pm, domingo 10am-6pm).*

■ **Servicios Religiosos en Inglés:** La **Union Church** de San Salvador tiene "Servicios para Cristianos Expatriados" los domingos a las 9:30am, Estudio Bíblico, coro, Escuela Dominical. *(Final C #4, Col La Mascota, Pastor Ray Hollis 223-5505).* El Templo Judío tiene servicios en Hebreo, los viernes a las 6:30pm.

(Blvd. Del Hipódromo #626 en frente de Finata; Tel 223-6124). El Padre Dennis Hand celebra misa católica en inglés los sábados a las 5pm en la Iglesia de los Santos Inocentes, en Antiguo Cuscatlán.

■ **Grupos/Asociaciones: Asociación de Mujeres Americanas** *(Tel 224-5217)*

■ **Hospitales:** El mejor hospital del país es el Hospital de Diagnóstico *(21 C Pte, frente a la antigua Embajada de Ee.Uu.; tel 226-5111, 226-8878).* Llame a su embajada para pedir que le recomienden hospitales para tratamientos especializados,

■ **Oficina de Migración:** La oficina de Migración que se encuentra en el Centro de Gobierno se ocupa de extensiones de visa y otros asuntos, aunque posiblemente tendrá que esperar un gran rato en la línea. *(Centro de Gobierno, Edificio Federal, Lunes-Viernes 8am-4pm; tel 221-2111).*

■ **Lavandería:** San Salvador tiene más que suficientesde tintorerías, pero algunas lavanderías le permitirán lavar su ropa por carga: **Lavandería Lavapronto** (Av Los Sisimiles #2924, Col Miramonte, una cuadra del Hotel Camino Real). **Lavandería Exclusiva** (Av Río Amazonas #11, en de Jardines de Guadalupe).

■ **Correo:** La **oficina central del correo** se encuentra en el área justo al norte del Centro de Gobierno, al este del Parque Infantil y el Palacio de los Deportes. Hay otra sucursal en Metrocentro. *(Lunes-viernes 8am-5pm, Sábado 8am-12pm).*

■ **Mapas:** El **Instituto Geográfico Nacional** es el lugar donde puede pedir todos los mapas de El Salvador, especialmente si usted planea ir de excursionista o estar en el país por mucho tiempo y necesitara un buen mapa. Los precios van de $4.60 a más. *(Av Juan Bertis #79 en Ciudad Delgado, parece una gran fortaleza en el lado derecho, con las letras "IGN" pintadas en el exterior; tel 276-5900; Lunes-Viernes 8am-12:30pm, 1-4pm).*

■ **Teléfonos: Antel** tiene oficinas en el Centro de Gobierno (Lunes-viernes 8am-12pm, 1-4pm), sobre C. Rubén Darío y 5a Av Sur (Lunes-Viernes 6am-10pm) y en la Torre Roble en Metrocentro (Lunes-viernes 8am-12pm, 1-4pm).

■ **Información Turística:** El **Instituto Salvadoreño de Turismo** (ISTU) puede proporcionarle información fotocopiada acerca de viajes dentro de El Salvador. Mucha de ella está equivocada, pero la gente que trabaja allí es agradable. También hay una oficina del ISTU en el aeropuerto (C Rubén Dario #619, entre 9a y 11a Av Sur, tel 222-8000; Lunes-Viernes 8am-4pm).

■ **Tiendas de libros en español: Ercilla** (4a Av Nte #119, a la vuelta de la esquina del Teatro Nacional) **Librería de la UCA**, *(Dissal Av. España #344 y 5a C Ote).* **Exito** *(Av Juan Pablo II, Centro Comercial Juan Pablo II, local 305a).*

Cerca de San Salvador

Comida y Bebidas

Algunos restaurantes de lujo aprovechan el panorama de la ciudad desde las colinas al sur de ella.

Restaurante Bella Vista Este restaurante elegante tiene una impresionante vista de la ciudad, la cual es mejor al caer la noche. Está decorado con escenas reproducidas en cristal cortado, tomadas de fotografías de El Salvador en los 1920. Abierto desde 1945, lo heredó Ana Palomo de sus padres. Ella y su hermana Lorena son las actuales administradoras. Los platillos comienzan desde $14. *(Sobre la carretera a los Planes de Renderos, km6; tel 370-0144;Martes-viernes 12m-3pm, 6-10pm, Sábado 12m-12am, domingo 12m-8pm)*

Restaurante Placita Grill Este elegante restaurancito está instalado en una pequeña sala familiar, que tiene un hermoso panorama de San Salvador. El menú es interesante: pruebe la "Ballena Rellena de Camarones" (1,000,000 *Colones*) y averigüe porqué están cerrados los lunes. Un filete Nueva York cuesta $5.75, los tacos de pollo cuestan $2.20. *(Sobre la carretera a los Planes de Renderos, km6.5;Martes-Domingo 12-3p.m., 6-9:30pm)*

El Córdoba Esta pequeña casita blanca, en una colina empinada, es un restaurante informal con otro panorama de San Salvador, el Volcán de San Salvador y Santa Tecla. La propietaria, Evelyn de Castro, decidió abrir el restaurante cuando todos quienes disfrutaban del panorama desde su café, dijeron que les gustaría ir a cenar allí. Al final de la semana se llena de gente joven quienes disfrutan del "coma todos los camarones que pueda" ofrecido los jueves por $6. *(Sobre la carretera a los Planes de Renderos, km 7, arriba de un empinado camino empedrado del lado derecho de la calle, busque el letrero; Domingo-Miércoles 11am-9pm, Jueves-Sábado 11am-11pm)*

Puntos de Interés

Parque Balboa Este gran parque municipal está 12 kilómetros al sur de San Salvador ubicado muy arriba en el distrito de Planes de Renderos. Es un popular paseo de un día desde la cuidad, pero está cubierto de basura. Un puñado de pupuserías privadas y cafés sirven en el romántico (pero sucio) paseo salvadoreño. La cancha de fútbol se ve bastante usada *(Autobús 12 "Mil Cumbres'" desde el Mercado Central en San Salvador a los Planes de Renderos y Puerta del Diablo, cada 15 min. hasta las 7pm).*

Puerta del Diablo Una enorme roca se partió aquí hace mucho tiempo, dejando una curiosa formación conocida como la "Puerta del Diablo" en la cima del Cerro Chulo. Hay un gran panorama de la costa desde estas dos rocas, a 14 kilómetros al sur de San Salvador. Hacia la izquierda se ve el Lago de Ilopango y enfrente se encuentra el Volcán de San Vicente. Podrá ver los techos rojos de Panchimalco al pie del precipicio.

Durante la guerra civil la belleza de la Puerta del Diablo fue dañada porque los escuadrones de la muerte arrojaban por el barranco el cuerpo de sus víctimas. Ahora lo único que arrojan es basura; el camino hacia la cima está cubierto de basura y 25 años de tapones de botellas. Comienza en un claro entre las dos grandes rocas hacia la derecha. *(Autobús 12 "Mil Cumbres" desde el Mercado Central en San Salvador hasta los Planes de Renderos y la Puerta del Diablo, salen cada 15 min. hasta las 7pm)*

Los Chorros Es un turicentro, y está cerca de San Salvador, pero todavía es sorprendentemente agradable. Cuatro piscinas se llenan con agua que cae en cascada por cuestas cubiertas de espesa vegetación, casi como las paradisíacas junglas de Hawaii, excepto por las muchedumbres. La piscina más alta parece tener el agua más limpia, y todo el turicentro está rodeado de helechos, flores y musgo. Si usted no trae su picnic puede tomar un bocado en alguno de los pequeños comedores de abajo.

Si viene durante la semana, Los Chorros está más limpio y hay menos gente, excelente para un chapuzón por la tarde. Cuando venga traiga sandalias de hule para los vestidores, deje sus cosas de valor en otro lugar, ya que en los vestidores sólo puede dejar su ropa. Los angostos caminos de la montaña pueden verse tentadores, pero le advertimos que no suba, ya que se han reportado robos

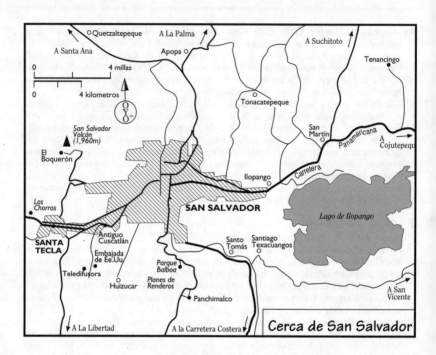

allí. *(18km al oeste de San Salvador, sobre la Carretera Panamericana, al oeste de Santa Tecla; Ruta de bus 79 desde San Salvador desde la 11a Av Sur y C Rubén Darío hacia Lourdes, salen cada 10 min; 7am-5pm; $0.60 por persona; los vestidores abren de 8am-12m, 2-5pm)*

Panchimalco

Nahuat: "Lugar de Escudos y Banderas"
Hab. 33,500
a 17km de San Salvador

Panchimalco de Ayer

De acuerdo con la leyenda, una catástrofe natural en el Siglo XI forzó a la gente que vivía en Planes de Renderos, que ahora da hacia la ciudad de San Salvador, a buscar refugio en lo que ahora es Panchimalco. En años recientes, la evidencia arqueológica ha surgido para confirmar que realmente hubo una migración hacia Panchimalco en ese entonces, y que a consecuencia, la población de la ciudad rápidamente se expandió hasta cubrir dos kilómetros cuadrados.

Durante la invasión española, Panchimalco se ganó su nombre: "El Fuerte". La forma cóncava del terreno alrededor de la ciudad proporcionaba una barrera natural que permitía a los habitantes rechazar los ataques de las tropas españolas por más tiempo que otros pueblos indígenas.

Panchimalco de Hoy

Un pueblo polvoriento y tranquilo, su localización en una concavidad geológica, lo deja rodeado de montañas elevadas. Está a cinco kilómetros de Planes de Renderos y junto al Parque Balboa, con la Puerta del Diablo visible hacia el Norte. Los cerdos, perros y niños compiten por espacio y atención a lo largo de las empedradas y empinadas calles, mientras algunos jóvenes juegan pelota en frente de la antigua y blanca iglesia.

Panchimalco todavía está habitada por los Indios Pancho, descendientes de los Pipiles, que luchan por distinguir su cultura de la corriente cultural de El Salvador. Aquí no pasan muchas cosas excepto las fiestas en Mayo y Septiembre, Aún así, Panchimalco es un lugar interesante para visitar desde San Salvador.

Lugares de Interés

Iglesia Colonial de la Santa Cruz de Panchimalco Este monumento nacional construído en 1725, perdió tres interesantes detalles arquitectónicos, y un órgano durante el terremoto de 1854, el cual causó mucho daño en el San Salvador. Vale la pena ver el altar y el cielo raso tallado. La sala a la derecha del altar alberga algunos de los santos (incluyendo uno del Santo Entierro de Jesús, note sus facciones indígenas), los que se llevan en las procesiones durante las festividades.

Detalles

■ **Autobuses: San Salvador (17)**, sale cada 15 min hasta las 6pm, 17km, 40min. También hay un microbús que sale para Panchimalco desde el lado sur del Mercado Central en San Salvador, en frente del Banco Cuscatlán. También es ruta 17 y toma menos tiempo.

■ **Las Festividades: mayo 1-3 y septiembre 12-14 (13)** El Señor de la Santa Cruz de Roma. Estas fiestas son famosas por la Procesión de las Palmas, llevada a cabo la tarde del segundo domingo de mayo, en la cual una imágen de la Virgen María es llevada por las calles, acompañada por grandes hojas de palma. Ambas fiestas son en honor del mismo santo, y antes era un evento mucho más grande. Ahora, con ayuda del ISTU, las fiestas son más entretenimiento que festividad autóctona, y la de mayo es la más grande. En ambas se venden tejidos tradicionales y alfarería; y se presentan danzas, música, charlas, maratones y fuegos pirotécnicos. **Diciembre 23-25 (24)** Nacimiento del Niño Jesús.

La Vida Bajo el Fuego

Las colinas densamente pobladas de árboles del Volcán de Guazapa, a 24 kilómetros al Norte de San Salvador, en un tiempo hormigueó de guerrilleros. El FMLN controló los 1,370 metros del volcán durante la mayor parte de la guerra y estableció una exitosa comunidad que sobrevivió y aún prosperó durante la lucha.

A pesar de la presencia eventual del ejército del gobierno en la cima de Guazapa, donde ellos mantenían una base, el FMLN controló las laderas desde los 1980. El ejército declaró el volcán "zona de fuego libre", lo que significaba que los soldados podían dispararle a cualquier cosa que se moviera. Los aviones del gobierno bombardeaban continuamente el volcán y se rumoraba que usaron *napalm* y fósforo en ocasiones para quemar a los rebeldes.

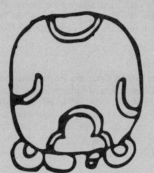

Sin embargo, durante períodos más tranquilos, la vida diaria de las guerrillas de Guazapa tomó una norma casi cómoda. Cada mañana, tropas masculinas y femeninas se formaban para cantar el himno del FMLN para mantener la moral alta. Durante el día la guerrilla realizaban sus tareas diarias como el resto del país. Se atendían las granjas y la comida extra era intercambiada por suministros. Los rebeldes también manejaban sus hospitales, con la ayuda de médicos Quáqueros, políticamente neutros. Los niños aprendían lo básico en las escuelas rebeldes, 40 de las cuales operaban alrededor de

Guazapa. Sin embargo, el programa de estudios era una poco raro, ya que además de aprender gramática y matemáticas los niños tenían que aprender cómo sobrevivir los ataques aéreos.

En Guazapa el 20 por ciento de los habitantes eran mujeres, por lo cual el papel de hombres y mujeres se diferenciaba al de la mayoría de las comunidades salvadoreñas. Las guerrilleras a regañadientes apreciaban a los hombres que lavaban su propia ropa, pero refunfuñaban porque ellos "no hacían aún sus propias tortillas."

Por las noches la atmósfera era un poco más relajada. Las tropas se reunían alrededor de fogatas para tocar guitarras y cantar en celebración de la revolución. Las líricas ridiculizaban al gobierno y elogiaban a los compañeros caídos. ("Por lo menos cuando muere un guerrillero", decían los rebeldes, "él sabe que sus amigos escribirán una canción acerca de él.") Radio Venceremos y Radio Farabundo Martí les llevaban noticias de las batallas, incluyendo el números de víctimas y armas confiscadas.

En cualquier momento de cualquier día, la tranquilidad podía ser destruida por el rugir de los aviones o po el avance de un batallón de soldados del gobierno. Ahora, partes de la montaña desmontadas por las bombas del gobierno, todavía son visibles a la distancia.

Lago de Ilopango

En Nahuat "La Diosa del Maíz"
a 16 km. de San Salvador

El plácido Lago de Ilopango cruza las fronteras de los departamentos de San Salvador, La Paz y Cuscatlán, y está rodeado por volcanes y montañas. Este lago volcánico es el más grande del país y uno de los sitios turísticos más populares de El Salvador, especialmente porque estar muy cerca de la capital. Dramáticos acantilados dominan las verdes aguas del lago y en la niebla matutina, el área semeja una escena tomada de una pintura tradicional china.

Alojamiento

Hotel Vista Lago Las cabañas privadas no son nada lujosas y las instalaciones están un poco venidas a menos, pero el panorama desde allí es espectacular. El restaurante se encuentra sobre una loma que domina el lago, y tiene platillos por $3.45-$8.60. *(Carretera a Apulo km 12.5; tel 295-0532; 13S cabañas, 19D cabañas $16.24, todas con baños privados, agua caliente, AC; lavandería; salida 10am; restaurante martes-domingo 9am-5pm, bar)*

Recreación

Club Salvadoreño Este enorme club, al final de la carretera que circunda el Lago de Ilopango, tiene uno de los pocos campos de golf al alcance de la capital. Las elegantes y bien cuidadas instalaciones están salpicadas de palmeras, y rodeadas de filas de vehículos de lujo muy pulidos y de barcos privados. Si el golf no es su juego (aún por solo $11.50 la ronda), también hay canchas de tenis, piscinas, canchas de fútbol y voleibol. Escoja entre los dos restaurantes y bares, y si se quiere quedar a pasar la noche, hay cinco cabañas para 6 personas cada una, disponibles a $7.50 cada una. Para pedir información acerca de membresía llame a la oficina central en San Salvador al 225-1634 o 225-1654. *(Al final de*

SAN SALVADOR

la carretera del lago; miércoles -domingo 8am-4pm, Jueves - domingo hasta las 6pm; $2 por persona para entrar).

Turicentro Apulo El turicentro más cercano a San Salvador es uno de los más populares en el país, con grandes piscinas, árboles altos y restaurantes en la playa del lago. Aunque fue remodelado después de la guerra, durante los fines de semana, cuando todo el mundo viene desde San Salvador, todavía tiene aspecto de zona de guerra. La playa no es gran cosa, pero los lancheros locales lo llevarán a dar la vuelta al lago si acuerdan un precio aceptable. Lanchas pequeñas hasta para 10 personas, se alquilan desde $6.90 a $8 por hora, y tres horas le alcanzarán para un buen paseo. Implementos para pescar se incluyen ocasionalmente en el precio. Algunos de los paisajes más atractivos alrededor del lago, incluyen Amatitán (una parte privada del lago con casas extravagantes), Río El Desagüe hacia el este, Corinto (el cantón donde se encuentra el Club Salvadoreño), San Agustín y Cujuapa (cantones).

Detalles

■ **Autobuses: San Salvador (15)**, salen cada 15 min hasta las 5 pm, 16km, 55 min. Sale de la parada de autobuses del "Hula Hula" en San Salvador cerca de la Catedral Metropolitana y la Avenida España.

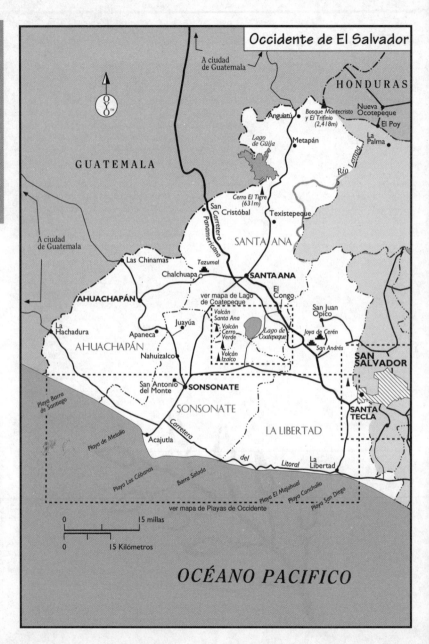

Occidente de El Salvador

Hacia El Occidente

El occidente de El Salvador, con sus playas, bosques, volcanes y pueblos de montañas, parece salido de un folleto turístico. La región no sufrió tanta destrucción durante la guerra civil, así es que es un buen lugar para comenzar a explorar fuera de la capital. En el Occidente de El Salvador encontrará volcanes y montañas impresionantes, como el Cerro Verde y los volcanes de Izalco y Santa Ana, agrupados cerca del Lago de Coatepeque, hasta el bosque nebuloso de Montecristo en el extremo Norte del Departamento de Santa Ana. En la otra dirección, las planicies costeras se deslizan hasta las playas de la Barra Santiago y Metalío.

Las ciudades del occidente son tan diversas como su geografía. La ciudad cafetalera de Santa Ana, la segunda más grande del país, es uno de los lugares más agradables para pasar una temporada en El Salvador, mientras que los nebulosos pueblos montañosos de Juayúa y Apaneca son de los más tranquilos.

Finalmente, el occidente está lleno de cosas qué hacer. Pase unos días escalando las montañas cerca del Lago de Coatepeque o caminado por la Reserva de Montecristo. Invierta en un fino par de botas en Santa Ana y pavonéese como un verdadero vaquero o explore las playas y la Barra al sur de Ahuachapán.

A pesar de su importancia económica por ser el corazón de la zona cafetalera, el FMLN nunca pudo ganar terreno en este fresco departamento lleno de colinas. Sin embargo, ellos sí interfirieron ocasionalmente con la economía local. Durante los 1980, las incursiones de la guerrilla y disputas laborales redujeron varias veces a la mitad la producción de café, dejando a miles de personas sin trabajo durante los tres meses de la cosecha. La lucha de Chalatenango se extendió por el norte del Departamento de Santa Ana cerca de Metapán. Los rebeldes atacaron el Departamento de La Libertad a mediados de los 80, causando gran daño y amenazando con abrir otro frente para la acción militar. Mientras tanto, los escuadrones de la muerte aterrorizaban a todo mundo.

HACIA EL OCCIDENTE

Las paisajes de esta zona están cerca de la capital. A un día de viaje, con o sin carro, lo llevará a cualquier parte, y de regreso a San Salvador, si sale temprano por la mañana. Las carreteras aquí son mejores que en cualquier parte del país, aunque los trechos sobre la Carretera del Litoral harán que su espina se acorte de tanto rebotar. Muchos autobuses viajan entre San Salvador, Sonsonate y Santa Ana, y aún a pueblos pequeños como Apaneca y Juayúa es fácil llegar. El transporte público es más difícil de encontrar por el lado de la Carretera del Litoral y hacia el Norte, rumbo a Montecristo.

Las lluvias caen en el Occidente desde julio a octubre, así es que no se sorprenda si muchas calles de tierra se vuelven intransitables durante esa época. Usted puede cruzar a Guatemala por La Hachadura y Las Chinamas en el Departamento de Ahuachapán y San Cristóbal y Anguiatú en el Departamento de Santa Ana.

■ **Números de Emergencia de la Policía (PNC). Departamento de La Libertad:** 228-1426. **Departamento de Sonsonate:** 451-0374. **Departamento de Ahuachapán:** 443-1681. **Departamento de Santa Ana:** 447-7900, 447-7832, 447-7907.

Santa Tecla
(Nueva San Salvador)

Santa Tecla

Hab. 87,000
12km desde San Salvador

Santa Tecla de Ayer

Santa Tecla, también conocida como Nueva San Salvador, está localizada cerca de San Salvador, en el valle de Salcoatitán, muy dado a terremotos. Durante el Siglo XIX, el sufrir los efectos de por lo menos dos terremotos en el espacio de 100 años, llevó a muchos pobladores, a sugerir que sería mejor reubicar la capital en un lugar más estable. El devastador terremoto de 1854 fue el que convenció al gobierno de tal cambio, y el valle de Santa Tecla fue escogido para la nueva ubicación. Sin embargo, ese cambio nunca se llevó a cabo y San Salvador todavía se estremece de tiempo en tiempo.

Santa Tecla de Hoy

Prensada entre el Volcán de San Salvador y la cordillera costeña en la Planicie de Uliman (del nahuat "lugar donde se cosecha el hule"), Santa Tecla está rodeada de montañas que la mantienen fresca. La Carretera Panamericana divide en dos la ciudad, llevando a todo el tráfico pesado justo por su centro. Altas palmeras llenan el parque principal y un mercado obstruye muchas calles, incluyendo la principal. Santa Tecla es esencialmente sólo un tranquilo suburbio de San Salvador, a pesar de los muchos centros y minicentros comerciales. Encontrará allí una de las pocas librerías bien surtidas de todo el país, y algunos lugares interesantes para comer. También es el lugar más indicado como punto de partida para subir al Volcán de San Salvador.

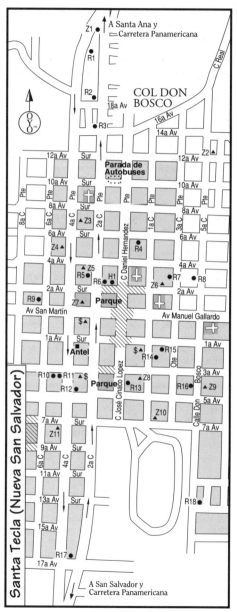

ALOJAMIENTO ●

HI Hotel Tecleño

ALIMENTOS Y BEBIDAS ●

RI Mariscos Las Delicias
R2 Cusuco Feliz
R3 Pip's Carymar
R4 *Zantie Pizza*
R5 Pizza Atto's
R6 Sorbetes
R7 Pizzería Italia
R8 Pupusería
R9 El Caminito Americano
RIO La Casona de Doña Maria
RII *Restaurant OK*
RI2 Elsy's Cakes
RI3 Toto's Pizza
RI4 *Cafetería Las Palmeras*
RI5 *Cafetería Pupusas Tin*
RI6 Restaurante Argentino Nestor's
RI7 Restaurant La Marea
RI8 Restaurant La Cueva

OTROS ▲

ZI Gasolinera Shell
Z2 Lavandería Colonial
Z3 Supermercado y Tienda
    de Artesanías
Z4 Rótulo FMLN
Z5 Clásicos Roxsil
Z6 Policía
Z7 Centro Comercial
Z8 Centro Comercial
Z9 Club Tecleño
Z10 Tienda de Artesanías
ZII Gasolinera Shell

Alojamiento

Hotel Tecleño El único en la ciudad, lamentablemente sucio, con flores artificiales y paredes mal pintadas. *(8s $5.75, 2D $9.20, todas con TV, ventiladores en el techo, $2.30 por baño privado; salida las 24 horas; comedor)*

Alimentos y Bebidas

El Cusuco Feliz Disfrute un humeante plato de sopa de garrobo (sopa de iguana) por $3.50 esto si el ruido de los camiones en la Carretera Panamericana, que pasa justo enfrente, se lo permite. Busque el rótulo colorido y admire el menú tri-dimensional. El nombre viene de los animales raros que los propietarios compran a los campesinos locales. No importa que sea, lo cocinan y lo sirven caliente. El pro-pietario dice que se ha vuelto más difícil encontrar cierto tipo de animales últimamente, así es que el menú ya no es tan interesante *(11am-9pm)*.

El Caminito Americano Un restaurante nada especial de comida rápida con un gran rótulo rojo, blanco y estrellas azules enfrente. La comida va desde la típica hasta la china, $2.30-$3.50. *(Lunes-sábado 10am-9pm)*

Mariscos Las Delicias Un restaurante de mariscos lleno de mesas de madera y rodeado por una pared de ladrillo cubierta de hiedra. La comida de precio moderado es solamente mediocre. Grupos musicales tocan en el pequeño escenario los sábados por la noche *(11am-11pm)*

Restaurante Argentino Nestor's Satisfaga su consumo de grasa saturada por un mes con uno de los legendarios filetes de 16oz de Nestor's. Luego, vea de dónde vino en uno de los cuadros de partes de la vaca que estan en la pared. Los platos de carne de res cuestan de $2.85 a $7. *(11:30 am-9pm, Domingo 11:30-3pm, cerrado lunes)*

Pip's Carymar Una enorme pupusería/restaurante/panadería, con toda la atmósfera y ruido de una parada para camioneros. Un vaso de horchata cuesta $0.50 y las pupusas las sirven desde las 3:30 pm en adelante. Los platos completos son más caros. *(8am-9pm)*

Pizzería Italia Disfrute una gran pizza de queso por $4.60 en este alegre lugar lleno de música, afiches de cervecerías y colores brillantes. Sin embargo, sólo para que no se pierda control, hay un límite de tres cervezas por persona. *(Jueves-martes 10am-2pm, 4-9pm)*

Restaurante La Casona de Doña María Cene bajo un techo alto o sin techo alguno. Sirven pollo, mariscos y sandwiches y la especialidad, Churrasco a la Casona: 8 oz de carne de res con camarones que cuesta $5. Busque el letrero colgante de madera junto al Restaurante OK. *(11:30am-9:30pm)*

Restaurante La Cueva Este restaurante es uno de los lugares más elegantes de la ciudad, ubicado en el segundo piso de la casa del propietario. Los platos de carne y de mariscos cuestan desde $4.50 a $7, mientras que un plato grande de mariscada cuesta $7. La especialidad es la carne cubana con queso, cebolla, cilantro y una salsa de tomate especial, todo por $2.85. *(lunes-jueves 11 am-9pm, viernes-sábado 11am-10:30pm)*

Restaurante La Marea Un lugar caro con vista a la calle. Los cocteles cuestan $3.50, y los platillos comienzan en $3. Pruebe la Mariscada La Marea por $6.25. *(lunes-sábado 9am-9pm)*

Excursionismo

Volcán San Salvador El cráter de este gigante es un bello lugar para excursionar y disfrutar el paisaje, incluyendo San Salvador, Santa Tecla, el volcán de San Vicente, las verdes aguas del Lago de Ilopango y la Puerta del Diablo. Quezaltepeque, como es conocido el Volcán de San Salvador, realmente tiene dos picos. El más alto, el Picacho (1,890m), está como a tres kilómetros al este del pico más bajo, El Boquerón, que es bueno para escalar. Caminar los tres kilómetros alrededor del Boquerón lleva unas cuantas horas. El camino para bajar al cráter, es de aproximadamente 500 metros de largo, pero se baja despacio y con dificultad. Adentro del cráter encontrará un segundo cono, más pequeño, formado durante la erupción de 1917 que destruyó gran parte de San Salvador.

> VOCES DE LA GUERRA
>
> ## "Usted sabe, deje que gane el que gane. Pero permita que esta guerra termine."
>
> —A un hombre mayor se le escuchó decir esto en su pequeño pueblo durante una balacera

Para llegar allí, tome el autobús 103 desde Santa Tecla al pueblo del Boquerón cerca de la cima del volcán. Desde allí, hay aproximadamente un kilómetro más hasta el borde. *(vea el mapa Cerca de San Salvador; el autobús 103 al Boquerón sale cada dos horas)*

Detalles

■ **Librerías.** Clásicos Roxsil La gentil familia López-madre, padre y dos hijas han estado publicando libros en El Salvador durante 25 años, y dirigen, además, una de las mejores librerías. Ellos tienen una amplia colección de autores salvadoreños y otra literatura latinoamericana y española, así como grandes y coloridos mapas de El Salvador. Además, pueden pedir cualquier cosa de otras partes del país. Díganles que lo supieron por este libro. *(Lunes-Viernes 8am-12:30pm, 2:30-6pm, Sábado 8am-12pm)*

■ **Autobuses:** Todos los que salen de la terminal de occidente en San Salvador pasan por Santa Tecla en su camino hacia occidente (vea San Salvador). También, el **101** funciona entre Santa Tecla y San Salvador, pasando cerca de El Salvador del Mundo.

■ **Entretenimiento:** El teatro local "Adalberto Guirola" presenta, de vez en cuando, obras teatrales de organizaciones locales.

■ **Festividades: Septiembre 13** Santa Tecla. **Diciembre 14-25 (24)** Natividad del Señor.

■ **Lavandería.** Lavar y secar una carga completa de ropa cuesta $3.50 en cualquiera de estas dos lavanderías, y puede ser hecho el mismo día si no están muy ocupados **Lavandería Colonial** *(12a Av Nte, Lunes-sábado 7am-6 pm, Domingo 8:30am-5pm).* **Zamper's Lavandería** *(C Merliot hacia San Salvador; lunes-sábado 7am-6pm)*

■ **Deportes: Club Tecleño** Si va a estar en el país por mucho tiempo, usted puede usar las canchas de tenis, las piscinas, las canchas de básketbol y el restaurante de este club privado por $35 mensuales, pagadero cada tres meses. No hay membresía a corto plazo y no invitados. *(Martes-domingo 10am-9pm)*

San Andrés

San Andres ●
Santa Tecla

32km de San Salvador

Estas antiguas ruinas se encuentran en el Valle de Zapotitán al Oeste de San Salvador, en el centro de los bellos y ondulantes cerros al borde de la Carretera Panamericana. El lugar es tan interesante como las ruinas mismas, haciendo a San Andrés más divertido que educativo.

Tanto los Mayas y los Aztecas como los Pipiles, hicieron sus hogueras aquí en algún momento. Se ha encontrado evidencia de que la región ha sido habitada desde 200 AC, aunque la mayoría de la construcción data del 600 DC.

Las ruinas fueron exploradas por primera vez en 1940, pero no fue sino hasta 1977 que se comenzó la excavación oficial. Los arqueólogos han encontrado abundante alfarería pintada cerca de allí, junto con dos metates (implementos de piedra para moler granos) lo que indica que algunas familias vivieron aquí.

Las ruinas, parcialmente descubiertas, ocupan tres kilómetros y medio de lo que hoy sería tierra agrícola de primera calidad en el Departamento de La Libertad. El resto de las ruinas siguen debajo de suaves y ondulantes praderas, salpicadas de carteles prohibiendo jugar pelota allí. Así como las de Tazumal, la mayoría de las pirámides están cubiertas de un concreto que deja visible muy poco de las estructuras originales.

Una torre principal y dos torres pequeñas rodean el área de plaza principal. La más grande, una pirámide de doble terraza con una escalinata al lado Oeste, está hecha principalmente de bloques de cenizas volcánicas comprimida. Una estructura hacia el oeste puede haber sido un altar para rituales realizados por sacerdotes o nobles. (El rótulo al final del lugar simplemente explica por qué esa sección de San Andrés está cerrada).

Por estar tan cerca de la capital, San Andrés recibe 150,000 visitantes anuales, causando embotellamientos ocasionales. El pequeño museo junto a las ruinas casi siempre está cerrado, y sólo tiene unas cuantas fotografías con descripciones del sitio en español. También hay una pequeña cafetería.

Como San Andrés es más adecuado para un día de campo que para otra cosa. venga durante la semana para evitar las multitudes y disfrutar de las austeras y simplistas líneas de las ruinas y el panorama que las rodea. Hacia el Este, usted puede ver las nubes rodear la base del Volcán de San Salvador. *(al Noroeste de San Salvador sobre la Carretera Panamericana, justo pasando el Río Sucio y la base militar que tiene dos tanques en el frente. Tome cualquier autobús hacia el occidente de San Salvador hacia Santa Ana y bájese en el rótulo de San Andrés camine 200m por el camino de tierra hacia las ruinas. Martes-domingo 9am-12pm, 2-5pm; entrada gratis)*

Dinero de Lejos

El dinero que envían los familiares que trabajan en el extranjero, ha tenido un gran impacto en los salvadoreños que se quedaron en su país. Mientras algunas familias sufrieron durante la guerra con casi solo la ropa que llevaban puesta, otros prosperaron con los fondos que les enviaban miembros de su familia que trabajaban en los Ee.Uu.

Cerca de un tercio de salvadoreños tienen parientes en los Estados Unidos. El éxodo hacia el norte comenzó a finales de los 1960, cuando los primeros emigrantes comprendieron que allá ganarían mucho más.

Ahora, cerca de $1 billón es enviado anualmente desde Ee.Uu. a familiares en El Salvador, lo que significa un ingreso mayor que el valor de todas las exportaciones salvadoreñas juntas. El dinero viaja por intermedio de un correo privado semanal, debidamente custodiado. Para una ciudad mediana, un buen día puede significar el recibo de $25,000; en temporada navideña, esa suma puede llegar fácilmente a los $100,000.

La guerra disminuyó el flujo de fondos, no sólo porque tanta gente se iba, sino porque pocos negocios querían asumir el riesgo de llevar esas grandes cantidades de dinero al país.

Aunque el dinero enviado es fruto de arduo trabajo, el efectivo extra no necesariamente significa cosas buenas para El Salvador. La economía no está beneficiándose mucho, ya que una generación de salvadoreños está aprendiendo a sobrevivir con los fondos que reciben, en vez de hacerlo con el dinero que ganan con trabajos locales. Cerca de 80 porciento del dinero lo gastan en comida, y poco es invertido en el país.

Las familias sufren por esta situación tanto como se benefician. Casi toda una generación, la mayoría entre los 17 y 40 años, se fueron al extranjero en busca de trabajo. Los hijos mayores, los esposos jóvenes y las esposas y madres trabajadoras, abandonaron sus hogares y sus costumbres para ir en busca de una vida mejor; pero a expensas de sus familias. Las escuelas cerraron por falta de estudiantes y los matrimonios se separaron, algunas veces por la presión de la separación a distancia y otras veces, cuando el cónyuge en el exterior encontraba a alguien más. En algunos casos, el cónyuge en El Salvador mantenía un amante que ayudaba a gastar el dinero llegado del extranjero.

Sin embargo, para muchos, el dinero mejoró su vida en El Salvador. Ya que muchos salvadoreños que emigraron la iban pasando con el poco dinero que ganaban en la cosecha del café, la prosperidad les ha dado un nuevo status a muchos que antes trabajaban como campesinos. Algunos usaron su dinero en la compra de automóviles lujosos, muebles y aparatos de sonido, otros repararon los daños causados por la guerra o simplemente les ayudó a costear bodas sofisticadas en El Salvador.

Joya de Cerén

a 25km de San Salvador

A diferencia de la mayoría de ruinas de Centroamérica, restos de lujosos centros religiosos y residencias reales, Joya de Cerén es uno de los sitios mejor preservados que representan la vida diaria en las Américas. Las ruinas, cerca de San Juan Opico, cubren una pequeña área y ninguna es particularmente sobresaliente, pero las ruinas y el museo son buenos para aprender acerca de la vida diaria en El Salvador hace 1,500 años.

■ **Antecedentes.** Los volcanes que se levantan, o levantaban, amenazadores en el horizonte formaron la historia de Joya de Cerén. El Volcán de Ilopango, que estuvo donde hoy está el Lago de Ilopango, hizo erupción en el año 260 DC y sepultó el área circundante al valle de Zapotitán bajo un metro de ceniza volcánica.

Durante los tres siglos siguientes, la gente fue regresando al área, trayendo consigo su compleja cultura, la cual les permitía vivir mejor de lo que muchos salvadoreños lo hacen ahora. La evidencia arqueológica indica que los habitantes de Joya de Cerén comían carne de venado y de perro, maíz, tres variedades de frijoles, ayote, chiles picantes, cacao, aguacates y nueces. Los agricultores luchaban contra la erosión en sus pequeñas milpas, con bordes de tierra para evitarla, y las casas estaban rodeadas de jardines de hortalizas, flores y frutas. Los habitantes comerciaban con Honduras, Guatemala y tal vez con Costa Rica.

Pero justo cuando la región fue completamente repoblada a finales del Siglo VI, el Volcán Laguna Caldera hizo erupción y enterró parte del valle nuevamente, esta vez bajo tres metros de ceniza. Aunque nadie podría haber sobrevivido la erupción y las cenizas de 1,000 grados de temperatura, no se encontraron restos humanos

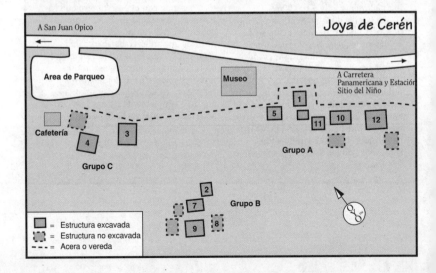

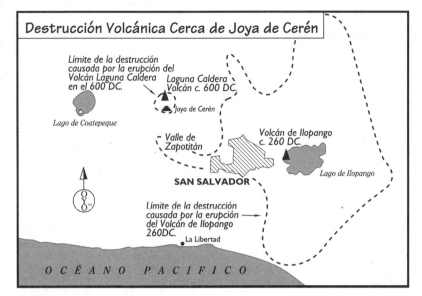

Destrucción Volcánica Cerca de Joya de Cerén

Límite de la destrucción causada por la erupción del Volcán Laguna Caldera en el 600 DC.

Laguna Caldera Volcán c. 600 DC.

Joya de Cerén

Lago de Coatepeque

Valle de Zapotitán

Volcán de Ilopango c. 260 DC.

Lago de Ilopango

SAN SALVADOR

Límite de la destrucción causada por la erupción del Volcán de Ilopango 260DC.

La Libertad

OCÉANO   PACIFICO

en el sitio. Los arqueólogos desarrollaron la teoría que los habitantes estaban prevenidos y escaparon a tiempo.

A temperaturas tan extremas, la vegetación fue carbonizada instantáneamente, conservando así las plantas que eran parte de la vida diaria de los habitantes. Se han contado ya 14 capas de tierra y piedra acumuladas, haciendo de Joya de Cerén una cápsula de tiempo semejante a la de Pompeya en Italia

Las ruinas fueron descubiertas en 1976, cuando un bulldozer que limpiaba el área para instalar silos tiró parte de una antigua pared. El descubrimiento fue ignorado inicialmente, y los silos fueron construidos y todavía operan al lado de los turistas y arqueólogos. Sin embargo, los arqueólogos comprendieron que algo importante estaba debajo de la superficie, y usaron radares de suelo para localizar los otros edificios en las profundidades de barro y ceniza.

El Dr. Payson Sheets, de la Universidad de Colorado en los Ee.Uu., cuyo nombre se dice con respeto por aquí, ha estado supervisando la excavación desde el comienzo, y viene cada verano con un grupo de estudiantes para continuar dicha excavación

PARA INVOLUCRARSE

Si usted está interesado en participar en la excavación, póngase en contacto ya sea con el Dr. Sheets en la Universidad de Colorado en Boulder (Boulder, CO 80309) o con María Isaura Araúz en Concultura, la organización salvadoreña que coordina la excavación (Alam. Juan Pablo II, Ministerio de Educación, San Salvador, te. 281-0480).

■ **El Lugar.** En total la zona arqueológica cubre solamente 100 metros cuadrados, y sólo dos de los tres grupos de ruinas (A y C) están abiertos al público. Estas son visibles desde un corredor, cubiertas con grandes estructuras de aluminio para protegerlas del clima y de gente que busca llevarse un recuerdo. El corredor

"Es casi extraño morir de causas naturales en este país."

— Líder de la iglesia salvadoreña, 1983

VOCES DE LA GUERRA

comienza en el grupo A y continúa hasta el grupo C. El Grupo B sólo puede ser visitado con permiso especial.

Todos los edificios en este sitio se encuentran alineados 30 grados hacia el este del norte, posiblemente para aprovechar las corrientes de aire. Las casas estaban construidas en plataformas y columnas de barro horneado, paredes y techos de palma. En el grupo A, las estructuras 10 y 12 eran para uso shamanístico o comunal por curanderos o sacerdotes. Tienen diferente forma y su acceso es restringido por medio de una pequeña puerta.

La estructura 3 en el Grupo C es la más grande casa comunal (40 metros cuadrados), y es la estructura mejor preservada. Dos vasijas grandes fueron encontradas con restos de chicha, una bebida alcohólica que se consumía durante las reuniones. En la estructura 4, probablemente una casa, se encontró un petate y semillas y en los alrededores, restos de henequén, cacao y árbol de guayabo

Los arqueólogos estaban perplejos con la forma de la estructura 7 en el grupo B, antes de descifrar que servía como baño sauna, con paredes de barro sólido bordeada con una banca y un pequeño agujero en el techo en forma de domo. El cielo raso es importante, porque prueba que los indígenas de las Américas ya usaban, antes de la llegada de los españoles, el arco en sus construcciones, y no que lo hubieran aprendido de los europeos. El baño era usado tanto para ceremonias medicinales como para las de purificacón. La estructura 9 es una bodega.

Los habitantes de Joya de Cerén dejaron pocas cosas en su apresurada partida. En el piso de una casa los investigadores encontraron un poco de hematita usada para pintar la cerámica. También se descubrió alguna cerámica ceremonial, incluyendo una escultura con cabeza de lagarto.

El museo anexo a las ruinas está bien hecho y organizado, con explicaciones históricas en español; ejemplos de cerámica bellamente pintada y la huella fosilizada de un antiguo habitante. Allí encontrará con frecuencia, estudiantes de arqueología fervorosos, identificados con sus camisetas de Joya de Cerén, quienes con gusto le servirán de guía gratis por el museo y el sitio. La pequeña cafetería sirve bocadillos y bebidas.

Hay mucho que aprender aquí si le interesa la arqueología. Si, por otro lado, usted prefiere mampostería intrincada y paisajes atractivos, probablemente se decepcione. Usted realmente no puede caminar alrededor o dentro de las delicadas ruinas, ya que están a un nivel inferior y cubiertas por jaulas protectoras. El museo es informativo y lo suficientemente pequeño para permitirle estudiarlo detenidamente y aún tener tiempo para visitar la zona arqueológica sin que le lleve más de dos horas. Yendo en autobús, probablemente podrá visitar en una tarde Joya de Cerén y San Andrés.

.El área con frecuencia está llena de escolares en viajes de día de campo. (8km al sur de San Juan Opico, justo al Norte de un puente de acero; tome el autobús 108 desde San Salvador a San Juan Opico, bájese en la parada de las "ruinas"; martes-domingo 9am-4:30pm; entrada gratis).

Cerca de Joya de Cerén

Estación Sitio del Niño Este interesante lugar, que una vez fuera estación de tren, está más o menos a dos kilómetros de Joya de Cerén. Los trenes todavía pasan, pero la mayor parte de la estación ha sido convertida en un restaurante y tienda de regalos,administrada por un entusiasta grupo de señoras. Enfrente hay una oficina de correo.

La estación sirve platillos sencillos y vende camisetas, tarjetas postales, artesanías y libros acerca de las ruinas (más baratos en San Salvador). Hay unos cuantos mapas en las paredes y usted puede leer un Reporte de Investigación Arqueológico de 1989 escrito por el Sr. Joya y por el Dr. Sheets. Un desayuno de frijoles y plátanos cuesta $1.40, y un almuerzo de carne y arroz con ensalada $3.50. Las bebidas de fruta son particularmente refrescantes en un caluroso día de verano. Afuera usted puede alquilar un caballo flaco para dar un paseo por Joya de Cerén por $5. La bella sonrisa en la cubierta de este libro pertenece a Sulema Antonia Soriano, una niña que vive aquí,quien es ahora una celebridad local. *(Justo antes de la fábrica de papel Kimberly-Clark por el camino hacia San Juan Opico. 100m al Oeste de la carretera. Tome el autobús 108 y pida que lo bajen en la fábrica Kimberly-Clark; 7:30am a 5pm)*

La Libertad

Hab. 36,000
a 32k de San Salvador

La Libertad de Ayer

La ciudad portuaria de La Libertad está situada al sur de San Salvador en una zona conocida por las antiguas tribus como "Montaña de Roble". La Libertad comenzó a ser usada como puerto internacional en el Siglo XVIII, pero no se amplió hasta el Siglo XIX. En 1854, allí se recibió al primer barco de vapor que llegara a las aguas costeras de El Salvador. Tres años más tarde, una fuerza multinacional de 1,200 hombres salió de aquí para sacar finalmente de Nicaragua, al intruso filibustero estadounidense William Walker.

HACIA EL OCCIDENTE

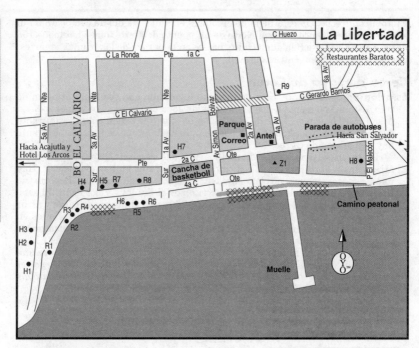

La Libertad de Hoy

La Libertad es un puerto comercial y pescador más pequeño que Acajutla, y una playa popular para un escape de fin de semana fuera de San Salvador. Las tiendas venden pelotas de playa y prácticamente todos los restaurante sirven mariscos frescos. Las calles están siempre congestionadas de gente, desde los ricos de la ciudad que disfrutan del fin de semana, hasta viejos *surfers* expatriados, y todos ellos vigilados por los afamados ladrones locales. Por la tarde la ciudad se revitaliza con el regreso de los pescadores, que venden su pesca sobre el muelle, el que está controlado por las cooperativas.

La Libertad no es bella, pero sí vivaz. Quédese aquí para visitar las playas cercanas durante el día, o para dar una vuelta por la Carretera del Litoral y disfrutar del paisaje. La playa donde Oliver Stone filmó parte de *Salvador*, es negra por la arena volcánica, y los niños circulan vendiendo conchas. También se venden conchas en el muelle, donde la gente se reúne para ver la pesca del día y como sacan del agua los botes pesqueros. En el muelle se venden pupusas y pescado fresco o seco.

ALOJAMIENTO ●

H1 Hacienda Don Rigo
H2 La Posada de Don Lito
H3 *Motel Rick*
H4 Hotel Rancho Blanco
H5 La Posada Familiar
H6 Hotel Amor y Paz
H7 Hotel Puerto Bello
H8 El Malecón Don Lito

ALIMENTOS Y BEBIDAS ●

R1 El Delfín
R2 Restaurante Punta Roca
R3 *El Nuevo Altamar*
R4 *La Fonda Española*
R5 *Sandra Restaurante*
R6 Restaurante El Viejo Alta Mar
R7 *Restaurante Los Amigos*
R8 *Restaurante Alta Mar*
R9 *Ice cream*

OTROS ▲

Z1 Turicentro La Libertad

La playa en La Libertad tiene buen oleaje pero es muy rocosa. Además, todos los pescadores tiran las agallas de pescado y basura, directamente desde el muelle. Otras playas no muy distantes y en ambas direcciones son buenas, pero el mejor surf es a la derecha del muelle, a unos cuantos cientos de metros, en un rincón de la playa llamada Punta Roca.

Sitios

Turicentro La Libertad El pobre Antiguo Puerto de La Libertad ha sido convertido en un turicentro. Como es usual, la admisión incluye acceso a los baños y vestidores. *(8am-5pm, $0.50 por persona, guardarropa 8am-2:30pm)*

Alojamiento

El Malecón de Don Lito Limpio, decorado como selva con una bonita piscina. El restaurante sirve platos de mariscos por entre $5 y $10. El precios de las habitaciones se duplica por 24 horas. *(Tel 335-3201; 16S $19.50, 4D $20.25, todos con baño privado, AC; restaurante)*

La Posada de Don Lito Propiedad de adivine quién, así es que salúdelo cuando entre. Hay un restaurante al otro lado de la calle. Los precios se duplican por 24 horas. *(Tel 335-3166; 10 D $19.50 todo con baño privado, AC)*

Hotel Amor y Paz El agradable y viejo propietario de este lugar no tiene ideas fijas acerca de detalles, así que le conviene establecer el precio de la habitación antes de quedarse allí. *(Adjunto al restaurante Los Amigos; tel 335-3187; 4S, 7D iT $4.50-$7; lavandería)*

Hotel Rancho Blanco Habitaciones deterioradas, y sólo una tiene AC, pero espere y pruebe el pescado deshuesado relleno de camarones. *(Tel 335-3584; 1S, 1D, 2T $8-$17.25, los dobles y triples con baño privado; lavandería; restaurante de 8am-8pm)*

La Posada Familiar Habitaciones simples y limpias. El restaurante sirve pollo por $1.65 y pescado desde $2.25 *(Tel 335-3252; 8S 4D, $7-$11.50, algunos con baño privado; salida las 24 horas; lavandería; restaurante)*

El Don de La Libertad

Don Lito es un personaje controversial en el pueblo. Dele crédito por administrar algunos de los hoteles limpios y estupendos que sirven a la surgiente clase media de El Salvador. El hace gala de todas sus "erres'" al describir como dirigió todas sus construcciones él mismo y formó este mini-imperio desde la nada. Los salvadoreños, en busca de un escape sicológico del terror durante la guerra, encontraban descanso con solo pasar una noche en los hoteles de Don Lito. El también tiene mucho que ver con el surgimiento de La Libertad como atracción turística internacional.

Pero para ser justo, parece que no hay mucha gente en La Libertad a quienes les caiga bien Don Lito. Para algunos él es un ventajista, haciendo dinero extra al cobrar tarifa de 12 horas y duplicarla por el día completo. (El explica que esta tarifa es competitiva con los hoteles en Miami, donde él pasó un tiempo). También se dice que él llega a extremos tratando de quitarle clientela a los demás. Con otros buenos hoteles y restaurantes alrededor, se pueden conseguir mejores precios.

Hotel Puerto Bello Las habitaciones de este hotel, apretujadas dentro de un apartamento de 3 pisos, son demasiado oscuras para saber si están limpias o no. Si usted se queda aquí, pida una habitación con una buena ventana y tenga cuidado con las cucarachas. *(Tel 335-3013; 20S $5, 5D $9.25-$13.80, algunas tienen baño privado, ventiladores; lavandería, salida las 24 horas; bar)*

Hotel Los Arcos Piscina y fuente limpias, un jardín que empieza desde la calle y habitaciones amplias y limpias.. ¿qué más se puede pedir? Tal vez mejores precios. Tenga cuidado con los venados y los gansos que se encuentran detrás de la piscina. Las habitaciones familiares tienen capacidad de seis a ocho personas. La sopa de mariscos en el restaurante cuesta $7 y lo mismo el pescado deshuesado relleno de camarones. *(Dos kilómetros al oeste de La Libertad sobre la Carretera del Litoral; tel 335-3490; 7S $20 con cama doble, 7D $28.75, 4 habitaciones familiares $37.25 con 4 camas, refrigerador, todas tienen baño privado, TV, AC, teléfono; piscina; salida las 24 horas; restaurante de 8am-8pm)*

Alimentos y Bebidas

Restaurante El Viejo Alta Mar Disfrute los platilloss de camarones o ensaladas al lado de la playa desde $8 a $11.50. La mariscada es su especialidad y cuesta alrededor de $7.

Restaurante Punta Roca Quizás el mejor lugar en la playa para tomar una cerveza y descansar, en dos pisos con un bonito panorama, administrado por Bob Rotherhan, un nativo de Miami. Bob vino a La Libertad en 1974 y fue el primero en abrir un restaurante en esta zona. Durante la guerra, la mayoría de sus clientes eran los salvadoreños escapando de la ciudad. *(10am-8pm)*

El Delfín Un patio decente con vista al mar. Ricardo Guardado, el administrador durante 11 años, gusta de hablar (en español) acerca de la vida local. Una sabrosa langosta reina cuesta $9.25 *(7am-9pm)*

RHINA DE REY PRENDES

¿Señora Presidenta?

Rhina de Rey Prendes es una excepción en la política de Latinoamérica, la cual tradicionalmente ha reservado las candilejas para los hombres. Primero ganó el reconocimiento cuando su esposo fue elegido alcalde de San Salvador, y su carrera comenzó a tomar forma cuando fue nombrada Fiscal General de la República.

En 1994, se convirtió en la primera mujer en la historia del país en ser candidata a presidente, y pasó seis meses recorriendo el país durante la campaña. En cada parada, pedía el apoyo de las mujeres salvadoreñas. Al mismo tiempo, ella era capaz de persuadir los votos masculinos empezando las fiestas con dos bailarinas que bailaban con música de fondo.

Prendes obtuvo $125,000 en su tentativa presidencial, que era suficiente para una sólida campaña pero menos de lo que se necesitaba para competir contra los candidatos de los principales partidos. Aunque Armando Calderón Sol ganó la elección, Prendes abrió el camino para que las mujeres salvadoreñas asumieran papeles en niveles más altos de la sociedad, de los cuales habían estado excluidas.

Detalles
■ **Autobuses: Playa San Diego, Playa Conchalío, Playa Majahual (80).
San Salvador (102),** salen cada 10 min, 32 km, 1hr 20 min.
■ **Festividades: octubre 22-24 (23)** San Rafael y San Miguel. **Diciembre 7-8
(7)** Virgen de Concepción.

Playa San Diego

Busque los letreros de playa Villa San Diego o Villa del Pacífico, como a cinco
kilómetros al este de La Libertad, sobre la Carretera del Litoral. Un largo estrecho de arena blanca con olas suaves, esta playa está prácticamente deshabitada
durante la semana. A lo largo de la playa se mezclan restaurantes baratos y casas
de sueño de personas que nunca están allí para usarlas. Restaurantes en ranchos
de bambú a lo largo de la playa cobran alrededor de $3.50 por un plato de pescado
fresco. Su mejor opción es seguir manejando y encontrar el paso entre los muros
de ladrillo, hacia una agradable sección de la playa.

Alojamiento
Las Cabañas de Don Lito Cada una de las suites y cabañas son para dos personas. El precio se duplica por las 24 horas. *(Sobre la carretera afuera de la
entrada a la playa; tel 335-3216, 4 suites $23, 12 cabañas $23, todas con baño
privado)*

Villa San Diego Sencillo y limpio, pero el baño común tiene el pequeño problema
de las cucarachas. Los precios son por 12 horas y suben el 30 por ciento durante
los fines de semana. *(Tel 335-3320; 4S $17.25, 2D $25, todos con baños privados;
lavandería; bar)*

Villa del Pacífico El jardín es agradable, pero la administración, que es
descortés, espera cobrarle el doble a los extranjeros. *(A cerca de 100 metros de
la carretera: 5 habitaciones $28.75)*

Hotel Paraíso Justo saliendo de la carretera, con una pequeña piscina y jardín.
Los platilloss de pescado en el restaurante cuestan alrededor de $6. *(2D $18.50
con baño privado; lavandería; restaurante 8am-6pm)*

Detalles
■ **Autobuses: La Libertad (82)**, salen cada 15 min hasta las 6:20 pm, 3km, 20
min.

HACIA EL OCCIDENTE

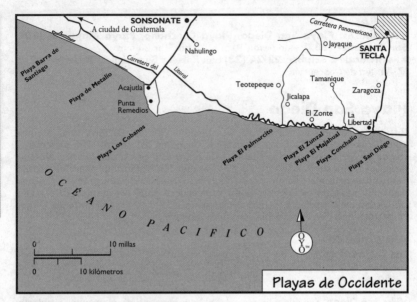

Playas de Occidente

Playas de Occidente

Playa Conchalío

Cuando la marea está baja, la enorme Playa de Conchalío es un agradable lugar para relajarse en relativa soledad. El kiosco a la entrada, llamado "Champa Las Brisas", sirve ostras, almejas y cervezas. La playa de enfrente es rocosa, pero a 20 metros hacia la derecha hay un área de arena con incontables palmeras y muchos lugares para comer.

Para llegar allí, cruce a la izquierda a unos tres kilómetros al Oeste de La Libertad, justo después del Hotel Los Arcos. Tome la primera calle de tierra hacia la izquierda, cruce a la derecha en el Rancho Tabosa después de más o menos 100 metros y atraviese el pequeño vecindario hasta la playa. O dígale al conductor del autobús que lo baje frente al Hotel Los Arcos. Desde allí son de cinco a diez minutos a pie.

Detalles
■ **Autobuses: La Libertad (80)**, sale cada 10 min hasta las 5:30 pm, 3km, 20 min.

Arriba: San Francisco Gotera
Abajo, izquierda: Dos niñas, Concepcíón Quetzaltepeque
Abajo, derecha: Vendedor de cocos, Costa del Sol

Arriba: Juego de fútbol, San Salvador
Abajo, izquierda: Abuelos con nieto, cerca de La Unión
Abajo, derecha: Niñita, cerca de La Unión

Playa El Majahual

El Majahual es una playa sucia, pero con mucha actividad. Se encontrará rodeado de salvadoreños buscando clientes para sus hoteles o ranchos, y otros simplemente disfrutando de la playa. Como es de esperarse, los hoteles y comedores estan por todas partes. Fíjese bien, ya que unos son mejores que otros. También hay gente en la playa que vende cocos, bebidas y alquila caballos.

Alimentos y Bebidas

Hay numerosos comedores que sirven pescado, camarones, pollo y carne. La mayoría cierran alrededor de las 10pm, pero algunos están abiertos toda la noche. Pruebe una mariscada por $4 o un plato de pescado por $1.75.

Alojamiento

Muchos ranchos ofrecen comida, estacionamiento, un lugar para cambiarse y habitaciones para pasar la noche. Los precios varían desde $4.50 por una noche de semana hasta $7 por una noche de fin de semana por una habitación diminuta con una cama sencilla y luz. Traiga repelente contra insectos.

Hotel El Pacífico Un tocadiscos de moneda hace este lugar ruidoso y vivaz. Mucha gente sólo viene aquí por el día, y con razón, ya que las habitaciones son austeras y pequeñas, con solo una cama, ventilador y mesa. Las tarifas son por 12 horas. *(A lo largo de la calle a la playa; 45 habitaciones $7 con baño común, $8 con baño privado; piscina; restaurante)*

Hotel Solimar Cruce a la izquierda antes del Hotel Pacífico, y baje por la calle de tierra unos 100 metros para encontrar el hotel en medio de un jardín, con una pequeña piscina y habitaciones más o menos, y como los anteriores sólo por el día, así que los precios son también por doce horas. En las habitaciones sencillas caben dos personas. El plato de mariscos en el restaurante cuesta cerca de $5. *(16S $7 por 12 horas, todos con baño privado; restaurante)*

Club Tecleño Mucho pasto, brisa, palmeras y bancas. Necesita obtener un permiso (en la forma de una tarjeta de cortesía) de la oficina principal para usar el área de playa privada. O solo entre, ya que normalmente no hay nadie en el portón. Para pasar la noche, se requieren reservaciones por lo menos con una semana de anticipación. En las habitaciones pequeñas caben cuatro personas, en las grandes ocho, y el restaurante sirve desayuno y almuerzo. *(C Don Bosco 3-1, pase la playa de El Majahual está enfrente del complejo de temporada Cerro Mar; tel 328-3468, habitaciones pequeñas $5.75, habitaciones grandes $9.25, todas con cocina, baño privado y mobiliario; restaurante)*

Detalles

■ **Autobuses:** La Libertad (80), cada 10 min hasta las 6pm, 4km, 25min.

Playa El Palmarcito

Alojamientos

Club Atami Este elegante club, con grandes áreas verdes, con cabañas de techo de paja, piscinas y áreas para días de campo muy bien cuidadas, está a corta distancia de la Playa El Palmarcito. Desde el jardín podrá disfrutar de un magnífico paisaje del océano. Este aislado hotel es un buen sitio para escaparse, aún cuando no hay servicio nocturno. Si usted desea una habitación, haga reservaciones en la oficina principal en San Salvador (69 Av Sur #164 y Col Escalón; tel 223-9000). También podrá pasar aquí el día si tiene su pasaporte; solo explique, al llegar al portón, que es un turista. *(a 49km de la Libertad sobre la Carretera del Litoral, cerca de la Playa El Palmarcito, tome el autobús 192 desde La Libertad; $5 por persona por día, cabaña $2.25 con 4 hamacas, dobles y cuadruples $15 por persona por noche, todos con baño privado; salida a las 3pm; restaurante 8:30-9pm)*

Detalles
■ **Autobuses: La Libertad (80)**, salen cada 10 min hasta las 6pm, 4km, 25min.

Playa Los Cóbanos

Quince kilómetros al Sur de Sonsonate, cerca de Acajutla, se encuentran Los Cóbanos, una de las playas más populares de El Salvador. La sección a la derecha al final de la carretera es rocosa y no muy impresionante, pero lugares mucho más amplios y llanos le esperan cerca, no importa en qué dirección vaya. Le costará $1.15 el estacionamiento y $0.50 para entrar por un portón privado donde hay vestidores y mesas para día de campo.

Hay dos hoteles, el Solimar y el Mar de Plata, para pasar la noche, pero es mejor quedarse en Sonsonate y venir aquí durante el día. Muchos restaurantes a lo largo de la playa sirven mariscos, con los típicos platos de pescado frito entre $3.50 y $5.75. Pruebe unos camarones a la plancha (camarones servidos especialmente con ensalada, tortillas y salsa) por más o menos $7. Hacia el oeste de la Playa Los Cóbanos se encuentra **Punta Remedios**, la cual es más tranquila y más agreste. Los autobuses Ruby Express viajan a Sonsonate cada hora y el viaje toma 30 minutos. Un taxi a la ciudad cuesta $4.50.

Acajutla

Nahuat: "Lugar de las Tortugas y la Caña de Azúcar"
A 81 km de San Salvador y
15 km de Sonsonate

Acajutla sólo es buena como punto de salida y de abastecimiento para viajar hacia otras playas cercanas. La brisa marina mantiene fresca la ciudad, pero esa brisa parece no poder sacar el ambiente de sordidez que impregna las calles. Acajutla no es muy bonita, y tiene más bares y prostitutas que restaurantes y hoteles. Los muelles vecinos, los enormes barcos pasando frente a la playa y la multitud de turistas que llenan este lugar durante los fines de semana, aumentan el aspecto desagradable de la ciudad.

Alojamientos

Hotel Miramar El único lugar decente en la ciudad, con una pequeña piscina y un restaurante de mariscos con vista a la playa. *(a 3 cuadras de la estación del autobús, tel 542-3183, 12 habitaciones $7 con baño privado; lavandería; salida a las 10am; piscina; restaurante)*

Detalles

■ **Autobuses: San Salvador (205)**, a 81 km, 3hr. **Sonsonate (207)**, a 15kms, 45 min.
■ **Festividades: Octubre 23-24 (24)** San Rafael Arcángel. Durante una ceremonia nocturna, una imagen de San Rafael es colocada en una panga o canoa, decorada con flores y luces. Una procesión de pescadores locales sigue la imagen desde el muelle nuevo hasta el viejo, donde se celebra misa.

Las Playas al Oeste de Acajutla

Las playas en Metalío y Barra de Santiago se encuentran a lo largo de las planicies subdesarrolladas que bordean la Carretera del Litoral en su camino hacia la frontera con Guatemala. Aquí hay mucho menos casas privadas que en otras playas, ya que Metalío y Barra de Santiago no son tan accesibles y exóticas como las playas más al este. Ambas playas son perfectas para haraganear en una hamaca haciendo... nada.

La Carretera del Litoral hacia Guatemala comienza 15 kilómetros al sur de Sonsonate, tres kilómetros al sur de donde la Carretera del Litoral se desvía hacia el este, rumbo a La Libertad. El camino de grava es amplio pero tiene más baches que el cauce de un río, gracias al paso constante de camiones de carga pesada trayendo mercadería desde la frontera occidental. Varios ríos lodosos siguen su curso hacia el océano, pasando bajo burdos puentes de concreto.

Playa de Metalío

La Playa de Metalio es una playa angosta, tranquila,
cubierta de palmeras, cercana a Acajutla y que continúa
hacia el oeste. La arena gris de aquí, es una mezcla de
arena negra que se encuentra cerca de la ciudad, con la
más blanca de la dirección opuesta. Hacia el este se ve
Acajutla, lo más cerca que usted querría estar de esa ciudad, lo cual explica el origen de la basura que llega a la
playa. Algunos de los lotes a lo largo de la playa son
propiedad de los pescadores, que tienden sus redes entre
palmera y palmera para que se sequen, y los vendedores
de bebidas bordean el camino a ella. Metalío no es tan
pintoresca como otras playas salvadoreñas, pero es un
bonito viaje de día desde Acajutla o Sonsonate.

Para llegar allí, cruce a la izquierda de la Carretera
del Litoral a diez kilómetros de la carretera Sonsonate-
Acajutla, en el pequeño pueblo de Metalío (es el primer
grupo de casa que usted pasará). De allí tome un
microbús, obtenga un aventón o camine los dos kilómetros
a la playa.

Barra de Santiago

La Playa Barra de Santiago es la más cercana y de fácil acceso fronteriza con
Guatemala. El largo camino hasta allí es bueno y largo, pero si usted no tiene su
propio automóvil hay un agradable botecito que lo llevará acortando camino

Esta playa es extensa y completamente vacía de punta a punta, lo que la hace
más bonita que Metalío y que valgan la pena los kilómetros extra. Podrá colgar su
hamaca entre dos palmeras para pasar la noche y quedarse allí; sólo tenga cuidado de sus cosas (y de usted mismo) ya que está en medio de la nada. Los mejores
lugares están por lo menos a un kilómetro del pequeño y deteriorado pueblo
pescador de Barra de Santiago. En el pueblo hay unos cuantos comedores, junto
con lugares para guardar sus cosas mientras usted está en la playa. Alquile un
bote de pesca para explorar las plácidas aguas del estuario por la tarde, y tome uno
de regreso a la Carretera del Litoral si es así como llegó.

Hay dos formas de llegar a Barra de Santiago: si va manejando, tome a la
izquierda de la Carretera del Litoral, 24 kilómetros después del desvío para
Metalío, justo enfrente de un puente pintado con lemas del FMLN y al otro lado de
la calle de un letrero amarillo de "Las Villas de Shasca".

La calle de tierra que lleva a la playa está bordeada de espesa vegetación y
cubierta de baches. Después de unos cuantos kilómetros ésta da vuelta a la
derecha donde un camino aún más primitivo lleva derecho al océano. Siga a la
derecha, y pronto pasará Villas de Shasca, del lado izquierdo, con un enorme muro
amarillo y un portón. Más adelante hay lotes llenos de palmeras uniformemente
distribuidas. El camino termina, después de unos diez kilómetros, en el pueblito de
Barra de Santiago, entre el océano y el estuario de El Zapote.

Por otro lado, si no va en automóvil, siga adelante por la Carretera del Litoral
hasta que llegue a un rótulo que dice "Barra de Santiago", cerca de una salida pro-

nunciada de la carretera, hacia la izquierda, y un gran emblema de Coca Cola en una pupusería. Este es el camino hacia el embarcadero de los botes del estuario. Pida a uno de los pickups que pasan, que lo lleve los siete o tantos kilómetros hacia la playa, donde usted podrá tomar un bote pesquero de los que atraviesan hasta el pueblito de Barra de Santiago. El agradable y lento paseo en una canoa hecha de un tronco, toma 15 minutos y cuesta más o menos $0.25 por persona.

Detalles

■ **Autobuses: Ahuachapán (249, 285, 288, 503)**, cada 45 min hasta las 3pm, 108 km, 3 hr 30 min. **La Hachadura/Frontera con Guatemala (200, 249, 259, 503)**, cada 10 min hasta las 5 pm, 23km, 30 min. **San Salvador (200)**, 5 y 6:10am, 130km 3hr. **Sonsonate (251, 259, 286, 429)**, cada 10 min hasta las 5:20 pm, 65km, 1hr 30 min.

Sonsonate

Nahuat: "400 Aguas"
Hab. 85,000
A 65 km. de San Salvador

Sonsonate de Ayer

Sonsonate está ubicada cerca de la húmeda y fértil costa occidental de El Salvador, con el Río Grande de Sonsonate atravesándolo por el centro en su curso hacia la costa. El área fue densamente poblada por los Indios Izalqueños antes de la llegada de los españoles. De acuerdo con la leyenda, la ciudad fue fundada por Pedro de Alvarado en 1524, camino hacia Cuscatlán desde el occidente.

La importancia de la región durante los Siglos XVIII y XIX se debía a su producción de cacao, las plantaciones de bálsamo y su cercanía al puerto de Acajutla. En 1833, Sonsonate sirvió como sede del congreso de la Federación Centroamericana.

A finales del Siglo XVI, el historiador Juan López de Velasco escribió "Sonsonate tiene muchos jardines buenos de vegetales y melones, y buenas casas hechas de teja y adobe. La tierra es muy fértil, especialmente para el cacao, el cual es exportado desde el puerto de Acajutla a tres leguas de allí."

Sonsonate de Hoy

La "Heroica y Trabajadora" ciudad de Sonsonate, como dice el rótulo a la entrada, es una versión más pequeña, sucia y húmeda que Santa Ana. El clima húmedo caliente de la costa hace que Sonsonate sólo sirva de tránsito hacia las playas de occidente de El Salvador y hacia los placenteros pueblos de montaña de Apaneca y Juayúa hacia el Norte. También hay un problema en el su-

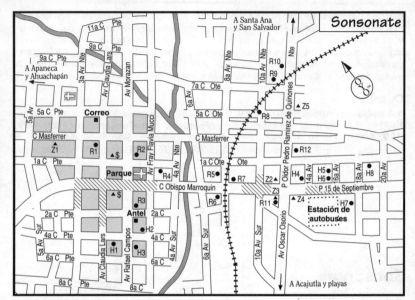

ministro de agua local, que deja a la ciudad sin agua, cada dos por tres.

Alojamientos

Sonsonate tiene varios hospedajes y hoteles pequeños, pero la mayoría de los propietarios lo mirarán extrañados cuando diga que quiere alquilar una habitación por toda la noche (pregúntese por qué).

Hotel Orbe El mejor lugar para hospedarse en la ciudad, lo que no significa mucho. Limpio pero nada especial. Las habitaciones tienen las necesidades mínimas y los baños son malolientes. *(Tel 451-1416; 17S $7 con ventilador, 7D $10.50 con ventilador, 2D $13.80 con AC, todas con baño privado; estacionamiento, salida 10am; cafetín)*

Alimentos y Bebidas

Restaurante Bariloche Un agradable restaurante y casa de té, donde la gente viene después del trabajo para platicar y comer alrededor de un soleado patio. Se sirve comida típica, con un churrasco que cuesta $3.75. *(9am-9pm)*

ALOJAMIENTO ●

H1 *Hospedaje New York Mini*
H2 Hotel Orbe
H3 *Hotel Santa Rosa*
H4 *Hospedaje El Brasil*
H5 *Hospedaje Rinconcito*
H6 *Hospedaje El Recreo*
H7 *Hotel Florida*
H8 *Hospedaje El Pacifico*

ALIMENTOS Y BEBIDAS ●

R1 Burger House El Centro
R2 *Sorbetería/Pastelería*
R3 Hi-Lay
R4 Restaurante Bariloche
R5 *Pastelería*
R6 Sorbetería Pops
R7 *Pastelería*
R8 Panadería El Angel
R9 Restaurante La Terraza
R10 Burger House Plaza
R11 *Restaurante Island Club*
R12 Deli Pizza

OTROS ▲

Z1 Hospital
Z2 Los Leones (reparación de carros)
Z3 Gasolinera Shell
Z4 Gasolinera Texaco
Z5 Gasolinera Shell

Burger House El Centro   Un pequeño lugar de comida rápida, donde usted puede disfrutar una *cheeseburger* por $0.75, o derrochar en un *steakburger* de $1.40. *(10am-8pm)*

Burger House Plaza   Por dentro parece un bonito Burger King con algunos lugares para sentarse en el patio.   El pollo frito especial, conocido como "Menú #2", tiene tres piezas de pollo con papas, ensalada y pan por $2.30. *(10am-9pm)*

Retaurante La Terraza   Parecido al Burger House Plaza, con sillas plásticas anaranjadas y comida más cara.   El plato mixto de $6.25 incluye carne, camarones y guarnición. *(10am-9:30pm)*

Restaurante Hi-Lay   Los tragaluces color verde, dan a la sala trasera de este restaurante chino un ambiente submarino. El Chop Suey es el mejor plato, por $2.30, pero no tienen ningún plato vegetariano. *(Lunes-Viernes 9am-8pm,Sábado-Domingo 9am-9pm)*

Deli Pizza   Una pizza grande de queso aquí cuesta $8.   Le entregarán a domicilio una pizza fresca (pero no hasta la playa). *(Tel 451-0213; Lunes-Viernes 11am-2pm, 4-9pm, Sábado-Domingo 11am-9pm)*

Detalles

■ **Autobuses: Acajutla (207, 215a, 216a, 252, 260, 278a)**, cada 10 min hasta las 7pm, 16km, 35min. **Ahuachapán (206a-c, 249, 249a, 269, 503)**, hasta 6:30pm, 36km, 1hr 30min. Todos pasan por Juayúa y Apaneca. **Barra de Santiago (285)**, 7:45am, 4:30pm, 49km, 1hr. **La Hachadura/frontera con Guatemala (200, 259)**, cada 10 min hasta las 6:30pm, 60km, 1hr, 30min. **La Libertad (287)**, 6:15am, 3:40pm, 76km, 2hr 30 min. **Los Cóbanos (259)**, hasta las 3:40pm, 25km, 50min. **Nahuizalco (205a)**, cada hora hasta las 3:45pm, 9km, 15 min. **San Salvador** (200, 205), cada 5 min hasta las 6pm, 67km, 1hr 20 min. 200 es directo. **Santa Ana (209b, 216)**, cada 40 min hasta las 5:40pm, 40 km, 1hr 40 min. 209b es vía Cerro Verde, 216 es rápido.

■ **Festividades: Enero 19-20 (19)** San Sebastián Mártir. **Enero 25-febrero 5 (Feb 4)** Virgen de la Candelaria.   Los eventos incluyen la Cabalgata Artística de la Candelaria, un programa hípico en el parque Rafael Campo. **Semana Santa**. Sonsonate tiene una de las mejores festividades de Semana Santa del país. En el teatro local se presenta una obra sobre la tragedia del Gólgota, y coloridas alfombras decoran las calles durante la procesión del Santo Entierro. **Junio 12-13** San Antonio. **Julio 29-30 (29)** Santa Marta. **Octubre 3-4**, San Francisco. **Diciembre 24-31** Nacimiento del Niño Jesús. El último día del año se celebra la Vela de la Vara, un ritual en el cual, originalmente, un "bastón de mando" le era presentado al alcalde de Sonsonate. Hoy en día el bastón de mando es presentado a un "alcalde" especialmente elegido para las festividades de la noche.   Una vez escogido, el alcalde tiene poder ceremonial para regir la ciudad esa noche.   La primera orden del nuevo alcalde es capturar a todos en el pueblo.   Una vez capturados, los ciudadanos tienen que "pasayuba bosu", Nahuat para "pagar la multa". El dinero que se junta es destinado para caridad. A quienes rehúsan pagar la multa, se les amenaza con ser forzados a oler un cráneo de vaca o una pedazo de estiércol de vaca.

San Antonio del Monte

Hab. 12,000
A 68km de San Salvador
a 3km de Sonsonate

San Antonio del Monte de Ayer

En 1733 los frailes Dominicos del convento de Santo Domingo construyeron una ermita justo al oeste de Sonsonate. Pronto los indígenas y mulatos, atraídos por el convento, construyeron un pequeño pueblo alrededor de él. Más y más gente se asentó en las cercanías, incluyendo muchos atraídos por los rumores de que una imagen de San Antonio, que estaba dentro de la iglesia, podía hacer milagros.

San Antonio del Monte de Hoy

La iglesia que domina el centro de este pequeño pueblo es lo más interesante que hay aquí. Vendedores ambulantes ofrecen recuerdos e imágenes religiosas afuera de la iglesia, dando la sensación de estar en una pequeña Tierra Santa. Sonsonate está tan cerca que se puede llegar a pie, así es que venga aquí por

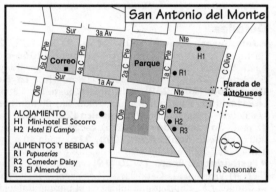

unas cuantas horas si usted está interesado en iglesias coloniales. O sólo pase una tarde en uno de los comedores frente a la iglesia, viendo a la gente ir y venir.

Alojamientos

Mini-Hotel El Socorro Todas las habitaciones, sencillas y limpias, tienen ventilador. También lavarán su ropa por una modesta suma. *(Tel 451-2755; 6S $3.50, 4D $4.60, 3T $5.75, todas con baño privado, lavandería, estacionamiento)*

Alimentos y Bebidas

El Comedor Daisy Entable conversación con Toña, la alegre propietaria de este pequeño comedor, ya que es difícil no hacerlo. Ella le contará todo acerca de su pueblo mientras le hace un plato de pollo asado por $1.70.

El Almendro Un comedor popular con gente local y transeúntes.

Puntos de Interés

La Iglesia de San Antonio del Monte Este monolito colonial fue comenzado en 1841 y financiado con las contribuciones de fieles peregrinos. Tomó dos décadas completarla, y reemplazó la iglesia original del Siglo XVIII que estuvo en ese mismo lugar. Un mural en el techo muestra a San Antonio en su lecho de muerte, rodeado por sus discípulos, mientras los ángeles esperan para llevarse su alma. Cerca de la parte posterior de la iglesia, hay cientos de figuras religiosas dejadas por devotos. Ellos dejan estos exvotos sobre el altar para pedir ayuda al Santo, o para agradecerle lo ya otorgado.

Detalles
■ **Autobuses: Sonsonate (53)**, 3km, 15min.
■ **Festividades: Junio** 13 San Antonio del Monte. **Agosto 22-26 (25)** Fiesta Comercial. Durante el tradicional Baile de los Puros, dos mujeres jóvenes son elegidas como madrinas. Cada uno de los bailarinas lleva una bandeja llena de cigarros. A cambio de un cigarro, los espectadores deben de bailar con la madrina y poner el dinero en la pequeña bolsa que ella lleva en su blusa.

Caluco

Hab. 8,500
A 61km desde San Salvador
A 8km de Sonsonate

El camino a este pueblo, más o menos dos kilómetros fuera de la carretera entre San Salvador y Sonsonate, está bordeada por bananeros y cocoteros. Caluco es soñolienta, cuando los residentes dormitan en hamacas en sus casas de bambú. Tres lugares de alrededor son más interesantes que Caluco mismo: el turicentro de Atecozol; el lugar para nadar en El Balneario y las ruinas de una iglesia colonial a las orillas del pueblo. Encuentre una habitación en Sonsonate y venga aquí para un día de campo en las ruinas de la iglesia o visite los sitios cercanos.

Puntos de Interés
Turicentro de Atecozol Una estatua de Atonatl, el Jefe Indio que hiriera en la pierna a Pedro de Alvarado con una flecha, se encuentra en medio de seis piscinas llenas de agua limpia de manantial. Este sombreado pero algo sucio turicentro, está rodeado de densa vegetación, con muchos pequeños comedores que sirven bocadillos y bebidas. Si usted no quiere usar el vestidor gratuito, hay una pequeña cabaña donde se puede cambiar y dejar sus cosas. Cuesta $3.50 por día más $1.70 de depósito. El autobús urbano 205 entre Sonsonate y San Salvador lo puede dejar cerca de aquí. *(Dos km. al Norte de Caluco: 8am-5pm, $0.60 por automóvil, $0.60 por persona)*

Ruinas de la Iglesia Colonial Monjes Dominicos construyeron esta iglesia de ladrillo

HACIA EL OCCIDENTE

Terror de Izquierda

Asesinatos, secuestros y destrucción de objetivos del gobierno fueron los sellos de la estrategia guerrillera desde el comienzo de la guerra. Gradualmente, el apoyo al FMLN disminuyó, a medida que la lista de asesinatos y destrucción de la guerrilla se acercaba a la del ejército.

En 1970, los grupos débilmente organizados de la guerrilla se contentaban con secuestrar a la élite del país y usar el dinero del rescate para financiar su propio desarrollo. Pronto se volvieron más violentos, y en 1977 las fuerzas izquierdistas asesinaron al Ministro de Relaciones Exteriores salvadoreño después de haberlo tenido como rehén. Hacia fines del año siguiente, tanto el Rector de la Universidad Nacional como el antiguo presidente de la Asamblea Legislativa habían sido asesinados por los rebeldes. Durante la elección de 1978 la guerrilla puso bombas en las casas de políticos de derecha en un intento de interrumpir el proceso de votación.

Cuando la guerra civil comenzó a principios de los 1980, los rebeldes ampliaron el alcance de sus ataques. La antigua embajada de los Ee.Uu. fue pintada con letreros revolucionarios, y bombardeada y balaceada repetidamente. El FMLN secuestró a prominentes industriales y hombres de negocios salvadoreños y asesinó al embajador de Sud-Africa en un desafío para expresar su participación en una "lucha global en contra de la represión".

En junio de 1983, la embajada de Ee.Uu. reportó que 42 soldados del gobierno habían sido capturados recientemente y subsecuentemente ejecutados por el FMLN. Muchos de los cuerpos mostraban señas de haber sido torturados hasta morir.

El FMLN también tomó como objetivo a los alcaldes de pueblos pequeños a mediados de los 80 en un intento por influir las elecciones locales. Muchas casas y oficinas del gobierno fueron incendiadas a mitad de la noche, destruyendo con frecuencia documentos legales que la gente del pueblo necesitaba para votar.

En las áreas controladas por los rebeldes, los habitantes fueron presionados a hacer sus tierras colectivas, a enviar a sus niños a las escuelas del FMLN y a animarlos para que se unieran al ejército rebelde. A medida que se sucedían los casos en que el hostigamiento rebelde comenzó a tocar la vida de muchos salvadoreños, quienes antes simpatizaran con la izquierda comenzaron a preguntarse de lado de quién estaba en realidad, el FMLN.

en el Siglo XVII, en lo que se cree fuera un centro ceremonial indígena. La iglesia fue destruida en el terremoto de Santa Marta en 1773 cuando el Volcán de Izalco hizo erupción. Ahora este sitio está lleno de maleza y rodeado de chozas, pero aún mantiene un aire de dignidad imponente. Algunas decoraciones exteriores han sobrevivido los años. El panorama a través de los campos y montañas desde la iglesia es muy bello, y hace de éste un lugar excelente para almorzar, si trae Ud. su comida. (500 metros al Sur de Caluco, busque el camino hacia la izquierda, junto el letrero de trabajos arqueológicos).

Balneario Agua Caliente   También conocido como Balneario Shuteca, este idealizado estanque no es tan grande ni tan limpio como Atecozol. Fue creado cuando un río fue detenido por una presa. Usualmente está lleno de niños. Los platos que usan los comedores se lavan en el río, así es que la comida aquí probablemente no es muy sana. *(1km al Sur de Caluco pasando las ruinas de la iglesia colonial; 8am-5pm; $0.10 por persona, $0.25 por el carro)*

Detalles
- **Autobuses: Sonsonate (205)**, 6km. **San Salvador (205)**, 65km.
- **Festividades; Junio 23-29 (28)** San Pedro Apóstol.

Nahuizalco

Nahuat "Cuatro Izalcos"
Hab. 42,900
A 72km de San Salvador
A 9km de Sonsonate

Nahuizalco de Ayer
Nahuizalco comenzó como uno de los centros pipiles más populosos y fuertes en El Salvador, establecido mucho antes de la llegada de los españoles. Dos leyendas locales cuentan cómo el pueblo ganó su nombre. Primero, un sacerdote franciscano reportó en 1586 que el pueblo tenía cuatro veces más habitantes indígenas que el pueblo de Izalco. También se decía que cuatro familias de Izalco habían repoblado el lugar después del paso de las fuerzas españolas. Izalco seguía siendo predominantemente indígena hasta muy entrado el Siglo XX, aunque mucha de la población fue diezmada por las fuerzas del gobierno durante La Matanza de 1932.

Nahuizalco de Hoy
Un pueblo seco y polvoriento, con el casco de una iglesia, Nahuizalco todavía tiene una de las poblaciones indígenas más grandes del país, a pesar de la masacre de 1932. Muchas de las mujeres mayores todavía usan las tradicionales faldas refajadas usadas durante siglos.

Las artesanías y muebles de mimbre son realmente lo único que justifica un viaje desde Sonsonate. Nahuizalco era famoso , ya en el Siglo XIX ,por la belleza y durabilidad de sus artículos tejidos. Hoy en día muchos talleres en la parte posterior de las tiendas, tejen canastas, sombreros, mesas y sillas. Si el mimbre no ha sido barnizado, revíselo cuidadosamente, ya que podría tener insectos.

Alimentos y Bebidas
Ranchón Tío Alex   Carlos Calderón, un nativo de Los Angeles, abrió este lugar en 1994 llamándolo así por su tío. Es un restaurante familiar, al aire libre con buena música y sin competidores. El desayuno aquí vale $1.70 y un plato de tortillas cuesta $4. *(9am-10pm)*.

Puntos de Interés

Casa de la Cultura Aquí se puede ver el tejido de canastas y alfombras. Las canastas diminutas cuestan $0.25 y alfombras chicas $4.60. *(Cruzando la calle desde el parque en el extremo Norte del pueblo; lunes-viernes 8am-12pm)*

Detalles

■ **Autobuses: Ahuachapán (249)**, salen cada 15 min., 13km, 2 hr. **Sonsonate (530)**, salen cada 5 min, 9km.
■ **Festividades: Marzo o Abril (Jueves y Viernes Santo)** Semana Santa. **Junio 20-25 (24)** San Juan Bautista. **Noviembre 2** Día de los Difuntos. Los participantes ofrecen comida a los muertos en una procesión a la luz de las velas, que termina en el cementerio. **Diciembre 22-29 y Enero 3-7** Niño Jesús y Los Reyes Magos.

Juayúa

Hab. 27,500
A 78km de San Salvador
A 17km de Sonsonate

Juayúa de Ayer

En enero de 1986, una fuerza de 100 rebeldes atacó Juayúa en un intento de fortalecer el apoyo del FMLN en occidente. La guerrilla le puso una bomba al banco; granadas incendiarias a la sede de la defensa civil del pueblo y cubriendo las paredes del pueblo con lemas del FMLN.

Juayúa de Hoy

El sinuoso camino a Juayúa pasa por los cafetales y sube a las colinas de la Cordillera de Apaneca que rodean el pueblo por el norte, este y oeste. Juayúa es un tranquilo pueblo de montaña con aire fresco y una iglesia que vale la pena visitar. En el parque principal, meticulosamente cuidado por un activo gobierno local, la fuente está decorada con flores. Allí hay buenas oportunidades para ir de excursión y para acampar en las montañas cercanas.

Alojamientos

El Típico Este hotel de madera oscura, como una cabaña urbana, está rodeada de árboles y flores. Las habitaciones son austeras pero limpias. El restaurante sirve un buen plato de carne de res por $3.45. *(12S $4.60, algunos con baño privado, 3D $9.20, todas con baño privado; salida a las 9am; restaurante)*

Alimentos y Bebidas

Oskar's Oskar es el propietario y administrador de este restaurante de comida rápida y pizzería. Los sandwiches valen $1.15, y un plato de carne, papas, ensalada y arroz cuesta $4. *(7:30am-11pm)*

Rincón Suizo Abierto sólo los fines de semana. Los sandwiches cuestan entre $1.70 y $2.30, y los platos fuertes entre $4.60 y $6.90. Al lado hay un mini-mercado. *(sábado-domingo 12-10pm)*

Juayúa Hot Este limpio lugar de comida rápida abre ya entrada la tarde. Si lo ve cerrado, toque y el propietario le abrirá.

Pollo Rico Rodeando un aireado jardín, están tres comedores con altos techos , como un hogareño Kentucky Fried Chicken. El pollo cuesta $0.60 por pieza y los platillos alrededor de $2.30. *(11am-8:30pm)*

Puntos de Interés

Templo del Señor de Juayúa Arcos rojos y cruces decoran el frente de esta iglesia, construida en 1957. Una nave impresionante está franqueada por columnas de mármol. Atrás del altar encontrará el famoso Cristo Negro de Juayúa, hecho por el mismo artesano que hizo el Cristo Negro de Guatemala.

Escalar, Excursionar y Nadar

Hay buenos sitios para excursiones en las montañas alrededor de Juayúa. Los dos lugares más populares son el Cerro de Apaneca (1,800m) hacia el oeste y el Cerro de los Naranjos (1,950m) hacia el noreste. Dos lagos de montaña se encuentran a un día de distancia caminando, y son buenos lugares para nadar y acampar. Pida a los lugareños que le indiquen la dirección antes de salir.

Laguna de las Ranas Un lago cerca de la cima del Cerro Buenos Aires. *(Tome la 1a Av Sur saliendo del pueblo hacia el norte)*

Laguna Verde El camino hacia Apaneca pasa cerca de la Laguna Verde, la cual descansa en las laderas de un extinto volcán del mismo nombre. Usted puede conducir un vehículo 4x4 o hacer una caminata de dos horas para llegar ahí.

Los Chorros de Calera Pozas para nadar fueron creadas cuando la compañía de luz hizo una presa en los manantiales naturales; hacen una agradable caminata de medio día y para día de campo, por las mariposas de todos tamaños y colores que llenan el aire. Camino a las pozas, fíjese en los cafetales de la colina de enfrente, con su característica línea de árboles sembrados sobre las laderas para romper el viento y dar sombra a las plantas de café.

La primera cascada hacia la derecha (¡cuidado donde camina!) es la más alta pero también la más sucia, ya que las mujeres del pueblo lavan ropa río arriba. Si sigue caminando, el camino se vuelve más liso y angosto, así es que tenga cuidado. El segundo grupo de cascadas, con el anuncio de Pollo Rico pintado en la roca, se puede ver 50 metros más abajo.

El tercer grupo, más abajo todavía, es similar al segundo. Finalmente, si usted quiere estar totalmente aislado, el último grupo de pozas es el más bajo y más bonito y es un excelente lugar para quitarse los zapatos y relajarse. *(Tome el camino de tierra al este que sale del pueblo ,y cruce a la derecha donde la calle se divide cerca de una casa. Unos cientos de metros después de la división de la calle, siga la corta y empinada hondonada que conduce 100m abajo hacia la derecha. Si usted está manejando, el camino hace una curva hasta que llega al puente. Tome el camino cruzando el puente pasando por el portón pintado de blanco, luego siga el sonido de las cascadas)*

Detalles

■ **Autobuses: Ahuachapán (249)**, salen cada 30 min hasta las 6pm, 24km, 1hr, 15min. **San Salvador (206)**, sale uno alrededor de las 10 am, 78 km, 3hr. **Sonsonate (64)**, salen cada 30 min hasta las 6 m, 17km, 1hr.

■ **Festividades: Enero 6-15 (15) Cristo Negro**. Trate, si se atreve, el elote loco que se vende durante estas festividades. Es una especialidad local hecha de maíz tierno con un palo atravesando la mazorca, y cubierto de mayonesa, salsa de tomate, mostaza y queso.

Ahuachapán

Pocomame: "Ciudad de las Casas de Cedro"
Hab. 87,000
A 100 km. de San Salvador

Ahuachapán de Ayer

Ahuachapáan está situada en la región occidental de El Salvador que es geotérmicamente activa, donde los nacimientos de aguas termales, las fumarolas y los géiseres llenan el aire con olor de azufre. Es la ciudad más occidental de El Salvador, y una de las más antiguas y más densamente pobladas del país.

La evidencia dada por los muchos artefactos de cerámica pocomame que se encontraron en los alrededores, se cree que la ciudad fue fundada cerca del siglo V por los indios Pocomames. Al final del siglo XV, los Pipiles conquistaron Ahuachapán, pero la cultura pocomame sobrevivió. Un visitante español en 1549 notó que mientras los hombres hablaban la "rica, dulce, y armoniosa lengua" de sus conquistadores pipiles, las mujeres aún se comunicaban en la lengua pocomame. El nombre pocomame, el cual describe los inmensos árboles de cedro que una vez cubrieron el área, ha sobrevivido hasta nuestra era.

En 1821 la Batalla del Espino en el cercano Llano del Espino, dio como resultado la primera victoria de la joven República de El Salvador, en contra del Reino de Guatemala. En 1860 y nuevamente en 1937, Ahuachapán fue destruida por severos terremotos.

Durante los 1980, los propietarios de las enormes fincas locales lucharon para oponerse a las medidas de la reforma agraria. Cuando el gobierno comenzó a confiscar fincas de más de 1200 manzanas, según requería la ley, algunos terratenientes locales respondieron formando ejércitos privados para protegerse. Muchos de estos ejércitos estaban mejor equipados que las fuerzas del gobierno.

Ahuachapán de Hoy

Una torre de reloj se levanta sobre los kioscos en el centro de la plaza cerca de la bella Iglesia de la Asunción. La calle delineada por palmeras que lleva a las Chinamas pasa por un lujoso vecindario de clase media, lleno de jardines.

Para los que entran a El Salvador desde el occidente, Ahuachapán es el mejor lugar para pasar unos días acostumbrándose al país. Es más tranquilo que Santa Ana (excepto los alrededores de la central de autobuses), y tiene varios hoteles buenos y baratos.

Alojamiento

Casa de Huéspedes Casa Blanca Construido en el estilo tradicional español, este hotel es un excelente lugar para pasar unos días fuera de San Salvador. Una entrada grandiosa conduce a un interior colorido, decorado con antigüedades y un atractivo cielo raso de madera. Flores y plantas llenan el centro del jardín, que rodea una pequeña fuente. (Tel. 443-1505, 8D $17.25-$20, todas las habitaciones tienen baño privado, agua caliente, lavandería, salida a las 24 horas, restaurante)

Hotel San José Este lugar sencillo parece tan viejo como el amable señor que lo mantiene limpio. La puerta se cierra a las 10 p.m., después de esta hora, toque el timbre. *(Tel. 443-1820, 12 habitaciones $9.25-$13.75, todas con baño privado, ventilador, lavandería, salida a las 11 a.m.)*

Hotel y Restaurante Gran Rancho Las habitaciones aquí parecen un poco avejentadas, pero por lo menos cada una tiene un ventilador. Grupos musicales tocan los domingos. Si busca este lugar y llega al viejo arco, se fue muy lejos. *(A 1Km. fuera de la ciudad rumbo a Las Chinamas, tel 443-1820; 3S, 2s 3T, 2 apartamentos $4.60 por persona todas con baño privado, lavandería, piscina, restaurante)*

Hotel El Parador Mientras que Casa Blanca tiene que ser el favorito de Ahuachapán, solo El Parador ofrece un cocodrilo enjaulado. El hotel es nuevo, de estilo colonial y con piscina. El restaurante sirve todas las comidas, y un plato de mariscos le costará entre $4 y $7. Cualquier autobús o pickup que va para Las Chinamas pasa por aquí. *(A 2km afuera del pueblo, a la derecha del antiguo arco en la carretera a las Chinamas, 100 m. después del Restaurante Pauly's; tel. 443-0331. 9S, 2D, $25-$30, todos con baño privado, agua caliente, TV, AC; lavandería; salida a la 1 p.m.; restaurante, bar)*

Alimentos y Bebidas

Los Compadres Comida rápida, como hamburguesas, pizza, y sandwiches, a precio moderado. Un típico platillo de carne cuesta $2.25

Las Mixtas Un agradable lugar que está siempre lleno al mediodía. Pizzas y sandwiches empiezan por $1, y la lista de jugos de fruta esta en la pared.

Detalles

■ **Autobuses: San Salvador (202, 204, 206)**, hasta las 8pm, 100km, 3hr, 30min. **Santa Ana (210)**, hasta las 6pm, 40km, 2hr. **Sonsonate (249)**, hasta las 7pm, 55km, 2hr. Los autobuses y microbuses pasan por aquí, cada 10 min, hasta las 6pm, 30 min.

■ **Festividades 5-14 (13)** Dulce Nombre de Jesús. Casi una mini-Olimpiada: competencias de bicicletas, partidos de fútbol, maratones, natación, básketbol, motocross y ping-pong.

■ **Deportes   Juegos de fútbol** se juegan en el estadio todos los domingos, de noviembre a marzo.

HACIA EL OCCIDENTE

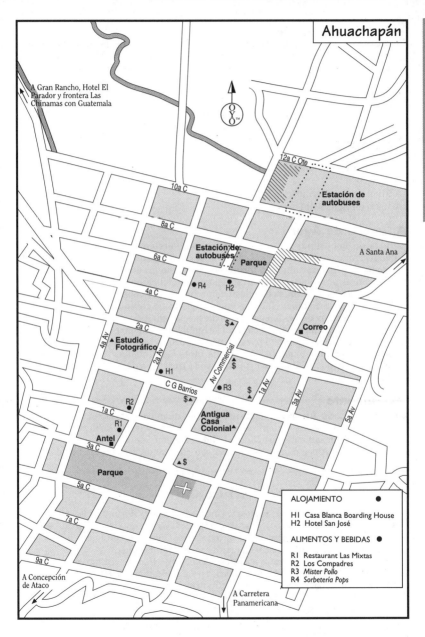

Ahuachapán

A Gran Rancho, Hotel El
Parador y frontera Las
Chinamas con Guatemala

12a C Ote

10a C

Estación de
autobuses

8a C

6a C

Estación de
autobuses

4a C

● R4   ● H2

Parque

A Santa Ana

2a C

$▲

4a Av

Estudio
Fotográfico

Correo

2a Av

● H1

Av Commercial

$

C G Barrios

● R3 $

R2 ●

$▲

1a Av

3a Av

5a Av

1a C

R1 ●

Antel

3a C

Antigua
Casa
Colonial▲

Parque

5a C

▲$

7a C

9a C

A Concepción
de Ataco

A Carretera
Panamericana

ALOJAMIENTO   ●

H1 Casa Blanca Boarding House
H2 Hotel San José

ALIMENTOS Y BEBIDAS   ●

R1 Restaurant Las Mixtas
R2 Los Compadres
R3 Mister Pollo
R4 Sorbetería Pops

Cerca de Ahuachapán

Concepción de Ataco y Cruz de Ataco Un paseo a este pueblo cercano y el cruce de montaña a más o menos cinco kilómetros al Sur de Ahuachapán, toma dos horas de ida. Por el camino, dése un chapuzón en los ríos.

Apaneca

Nahuat: "Río del Viento"
Hab. 12,000
A 91km de San Salvador
A 15km de Sonsonate

Apaneca de Ayer

Situada en las colinas de una de las zonas cafetaleras más importantes de El Salvador, Apaneca es limpia y cómoda, la personificación de un pintoresco pueblo de montaña. Las casas tienen techos de tejas, y la gran iglesia blanca (que también es un seminario) tiene un gran panorama del campo. Aquí crecen bien los melocotones y las manzanas debido al clima fresco y las colinas, y los lagos de montaña están a una distancia fácil de llegar a pie como paseo de un día. A veces es permitido acampar en las haciendas locales; solo pida permiso de antemano.

Con Las Cabañas de Apaneca, La Cocina de Mi Abuela y el pintoresco campo que lo rodea, Apaneca es ideal para un corto retiro en la montaña. Las atracciones de Apaneca son bien conocidas, así es que tanto las "Cabañas" como la "Cocina de Mi Abuela" pueden fácilmente estar llenas de turistas salvadoreños ricos durante los fines de semana.

Alojamiento

Las Cabañas de Apaneca Un arquitecto es dueño de este hotel y restaurante, y se nota. El complejo urbano entero, que alberga un jardín de flores, es impecable y meticulosamente diseñado. Sólidas cabañas de madera, traída directamente de los Alpes suizos, completas con camarotes, tienen porches desde los

El Congo

Este pueblo es el punto de tránsito a lo largo de la Carretera Panamericana entre San Salvador y Santa Ana en el cruce para el Lago de Coatepeque y el Cerro Verde. Aquí se vende fruta de todo El Salvador y de otros países de Centroamérica en restaurantes que sirven a la vez como estupendos puestos para la venta de fruta.

El favorito entre esos puestos es el Merendero Paraíso Tropical, la última parada al lado derecho yendo hacia Santa Ana. Pruebe un batido de fruta con leche y salude a Martha Isabel Serrano, quien con sus hijos ha manejado este lugar por años. Ella dice que empezó la "moda de los licuados de fruta" en los 1970. *(Carretera Panamericana a 50km al Oeste de San Salvador y 12km al Este de Santa Ana).*

cuales se disfruta de bellos panoramas. Hay cabañas para 6 y 8 personas además de las habitaciones normales. El restaurante sirve comida tradicional bajo pilares de madera tallada. El desayuno con café cuesta $2.85, mientras una cena de asado de ternera cuesta $5.75. Es un maravilloso lugar para pasar un fin de semana si hay tiempo, pero usualmente es necesario hacer las reservaciones con una semana de anticipación. *(Tel 479-0099; 4D $40, 1 cuádruple $46, 7 cabañas, todas con baño privado; salida 1pm; restaurante lunes-viernes 11 am-5pm, sábado 11am-9pm, dom 8am-6pm)*

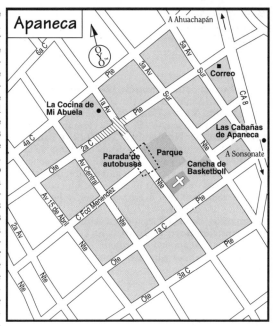

Alimentos y Bebidas

La Cocina de Mi Abuela Una leyenda nacional, La Cocina de Mi Abuela fue abierta hace cuatro años por un veterinario y su madre. Este gran restaurante gourmet es un monumento de otra época, decorado con fotografías antiguas, placas, verjas y vitrales en las ventanas. Adentro hay treinta mesas de madera sobre un piso de ladrillo y afuera hay un esplendoroso jardín de flores con una fuente en medio, y a un lado hay una jaula llena de monos. Hay más mesas afuera, donde la baranda es patrullada por tropas de patos de mal genio. La sopa cuesta $3.50, los platos fuertes como lasagna, $5.75. Las especialidades incluyen "el plato de gallina india" y gallo en chicha. Es necesario hacer reservaciones. (Tel. 228-0809; sab 11-5, dom 11-7)

Excursionismo

Laguna Verde Una buena caminata de dos horas hacia el Noreste de Apaneca, cuatro kilómetros para atravesar el bosque hasta llegar a la laguna. Los terrenos son propiedad privada, y hay cabañas en la zona.

Laguna de las Ninfas Otra laguna a más o menos dos kilómetros de distancia hacia el Norte, cerca del Cerro de las Ninfas (1,756m), más pequeña que la Laguna Verde y un poquito más cerca. El bosque es más espectacular que la laguna misma.

Cerro Grande de Apaneca Un bello lugar cercano para excursionar y escalar. Para encontrar esta montaña, también conocida como Chichicatepec, tome rumbo al Sur, a casi un kilómetro al Cantón Quezalapa. Desde allí son aproximadamente dos horas hasta la cima, que está a 1,816 metros de altura.

Detalles

■ **Autobuses: Ahuachapán (249)**, cada 15 min, 14km, 40 min. **Sonsonate (249)**, cada 15 min, 27km, 1hr 20 min.

■ **Artesanías Madre Tierra**, 800 metros al este de Las Cabañas de Apaneca sobre la carretera a Sonsonate. Se vende cerámica y muebles rústicos de madera.

■ **Festividades: Noviembre 29-30 (29)** San Andrés Apóstol. **Diciembre 24-25 (24)** Nacimiento del Niño Jesús. El Baile de la Garza el lo más caracteristico de esta festividad, cuyo elenco incluye tres policías, un alcalde, una novia, un novio, un bribón, un indio y la garza, un niño disfrazado con un marco de madera y cubierto con una sábana blanca. Cada uno de los bailarines usa una máscara de madera representando a su personaje, y bailan acompañados de instrumentos musicales de cuerdas.

■ **Mercado:** Venden duraznos en septiembre y octubre.

■ **Información para visitantes:** En el pueblo puede obtener un folleto, de cubierta verde y negro, llamado ""Ecotour por la Cordillera de Apaneca", el cual describe los pueblos cercanos y las atracciones naturales.

Lago de Coatepeque

A 58km de San Salvador
20km de Santa Ana

El enorme y tranquilo Lago de Coatepeque formado en un cráter, se encuentra situado al Este del Cerro Verde y de los volcanes de Santa Ana e Izalco. Aquí es donde los aristócratas de El Salvador vienen a refrescarse y a jugar, ya sea en sus casas privadas, que monopolizan la playa, o en uno de los dos hoteles de lujo. Las tres enormes montañas y el agua del lago de un azul profundo añaden belleza a la escena.

El camino desde la Carretera Panamericana se divide a la orilla del lago y se convierte en camino de tierra. Hacia la derecha lleva a casas privadas, sin entrada pública al lago, por lo tanto tome el de la izquierda hacia los hoteles y balnearios públicos, cerca del Hotel Torremolinos, que tienen acceso al lago, y cobran muy poco por la entrada y estacionamiento.

Si olvidó su *jet-ski* en casa, aún puede alquilar una lancha para pasear por el lago. Busque un capitán en uno de los dos hoteles para que lo lleven a un lugar aislado, asegurándose que regresará a recogerlo más tarde. Un viaje alrededor del lago cuesta aproximadamente $7 por 30 minutos. Algunas lanchas llevan hasta 15 personas, y el costo por persona en grupos grandes es más barato. Un paseo a la Isla del Cerro es más caro, pero allí hay manantiales de agua caliente debajo de la superficie que lo harán sentir que está en un *jacuzzi* de la edad de piedra.

Coatepeque es bello, pero sufre por su popularidad. Las grandes casas privadas dificultan tanto la entrada a la playa que casi no vale la pena visitarlo. Hay balnearios públicos, pero entre el amontonamiento de gente, la basura, y el tráfico de autobuses, hace que ésta no sea una experiencia grata. Para realmente disfrutar de Coatepeque venga durante la semana... o compre una casa en la playa.

Alojamientos

Hotel Torremolino Este edificio blanco estilo colonial ofrece patio, una piscina limpia y un área amplia y cubierta de pasto que llega hasta la playa. Las habitaciones son amplias pero no baratas. El restaurante tiene un bello panorama del lago y también hay música latina en vivo durante los fines de semana. Una *"mojarra deshuezada "* cuesta entre $5 y $9, y una sopa de mariscos es suya por $5.75. *(Mas o menos a 3km a la izquierda de la división del camino, el primero de dos hoteles; tel 346-9437; 10S $23, 5T $28.75, algunas con AC, todas con baño privado, lavandería; piscina; restaurante 8am-8pm)*

Hotel del Lago El Hotel del Lago de 120 años de edad, es el más antiguo del país, y una vez sirvió de tranquilo retiro para los agobiados presidentes salvadoreños. Hasta que se lleven a cabo los planes de remodelación seguirá siendo uno de los más encantadores. Las partes antiguas del hotel tienen grandes puertas de madera y un colorido piso de ladrillo. El restaurante parece sacado directamente de una película vieja, con techos altos. Los domingos por la tarde hay música de merengue. Pruebe el *sorbete con merengue* (el postre, no la música), o un plato de sopa de cangrejos por $4. Otros platos, incluyendo pescado fresco, cuestan entre $6 y $9. *(a 4km del desvío del camino; tel 346-9511; 16D $23-$35, todos con baño privado, ventiladores, lavandería; dos piscinas; restaurante 7am-9pm)*

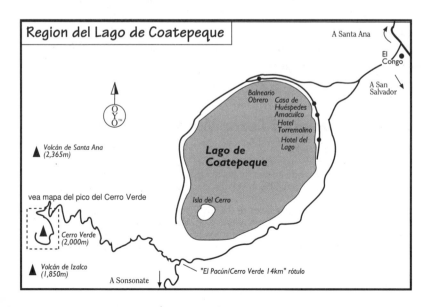

Region del Lago de Coatepeque

A Santa Ana

El Congo

A San Salvador

Balneario Obrero

Casa de Huéspedes Amacuilco

Hotel Torremolino

Hotel del Lago

Volcán de Santa Ana (2,365m)

Lago de Coatepeque

vea mapa del pico del Cerro Verde

Isla del Cerro

Cerro Verde (2,000m)

Volcán de Izalco (1,850m)

A Sonsonate

"El Pacún/Cerro Verde 14km" rótulo

> **"Tocamos para todos los candidatos que llegan aquí. En este país es mejor ser lo más neutral posible y asegurarse de gozar el favor de quien sea que llegue al poder."**
>
> — Miembro de un grupo musical, acerca de para cuál partido político toca su banda.

VOCES DE LA GUERRA

Casa de Huéspedes Amacuilco   Amacuilco está muy bien cuidada, pero de ambiente extraño y fantasmal, con atmósfera y decoración tétrica. También, por alguna razón, los dueños solamente le dan la bienvenida a los extranjeros. El comedor, de piso de madera y vista al lago, es donde se sirven comidas desde $1.75 a $3. La piscina está situada junto a un jardín y una pequeña biblioteca al aire libre *(A 100 metros al Norte del Hotel Torremolino; 3D $14, 2 habitaciones más grandes $17.25, lavandería; piscina)*

Balneario Obrero   Un lugar típico administrado por el gobierno, con un muelle de concreto y basura por todos lados. Para pasar aquí la noche necesita permiso del Ministerio de Trabajo en San Salvador (Blvd del Ejército, tel 295-0817). Si logra obtener permiso (ya sea en San Salvador o convenciendo al gerente del balneario) las cabañas son gratis, pero de todas formas usted no querría pagar por ellas. El restaurante sirve un plato de pollo por $1.50. *(Cerca del desvío del camino, hacia la izquierda; tel 346-9402; 30 cabañas, todas con 4 camas, baño privado, mesa y sillas; restaurante 6am-7pm)*

Detalles
■ **Autobuses: Santa Ana (220**) vía El Congo, hasta 6pm, 20km, 1hr.

Parque Nacional Cerro Verde

A 70 km de San Salvador

El Cerro Verde tiene lo mejor de El Salvador - bosques, montañas, volcanes y aire limpio y fresco. El parque es una de las atracciones naturales más impresionantes del país, con bellísimos paisajes de campo, excursionismo, campamento y un cómodo hotel.

La mayor parte de la belleza de Cerro Verde consiste en el ascenso a 2,000 metros por la montaña del mismo nombre. El camino es rojo por la tierra volcánica y a pesar de que debía ser completado a principios de los 1970, solo se terminó de construir en 1990, trás de un esfuerzo de seis años ya que los fondos para la construcción fueron malversados repetidamente.

La primera parte del ascenso revela el panorama del Lago de Coatepeque al Noreste. Pronto el aire se enfría y se puede ver el enorme Volcán de Santa Ana hacia el Norte. Para cuando se ponga su suéter, cerca de la cima, comenzará a ver el famoso cono negro del Volcán de Izalco, seguido del Hotel de Montaña.

El hotel y estacionamiento están situados más arriba del bosque de Cerro Verde, con varios caminos que lo llevan en todas direcciones. El Izalco se levanta a un paso del balcón del hotel, casi al alcance de la mano, y en una corta caminata encontrará panoramas del Lago de Coatepeque y el Volcán de Santa Ana. Un jardín de orquídeas cerca del hotel está casi siempre abierto, y hay un campo de juegos con una casita en un árbol para los niños, y unos cuantos comedores que venden bocadillos. El aire es limpio y fresco, frío por la noche, y los panoramas son incomparables.

Flora y Fauna

El bosque en lo más alto de Cerro Verde alberga más especies de plantas y vida silvestre que cualquier otro lugar en el país. Los bosques están llenos de ardillas, comadrejas, conejos, puercoespines, topos y armadillos, y hasta se ha visto, de vez en cuando, un puma. También hay muchas especies de aves en Cerro Verde, incluyendo tucanes, 14 variedades de gorriones (uno de solo tres gramos de peso), el guarda-barranco (conocido por su bello canto) y xaras, con cabezas negras y cuerpos y alas de un azul iridiscente.

Además de las orquídeas en el invernadero, también son comunes en Cerro Verde otro tipo de plantas, llamadas epífitas, que parecen la parte superior de piñas o ananás, y que crecen en las ramas y troncos de los árboles. En vez de nutrirse del árbol, las epífitas viven de agua y deshechos orgánicos que se acumulan en los espacios entre sus hojas, o simplemente toman humedad para sobrevivir de las nubes que pasan por el bosque.

Escalando y Acampando

Siga un camino fácil a través del bosque desde el estacionamiento, para llegar al mirador hacia el Lago de Coatepeque, que está a diez kilómetros hacia el Noreste, y otro hacia el Volcán de Santa Ana. Se permite acampar en el estacionamiento.

El Volcán de Santa Ana A mitad del camino que conduce al mirador mencionado, hay otra vereda que conduce hacia el Norte, rumbo al Volcán de Santa Ana. El Santa Ana, también conocido como Lamatepec, o "Padre Colina", es el volcán más grande de El Salvador (2,365 m). En la cima hay cuatro cráteres superpuestos sobre un gran cráter más viejo, y una laguna verde llena de agua sulfúrica. El volcán hizo erupción tres veces en la primera parte de este siglo, siempre al mismo tiempo que el Izalco, y aún se considera activo. Una caminata moderadamente dificíl lo llevará a la cima. La vereda pasa por la finca San Blas, una finca privada donde usted puede acampar si obtiene un permiso.

Volcán de Izalco El Izalco es una rareza geológica, uno de los volcanes más jóvenes del mundo. En 1770, un agujero humeante en medio del campo de un agricultor poco a poco comenzó a tirar rocas volcánicas. Durante los dos siglos siguientes, el Izalco creció continuamente y arrojó suficiente lava para ser nombrado "El Faro del

HACIA EL OCCIDENTE

Pacífico" por los navegantes que se orientaban por su luz. Por otro lado, las tribus nativas llamaron al Izalco el "Infierno de los Españoles". Las erupciones pararon en 1966, justo cuando se terminó de construir el Hotel de Montaña.

Hoy en día, este cono de forma perfecta tiene 1,900 metros de altura sin un vestigio de verde en sus yermas laderas. La vereda hacia la cima comienza a 200 metros más allá del hotel, y es un ascenso difícil sobre rocas volcánicas. Alcanzará a la orilla del cráter en unas cuatro horas y podrá saludar desde ahí a quienes le observan desde el hotel.

Lago de Coatepeque Una caminata de diez kilómetros lo lleva al Lago de Coatepeque, la joya azul visible desde la vereda que rodea al hotel. La vereda se llama El Jicote Está a cuatro kilómetros, camino hacia el Cerro Verde, de la intersección con el camino que lleva a El Congo. La vereda conduce camino abajo hacia el lago y es difícil verla. Búsquela hacia la derecha, camino a la cima, a menos de un kilómetro a la vuelta de la curva pasando el mirador al Lago de Coatepeque.

Alojamiento

Hotel de Montaña El Hotel de Montaña es el único hotel en Cerro Verde, lo cual es perfecto, si lo puede pagar y no le importa que es administrado por el gobierno. Trozos de roca volcánica decoran las paredes y los senderos, y personal muy amistoso mantiene bonitos los jardines. Diez habitaciones tienen vista al cono del Izalco, y todas tienen chimeneas, las cuales complementan el impredecible suministro de agua caliente, pero usted tendrá que pedir la leña. El restaurante con paredes de vidrio sirve excelente comida. Un desayuno completo cuesta $2

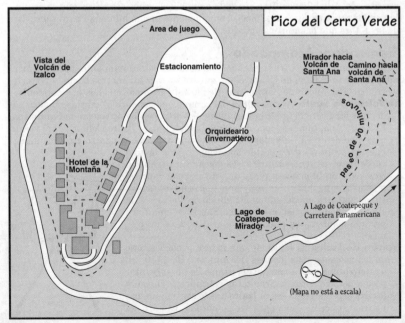

Pico del Cerro Verde

Area de juego

Vista del Volcán de Izalco

Estacionamiento

Mirador hacia Volcán de Santa Ana   Camino hacia volcán de Santa Aná

paseo de 30 minutos

Orquideario (invernadero)

Hotel de la Montaña

Lago de Coatepeque Mirador

A Lago de Coatepeque y Carretera Panamericana

(Mapa no está a escala)

y la cena está entre $5 y $6. El hotel es muy popular, mayo y junio son los mejores meses para visitarlo. Reserve con una semana de anticipación para estadías durante los días de semana y con dos semanas de anticipación para estadías de fin de semana; las reservaciones deben ser hechas al ISTU (tel 222-3241). Los precios son altos durante fin de semana y por las habitaciones con vista al volcán. *(20 habitaciones, $25/$37.50, cama adicional $9.50, todos con baño privado; salida al mediodía; restaurante; cafetería; bar)*

Detalles

■ **Autobuses:** Si el autobús es su única opción, planée quedarse la noche en la montaña o regresar muy temprano. Probablemente será necesario hacer una conexión de autobús, asegúrese quedarse perdido entre uno y otro. Desde **Santa Ana**, el número **348** transita por El Congo y continúa hacia Cerro Verde. Desde **Sonsonate** o desde el Sur, es un poco más complicado. Pídale al conductor del autobús que pasa a lo largo de la Carretera Panamericana que lo baje en Puerto Negras, seis kilómetros después de Armenia y junto a la gasolinera Texaco. Luego tome otro autobús, cerca del rótulo "Cerro Verde 14 km", hacia El Pacún,. Finalmente, súbase a cualquier otro autobús que vaya a la cima de la montaña.

Santa Ana

Hab. 240,000
A 63km de San Salvador

Santa Ana

Santa Ana de Ayer

La segunda ciudad más grande de El Salvador, está situada en el Valle de Sihuatehuacán en el extremo Noreste de la ladera del Volcán de Santa Ana. Esta conservadora y fértil área ha sido habitada desde hace muchísimo tiempo. Las tribus Pok'omames se establecieron por primera vez aquí alrededor del Siglo V ó VI. Los Pipiles llegaron del Norte cinco siglos después, absorbiendo algunos elementos de la cultura Pok'omame y borrando otros, incluyendo el idioma.

Cuando el movimiento de independencia estaba agarrando fuerza, a principios del Siglo XIX, Santa Ana estaba comenzando a prosperar gracias al desarrollo de su industria cafetalera. Cuando se obligó a los habitantes a escoger bando en la lucha por la independencia, muchos de la burguesía, satisfechos con la situación, juraron lealtad al rey de España.

Sin embargo, en 1811 los ciudadanos de Santa Ana se unieron con otros pueblos de la cercanía para dar batalla a las tropas reales y exigieron la abolición de los impuestos sobre el tabaco y el aguardiente, un popular licor hecho de caña de azúcar. En Septiembre de 1821, la gente de Santa Ana supo por medio del correo que el movimiento de independencia había tenido éxito. Cuando las buenas nuevas llegaron a la muchedumbre que aguardaba en la plaza principal, las celebraciones duraron varios días.

HACIA EL OCCIDENTE

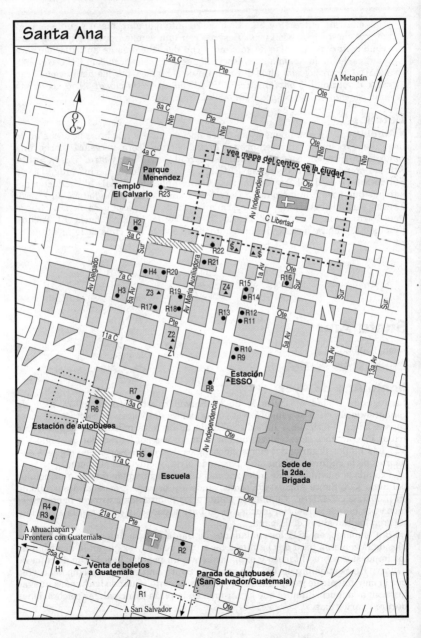

Santa Ana

12a C

Pte

A Metapán

8a C

Nte

Pte

Nte

Ote

Ote
Nte
Nte

4a C

vea mapa del centro de la ciudad

Parque
Menendez

Templo
El Calvario ● R23

Av Independencia

Ote

C Libertad

● H2

3a C

Sur

● R22

$
▲

● R21

$
▲

1a Av

● H4 ● R20

7a C

Av Delgado

● H3

8a Av

Z3 ▲

● R19

Av María Auxiliadora

Z4 ▲

● R15

● R16
Sur

Sur

● R17

● R18

● R14

Pte

● R13

● R12
● R11

Ote

Z2 ▲

● R10
● R9

5a Av

Z1

9a Av

13a Av

11a C

Estación
▲ ESSO

● R8

● R7

13a C

● R6

Estación de autobuses

● R5

17a C

Av Independencia

Ote

Escuela

Sede de
la 2da.
Brigada

● R4
● R3

21a C

Pte

A Ahuachapán y
Frontera con Guatemala

✝

● R2

Ote

25a C

● H1

▲ Venta de boletos
a Guatemala

Parada de autobuses
(San Salvador/Guatemala)

● R1

A San Salvador

Ote

El Siglo XIX fue difícil para la ciudad, aunque la población continuó aumentando. En 1822, las fuerzas de Guatemala ocuparon Santa Ana para obligar a El Salvador a entrar a formar parte del nuevo imperio mexicano. Manuel José Arce tuvo éxito en retomar la ciudad. Las revoluciones fueron reprimidas en 1837 y 1839. En 1863, Rafael Carrera, presidente de Guatemala, ocupó Santa Ana con 6,000 soldados y usó la ciudad como base para atacar las fortificaciones salvadoreñas en Coatepeque. A pesar de todo esto, Santa Ana continuó creciendo y desarrollándose. A principios de siglo, la ciudad tenía 30,000 habitantes.

Santa Ana no se aterrorizó con los ataques de la guerrilla al principio de la guerra civil, pero sí sufrió por otros problemas. El desempleo llegó a casi el 50 por ciento en la ciudad, durante gran parte de los 1980 y llegó hasta 70 por ciento en el campo.

Los ricos propietarios de plantaciones y negocios locales, apoyaron a ARENA y algunos fundaron escuadrones de la muerte. En julio de 1981, diez empleados de un circo, principalmente payasos, fueron asesinados por los escuadrones de la muerte locales.

Santa Ana de Hoy

Llamada "la segunda ciudad" lo es tan sólo en tamaño, dadas sus amplias calles, opulento teatro nacional y abundancia de restaurantes elegantes. Lindas colinas verdes rodean la ciudad, con los conos del Cerro Verde y de los volcanes de Izalco y Santa Ana hacia el Sur. Sin embargo, todavía es una ciudad cafetalera, rodeada de fincas donde los trabajadores cultivan la fértil tierra volcánica.

Santa Ana ha mantenido su aspecto colonial más que las otras ciudades del mismo tamaño, y por esto es más placentera que la asfixiante capital del país. Amplias y limpias calles pasan entre antiguos edificios sorprendentemente bien conservados, la mayoría de dos pisos y pintados de colores pastel. Los edificios por su limite de altura, dejan ver bastante cielo, lo que da a la ciudad una sensación de gran espacio. Los artesanos locales son famosos por sus productos de cuero.

En cualquier viaje hacia el oeste de San Salvador, debe incluir Santa Ana, con su clima fresco e impresionante mercado de frutas. Venga aquí para relajarse, a disfrutar de la ciudad y tal vez para cenar en un restaurante de lujo. Las oportunidades para el excursionismo, acampar y navegar en esta zona, están entre las mejores en el país, y además el Lago de Coatepeque y la frontera con Guatemala quedan muy cerca de aquí. La arquitectura local es inigualable, especialmente la Catedral y el Teatro Nacional. Podrá pasar toda una tarde admirando las casas coloniales, particularmente las que están en la 4a C entre la 6a y 10a Av, curioseando por el enrejado para ver los jardines y los enormes patios.

HACIA EL OCCIDENTE

Alojamientos

Hotel Sahara El mejor en Santa Ana. Limpio pero un poco estrecho, este lugar fue construido por el ex-presidente José Napoleón Duarte en 1952 *(3a C Pte entre 8a y 10a Av Sur; tel 447-8865; 8S $18.50, 7D $25, 3T $32, todas con baño privado, TV por cable; lavandería; restaurante 7am-9pm)*

Internacional Hotel-Inn Un lugar estrecho pero limpio y agradable. Ana Rivas es la amable propietaria. El restaurante de al lado pertenece a su hermana. Usted puede tomar un autobús de Ahuachapán para San Salvador justo enfrente. *(25a C Pte y 10a Av Sur, tel 440-0810; 8S $11.50, 4D $20, 2T $28.75, todos con baño privado, lavandería; salida al mediodía; restaurante)*

Hotel Libertad (Mapa del centro de la ciudad) José Balmore García, el propietario, lo acompañará a su habitación Hay una agradable vista del campanario desde la entrada, pero al resto del hotel le vendría bien una buena limpieza y renovación. Usted le puede poner su propio candado a las puertas, lo que probablemente es una buena idea. *(Junto a la catedral; tel 441-2358; 6S $8, 6D $11.50, 6T $14.25, la mayoría con baño privado; lavandería; salida al mediodía)*

Hotel Livingston Las habitaciones hechas de concreto están gastadas pero por lo menos las sábanas están limpias. Decente para el presupuesto del viajero *(9a C Pte y 10a Av; tel 441-1801; 8S $4.60, 12D $13.80, todas con baño privado; estacionamiento; salida las 24hr)*

Hotel Roosvelt El letrero está mal escrito, pero de todas formas es un lugar amplio y abierto, con habitaciones antiguas. *(8a Av Sur entre 5a y 7a C Pte; tel 441-1702; 2S $5.75, 1D $20, la mayoría con baño privado; salida las 24h)*

Alimentos y Bebidas

Café Amigo (Mapa del centro de la ciudad) Uno de los muchos lugares en la ciudad en que se reunen los alcohólicos en recuperación de Santa Ana. Debido a que todo el mundo se conoce, el café puede ser un lugar interesante para platicar y disfrutar de un café y cigarros. *(8am-12:30pm, 3-11 pm)*

Cheese Shop (Mapa del centro de la ciudad) Un pequeño lugar de color verde claro que vende diferentes tipos de queso. *(C Libertad y 4a Av Sur)*

Kiko's Pizza/Rosti Pollo Las pizzas de dieciséis pulgadas cuestan $8.25, $0.70 por cada ingrediente adicional. Una cena de pollo para llevar cuesta $6, pero un cuarto de pollo con papas y Coca cuesta $2. *(Av Independencia; 9:30am-2pm, 4-8pm)*

Ky Jau (Mapa del centro de la ciudad) El mejor chow mein de la ciudad por $3.50. Otros platos cuestan alrededor de $8.50. *(C Libertad entre la 4a y 6a Av; 11:30am-9pm)*

Las Brasas Steakhouse (Mapa del centro de la ciudad) Catorce mesas llenan este limpio restaurante, y hay un asador en el centro del comedor. Un filete cuesta $5.75. *(C Libertad entre 4a y 6a Av Sur; 11:30am-2pm, 5-8pm)*

Los Horcones (Mapa del centro de la ciudad) Bananeros y columnas de bambú le dan a Los Horcones una atmósfera definitivamente selváticos que va con su nombre. Sobre mesas de madera complementadas por bancas de formas fuera de lo común, se sirve la comida en platos de barro. Una deliciosa sopa de cebolla cuesta $1.70, y una carne

Santa Ana - Centro de la Ciudad

asada cuesta $2.40. Remate esto con un licuado de fruta por $0.80. También hay platos vegetarianos. Coma en la terraza donde hay más mesas y una excelente vista de la plaza principal. *(Frente a la iglesia en la 1a Av; 9:30am-10pm: tel 441-3250)*

Lover's Steak House Un lugar sin pretención, con exterior rojo y blanco y anuncios de Coca Cola pintados sobre la pared. Carne, arroz y ensalada cuestan $0.75. *(Av María Auxiliadora y 25a C; 11am-9pm)*

Regis Restaurante Esta cafetería de alta calidad da servicio desde 1972. Los platos de mariscos pueden costar hasta $10, pero un plato económico de papas, ensalada y sopa le cuesta $2.85. Sopas del día y especialidad de mariscos. *(9a C Pte. y 6a Av Sur; 8am-10pm)*

Restaurante El Tucán El Tucán nació durante la guerra cuando el propietario y cocinero, René Lobato, decidió abrir un restaurante donde los salvadoreños pudieran ir a disfrutar de la comida en vez de sólo llenarse o emborracharse. René es agradable, y dispuesto a contestar preguntas difíciles acerca de su país. El restaurante es elegante, decorado con arte salvadoreño y sillas hechas de correas de cuero. El segundo piso tiene una iluminación romántica, plantas en canastas y un balcón. Los platos fuertes cuestan entre $5 y $11.50, y la sopa de cebolla es excelente. *(Av Independencia y 9a C Ote; 11:30 am-3pm, 5:30-10:30pm)*

Restaurante Freddy's El techo de teja roja y los anuncios de Pepsi y Coca hacen que Freddy's sea fácil de ubicar. Pasando el portón de madera hay un bar y un patio cerrado con 60 mesas. Este impecable establecimiento sirve platos entre $5 y $8 y auspicia grupos musicales que tocan desde salsa a baladas, durante los fines de semana. *(Av María Auxiliadora entre 15a y 17a C Pte; 11am-11pm)*

Restaurante Los Patios La entrada al restaurante con más clase en toda Santa Ana es una enorme puerta de madera semicircular, que da a un patio interior decorado con canastas de plantas y una fuente. Tiene mas de 200 asientos, 50 mesas y paredes doradas. No se deje llevar por el estilo colonial, aquí aceptan tarjetas de crédito. Los platos comienzan por $5 y suben hasta $9 por 20oz de

┌───┐
│   EN LAS NOTICIAS   │
└───┘

Y lávate las orejas

Durante la guerra civil, los Ee.Uu. no tenían tropas de combate en El Salvador, pero sí permitió que operaran aquí algunos asesores. A los asesores se les dio instrucciones de que vivieran bajo las siguientes reglas durante su estadía:

1. No dé consejos.
2. No permita que le den un balazo.

En realidad, ellos se comportaron como quisieron. LLevaron armas y con frecuencia estuvieron en el combate, ayudando al ejército a coordinar sus fuerzas. Sin embargo, si se involucraban muy de cerca, eran substituidos rápidamente

un buen filete. *(21a C Pte entre Av Independencia y María Auxiliadora; 11am-3pm, 5-10pm)*

Restaurante Talitunal (Mapa del centro de la ciudad) Edwin Maldonado, un cirujano, abrió Talitunal (en Nahuat quiere decir "Sol y Tierra") después de convertirse en vegetariano por razones de salud. El dejó atrás la medicina tradicional "química"desde la facultad de medicina, inventó una receta de hamburguesas vegetarianas, y abrió este pequeño lugar, hace ocho años. Las hamburguesas de soya son un poco chiclosas, pero el pan natural, por $0.90, no tiene comparación. El menú es principalmente vegetariano y cambia a diario. Todas las cosas buenas y saludables que usted desee las encontrará aquí, incluyendo plantas medicinales, miel, y pastas naturales. La pastelería no es tan sana pero sí deliciosa y tambié barata. *(9am-7pm)*

Toto's Pizza Una cadena de tiendas grandes y modernas de comida rápida con bar de ensaladas ($2.85 por cada plato) y pizzas de 16 pulgadas por $8. *(11am-9pm)*

Puntos de Interés

La Catedral de Santa Ana (Mapa del centro de la ciudad) La catedral más famosa, de estilo neo-gótico de El Salvador se empezó a construir en 1905. La imponente fachada blanca está siendo restaurada. Adentro hay 13 naves decoradas con imágenes que datan del Siglo XVI. Un techo alto y un suelo de madera desgastado lleva a un altar blanco. Las columnas rosas y grises parecen de mármol, pero realmente son de concreto pintado.

El Teatro Nacional (Mapa del centro de la ciudad) El espléndido Teatro Nacional de Santa Ana, hecho de madera, se comenzó en 1902, y todavía recuerda al apogeo de la ciudad, a principios de siglo, cuando se destinaron los impuestos de la exportación del café para su construcción. Cuando el Teatro Nacional de San Salvador se quemó en 1910, todas las compañías de teatro se trasladaron a Santa Ana, para el deleite de los amantes de ese arte de la ciudad. Sin embargo, las cosas pronto empeoraron y durante la crisis económica de los 1930 fue usado como un (quédese boquiabierto!) cine, y así permaneció hasta 1978 cuando se comenzaron las reparaciones en serio. Un proyecto de restauración financiado por el gobierno mexicano está todavía en proceso, y deberá ser completado para fines de la década.

Una gran escalinata de madera conduce al interior del teatro, la cual está siendo renovada pero aún así es una muestra impresionante de lo que se puede hacer con maderas de calidad y muy buen gusto. Mosaicos estilizados rodean un vestíbulo con columnas de madera marrón que sostienen el techo pintado en pasteles azul y rosa. El teatro mismo también es marrón, con tres terrazas y balcones. Note la baranda de madera de la tercer terraza y las pinturas del techo, mostrando a Mozart, Beethoven, Strauss y Tchaikowsky. Abajo del escenario, tres grandes piletas de agua crean un eco que da resonancia a la voz de los actores.

Durante las festividades de la ciudad, el Teatro auspicia exhibiciones de arte. También ofrece representaciones y eventos culturales; pida un programa en el mostrador, o llame a Yuri Ben-Iosef en San Salvador (Vea San Salvador)

Templo El Calvario   Una figura de Jesús vestido con una túnica morada y llevando la cruz, se encuentra dentro de esta iglesia en el Parque Menéndez. Las paredes están cubiertas con detalles esculpidos, y la imagen de Jesús de la puerta se repite arriba del altar.

De Compras

Luis Pedro Tienda de Cuero   Una pequeña boutique con zapatos y carteras de cuero hechas en Santa Ana. Los zapatos de vestir cuestan cerca de $15, los cinturones $18 y las carteras $70. Todo es de alta calidad. *(Av María Auxiliadora y 11a C Pte; 9am-12pm y 2:30-5pm)*

Sergio Acevedo, Fabricante de Botas   Si usted quiere un recuerdo único de El Salvador (y tiene unos cuantos colones extra), llévese un par de la botas de cuero hechas a mano por el Sr. Acevedo, mejor que cualquier cosa hecha en Texas. Sergio es una leyenda en Santa Ana, y si usted habla español, es agradable pasar unas horas aquí platicando con él. Escoja un par de botas de las revistas que tiene por ahí, y él y su equipo las harán usando cualquier tipo de cuero o piel de reptil que tengan a la mano (usted escoge eso también).

Las botas de cuero regular comienzan desde $90, y los pedidos complicados toman hasta dos semanas. Sergio ha estado practicando su arte por 61 años, desde que comenzó como aprendiz en 1933. Hoy en día él entrega pedidos a la embajada de los Ee.Uu. La mejor y única forma de ver su trabajo es llegar cuando do las botas de otra persona están listas y esperando a que las recojan. Confíe en nosotros: son increíbles. (Av María Auxiliadora #40, entre 9a y 11a C Pte, una tienda de color verde con un pequeño letrero de Coca Cola; abierto de las 8am-8pm)

Una serie de fuertes temblores y epidemias de varicela a principios del Siglo XVIII causaron estragos en la población de Santa Ana. En un grito desesperado de auxilio, los padres del pueblo invocaron a la Virgen del Rosario, prometiéndole una gran fiesta cada año a cambio de su protección. A través de los años la fiesta se ha ampliado de nueve a quince días.

Detalles

■ **Autobuses locales:** Asegúrese de obtener su boleto en el kiosco correcto, ya que hay tres y cada uno vende boletos para diferentes destinos. **Ahuachapán (210)**, sale cada 15 min hasta las 5pm, 34km, 1hr 10 min. Cerro Verde (248), 8:40, 10:20am, 1:40, 3:20pm, 47km, 2hr. **Chalchuapa/Tazumal (218)**, salen cada 10 min hasta las 7 pm, 13km, 40 min. **Lago de Coatepeque (220)**, salen cada 25 min hasta las 5pm, 28km, 1hr 15 min. **Metapán (235)**, salen cada 15 min hasta las 6:20pm, 45km, 1hr 30 min. **San Cristóbal (236)** vía Candelaria de la Frontera, sale cada 15 min hasta las 7pm, 32km, 1hr 10 min. **San Salvador (201)**, sale cada 15 min hasta las 5:50pm, 63km, 2hr. Los autobuses directos salen cada 7 min 1hr 30 min. **Sonsonate (216)**, salen cada 15 min hasta las 5:40pm, 40km, 1hr 10 min.

■ **Festividades: Julio 18-26 (26)** Señora Santa Ana.

■ **Autobuses Internacionales:** Hay cinco empresas diferentes que envían autobuses a Guatemala saliendo de San Salvador. Todos cuestan lo mismo, pero algunos tienen AC y baños. San Cristóbal es usada actualmente como punto de cruce, aún cuando esto incrementa el número de horas de camino. **Ciudad de Guatemala (415)**, sale cada hora hasta las 6pm, 4hr 30 min, $4.75.

■ **Deportes:** Los juegos de fútbol se llevan a cabo en el estadio, los domingos.

Cerca de Santa Ana

Turicentro de Sihuatehuacán A seis y medio kilómetros al este de Santa Ana usted encontrará tres piscinas, incluyendo una Olímpica y una para niños, junto con canchas de tenis, restaurantes, área para día de campo, campos de deportes y un teatro al aire libre. La entrada le da derecho a usar los vestidores y los casilleros. *(Tome un autobús 51a o 51b entre la 25a C Pte y 10a Av Nte, o en el Parque Central en frente de la Catedral; 8am-6pm; $0.75 por persona; estacionamiento $0.75)*

Texistepeque

Nahuat, "Lugar de los Caracoles"
Hab. 26,000
A 80km de San Salvador
16km de Santa Ana

Texistepeque de Ayer

Como muchas de las primeras ciudades Pok'omames en El Salvador, Texistepeque fue tomada por los Pipiles a finales del Siglo XIII. A principios del Siglo XVIII, la ciudad era todavía puramente indígena sin una sola familia de mestizos; mucho menos de españoles puros.

Texistepeque de Hoy

La llegada a Texistepeque desde Santa Ana por el Sur no es muy atractiva, excepto por los conos volcánicos que surgen de las planicies de alrededor como enormes pirámides de tierra. El nuevo camino tiene tres carriles, pero aparentemente a alguien se le olvidó decidir cual sería la dirección del tráfico del carril de en medio, dando como resultado un juego peligroso de valentía entre algunos conductores. El camino pasa por un basurero en el camino de tierra que lleva a la desvencijada entrada de la ciudad, decorada con *graffiti* político.

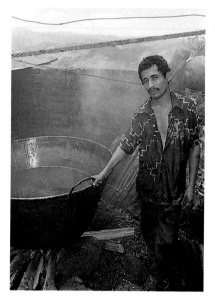

Arriba: Lago de Coatepeque
Abajo, izquierda: Vendedor de fruta, Juayúa
Abajo, derecha: Haciendo bálsamo, Teotepeque

Arriba: Hotel Tesoro Beach, Costa del Sol
Abajo, izquierda: Familia, Apaneca
Abajo, derecha: Carrera de bicicletas, Santa Ana

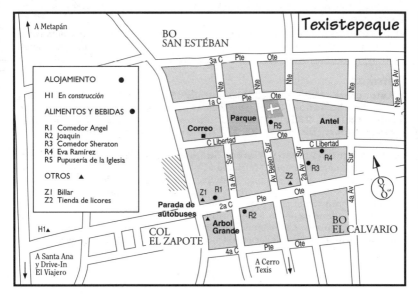

Todo mundo parece conocerse en Texistepeque. La atmósfera es muy familiar, muchos de los restaurantes ni siquiera tienen rótulos. Los residentes, incluyendo muchos que han vivido en los Estados Unidos, están ansiosos de platicar con los pocos viajeros que pasan por aquí. Todavía no hay hoteles, pero por lo menos uno está planeado para el futuro cercano. Si usted está buscando un lugar fuera del camino, para conocer salvadoreños y escuchar acerca de sus vidas, pare aquí, camino al Bosque de Montecristo, el Lago de Güija y la frontera hondureña de Anguiatú.

Alimentos y Bebidas

Drive-In El Viajero Comida rápida en una gasolinera Shell a la entrada del pueblo, con sandwiches y hot dogs por $1. *(7am-6pm)*

Joaquín Comida rápida por más o menos $1. Establecido en una casita, usted puede ver esta y otras anexas al mismo patio. *(4:30-9pm)*

Comedor Angel La propietaria, Coralia Cortez, le preparará algo para desayuno, almuerzo o cena, con sólo pedírselo.

Comedor Sheraton Este lugar tiene una terraza pero no tiene cartel. Busque la puerta rosa junto a la casa azul. Pupusas por $0.10, o un bistec por $1.15. *(6-8am, 11am-8pm)*

Eva Ramírez Un favorito local que sirve sopa de pata de cerdo con yuca, ayote y plátanos cada lunes. Otras especialidades diarias incluyen lomo relleno (carne rellena con vegetales) los jueves y panes con pollo los sábados.

Pupusería de la Iglesia Sirve pupusas, atole y tortas los fines de semana. A Belinda e Isela Dalila, las dos alegres muchachas que trabajan aquí les fascina hablar acerca de su pueblo.

Excursiones

El Cerro Texis También conocida como Cerro Huevo y Cerro Piedra, esta colina tiene muchos nombres pero no se va a perder, queda a tres cuadras al Sureste de Texistepeque.

Detalles

■ **Autobuses: Metapán (235)**, salen cada 15 min hasta las 7:10pm, a 25km, 50min. **San Salvador (201a)**, cada 2 horas hasta las 3:25pm, 83 km, 2hr, 45min. **Santa Ana (235, 235a)**, sale cada 20 min hasta las 5:35 pm, 16km, 40mnin.
■ **Festividades: Diciembre 25-27 (26)** San Esteban y la Virgen de Belén de Güija.

Semana Santa (Jueves y Viernes Santo) El Lunes Santo el pueblo presenta una sátira conocida como "Talcigüines." De acuerdo con la tradición, los Talciguines eran siete demonios vestidos de túnicas de colores, con pañuelos alrededor de sus cabezas, que corrían por el pueblo pretendiendo golpear a todos los que se encontraban a su paso con un látigo. En un momento dado, otra persona, representando a Jesús, surge vestido con una túnica morada y llevando una cruz y una campana. Cuando los Talcigüines se encuentran con Jesús, tratan de darle latigazos, pero cuando les muestra la cruz caen al suelo derrotados.

Chalchuapa/Tazumal

A 78km de San Salvador
A 14km de Santa Ana

Chalchuapa

Chalchuapa era el centro de la antigua civilización Pok'omame en El Salvador. En el Siglo XV, los pipiles llegaron a la zona y forzaron a los pok'omames a irse a Guatemala. La ciudad está camino a Guatemala y se peleó por ella repetidamente durante el Siglo XIX. Los ejércitos federales ocuparon la plaza principal tres veces en los 1820, y en 1851 las tropas guatemaltecas asaltaron la ciudad.

A pesar de su historia sangrienta, ahora ya no hay mucho por que pelear. Las calles son estrechas y polvorientas, y la Iglesia de Santiago está completamente destruída. Duerma en Santa Ana y venga aquí a pasar el día.

Las Ruinas del Tazumal

Las ruinas del Tazumal son las más famosas y las mejor estudiadas en El Salvador. No lo van a asombrar, pero vale la pena subirlas por el panorama que se vé de los alrededores desde su cima.

■ **Historia.** La faja costera del Pacífico entre Tapachula, México y el Río Lempa en El Salvador fue la cuna de la antigua civilización pre-colombina en Mesoamérica. El Tazumal es un antiguo sitio, el cual, de acuerdo con los cálculos, ha sido habitado durante los últimos 3,200 años. Las tribus nativas vivían en esta área a principios de 1200 AC, aunque las primeras fases de su construcción no comenzaron sino hasta 500 AC.

El sitio ha cambiado de manos más de una vez y ha estado ligado por medio del comercio con otras civilizaciones a través de toda Centro América. Los restos de cerámica encontrados en el Tazumal indican un posible nexo con la civilización mexicana de Teotihuacán. Objetos mayas encontrados datan de los siglos VII y X DC, y otros artefactos muestran la influencia pipil.

Las excavaciones realizadas entre 1942 y 1954 revelaron dos diferentes complejos de edificios. El más antiguo, conocido como montículo número uno, es comparado a veces con el montículo principal de las ruinas de San Andrés. Este consiste en una plataforma de terraplén, de forma rectangular, de 23 metros de altura, coronado por un templo en forma de pirámide. La estructura probablemente sirvió de santuario y como observatorio astronómico, y la evidencia arqueológica indica que pasó por 14 fases de construcción.

El recientemente descubierto montículo número dos, situado inmediatamente hacia el oeste del montículo número uno, es similar. Aunque parecen estar unidos, realmente son dos estructuras separadas. Los arqueólogos también han desenterrado parte de una cancha para jugar tatchi, un juego de pelota precolombino. Esta cancha, que en gran parte está cubierta por el cementerio de al lado, es difícil de distinguir.

El pequeño museo, cerca de la excavación, está bien organizado, con mucha cerámica en exhibición así como una maqueta de todo el sitio. Resúmenes en inglés y español describen tanto los objetos en exhibición como el laborioso proceso de excavación y preservación. Cerámica barata es vendida en la entrada, pero no le crea a nadie que le diga que tiene piezas "originales", ya que todo está ya sea en el museo o cubierto por concreto.

Una estela muy conocida, llamada la "Reina del Tazumal", ahora en el Museo Nacional en San Salvador, fue encontrada aquí. La imagen de tres metros de altura muestra figuras tanto masculina como femeninas y tiene la cabeza de un animal, probablemente un mono. Muchos otros artefactos encontrados en el Tazumal también están en exhibición en el Museo Nacional, el cual desafortunadamente ha estado cerrado desde el terremoto de 1986.

A pesar de su reputación, el sitio es decepcionante, especialmente si usted acaba de venir de Guatemala u Honduras. Aunque todavía se están realizando excavaciones, lo poco que se ha descubierto está recubierto de concreto. Sin embargo, a la puesta de sol parecería que el concreto se desvanece, desaparecen las multitudes y las ruinas toman el brillo de otro siglo. *(11a Av Sur, una caminata de 10 minutos hacia el este de la ciudad; martes-domingo 9-5;entrada gratis.)*

HACIA EL OCCIDENTE

Detalles
■ **Autobuses: Ahuachapán (202, 406)**, salen cada 7 min hasta las 6pm, 18, 15min. **San Salvador (202, 406, 456)**, salen cada 7 min hasta las 6pm, 78km, 1hr 15min. **Santa Ana (210, 218, 277)**, salen cada 15 min hasta las 6m, 14km, 45min.

Metapán

Nahuat "Río de Agave"
Hab. 72,700
A 111km de San Salvador
A 40km de Santa Ana

Metapán de Ayer
Metapán, la esquina Noroeste de El Salvador, es una antigua ciudad que ha sido adaptada al Siglo XX. Descendientes de los Maya-Chortis han habitado el área desde el Siglo XIII. Para cuando llegaron los españoles en el Siglo XVI, los Pipiles dominaban Metapán, aunque los locales hablaban un dialecto que incluía algunas palabras Maya-Chorti. Metapán estaba entre las ciudades que siguieron la dirección del Padre Delgado en su lucha por la independencia de España en noviembre de 1811. En ese tiempo, la gente de Metapán se levantó en contra del gobierno, apedreó la casa del alcalde español y amenazó con linchar a cualquiera que no apoyara su causa.

Metapán de Hoy
Hoy en día, la segunda ciudad, por tamaño, en el departamento de Santa Ana, prospera de sus industrias minera y ganadera. La plaza principal está rodeada de altas palmeras y usted escuchará música y verá sombreros de vaquero por todos lados. Metapán tiene unos cuantos restaurantes más que la mayoría de las ciudades de su tamaño y por lo menos un buen hotel. El restaurante y la proximidad de la ciudad al Bosque de Montecristo, el Lago de Güija y la frontera con Honduras hacen a Metapán una parada conveniente, ya sea en su camino saliendo del país o sólo para explorar el área.

Alojamientos
Hotel San José En el mejor hotel de Metapán, a los carnívoros les fascinará el Corazón de Lomito al Carbón, 12oz de filete asado por $9. *(Tel 442-0556; 15S $17.25, 15D $23, todas con baño privado, TV, AC; restaurante 9am-9pm)*

Alimentos y Bebidas
Pollo Kentucky Una comida de 3 piezas cuesta $2.65 *(7.30am-9pm)*
Restaurante Milano Tan italiano como puede ser un sitio tan rural de El Salvador; con música latina de fondo y pasta por $2.30. *(8am-12pm)*
Restaurante El Diamante Tipos amables dirigen este restaurante al aire libre próximo al Hotel San José. Los platos cuestan cerca de $4.00. *(9am-9pm)*

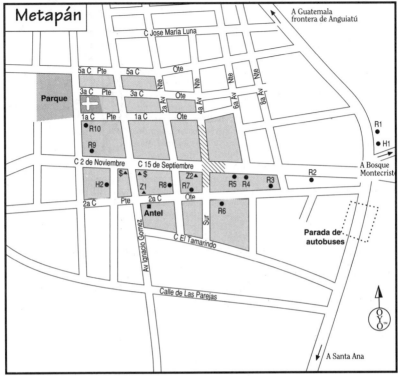

Multidelicias Una pizzería y pastelería con mesas
blancas y limpias; sillas verdes y buen ambiente.
La Pizza cuesta solo $5, y la pastelería solo $0.20 o
menos. *(10am-9pm)*

Sorbetería El Polar Sirve sorbetes, desayuno o
almuerzo (o sorbete para desayuno o almuerzo).
(7:30am-8:30pm)

Puntos de Interés

Iglesia de San Pedro Esta iglesia blanca colonial,
con bellas puertas rojas, vagamente se asemeja a
una casa de muñecas, data de 1740. El órgano no
ha funcionado por años, y hoy es el hogar de varios
murciélagos.   También dentro hay imágenes de
santos que miran hacia abajo y vigilan desde dentro de camarines antiguos de vidrio, decorados con
madera pintada de dorado. Bajo la iglesia hay ca-
tacumbas a las cuales se puede entrar por una
puerta escondida en el piso de la nave principal.

ALOJAMIENTO   ●
H1 Hotel San José
H2 *Hospedaje Recinas*

ALIMENTOS Y BEBIDAS ●

R1 Restaurant Diamond
R2 *Sorbetería*
R3 *Los Bocaditos*
R4 *Restaurant Milano*
R5 *Panadería*
R6 *Multidelicias*
R7 *Pollo Kentucky*
R8 *Sorbetería El Polar*
R9 *Restaurant Rincón de Pelón*
R10 *Panadería*

OTROS ▲

Z1 Supermercado
Z2 Supermercado

La gente se escondía aquí durante la guerra civil cuando la ciudad era bombardeada.

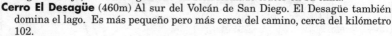

Excursiones

Varias oportunidades de excursiones, gracias a la geología hiperactiva de esta zona, se encuentran directamente al sur de Metapán sobre la carretera a Texistepeque y Santa Ana.

Cerro Metapán Directamente al sur-oeste de Metapán, esta colina de 640 metros domina la Laguna Metapán, un pequeño lago junto al Lago de Güija en un valle formado por antiguos ríos de lava.

El Volcán de San Diego (790m) Unos cuantos kilómetros al sur de Metapán, en las riveras del Lago de Güija, el San Diego tiene un bien formado cráter en su cima.

Cerro El Desagüe (460m) Al sur del Volcán de San Diego. El Desagüe también domina el lago. Es más pequeño pero más cerca del camino, cerca del kilómetro 102.

Detalles

■ **Autobuses: Anguiatú/Frontera con Guatemala (211a)**, salen cada 30 min, 12km, 30min. **San Salvador (201a)**, hasta las 5:45pm, sale cada 10 min, 111km, 4hr. **Santa Ana (235)**, salen cada 15 min, 40km, 1hr 30min.

■ **Festividades: Junio 25-29(28)** San Pedro. **Octubre 25-Noviembre 5** Todos los Santos. **Diciembre 16-26** Virgen del Perpetuo Socorro. Quince misas, llamadas misas juradas, se celebran en esta fiesta de diez días. Por tradición, cada misa es patrocinada por una familia local en particular, mientras sobreviva un miembro de esa familia. De acuerdo con la leyenda, un ancestro de cada una de las familias le prometieron a la Virgen que ellos observarían estas misas a cambio de protección contra el cólera.

Bosque de Montecristo

Casi perdido entre las nubes de las tierras altas de Centro América, Montecristo es una de las últimas regiones silvestres sin dañar que quedan en El Salvador. Este parque es la parte salvadoreña del parque internacional más grande, llamado El Trifinio, que cruza el área en la cual El Salvador, Honduras y Guatemala convergen.

Montecristo ha escapado de la deforestación que ha desolado el resto de El Salvador, y es reconfortante ver que está tan bien cuidado, posiblemente es porque los tres países convergen aquí y están compitiendo en tener la sección más bonita del bosque, o tal vez porque es de difícil acceso. No obstante, Montecristo es sin duda, el mejor lugar en El Salvador para disfrutar de inigualable excursionismo, campamento y un interminable suministro de aire puro y fresco.

Hacer la jornada desde Metapán hasta aquí es emerger de la noche del ruido y la conmoción urbana al día de la brisa fresca y árboles goteando. Es difícil llegar a Montecristo, pero bien vale el esfuerzo. De hecho tanto lo vale, que tal vez quiera pasar una noche o dos aquí explorando la topografía. Si se lo pide a la gente de la entrada, quizás le puedan proporcionar leña para las noches frías.

Montecristo está ubicado en el área más húmeda de El Salvador, una esquina del país saturada con más de dos metros de lluvia por año. Las nubes corren por entre las colinas y mantienen alta la humedad aún por las noches. Puede helar a esta altitud, especialmente de noche, así es que traiga un cobertor caliente, y preferiblemente también impermeable. Dentro del parque usted encontrará el Cerro Miramundo (2,349m), Brujo (2,410m) y Montecristo (2,418m). El último le da el nombre al parque e incluye en su pico el punto exacto donde los tres países convergen, llamado El Trifinio.

Cerca de los 2,000 metros, el bosque de tierras bajas cede el paso al goteante bosque nebuloso por el cual es famoso el parque. Cipreses, pinos y robles, algunos hasta de 30 metros de alto, se juntan tanto que obstruyen gran parte de la luz solar. Desafortunadamente, el límite más bajo del bosque nebuloso solía estar a 1,800 metros, pero pequeñas fincas lo han empujado hacia arriba en años recientes. Para acampar en Montecristo, usted necesita permiso del Ministerio de Agricultura en Soyapango. Llame 342-0119 para pedir el número de teléfono del Ministerio. También puede obtener un mapa topográfico en el Instituto Geográfico en San Salvador (vea San Salvador).

Animales Cortejando, Por favor no Moleste

Montecristo es uno de los pocos lugares que quedan en Centroamérica donde se pueden realizar estudios ecológicos en un bosque nebuloso tropical, con su rica pero amenazada vida de flora y fauna. El Trifinio está cerrado de mayo hasta finales de octubre para darles a los animales la oportunidad de reproducirse en paz.

Flora y Fauna

Orquídeas, musgos, hongos y líquenes se esconden en las sombras, y algunos tipos de helechos llegan a más de metro y medio de alto. Si tiene suerte podrá ver puercoespines, zorros, mapaches, venados de cola blanca y aún un jaguar. Bellas mariposas andan por todos lados, aún en la cima.

Los Planes

Los Planes, un área de recreación dentro de Montecristo, es una de las pocas áreas públicas en el país con botes de basura realmente en uso. Tiene una cancha de fútbol, mesas para día de campo, baños, asadores de carne y área para acampar bajo enormes cipreses. Desde Los Planes varias veredas para caminatas conducen hacia lo silvestre. Al final del área para acampar hay una vereda bien marcada que conduce hacia un río. Una caminata de cinco minutos lo llevará, pasando el jardín de orquídeas, a una pequeña cascada limpia como el cristal.

Otra vereda sale de atrás de la cancha de fútbol. Es más difícil de distinguir, así es que guíese por las señas dejadas por el tránsito frecuente. Después de más o menos 50 metros, acompañada de constantes cantos de aves y ruidos de insectos, la vereda comienza a hacerse más clara y a descender colina abajo, con gradas

> ## "Cada vez que destruyes parte de la naturaleza te destruyes a ti mismo."
> — En el boleto para entrar al Bosque de Montecristo

VOCES

naturales hechas con las raíces de los árboles. Después de caminar otros cinco minutos lo lleva a un puente colgante. A veinte metros después de un cerco de alambre de púas se encuentra una bella vista panorámica salida de la Novicia Rebelde. Hacia la derecha, a la distancia, se ve el Lago de Güija.

. Si usted está dispuesto a una caminata más en serio, puede tratar de llegar a El Trifinio, visible a cuatro kilómetros de distancia de la cancha de fútbol. Allí la calle de tierra está abierta solamente de octubre a abril, pero es transitable en un vehículo 4x4. Hay otras veredas muy usadas en el área, así es que si decide tomar una, y ¿por qué nó?, asegúrese que pueda encontrar el camino de regreso. También, vaya siempre preparado con ropa abrigada, una capa a prueba de agua, agua para beber y un cálculo realista de sus propios límites.

LLegando Allí

La belleza de Montecristo se debe en parte a su inaccesibilidad, así es que espere que será difícil llegar allí. Ningún autobús llega hasta arriba y usted tendrá que ir caminando. Tiene la opción de traer su propio automóvil, alquilar un taxi o tomar un pickup desde el mercado en Metapán ($0.60 por persona) a Majadita, una villa a medio camino de la montaña. Hay dos pickups que hacen el viaje todos los días, uno temprano en la tarde y el otro tarde por la tarde.

La puerta del parque está a cinco kilómetros al Noreste de Metapán. El camino de tierra hacia arriba se convierte en una burda pista de concreto más adecuada para un 4x4 que para otra cosa. Cuatro kilómetros adentro del parque está el área administrativa de San José, con oficinas y una enorme casa colonial decorada con canastas, orquídeas y helechos silvestres. La siguiente parada en el camino es Majadita, y 18 kilómetros más allá de la verja están Los Planes. Caminar hasta Los Planes desde San José le llevará tres horas. Desde Majadita la caminata es un poco más corta. Tomar un taxi para el viaje ida y vuelta desde Metapán hasta el área de acampar le costará $35, pero usted posiblemente podrá negociar un mejor precio. *(6am-6pm usualmente; $0.35 por vehículo más $1.15 por salvadoreño, $1.70 por extranjero)*

Lago de Güija

A 12km de Metapán
A 52km desde Santa Ana

Justo a diez kilómetros de Metapán, el bello Lago de Güija cruza la frontera entre El Salvador y Guatemala. Conos volcánicos grandes y pequeños, incluyendo el San Diego, Igualtepeque y El Tule, se encuentran en la ribera salvadoreña.

Algunas ruinas en las islas han proporcionado piezas de museo que fueran enterradas durante erupciones volcánicas. Cerca se encuentra el Cerro Negro, un amontonamiento de piedras, usada por los pescadores como albergue en casos de emergencias.

Usted puede contratar un bote para visitar algunas de las islas o puede subir una de las colinas de alrededor para ver un grandioso panorama de todo el lago hasta Guatemala. *(Tome el autobús 235 desde Metapán hasta Santa Ana y bájese en la pequeña aldea de Desagüe, a más o menos media hora a pie del lago. Allí pida que le indiquen cómo llegar al lago.)*

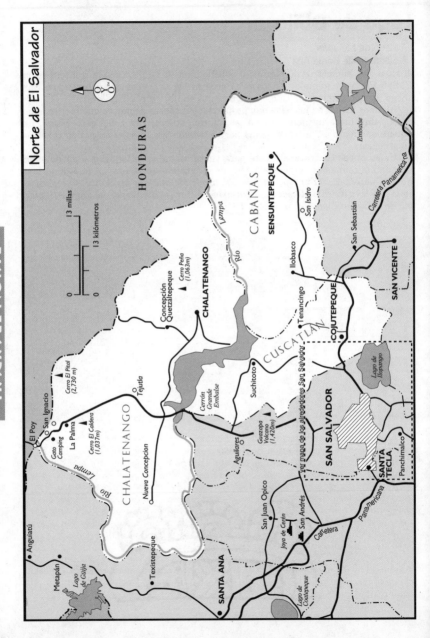

Norte de El Salvador

HACIA EL NORTE

El Salvador baja y sube conforme va hacia el Norte llegando a Honduras y Guatemala.

La maderería es la industria principal en estos cerros, mientras que campos de cultivo cubren gran parte de los departamentos de Cabañas y Cuscatlán. Lo más atractivo de por aquí son las artesanías de los pueblos pequeños, tales como las cajitas de madera pintada de La Palma, las hamacas de Concepción Quetzaltepeque y la cerámica de Ilobasco. Las ciudades de Chalatenango, Suchitoto y Sensuntepeque valen la pena por sí mismas. Entre ellas hay kilómetros de montañas que, aisladas, son perfectas para pasar un tiempo alejado de la ciudad.

Al igual que en el departamento de Morazán, una combinación de terreno montañoso y pobreza local hicieron del Norte de El Salvador el territorio de la guerrilla durante la guerra civil. Chalatenango, el segundo departamento más pobre en el país, fue una base de actividad rebelde desde el principio de la guerra. El gobierno bombardeó con regularidad esta zona, causando considerables daños a muchos pueblos pequeños. Cuando los soldados llegaban al pueblo, repartían dulces y ofrecían recompensas a los pobladores para que entregaran a los vecinos simpatizantes del FMLN. Los logos de la guerrilla competían con los folletos del ejército que decían, "Combatiente, acércate al puesto de seguridad más cercano. Entrega tu arma. Las fuerzas armadas te protegerán."

No es nada fácil viajar por el Norte. Las ciudades están muy separadas y los autobuses no son frecuentes. Los caminos de montaña en Chalatenango son especialmente malos, y la temperatura puede bajar mucho debido a la altura; sin embargo, es un sitio bellísimo y vale la pena el esfuerzo que se hace por llegar a

muchas de esas pequeñas ciudades. Se puede entrar a Honduras por El Poy en Chalatenango al Norte de La Palma.
■ **Números de Emergencia de la Policía (PNC): Cabañas:** 332-2129, 332-3208, 332-3066. **Chalatenango:** 334-2483, 335-2117, 335-2435. **Cuscatlán:** 332-0359.

Cojutepeque

Nahuat, "Montaña de Pavos"
Hab. 46,000
A 32km de San Salvador

Cojutepeque de Ayer

Uno de los primeros cristianos que viajaron por Cojutepeque, el sacerdote Don Ravo Medina, reportó en 1650 que los habitantes pipiles originarios de la ciudad vadeaban juntos y desnudos, los ríos cercanos "sin temor a Dios". En el Siglo XVII, un grupo de monjes españoles en una misión desde San Salvador trataron de remediar la situación construyendo una iglesia en el pueblo.

Los indios locales y los cristianos europeos, con nada en común exceptuando la tierra que compartían, pelearon hombro con hombro durante la lucha por la independencia de El Salvador, animándose con el grito de "¡Muerte a los europeos recién llegados!" Cuando llegaron las fuerzas del gobierno español para calmar el movimiento de independencia, la plaza principal, un molino de viento y gran parte de la ciudad ya habían sido destruidas por los rebeldes simpatizantes.

La proximidad de Cojutepeque a San Salvador hizo que se conociera como la "capital de reserva" del país. El gobierno se reubicó aquí repetidamente, primero después de terremotos que devastaron a la capital en 1839 y 1854, y después durante períodos de inestabilidad civil.

Durante la guerra civil, la influencia rebelde en el área creó algunos problemas políticos interesantes. En un intento de convencer a los pobladores para apoyar al gobierno salvadoreño, los Ee.Uu. aumentaron su ayuda a la ciudad, a través de miles de dólares para la economía local. La ayuda, con frecuencia en la forma de alimentos y armas, algunas veces fue usada para reconstruir escuelas y otros edificios destruidos durante la guerra. A pesar que el FLMN desaprobaba el origen de esos fondos, comprendieron que atacar esos edificios solo lograba poner al público en su contra.   Como resultado, los rebeldes permitieron que la contrucción prosiguiera, y a cambio, ocasionalmente, les fue permitido dar clases acerca de la política izquierdista en esos mismos edificios.

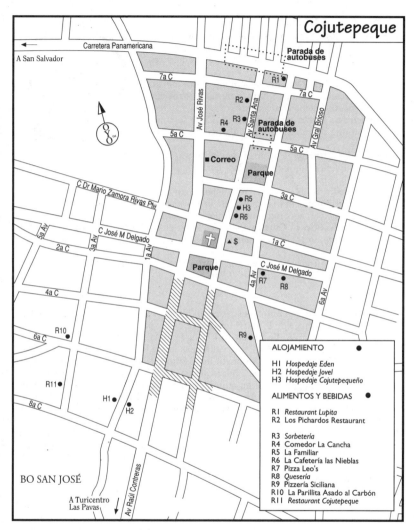

Cojutepeque de Hoy

Cojutepeque es una ciudad comercial en desarrollo sin mucho de interés para el viajero más que el observar la vida diaria salvadoreña. Las calles están abarrotadas de gente vendiendo la variedad típica de productos y vegetales, y hay unos cuantos puntos de interés sin nada especial. Cojutepeque tiene tres hospedajes, pero no recomendamos ninguno de ellos.

Alimentos y Bebidas

La Familiar Este lugar para comer es un mini supermercado con una buena variedad de comida. Los
sandwiches cuestan $1, y los platos de pollo y res
$2. *(8:30am-7pm)*

La Cafetería las Nieblas También parte de un
supermercado, con unas cuantas mesas. Carne con
papas cuesta $2.40. *(8am-6pm)*

Los Pichardos Restaurante y Disco En el segundo
piso con una discoteca al lado. Música en vivo por
la noche.

Comedor La Cancha Un lugar pequeñito con cinco
mesas. Pruebe los encebollados, carne cocinada
con cebollas, por $2.30. *(9am-8pm)*

Pizzería Siciliana No está en el mejor lugar de la ciudad, pero el lugar es
pequeño y limpio. Una pizza grande de queso cuesta $4, pero puede pedir una
super grande con seis ingredientes por $7. *(9am-9pm)*

La Parrillita Asado al Carbón El único lugar en la ciudad con carne asada, por
$1.70, o gaste en los camarones en salsa de vino tinto por $7. *(11am-3pm, 5-
11pm)*

Pizza Leo's Aquí en el segundo piso harán frente a usted su pizza de jamón y
queso por $6. *(11:30am-2pm, 4:30-9pm)*

Detalles

■ **Autobuses:** Todos los autobuses, excepto la ruta 113 de San Salvador, sólo llevan pasajeros a lo largo de la Carretera Panamericana, como a unas dos cuadras
colina abajo del parque. **Ilobasco (111)**, sale cada 20 min hasta las 5:20pm,
22km, 40min. **La Unión (304)**, sale cada hora hasta las 4pm, 1551km, 4hr. **San
Miguel (301)**, sale cada 30 min hasta las 6:20pm, 104km, 3hr. **San Salvador
(113)**, sale cada 5 min hasta las 7:30pm, 32km, 1hr. **San Sebastián (110)**, sale
cada 20min hasta las 5pm, 18km, 40min. **San Vicente (116)**, sale cada 10 min
hasta las 8pm, 27km, 40min. **Santa Rosa de Lima (306)** salen cada 40 minutos hasta las 6pm, 144km, 4hr. **Sensuntepeque (112)**, salen cada 20 min hasta
las 6pm, 48km, 1hr 40 min.

■ **Festividades: Enero 12-21 (20)** San Sebastián y la Inmaculada Virgen de la
Concepción. Los vendedores ofrecen objetos tallados en madera, cerámica moderna y los famosos embutidos. **Agosto 28-31** San Juan Degollado.

Cerca de Cojutepeque

Turicentro Las Pavas Media hora lo llevará hasta la cima de esta colina, centro geográfico de El Salvador, desde la cual se ve Cojutepeque y el Lago de
Ilopango. El aire siempre es más fresco aquí arriba y el océano es visible en un
día claro. Desafortunadamente, este lugar ha sido mal mantenido y hay
basura por todos lados. Un altar de la Virgen de Fátima en la cima atrae a los
peregrinos desde muy lejos. Camine hacia abajo por la Ave. Raúl Contreras
para encontrar el camino hacia la cima. *(1.2 km hacia el Sur de Cojutepeque)*

> **"La guerra no es saludable para los niños y para otras cosas vivientes."**
>
> — Lema de la gorra de béisbol usada por un guerrillero

Suchitoto

Nahuat, "El Lugar de las Aves y las Flores"
Hab. 46,000
A 44km de San Salvador

Suchitoto de Ayer

Suchitoto era una de las ciudades pre-colombinas más densamente pobladas. En 1528, los ataques repetidos de los indios forzaron a la cercana villa de San Salvador a reubicarse temporalmente en Suchitoto, pero las tribus locales resistieron por 15 años.

Suchitoto de Hoy

Un centro comercial en desarrollo antes de la guerra, Suchitoto todavía muestra las cicatrices de la lucha. Agujeros de bala salpican los edificios y hay casas que todavía permanecen en ruinas. Las calles han recobrado el movimiento, pero todo en paz. Estrechas calles empedradas cruzan entre casas con balcones de hierro forjado y recién pintadas de colores pastel. Por las noches los hombres juegan billar frente a Antel. Suchitoto tiene muchas calles internas perfectas para pasear por

HACIA EL NORTE

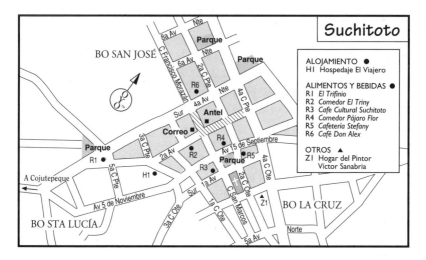

Suchitoto

BO SAN JOSÉ

Parque
Parque
Parque
Parque
Parque

Antel
Correo

A Cojutepeque

BO STA LUCÍA

BO LA CRUZ

ALOJAMIENTO ●
H1 Hospedaje El Viajero

ALIMENTOS Y BEBIDAS ●
R1 El Trifinio
R2 Comedor El Triny
R3 Cafe Cultural Suchitoto
R4 Comedor Pájaro Flor
R5 Cafetería Stefany
R6 Café Don Alex

OTROS ▲
Z1 Hogar del Pintor
      Víctor Sanabria

Hogar del Pintor

Víctor Manual Sanabria ha estado pintando en Suchitoto desde que era niño, así es que no le sorprenda que sus pinturas muestren las calles del pueblo y los campos de los alrededores. Hoy en día, muchos de sus trabajos,todos firmados"Shanay",cuelgan de las galerías en San Salvador. Sin embargo, si tiene a mano alguna pieza terminada, se la venderá con mucho gusto. Los precios estan entre $200 y $800.

El Sr. Sanabria no habla inglés pero estará feliz de enseñarle todo. Su casa está detrás de la iglesia sobre la 3a Av Nte, un edificio blanco con balcones negros y una gran puerta café con el número 8 encima y el 721 al lado.

la tarde; Quizás se encontrará una de esas tardes, en el parque de la ciudad sentado en una de las bancas hechas de troncos, disfrutando de la vista del lago.

Alojamiento
Hospedaje El viajero Dos habitaciones de cemento con camas diminutas, con luces que no siempre funcionan. *(Habitaciones $2.30; lavandería)*

Alimentos y Bebidas
Unas cuantas cafeterías y comedores pequeños en Suchitoto sirven platos simples como carne asada por menos de $2. Las mejores son Pájaro Flor, Cafetería Stefany, Comedor El Triny y El Trifinio.

Lugares de Interés
Iglesia de Santa Lucía La iglesia original fue construida en 1858, pero fue destruida por un incendio. A la versión actual le vendría bien una mano de pintura. Algunos edificios que rodean la iglesia y la plaza de enfrente son del Siglo XVIII.

Detalles
■ **Autobuses: San Salvador (129)**, salen cada 30 min hasta las 5pm, 44km, 1hr 30 min.
■ **Festividades: Diciembre 6-13** Virgen de Santa Lucía y Virgen de la Concepción. Se venden dulces llamados colaciones, hechos en el cercano cañón de Aguacayo.

Cerca de Suchitoto
La Reserva del Cerrón Grande Suchitoto está ubicado en las riberas de un lago artificial, conocido como Lago de Suchitlán,que se formó, en 1976, con la construcción de la Presa y Centro Hidroeléctrico del Cerrón Grande. No existen instalaciones turísticas en el lago, pero mucha gente viene a bañarse y a pescar cerca de las desembocaduras de varios ríos en el lago. El camino para bajar

EN LAS NOTICIAS

Tenancingo

Este pequeño pueblo en el valle al Este de San Salvador sufrió terriblemente durante la guerra civil. El continuo conflicto entre los campesinos locales y los terratenientes crearon el escenario para el infame bombardeo de Tenancingo en 1983 por la Fuerza Armada Salvadoreña.

Después de la ocupación del pueblo por los rebeldes, en septiembre de ese año, la Fuerza Aérea respondió con un bombardeo de cinco horas sobre Tenancingo. Cuando el polvo se asentó, 120 personas, o cinco por ciento de la población local, habían muerto, y por lo menos un tercio de los edificios de la ciudad habían sido reducidos a escombros. La mayoría de los supervivientes pronto abandonaron el pueblo.

Tres años después, el ejército y la guerrilla declararon este lugar zona desmilitarizada, con la intención de que ninguno de los dos lo ocupara. Mas adelante, el pacto fue ignorado, y el alcalde fue amenazado varias veces por el FMLN

Hacia fines de los 1980, Tenancingo se había calmado y partes de la ciudad fueron reconstruidas y repobladas. Sin embargo, sólo una fracción de la población original de 6,000 habitantes volvieron, y la maleza creció por las calles del pueblo.

El camino a Tenancingo, a 15 kilómetros de la Carretera Panamericana, pasa por el pueblo de Santa Cruz Michapa y vá de empedrado a calle de tierra antes de llegar a Tenancingo, casi un pueblo fantasma, Tenancingo también es conocido por sus artesanías de sombreros tejidos y carteras de hojas de palma. El pueblo quedó como un legado de la guerra civil y visitarlo es deprimente e impresionante.

comienza en la orilla Norte de la ciudad. La caminata de 1 kilómetro y medio le llevará alrededor de 20 minutos.

Ilobasco

Hab. 71,500
A 51km de San Salvador
A 27km de Sensuntepeque

Ilobasco de Ayer

El pueblo montañés de Ilobasco, como el resto del Departamento de Cabañas, fue originalmente ocupado por los lencas. Las tribus pipiles llegaron hacia el fin del Siglo XV absorbiendo la cultura lenca y cambiándole el nombre del pueblo a Hilotaxca, que significa "lugar de las tortillas de elote".

La población de Ilobasco fue mayormente indígena hasta bien entrado el Siglo XVIII, cuando fue reubicado bajo extrañas circunstancias. Se dice que Ilobasco originalmente estaba localizado hacia el Noroeste de su ubicación actual en un área conocida como "Sitio Viejo". Un día la imagen de San Miguel, santo patrono del pueblo, desapareció de su altar en la iglesia y fue descubierto sobre un tronco

---

EN LAS NOTICIAS

"Cuidado, soldado. Campo minado. Deje que sus oficiales vayan primero."
— Rótulo de la guerrilla pintado en una granja

Durante una ceremonia en Suchitoto en Enero de 1994, oficiales del gobierno detonaron lo que, supuestamente, era el último campo minado en El Salvador. En las provincias del norte, donde se vieran tanta batallas, los campos quedaron sembrados de minas "quitapiés", aún después de firmados los acuerdos de paz

Miles de soldados y civiles, especialmente agricultores y niños, perdieron extremidades o vidas, por pararse sobre esas minas durante y después de la guerra. Durante la guerra muchos campos quedaron sin cultivar por el temor que los campesinos tenían a esas minas....

Estas fueron usadas primeramente por la guerrilla, con efecto devastador. Sin embargo, las cifras oficiales dicen que sólo 42 por ciento de las pérdidas del ejército fueron causadas por las minas escondidas en las veredas rurales, en los campos y en los lechos de los ríos, otros calculan que el ejército sufrió hasta un 80 por ciento de sus bajas en esa forma.

Con frecuencia las minas de los rebeldes eran hechas con latas o botes, llenas con el suficiente explosivo plástico para arrancar una extremidad y accionadas por baterías para linternas. El impacto de las minas era físico y sicológico, puesto que aunque la mayoría de las explosiones incapacitaban a las víctimas sin matarlas, para los soldados, un compañero cojo era peor que uno muerto.

El ejército respondió a la amenaza de las minas dividiéndose en pequeñas unidades tácticas y distribuyendo afiches mostrando fotografías terribles de los niños mutilados por los explosivos. Finalmente, el FMLN dejó de usar minas para evitar perder el apoyo popular. Hacia el final de la guerra, los rebeldes usaron minas controladas desde lejos, las cuales podían hacer blanco en los soldados más eficientemente.

---

a seis kilómetros de distancia. El sacerdote del pueblo, quien probablemente sintió que de todas formas necesitaban una nueva iglesia, persuadió al pueblo entero de que este evento era una seña de Dios y de que el pueblo debía de ser trasladado. Al poco tiempo, todos estuvieron de acuerdo y un nuevo pueblo fue construido cerca de donde estaba ese tronco.

Ilobasco de Hoy

Por el ondulado camino hacia Ilobasco se ven pasando los autobuses que despiden humo de diesel y las mujeres que llevan sobre la cabeza grandes canastos llenos de mangos. En el pueblo, las calles empedradas serpentean siguiendo las suaves curvas de las colinas circundantes.

Ilobasco es bien conocida por los artesanos de cerámica pintada. La tradición empezó en 1940, cuando unas cuantas familias comenzaron a esculpir figuritas

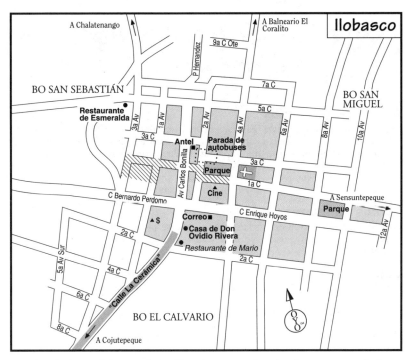

simples de barro de grano fino. Un talentoso artista local ganó reconocimiento nacional por sus cerámicas, y rápidamente otros artesanos copiaron la técnica.

Hoy en día, la cerámica de Ilobasco es una de las artesanías más sobresalientes de El Salvador. Vasos cerveceros, jarras, platos, jarrones y figuras del nacimiento están a la venta en el pueblo. También busque las "sorpresas", conchas de barro que tienen dentro pequeñísimas y detalladas escenas. Algunas "sorpresas" lo son relmente, pues representan escenas sexuales dentro de un huevo pintado o de una casa.

Alojamientos

La Casa de Don Ovidio Rivera Quedarse en esta pequeña casa, junto a *Funerales Vida Eterna*, será casi como estar en una funeraria sin tener que morir primero. . Las habitaciones son pequeñas y oscuras, pero las plantas que decoran el patio color de rosa, lo vuelven un lugar agradable para reunirse con los locales (vivientes). La Casa es también una pensión y puede estar llena de huéspedes. Las sábanas cuestan $0.60 extra y solamente hay agua los lunes y los viernes. *($2.30 por noche con baño común)*

Alimentos y Bebidas

Restaurante la Esmeralda El propietario, Neris Berrios, pasó la segunda década de su vida en los Ee.Uu., antes de volver y abrir este lugar. Toca buenas cintas y ocasionalmente trae una TV con pantalla gigante para mostrar vídeos. El licuado de banana es bueno pero aguado, así es que si quiere uno espeso pídale que lo haga sólo con leche. Toda la comida es preparada con aceite vegetal, cosa que sus arterias agradecerán, y las comidas completas comienzan desde $2.30.

Puntos de Interés

Iglesia de Ilobasco Esta iglesia colonial, blanca por dentro y por fuera, tiene a su lado un pequeño jardín con la gruta que alberga una afamada imagen de la Virgen.

Detalles

■ **Autobuses: San Salvador (111)**, salen cada 15 min hasta las 5pm, 54km, 1hr 40min.

■ **Festividades: Enero 27-28** Romería del Señor de las Misericordias. **Mayo 10** Virgen de los Desamparados. **Mayo 13** La Fruta. llevada a cabo en la Iglesia de Ilobasco en honor al santo patrono del pueblo. **Septiembre 26-29 (28)** San Miguel.

Cerca de Ilobasco

Balneario El Corralito. La señora López es propietaria de una piscina privada rodeada de unas cuantas bancas y mesas. Hay vestidores cerca de allí y se vende comida durante los fines de semana (lleve su almuerzo durante la semana). Para llegar, tome la 4a Av Nte hasta el final, cruce a la derecha una cuadra y luego a la izquierda sobre el camino que lleva al cantón Las Huertas, donde está situado el balneario. El kilómetro y medio de viaje le llevará media hora a pie. *(Entrada $0.80 por persona)*

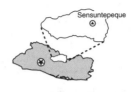

Sensuntepeque
Hab. 64,000
80km desde San Salvador

Sensuntepeque de Ayer

Los indios pipiles invadieron esta villa lenca precolombina durante el siglo XIII.
Un siglo después, Sensuntepeque fue convertido en una villa evangelizada por los
frailes dominicos de San Salvador, quienes erigieron una iglesia en honor a Santa
Bárbara.

A principios del Siglo XIX, los residentes de la ciudad apoyaron la independencia salvadoreña enfrentándose con las tropas federales en la plaza principal. Los
insurgentes fueron rápidamente derrotados; los hombres fueron a la cárcel y a
cada una de las mujeres se le dieron 25 latigazos públicamente.

Sensuntepeque de Hoy

Vale la pena una visita a la capital del departamento de Cabañas, aunque sólo
sea por su ambiente. El camino sube y baja por las colinas y los valles que la
rodean, y las calles están siempre llenas de gente caminando o en espera de autobuses y pickups. Sensuntepeque no tiene ningún hotel ni restaurante de lujo, pero
sí tiene un mercado grande y próspero. También hay una excelente vista del
pueblo y de la iglesia principal desde la 6a Av.

La ciudad sustituye su falta de instalaciones con vibraciones sutiles pero definitivamente positivas y un leve tinte de anarquía. Aquí no es tan palpable la mano
fuerte de los militares, por lo tanto Sensuntepeque resulta menos opresiva que
otras ciudades en el Norte. Eso, junto con el fantástico mercado, es suficiente
razón para pasar por aquí.

HACIA EL NORTE

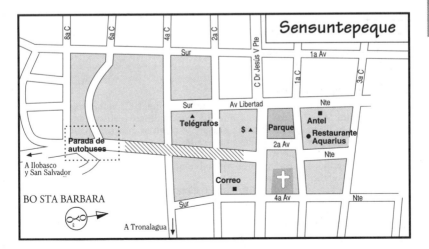

Alimentos y Bebidas

Restaurante Acuarius El personal de este restaurante, realmente solo un comedor glorificado, es amistoso y le recomendarán el bistec encebollado con ensalada, papas y tortillas por $2.85.   Las hamburguesas y el sandwich de pollo cuestan sólo $0.75. No tiene rótulo por fuera, así es que busque el edificio con paredes pintadas de rojo y blanco. *(8am-5pm)*

Puntos de Interés

Iglesia de Santa Bárbara Esta iglesia sencilla cubre una cuadra entera. Busque la imágen de la santa patrona del pueblo sosteniendo una iglesia en miniatura, una hoja de palma y una espada.

Detalles

▪ **Autobuses: San Salvador (112)**, salen cada 15 min hasta las 4:45pm, 80km, 2hr.
▪ **Festividades: Noviembre 24-Diciembre 5 (Diciembre 4)** Santa Bárbara.

Cerca de Sensuntepeque

Tronalagua Un lugar popular de los residentes, este embalse es propiedad de ANDA (la compañía de agua salvadoreña) y sirve como una gran piscina pública. Tronalagua está ubicada en el bosque, con una buena vista de las montañas cercanas y las formaciones rocosas. Kioscos venden golosinas y Cocas. Para llegar allí tome la 4a C Ote para salir del pueblo y cruce a la derecha en una división del camino hasta una segunda calle rocosa, la cual seguirá por tres kilómetros más. La caminata le tomará de 30 a 45 minutos.

Chalatenango

Nahuat "Valle de Agua y Arena"
70km de San Salvador

Chalatenango de Ayer

La ciudad más grande de la región Norte de El Salvador, Chalatenango, comenzó como una villa lenca precolombina que fue eventualmente absorbida por los pipiles. Durante la guerra civil, tanto el ejército como la guerrilla pelearon por el control de la ciudad y hubo batallas en las calles. Fue una base del FMLN durante la primera parte de la guerra, Chalatenango fue ocupada después por las fuerzas del gobierno, quienes la convirtieron virtualmente en una fortaleza, construyendo una enorme guarnición militar.

Como ciudad clave en la tan disputada región Norte, todos los fondos asignados para su manejo fueron encausados a lo militar. Durante gran parte de los 1980, 310 oficiales de policía compartían nueve automóviles para los cuales estaban asignados tres galones de gasolina diarios

> **"Nosotros estamos bajo la protección de Dios.
> Probablemente es mejor. Nosotros no entendemos la
> política de ninguno de los dos lados."**
>
> — Habitante de una villa
>
> VOCES DE LA GUERRA

Aún con la guarnición en pie, los rebeldes no desistieron y atacaron Chalatenango a principios de 1989 con la intención de interrumpir las elecciones. En un momento de 1990, la guerrilla llegó a una cuadra de distancia de la guarnición militar.

Durante las elecciones presidenciales de 1994, el partido ARENA, que estaba en el poder, era apoyado en la ciudad, mientras que el FMLN era más popular en el campo. Aunque el gobierno trató denodadamente de cambiar el voto, más adelante, en las listas de votación, el FMLN descubrió los nombres de 17 "simpatizantes" de ARENA muertos hacía tiempo.

Chalatenango de Hoy

Hoy en día la antigua fortaleza militar es una cómoda ciudad con edificios de un piso, típicamente salvadoreños con techos de tejas rojas. Altas montañas verdes rodean Chalatenango, proporcionando un mirador hacia el Lago de Suchitlán, el embalse formado por el proyecto hidroeléctrico Cerrón Grande hacia el oeste.

La guerra ha dejado su marca sobre la ciudad y sus edificios, muchos de los cuales todavía tienen agujeros de balas. Los signos de recuperación son aparentes en las pocas tiendas de muebles y almacenes de enseres eléctricos, a pesar que los soldados que aún andan por las calles no entran a ellas.

Muchas personas en Chalatenango tienen la piel, el cabello y los ojos más claros que la mayoría de los salvadoreños y descienden de los españoles que poblaron la zona en el Siglo XVI. Las mujeres usan pantalones cortos y los hombres llevan sombreros de vaqueros traídos de Cojutepeque y Tenancingo. Los sombreros de vaquero, los hoyos de bala y los sombreados portales, sostenidos por grandes pilares de madera, frente a las tiendas, hacen que la ciudad se vea como salida de la vieja frontera. Sin embargo, tenga cuidado al andar alrededor de la guarnición al otro lado de la iglesia principal, o podría sentir el verdadero sabor del Viejo Oeste.

Alojamientos

Pensión Lainez Un lugar oscuro y desvencijado con grandes habitaciones sencillas, en las cuales usted puede encerrarse poniendo su candado. Todas las habitaciones comparten tres baños de concreto, a los que les haría bien una buena lavada con cepillo. Aquí no hay restaurante, pero le harán comida si la pide, los platos costarán alrededor de $1.75. *(Puerta rosada cruzando la calle desde Antel; tel 335-2085; 7 habitaciones, $2.85 por cama; lavandería; salida 24hr)*

HACIA EL NORTE

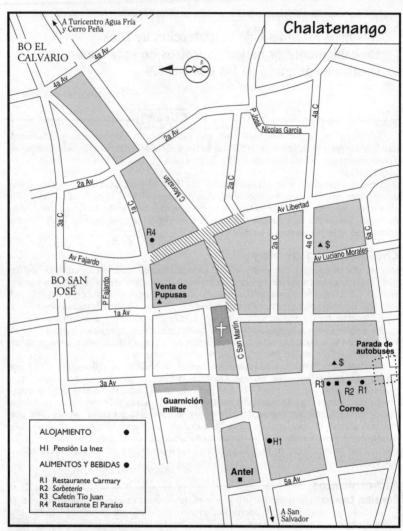

Chalatenango

A Turicentro Agua Fría
y Cerro Peña

BO EL CALVARIO

4a Av

4a Av

P. José Nicolas García

4a C

2a Av

2a Av

2a Av

3a C

1a C

C. Morazán

2a C

Av Libertad

R4

6a C

Av Fajardo

2a C

4a C   ▲ $

Av Luciano Morales

P. Fajardo

BO SAN
JOSÉ

Venta de
Pupusas ▲

1a Av

C San Martín

✝

Parada de
autobuses

3a Av

▲ $

R3 ●■   ● ●
        R2 R1

Correo

Guarnición
militar

ALOJAMIENTO   ●

H1   Pensión La Inez

ALIMENTOS Y BEBIDAS ●

R1   Restaurante Carmary
R2   *Sorbetería*
R3   Cafetín Tío Juan
R4   Restaurante El Paraíso

●H1

Antel ■

5a Av

A San
Salvador

Alimentos y Bebidas

Restaurante El Paraíso Grandes sillas de mal gusto, forradas de terciopelo, y amables camareros añaden sabor al ambiente de El Paraíso, el lugar más lujoso del pueblo. El propietario vivió en los Ee.Uu. durante cinco años, lo cual explica las películas americanas que exhiben cada cierto tiempo. Lomo de aguja

Congestionamiento de Tráfico

Pocos salvadoreños poseían vehículos durante la guerra civil, y por muchos años era raro ver un automóvil rebasando caballos por los caminos del campo o manteniendo el paso con un autobús. Los militares tenían sus propios vehículos (la mayoría de ellos cortesía de los Ee.Uu.), así como algunos alcaldes y terratenientes.

La capital siempre ha estado llena de los relucientes sedanes de los ricos. Sin embargo, la mayoría de los salvadoreños encontraban poco tiempo para preocuparse acerca de automóviles, y se contentaban con los autobuses y caballos o caminaban. Los salvadoreños que trabajaban en los Ee.Uu. y que volvían a su país enriquecidos, añadieron una flotilla de automóviles a las carreteras del país. En pueblos donde durante años no hubo más que un puñado de vehículos, ahora 100 o más compiten por el espacio.

Algunos salvadoreños conducen sus propios coches desde Ee.Uu., atravesando los laberintos centroamericanos, hasta su propio pueblo. En 1992, mas de 20,000 vehículos fueron traídos a El Salvador de esta manera; otros prefieren enviar el efectivo a padres o parientes, quienes hacen la compra en El Salvador. Pero los orgullosos propietarios enfrentan otro problema: los caminos en algunas partes del país, especialmente cerca de pueblos pequeños, estan en tal malas condiciones que con frecuencia los caballos son más rápidos que los coches. Después de todo, muchos de los caminos fueron diseñados para tránsito de cuatro patas. Como resultado muchos prefieren dejar el coche y viajar en autobús.

(carne asada con arroz y ensalada) cuesta $2.50, pero los platos de mariscos cuestan casi el doble. *(11am-11pm)*

Restaurante Carmary Si El Paraíso es el más lujoso, entonces el Carmary es el más agradable. No hay menú en este lugar limpio y bien administrado, así es que pida lo que quiera. El desayuno cuesta $0.70, y durante la tarde pruebe uno de los panes con pollo ,un pequeño sandwich, por $0.35. *(Lunes-sábado 7-10am, 11:30am-2pm, 2:30-5pm)*

Cafetín Tío Juan Un modesto y pequeño lugar para comer un bocado, muy conocido entre los choféres y pasajeros de autobús. Los platos cuestan alrededor de $1.15. *(7am-9pm)*

Puntos de Interés

Iglesia de Chalatenango Esta iglesia colonial fue construida en el siglo XVIII y ha sufrido muchas reparaciones después de ser dañada por terremotos. Tiene una fachada interesante y le faltan las manecillas al reloj de la torre.

Excursionismo

Cerro La Peña Una caminata de tres horas por el Cerro La Peña lo llevará a una vista panorámica del departamento de Chalatenango, incluyendo la capital. Santa Ana es apenas visible a la distancia. Un camino abierto hacia el cerro sale del turicentro Agua Fría. Puede pedir direcciones a cualquier persona, pues el camino es tan popular y bien conocido entre los habitantes, que parecería que casi todo el mundo ha ido allí por lo menos una vez.

Detalles

- **Autobuses: San Salvador (125)**, salen cada 10 min hasta las 4:45pm, 70km, 2hr 20 min.
- **Festividades: Noviembre 1-2** Feria de los Santos. **Junio 24** San Juan Bautista. **Diciembre 18-25 (24)** Nacimiento del Niño Jesús.
- **De compras:** El mercado del pueblo vende todo lo que un vaquero(a) podría desear, incluyendo espuelas y monturas. También venden las hamacas de Concepción Quetzaltepeque en las calles del pueblo.

Cerca de Chalatenango

Turicentro Agua Fría Estas piscinas son surtidas por el río que puede verse a lo lejos en el extremo de los edificios. Evidentemente el cloro no es muy popular por aquí; la piscina Olímpica, cuyas aguas no han sido tratadas, tiene un ligero color verde, y la piscina para niños se ve amarillenta. *(A tres cuadras del pueblo sobre la C Principal; $0.57 por persona o automóvil; cafetería)*

Poza Viva Pregunte cómo llegar a estas profundas pozas sobre el Río Tamulasco en dirección al cementerio hacia el Este. *(1 km desde el pueblo)*

Concepción Quetzaltepeque

Hab. 8,500
A 69km de San Salvador
A 12km de Chalatenango

Concepción Quetzaltepeque de Ayer

Los Lencas fueron los primeros habitantes de Quetzaltepeque "La Montaña de Quetzalcoatl", como se llamaba la ciudad a la llegada de los españoles. A medida que pasó el tiempo, el pueblo fue influenciado por las tribus Chorti, Pipil y Ulúa.

Esta zona estuvo en manos del FMLN a principios de los 1980. De hecho, la guerrilla "celebró" Navidad en 1984 con un ataque sobre Concepción Quetzaltepeque, rompiendo una tregua de fin de año.

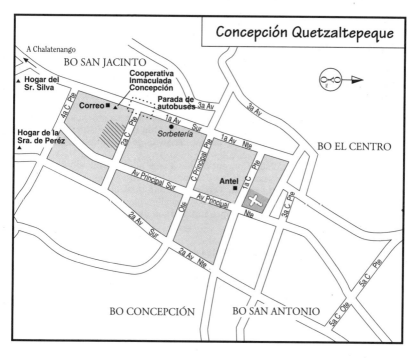

Concepción Quetzaltepeque de Hoy

Las colinas norteñas salvadoreñas rodean "Quetzalte", como también es conocido, cerca de Chalatenango y la Represa de El Cerrón Grande. El camino aquí es montañoso pero transitable, rodeado de colinas de forma extraña y de maizales. Concepción Quetzaltepeque es un pueblo pequeño, sin pretensiones, conocido por sus excelentes hamacas tejidas a mano. Las calles son tranquilas; los niños tararean los temas musicales de las telenovelas, y los vaqueros cabalgan por los campos.

Sin embargo, adentro de sus hogares, las familias enteras tejen las hamacas que hacen famoso el pueblo. Estas hamacas han sido tejidas por muchas generaciones, y su calidad y precio varían dependiendo de los materiales y la habilidad del tejedor. Generalmente, entre más gruesa es la hamaca, mejor es su calidad.

Las mejores hamacas de nylon son hechas del mismo nylon que se usa para las redes de pescar, por lo general importado de Corea o Taiwan. Un nylon más barato viene de Honduras. Una buena y gruesa hamaca de nylon se vende por $57.50 en San Salvador, pero aquí solo cuesta alrededor de $30.

Las hamacas de algodón, que son más difíciles de encontrar pero más suaves y más bonitas, pueden mandarse a tejer incorporando las palabras que usted quiera. Una hamaca de algodón delgada y estrecha, le costará alrededor de $8 ($14 en San Salvador), mientras que una hamaca de algodón gruesa y más ancha con asideros de madera cuesta hasta $30.   También hay disponibles hamacas hechas de una fibra natural llamada mezcal, pero el material es bastante áspero.

La mayoría de los tejedores tienen sus puertas abiertas y son felices invitándolo a entrar; solo pida permiso primero.   La casa de José Ernesto Silva es un buen lugar donde parar, platicar y observar como tejen.   Sus hamacas de nylon estan bellamente trabajadas y vienen con asideros labrados.

Los seis hijos de María Teodora Sánchez de Pérez, entre los seis y los 23 años de edad, le ayudan a tejer hamacas de mezcal.   Cada hamaca le toma a una persona, casi medio día de trabajo.   En el hogar de los Pérez, y en muchos otros, usted podrá ver el proceso entero: primero la fibra es cardada con los dedos, luego se forman los hilos, se tiñen y se tejen. Una hamaca angosta de mezcal bien hecha, cuesta cerca de $4.

La Cooperativa Inmaculada Concepción lleva tres años vendiendo hamacas, y hace poco entregó pedidos a compañías Europeas y estadounidenses de venta por catálogo. Una hamaca de algodón de primera calidad que se vende en los Ee.Uu. por $125 cuestan aquí $30. Sus hamacas de nylon están bien hechas pero no son especialmente decorativas, y las de fibra natural son apenas pasaderas.

Detalles

■ **Autobuses: Chalatenango (300b)**, salen cada 30 min hasta las 4pm, 12km, 30min. **San Salvador (126)**, salen 5am, 69km, 2hr 20 min.

■ **Festividades: Enero 19-20 (19)** San Sebastián Mártir. **Diciembre 6-8 (7)** Virgen de la Concepción. Usted podrá ver fotografías de esta festividad en la pared de la Cooperativa Inmaculada Concepción.

"En relación a la investigación de las muertes de las cuatro monjas y los dos abogados, preguntamos a los congresistas, al Sr. Reagan y al público Americano: ¿Dónde están los derechos humanos de más de 30,000 salvadoreños muertos en una lucha estéril y fratricida?"

— Publicación de *El Diario de Hoy*, sobre la oposición del Congreso de los Ee.Uu. al financiamiento del ejército salvadoreño debido a sus abusos a los derechos humanos, 1982

VOCES DE LA GUERRA

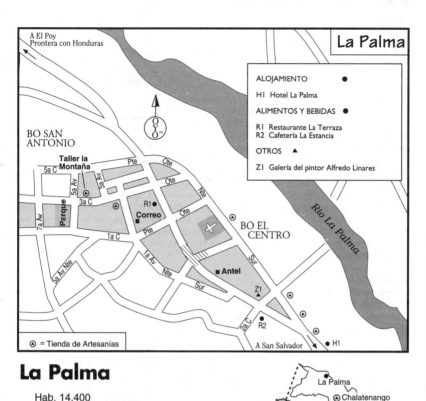

ⓐ = Tienda de Artesanías

La Palma

Hab. 14,400
A 82 km de San Salvador

La Palma de Ayer

La pequeñita villa de La Palma se encuentra situada a ocho kilómetros al Sur de la frontera con Honduras, cerca de la carretera principal que lleva al Norte de San Salvador. A principios de los 1980 el ejército trató de organizar una defensa civil en La Palma para proteger la ciudad de los ataques de la guerrilla, sin embargo, pocos se les unieron, porque hasta ese momento el pueblo nunca había sido atacado y la gente temía que una defensa civil solo traería problemas.

En 1984, el Presidente Duarte se reunió aquí con los líderes rebeldes en la Iglesia Dulce Nombre de María en un intento de finalizar la guerra civil. Las pláticas de paz se sostuvieron bajo máxima seguridad y con grandes esperanzas entre los simpatizantes de ambos lados. Al final, las charlas se estancaron de tal manera que finalmente socavaron la habilidad de Duarte de gobernar y contribuyeron a la intensificación de la guerra.

La Palma de Hoy

A primera vista, La Palma parece un pueblo de
montaña insignificante. La gente anda a caballo y en burro por las calles, pasando por la iglesia pintada por Fernando Llort. Sin embargo,
la influencia de Llort en La Palma no termina
aquí. Los artesanos de La Palma laboran en
110 talleres para producir la cerámica pintada,
y los artículos de cuero, madera, semillas y tela
por los cuales es tan famoso este lugar.

Más de 200,000 piezas se hacen mensualmente, pintadas en el estilo colorido e
inocente popularizado por Llort. Usted puede curiosear trás las tiendas de regalo para ver trabajar a los artesanos. Sin embargo, pídalo amablemente; debido a
que este pueblo está más aislado que otros centros artesanales, los artesanos
pueden sentirse incómodos al principio, especialmente si usted no habla español.
La Palma está un poco fuera del camino, pero las tiendas de artesanías, los
caminos para excursionistas y el Hotel La Palma hacen del pueblo una parada que
vale la pena, ya sea en el camino hacia la frontera del Norte o a un día de camino
desde la capital.

Alojamientos

Hotel La Palma Todas las instalaciones en este hotel son completamente nuevas,
ya que fue destruido durante la guerra y reabierto a principios de 1994. Es
obvio que el propietario, Salvador Zepeda, hizo hasta lo posible para encontrar
nuevos muebles y todo lo necesario para que este hotel, fuera del camino, se
viera bien. El hotel tiene cielo raso de madera y hay una tienda de cerámica en
la entrada.

Las veredas cerca del hotel conducen hacia el Río La Palma. El Sr. Zepeda
le ayudará a planear una excursión de grupo de un día en las montañas cercanas por un costo aproximado de $35 para cinco personas. *(Tel 335-9012; S
$11.50/$17.25 en los fines de semana, T $17.25/$23, todas con baños privados;
lavandería; salida las 24 hr; restaurante 7am-9pm)*

Alimentos y Bebidas

Restaurante La Terraza Pase por un garage y suba por una escalera de espiral
para encontrar este restaurante en la terraza. Este es el lugar más lujoso para
comer en el pueblo , decorado con interesantes obras de arte. La mayoría de los
platos cuestan entre $1.70 y $2. *(9am-9pm)*

Cafetería La Estancia Un restaurante de ambiente amistoso, que tiene un libro
de visitantes que Ud. podrá hojear. Artesanías y arte local decoran las paredes.
Los platos cuestan alrededor de $2.50. *(8:30am-8pm)*

Puntos de Interés

Galería de Alfredo Linares La galería vende cuadros representando escenas
típicas de La Palma, pintadas por el Sr. Linares, quien estudió en Italia y ahora
es una leyenda local.Un original puede costar entre $10 y $600. Las serigrafías
cuestan alrededor de $13 y las tarjetas postales cuestan $1. *(9am-12pm, 1-5pm)*

Excursionando y Acampando

Cerro El Pital (2,750m) Un bosque nebuloso se halla en la cima de esta montaña, del lado salvadoreño de la frontera Noreste. Pida indicaciones en San Ignacio, cuatro kilómetros al norte de La Palma, para llegar al camino de tierra que conduce hacia la montaña.

Campamento Gato Este pequeño lugar para acampar está en medio de la nada, a pocos kilómetros al Norte de La Palma sobre el camino a San Ignacio y la frontera norte. Está establecido como un campo de verano, con una cancha de voleibol, muchos letreros de madera y veredas que conducen al campo. Si usted quiere ir de caminata, planéelo con tiempo y compre un mapa en el Instituto Geográfico Nacional en San Salvador (vea San Salvador). De otra forma, usted se puede perder, aún el propietario parece no conocer bien las veredas. Traiga comida para su estadía aquí. *(86.5km al Norte de San Salvador, cerca de 10km al Norte de La Palma; abierto todos los días, $1.70 por persona)*

Detalles

■ **Autobuses: El Poy (119)**, salen cada 30 min hasta las 4pm, 11km, 30min, San Salvador (119), salen cada 30 min hasta las 4pm, 82km, 3hr.
■ **Festividades: Febrero 10-18 (17)** Dulce Nombre de María.

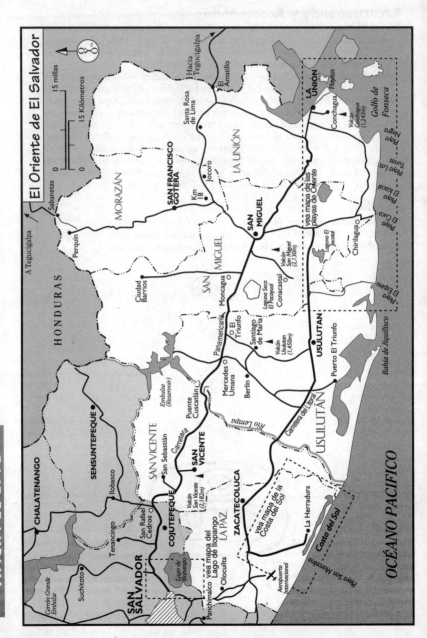

El Oriente de El Salvador

15 millas
15 Kilómetros

A Tegucigalpa

HONDURAS

MORAZÁN

Sabanetas

Perquín

Ciudad Barrios

SAN FRANCISCO GOTERA

Santa Rosa de Lima

Km 18

Jocoro

LA UNIÓN

Hacia Tegucigalpa

El Amatillo

LA UNIÓN

Playitas

Conchagua

Volcán Conchagua (1,243m)

Golfo de Fonseca

Playa Negra

SAN MIGUEL

SAN MIGUEL

Volcán San Miguel (2,130m)

vea mapa de las playas de Oriente

Chirilagua

Laguna El Jocotal

Playa El Cuco

Playa El Icacal

Playa Las Tunas

Moncagua

Laguna Seca El Jocoyul

Conacastal

Playa El Espino

CHALATENANGO

Suchitoto

Tenancingo

Cerrón Grande Embalse

SENSUNTEPEQUE

Ilobasco

San Rafael Cedros

San Sebastián

Embalse (Reservoir)

SAN VICENTE

SAN VICENTE

Carretera

Puente Cuscatlán

Mercedes Umaña

Berlín

O El Triunfo

Santiago de María

Volcán Usulután (1,450m)

USULUTÁN

USULUTÁN

Puerto El Triunfo

Bahía de Jiquilisco

Río Lempa

Carretera del Litoral

Panamericana

SAN SALVADOR

Panchimalco

Lago de Ilopango

vea mapa del Lago de Ilopango

Olocuilta

COJUTEPEQUE

Volcán San Vicente (2,182m)

LA PAZ

ZACATECOLUCA

vea mapa de la Costa del Sol la

La Herradura

Costa del Sol

Playa San Marcelino

Aeropuerto Internacional

OCÉANO PACÍFICO

Arriba, izquierda: Volcán San Vicente
Arriba, derecha: Panorama desde el Parque Balboa
Abajo, izquierda: Venta de frijoles, Chalatenango
Abajo, derecha: Campo de henequén

Arriba, izquierda: Haciendo hamacas, Puerto El Triufo
Arriba, derecha: Vendedor de títeres, Santa Ana
Abajo, izquierda: Guardabarrera, Playa Icacal
Abajo, derecha: Campesino, San Juan Opico

Hacia el Oriente

Después de pasar el Río Lempa, el terreno de El Salvador se vuelve rápidamente más accidentado y salvaje. Aunque esta región vio la lucha más ardiente de la guerra civil, sigue siendo bella. Es un poco menos agradable que el Oeste, pero ofrece algunas gemas ocultas para los viajeros deseosos de explorar un poquito. El Este de El Salvador se extiende desde las regiones montañosas de Morazán y el Norte del Departamento de La Unión, atraviesa las cálidas planicies de La Unión central y San Miguel, pasa por.sobre la sierra volcánica costera y baja hasta el Pacífico. Muchos de los productos para exportación de El Salvador son cultivados en las ricas plantaciones de café, azúcar y algodón del Departamento de San Vicente, mientras que los fértiles valles de Usulután producen algodón, café y fruta.

San Miguel es el centro comercial del este, y el puerto de La Unión está ubicado en la sudorosa costa del Golfo de Fonseca, justo a la vuelta de la esquina de maravillosas playas. San Francisco Gotera y Perquín están anidadas en las húmedas montañas del Noroeste. Ya sea que desee escalar un volcán o haraganear toda una tarde en una isla del Golfo de Fonseca, usted podrá encontrarlo en el Este. Disfrute una comida inolvidable en La Pema en Santa Rosa de Lima, aprenda acerca de la historia del movimiento rebelde en el museo del FMLN en Perquín o vaya a una gira por el mejor playa del país en El Espino. Usted escoge.

La región de San Vicente siempre ha sido una de las más prósperas de El Salvador. Añada eso al desempleo y a la pobreza del resto del este y tendrá la receta para un levantamiento. Como resultado, el Noroeste se convirtió en tierra de la guerrilla durante la guerra civil y vio intensas y frecuentes batallas. La guerrilla del FMLN estacionada en el Volcán de Usulután lanzó incursiones sobre las tropas gubernamentales en la ciudad de Usulután. La importancia económica del departamento condujo a los asesores de EU a decir que la guerra "se ganaría o perdería en Usulután".

La migración de campesinos fuera de la región vació mucho del Departamento de San Vicente e inundó los campamentos de refugiados en la capital. Cuando la ayuda de EU fué canalizada a pueblos controlados por los rebeldes en el departamento, el FMLN permitió que reabrieran las escuelas con la condición de que los maestros les diesen una hora diaria, para que un instructor rebelde diera "clases" a los alumnos.

De los 20 alcaldes del Departamento de San Miguel en 1985, dos fueron secuestrados, dos asesinados, cuatro renunciaron y ocho se fueron a trabajar a la capital. Morazán, el centro de operaciones de los rebeldes y el lugar donde se encontraban muchos de los campos de entrenamiento y fábricas de armas del FMLN, sufrió mucho más. Esta "zona de persistencia subversiva", como la llamaba el gobierno, fue arrasada, bombardeada y deshabitada, hasta que poca de la gente que quedaba, confiaba en alguien.

A pesar de la conmoción sufrida recientemente, el este es una de las regiones más interesantes de visitar y sorprendentemente la más hospitalaria del país. Las cosas son más seguras ahora y los retenes que le encañonaban a la cara ya no están. Debido a que el este es caluroso y seco en el centro, húmedo cerca de La Unión y nebuloso hacia el norte, venga preparado para casi cualquier clima.

Las ciudades están más separadas de lo que están en otras regiones, lo que hace más difícil llegar a donde usted quiere ir. Sin embargo, los autobuses eventualmente llegan hasta el pueblo más lejano, sobre algunos de los peores caminos del país. Con frecuencia tendrá que cambiar autobuses en las intersecciones para llegar a las ciudades fuera de ruta tal como San Francisco Gotera.

La Carretera Panamericana conecta a San Vicente con San Salvador y Usulután, siguiendo hacia la frontera hondureña de El Amatillo. Cruce a Honduras aquí o en Sabanetas, la frontera de paso al Norte de Perquín que pronto será reabierta. Súbase a un bote y cruce el Golfo de Fonseca hacia Honduras o Nicaragua pero asegúrese de que sus papeles estén en orden.

■ **Números de Emergencia de la Policía (PNC): Departamento de La Paz:** 334-0444, 334-1324, 334-1301. **Departamento de La Unión:** 664-0084, 664-4187. **Departamento de Morazán:** 664-2072, 664-2007. **Departamento de San Miguel:** 661-4728, 661-1455, 661-1677. **Departamento San Vicente:** 333-0432, 333-0880. **Santa Rosa de Lima:** 664-2072, 664-2007. **Departamento de Usulután:** 662-1337, 662-1333.

Costa del Sol

A 54km de San Salvador

Lleno de sol y golpeado por las olas, este estrecho de arena de 15 kilómetros en el centro de la costa Pacífica de El Salvador es una de las playas más famosas y populares del país. Como resultado, todo aquí tiende a ser más caro. Muchas partes de la "Costa del Sol" están llenas de mansiones, carros importados

Olocuilta

Olocuilta, a 16 kilómetros de San Salvador a lo largo de la carretera al aeropuerto, es conocida por todo el país por las pupusas hechas de arroz en vez de maíz. Los puestos de pupusas bordean el estacionamiento a la orilla del pueblo, y con frecuencia están llenas de salvadoreños que pasan para llevar unas a casa. Las pupusas de arroz tienen un sabor más suave que las hechas de maíz, pero siempre están fritas en manteca. Un lugar popular para comprarlas es la Pupusería Marinero Martínez, propiedad de la amistosa Sra. Angelia Marinero.

■ **Autobuses:** Pregunte dónde paran; lo hacen en la autopista, bajo el puente o en el estacionamiento. Todos los autobuses también regresan a San Salvador (cada cuantos minutos hasta las 8:30pm, 16km, 30min). **Costa del Sol (495)**, cada hora hasta las 5pm, 37km, 2hr 20min. **Usulután (302)**, salen cada 30 minutos hasta las 6pm, 80km, 2hr 30min. **Zacatecoluca (133)**, salen cada 15 minutos hasta las 8:30pm, 25km, 1hr.

y hoteles caros. Si usted tiene dinero de sobra dése èl gusto de quedarse en un hotel de lujo. Sin embargo, caminando un poco usted puede dejar atrás la urbanización y pasar el día en su propia franja de arena desierta, con olas cálidas y palmeras añadidas sin costo alguno.

No hay hoteles baratos en la Costa del Sol. Ya que muchas partes de la playa y de pequeños pueblos cercanos no están muy limpios, usted deberá venir aquí solo por el día si no quiere gastar toneladas de dinero. Acampar no es fácil ya que no hay muchas partes desiertas de la playa con sombra como las hay en otras partes del país. El camino a la Costa del Sol se divide saliendo de la carretera a la Herradura, a 11 kilómetros al Sur de la Carretera del Litoral. Unos cuantos autobuses de San Salvador transitan a lo largo de la costa.

■ **Autobuses: San Salvador (133, 495)**, salen cada 30 min hasta las 4:30pm, 54km.

Playa San Marcelino

Grandes olas acarician dos kilómetros de esta playa mediocre, que se encuentra al principio de la Costa del Sol. Frente al océano, las mejores playas están hacia la izquierda; hacia la derecha está la contaminada desembocadura del río Jiboa. Los pescadores locales lanzan sus botes para ir a pescar ya tarde por la tarde, generalmente alrededor de las 5pm. Si usted anda por allí cuando ellos salgan, puede tratar de arreglar una travesía sobre las olas olvídese de los parques de diversiones, ¡esto es de verdad! También es interesante ver a los pescadores descargar su pesca temprano en la mañana y tarde por la tarde. Allí también hay un turicentro con entradas a la playa y al estuario que se encuentran a lados opuestos del camino, pero el cual no es muy limpio.

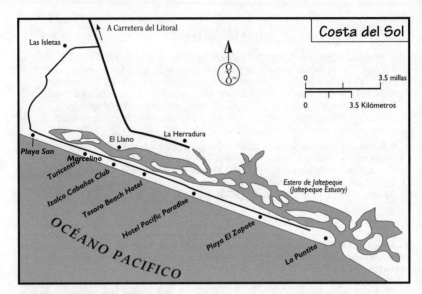

Alojamiento

Kennymar Junto a la playa, el Kennymar tiene tres habitaciones sencillas junto a un restaurante de mariscos. El océano es su ducha. *(3 habitaciones $6, $11.50 más depósito por el ventilador y la TV)*

Costa del Sol Club Un lugar elegante a dos cuadras de la playa con instalaciones deportivas, piscinas, golf en miniatura, un jacuzzi y una discoteca. El área de playa del club esconde otra piscina, un restaurante y belvederes. Una noche con alimentación cuesta más o menos $115, y es necesario hacer reservaciones por medio de Condominios Cuscatlán en San Salvador (25a Av Sur y 4a C Pte; tel 222-6764, 222-8249). *(Tel 334-0630; 32D, 24 cuádruples, 2 suites; lavandería; piscina; restaurante)*

Izalco Cabaña Club Actualmente un hotel, el Izalco Cabaña Club tiene instalaciones limpias pero gastadas y sobre-valuadas. También, alguien debería de soltar a ese pobre mono. Un restaurante adjunto sirve sopa de mariscos por $5.75 y platos de pescado por $4.50-$6. *(Junto al turicentro; tel 323-6764; 13S $60, 17D $77 atrás, $86 por la playa, todos con baño privado, AC, cabañas $23; lavandería; salida 11am; restaurante 6am-9pm)*

Playa Los Blancos

La entrada llena de basura a la parte pública de la Playa Los Blancos está amontonada con comedores que dan paso a amplias zonas de arena y olas bajas. La mejor parte de la playa está cerca del Hotel Tesoro Beach, donde hay un campo de fútbol amplio y plano. Esto es lo mejor que llegan a ser las playas "populares" de El Salvador; lo cual es bastante bueno.

Alojamiento

Hotel Tesoro Beach Si usted lo puede pagar, es el hotel con más clase de la Costa. Las habitaciones con piso de ladrillo tienen todas las comodidades, incluyendo agua (aunque un poco salobre) caliente, y muchas tienen vista directa hacia el océano. Cuando el lugar está lleno, lo cual ocurre poco últimamente, abren el restaurante de adentro. De otra forma, coma afuera junto a la piscina.de forma circular, tome una bebida en el bar y vague hacia la distancia por la playa al parecer interminable. En los fines de semana tocan conjuntos musicales. *(tel 334-0600; 120 habitaciones $171 y más, todas con TV, AC, agua caliente, lavandería; salida 2pm; piscina; 2 restaurantes; estacionamiento.*

Hotel Pacific Paradise El papel tapiz parece más viejo que quienes trabajan aquí y las paredes del frente están cubiertas con más remiendos que pintura, pero la playa El Zapote, frente al hotel, es bella. Los belvederes son gratis para los huéspedes durante los días de semana, de otra forma cuestan $6. Las hamacas cuestan $2 por día. Una visita al buffet de fin de semana en el restaurante cuesta cerca de $9.75. *(GS $57, 4 bungalos $98, todos con baño privado, TV, AC; lavandería; salida 4pm; restaurante 7-9am, 12-3pm, 7-9pm)*

La Herradura

A 60km de San Salvador

Este pequeño pueblo de pescadores, con sus redes en reparación a cada vuelta de esquina, no es muy impresionante a primera vista. Lo que salva a La Herradura son los mariscos frescos a la venta en el muelle y el tranquilo Estero de Jaltepeque, donde verdes árboles se levantan de entre las aguas pantanosas, las cuales se ramifican en todas direcciones hacia el Océano Pacífico. Varios kioscos al aire libre sobre el embarcadero, venden cocteles de conchas y platos de pollo por $2.75-$3.50. Si le gusta el sushi, hay pescado crudo a la venta también.

Sin embargo, aún mejor que el pescado es subirse a un bote para explorar el estero y las islas cercanas. Los precios pueden ser exagerados (más de $20) si usted no está preparado para regatear. La forma más barata de ir es con los locales, quienes usan los botes como transporte a otros puntos. Los botes están diseñados para transportar por lo menos diez personas, así es una forma de dividir el costo. Asegúrese de que el botero entienda cuánto tiempo usted quiere estar fuera, a dónde quiere ir, y que el precio incluya el viaje de regreso (ida y vuelta), o se encontrará haciendo a Robinson Crusoe. Los precios para los locales son menos de $1.50 de ida, puede ver cuánto se puede ahorrar con un poco de regateo. Las islas más visitadas son: La Tasajera (25km, 30min), La Calzada (10km, 20min) e Isla Colorada (35km, 1hr)

■ **Autobuses: Costa del Sol (495, 193, 193b, 193e)**, a 20km, 30min. **San Salvador (495)**, sale cada 15 min hasta las 6:00 pm, 60km, 2hr. **San Vicente (193, 193e)**, 5:30, 6, 8, 9am, 12, 1:15, 3:15, 3:45pm, 66km, 2hr 15 min. **Zacatecoluca (193b)**, 5,9, 10:40am, 12, 3, 4:40pm, 42km, 1hr 35min.

HACIA EL ORIENTE

> **"Uno es alto, fuerte y claro. El otro es bajo, débil y oscuro. La gente siempre apoya al pequeño y oscuro."**
>
> — Guerrilla, usando la parábola de Mao Tse Tung para explicar por qué la gente apoyaría al movimiento rebelde

VOCES DE LA GUERRA

Usulután

ⓐ Usulutan

Nahuat, "Ciudad de los Ocelotes"
Hab. 79,000
A 112km de San Salvador

Usulután de Ayer

Los Lencas, habitantes originales de Usulután fueron hechos a un lado en la inmigración de las tribus pipiles en el Siglo XV. En 1529, los usulutecos lucharon con las fuerzas españolas bajo el comando de Diego de Rojas. Aunque Rojas fue capturado, los ejércitos nativos sólo fueron capaces de mantener alejadas a sus fuerzas por un corto tiempo. Usulután fue saqueada y quemada por los piratas ingleses cerca de fines del siglo siguiente, y a principios del Siglo XIX el primer árbol de café de El Salvador fue sembrado en la cercanía.

Durante la guerra civil, la guerrilla repetidamente atacó la guarnición militar en el centro de la ciudad, y las casas fueron ocasionalmente dañadas en las luchas callejeras. Un ataque en 1988 a la guarnición fue programado para que coincidiera con una reunión de Ministros de Relaciones de Centroamérica, quienes estaban tratando de implementar un plan de paz regional diseñado por el Presidente de Costa Rica y ganador del Premio Nobel, Oscar Arias.

Usulután de Hoy

La capital del Departamento de Usulután se encuentra ubicada al lado de la Carretera del Litoral al pie de la cordillera costera, hacia el sur del volcán del mismo nombre. Un cementerio de colores pastel en la entrada oeste le da paso a una ciudad de vida comercial activa durante todo el día. Usulután no es grande, pero da la sensación de ser una gran ciudad. Las tiendas bordean las calles erizadas de rótulos y llenas de una multitud de gente en constante movimiento. Los vendedores ofrecen enormes canastas de camarones en un próspero mercado central. La torre camuflageada en la 8a C y 8a Av es un sobrio recuerdo de la reciente historia de la ciudad y vale la pena verla.

Hay muchos lugares para comer en Usulután y pocos hoteles buenos. Es un buen lugar para detenerse camino a la costa este y un buen punto de partida hacia la Costa del Sol, la Bahía de Jiquilisco y las playas más al este.

Alojamiento

Hotel España Este viejo lugar está relativamente en buenas condiciones, pero aún así, el tiempo ha dejado su huella. Una entrada grandiosa con un mapa-

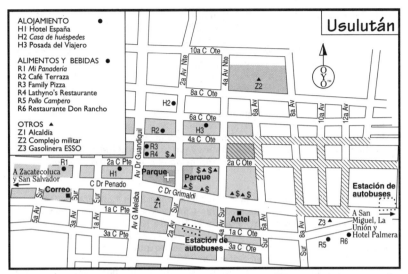

ALOJAMIENTO ●
H1 Hotel España
H2 *Casa de huéspedes*
H3 Posada del Viajero

ALIMENTOS Y BEBIDAS ●
R1 *Mi Panadería*
R2 Café Terraza
R3 Family Pizza
R4 Lathyno's Restaurante
R5 *Pollo Campero*
R6 Restaurante Don Rancho

OTROS ▲
Z1 Alcaldía
Z2 Complejo militar
Z3 Gasolinera ESSO

Usulután

mundi, muebles antiguos y cielos altos le dan un ambiente relajado y cansado. El plato del día en el restaurante usualmente incluye pollo y arroz, y cuesta $2.50. *(Tel 662-0358; 4S $7, 2D $9.20, 2T $11.50, todas con baño privado, ventilador; lavandería; salida 3pm)*

Posada del Viajero Habitaciones modestas rodean un pequeño patio en este acogedor lugar que es más grande de lo que parece. *(Tel 662-0217; 20D $4.60 con baño compartido, $7 con baño privado, todos con ventilador; salida las 24hr)*

Hotel Palmera El mejor hotel en Usulután también está fuera de la ciudad. Limpio y a precio adecuado. Un taxi hasta allí le costará $1.70 y un plato en el restaurante adjunto cuesta $2.85. *(a 2.5km al Este de Usulután sobre la Carretera del Litoral, tome el autobús 89 desde un lado del Pollo Campestre, que lo bajen en la Universidad Gerardo Barrios junto al hotel; tel 662-0161; 12S $6 con ventilador, 29S $8.75 con AC, 4D $15; todas con baño privado; lavandería; piscina; salida al mediodía; restaurante)*

Alimentos y Bebidas

Restaurant Don Rancho Estilo medio cafetería, medio a la carta, con ventiladores de techo para mantenerlo fresco. Un almuerzo buffet en el verde patio cuesta $2.30, y un plato de camarones cuesta $5. Entre por el pequeño estacionamiento. *(11am-8pm)*

Lathyno's Restaurant Uno de los lugares de más clase de la ciudad, con música suave, patio abierto, una fuente y...¡manteles! Platos de mariscos o pastas de entre $4.50-$8, con especialidades de la semana. *(10am-10pm)*

Family Pizza Este agradable y limpio lugar sirve jugos, cerveza y pizza solamente. Una pizza grande de queso $5.75, pero usted puede disfrutar una pizza individual por $2.85 *(11am-9pm)*

HACIA EL ORIENTE

Café Terraza Popular entre los estudiantes, con muchas mesas y colores brillantes. Los estudiantes charlan y toman Coca Cola en una atmósfera amistosa (a pesar del piso de cuadros rojos y verdes). Un pollo empanizado con papas fritas y ensalada cuesta alrededor de $2.85. *(9am-9pm)*

Sitios

Río El Molino Este río y estanque hecho por el hombre vio alguna acción durante la guerra, pero todavía vale la pena la caminata desde la plaza principal. *(¾ km Sur-Oeste de Usulután)*

Laguna Palo Galán Una laguna pública y piscina, pero el Río El Molino es mejor. *(Tome un autobús urbano "Palo Galán" hacia el Hotel Palmera, 15min)*

Detalles

■ **Autobuses: Berlín (349)**, salen cada 20 min hasta las 4 pm, 22km, 1hr 15 min. **Jucuarán (358)**, 4 buses hasta las 4 pm, 40km, 2hr. **Playa El Espino (351)**, 5, 7am, 2pm, 33km, 2hr. **Puerto El Triunfo (363)**, salen cada 15 min hasta las 5:30pm, 8km, 30min. **San Miguel (301, 335, 373)**, salen cada 10 min hasta las 5:30pm, 65km, 1hr 40min, 335 es un autobus expreso vía la Carretera Panamericana. **San Salvador (302)**, salen cada 10 min hasta las 4:15pm, 112km, 2hr 30min. San Vicente (417), salen cada hora hasta las 2:30pm, 78km, 2hr 30 min. **Santiago de María (349)**, salen cada 20 min hasta las 4pm, 22km, 1hr 15min. **Zacatecoluca (171)**, salen cada 90min hasta las 2:30pm, 55km, 1hr 20 min.

■ **Festividades: Noviembre 18-25 (24)** Santa Catarina de Alejandría.

Puerto El Triunfo

Hab. 14,200
A 107km de San Salvador
A 20km de Usulután

Puerto El Triunfo de Hoy

El camino hacia el sur de Puerto El Triunfo desde la Carretera del Litoral casi desaparece en el polvoso pueblo de Jiquilisco. Al extremo sur del pueblo, el camino se vuelve pavimentado a regañadientes y continúa hasta el puerto.

El Triunfo es un pueblo pesquero limpio y tranquilo con un pequeño y sombreado mercado central. Sin embargo, el muelle no es tan agradable, y el agua parece volverse un mar de lodo en la distancia. Botes pesqueros de todos tamaños están amarrados uno al lado del otro en el muelle. Si usted llega hasta aquí, querrá comer un bocado de pescado y dar una vuelta en bote por la bahía. Aún mejor, Puerto El Triunfo es viaje de un día desde Usulután.

El Tejedor De Hamacas

Marroquín Aguilar Cruz es un arrugado y viejo pescador que vive en las afueras de Puerto El Triunfo. Usted lo podrá ver afuera de su casa torciendo nylon sobre una vieja máquina para las hamacas finamente tejidas que él hace. El aprendió su artesanía de pescadores mexicanos con los que trabajó por 22 años. Sus hamacas son muy suaves y finas, toman dos semanas para hacerlas y requieren once libras de nylon cada una. Una hamaca mediana le costará más de $100. *(4a C Ote y Av. Jorge Guirola/1a Av, en el extremo Norte del pueblo cruzando el árbol enorme)*

Viajes en Bote

Alquilar uno de los pequeños y coloridos botes pesqueros con un motor fuera de borda desde el muelle para explorar la bahía y las islas es una forma agradable de pasar el día. Las mejores islas para visitar son Isla San Juan, Isla La Parrilla, Isla Corral de Mulas e Isla de Méndez. Isla Corral de Mula es la única con un servicio regular de pasajeros ($0.60 de ida). Para cualquiera de las otras, tendrá que alquilar un bote usted mismo.

Es más fácil (y barato) alquilar un bote por el día, en vez de por hora. Asegúrese que el hombre del bote entienda cuántas horas usted piensa estar fuera y a qué destino quiere ir, y espere pagar más o menos $17.25 por el día entero. La Isla La Parrilla tiene un lugar para comprar bebidas, pero mejor lleve sus propios alimentos.

Detalles

■ **Autobuses: San Miguel (377)**, salen cada 40 min hasta las 8:30am, 11am, 3pm, 75km, 2hr 40min. **San Salvador (185)**, salen cada 30 min hasta las 7am, 2:20pm, 107kkm, 2hr 30min. **Usulután (363, 366a)**, salen cada 10 min hasta las 5:30 pm, 20km, 50min.
■ **Festividades: Mayo 1-2 (1)** Día de La Cruz. **Mayo 10-13 (12)** Virgen de Fátima.

Berlín

Hab. 37,000
A 109 km de San Salvador
A 35km de Usulután

Berlín de Ayer

Esta ciudad tradicionalmente caficultora fue construída en 1885 en el fértil Valle Agua Caliente que domina el Río Lempa. Las fincas alrededor de Berlín cultivan mucho del café del país. Debido a que el FMLN estableció muchos campos sobre las laderas cercanas al Volcán de Tecapa, Berlín fue ferozmente atacado hasta el final de la guerra civil. La guerrilla previno a los cosechadores locales de café. no ir a trabajar en las fincas, en su esfuerzo por desestabilizar la economía del país la cual depende del café.

Setecientos guerrilleros tomaron Berlín en 1983 después de que las fuerzas del gobierno local fueron desviadas hacia otra batalla en una parte remota del país. La Fuerza Armada salvadoreña procedió a bombardear la plaza de la ciudad con jets suministrados por los EU, y redujo una sección de ocho cuadras del pueblo a escombros. A pesar de que el ejército retomó Berlín en tres días, la guerrilla consideraba la batalla una victoria. Enormes bodegas de café fueron incendiadas al retirarse la guerrilla. Berlín recibió más ayuda económica que cualquier otra ciudad rural salvadoreña y con frecuencia fue llamada un "pueblo propaganda de los Ee.Uu.." Cuando las fuerzas de la guerrilla tomaron control del 25 por ciento de las ciudades de El Salvador, a principios de 1980, los Ee.Uu. desviaron fondos de ayuda militar para reconstruir escuelas y hospitales dañados por la guerra y para sembrar los campos abandonados durante largo tiempo por los agricultores afectados por la guerra. Algunas escuelas en Berlín todavía tienen el nombre del congresista de Ee.Uu. Clarence Long, iniciador de este programa.

Berlín de Hoy

Una de las mejores cosas acerca de Berlín es el camino que lleva allí, el cual sube y serpentea suavemente desde Mercedes Umaña hasta las montañas. Asegúrese de sentarse del lado derecho para ver las colinas plegándose hacia el valle del Río Lempa, ubicado en un lado del lejano departamento de San Vicente. También hacia la derecha, el géiser de El Tronador dispara vapor periódicamente. El aire se enfría a medida que el camino sube hasta llegar a la estación Texaco a la entrada de Berlín. Berlín es sucio y todavía tiene las heridas de la lucha. Muchos de los edificios, especialmente el campanario de la iglesia, están llenos de hoyos de bala. Hay un par de buenos lugares para comer y algunos senderos para caminatas en las colinas que rodean la ciudad, pero aparte de eso no hay mucho más que ver en Berlín.

Alimentos y Bebidas

Cafetería Victoria's Un restaurante al aire libre con el mejor baño que usted encontrará en estas montañas. Diez mesas plásticas de patio, suficientes sillas y un gran refrigerador de Coca Cola están adentro. Un plato de carne con arroz, ensalada, tomate y cebollas cuesta $2.85. *(Junto a Texaco; 6am-10pm)*

Pan y Cakes Yoly Un limpio y acogedor lugar de comida rápida con bancas de color rojo y blanco. Frecuentado   regularmente por madres y sus niños, así es

---

Y Necesito Eso para Mañana

Durante la "liberación" temporaria de Berlín, la guerrilla saqueó el banco, las farmacias y las tiendas. El pedido más grande de mercancía visto jamás en la historia de la ciudad tuvo lugar al poco tiempo. Los comandantes del FMLN encargaron cientos de pares de zapatos y uniformes nuevos, elaborados rápidamente de forma que estuvieran listos antes de que el ejército retomara la ciudad.

que allí no se vende alcohol. El pan cuesta tres por $0.11, los pasteles cuestan $0.25 y una pizza grande de pepperoni cuesta $7. Pruebe el volteado de piña por $0.50. *(8am-10pm)*

Detalles

■ **Autobuses:** Mercedes Umaña se encuentra en la intersección de la carretera hacia Berlín y la Carretera Panamericana, por lo tanto muchos autobuses hacia ciudades a lo largo de la carretera pueden tomarse allí. Los autobuses que pasan por Mercedes Umaña incluyen **301** (San Salvador-San Miguel), **304** (San Salvador-La Unión), **306** (San Salvador-Santa Rosa de Lima) y **309** (San Salvador-Santiago de María). **Mercedes Umaña (304)**, salen cada 45 min. hasta las 5pm, 8km, 30min. **San Salvador (303)**, 4 autobuses entre las 4:30am y la 1pm, 109km, 3hr. **Usulután (369)**, salen cada 2 hrs hasta las 3:30pm, 35km, 90min.
■ **Festividades: Marzo 15-20 (18)** San José, Competencias de triciclos y motocicletas (separadas, por supuesto), presentaciones de teatro y conciertos de música. **Diciembre 11-12 (11)** Virgen de Guadalupe. Durante la Procesión de los

"Cuidado con el ciclista, podría ser su hermano."

Mientras viaje por El Salvador, usted notará una serie de rótulos con mensajes personales suplicando a los conductores que tengan cuidado con los ciclistas que transitan por esas carreteras. Estos rótulos de precaución son el invento de un tal Dr. Ayala, conocido por todo el país por su esfuerzo por hacer las carreteras más seguras para todos. Impresionado por la cantidad de ciclistas salvadoreños atropellados por automóviles, Ayala obtuvo el permiso del gobierno para colocar dichos rótulos por todo el país con mensajes diseñados para recordar a los motoristas sobre el peligro. "La familia del ciclista le agradece".

indígenas, los participantes desfilan usando vestimenta indígena acompañados de una banda de música y fuegos artificiales. **Diciembre 24-25** Nacimiento del Niño Dios. Las imágenes de San José y la Virgen son traídas a cada casa en busca de donaciones. Villancicos y fuegos artificiales el día 24 son seguidos por una Misa del Gallo muy tarde por la noche.

Cerca de Berlín

Cerro Pelón La caminata de dos o tres horas para subir esta colina al Este de Berlín ofrece una buena vista de la ciudad y de las bellas colinas y montañas de la sierra costera desde más de 1,400 metros de altura. La caminata es de más o menos cinco kilómetros en cada dirección.

Santiago de María

Hab. 23,500
A 118km de San Salvador

Santiago de María Ayer

El primero de muchos cafetales alrededor de Santiago de María fue propiedad del General Gerardo Barrios. Un terremoto y la erupción del Cerro El Tigre hacia el este en 1878, causó que parte de la montaña se derrumbara, enterrando más de una docena de campesinos dentro de sus hogares en las faldas del volcán.

Durante los 1980s, los caficultores locales ignoraron las amenazas de los rebeldes y rehusaron incrementar los salarios de los trabajadores de $3 a $4.50, como requería la ley. Los rebeldes ocuparon la ciudad en 1983 durante el tiempo suficiente para recoger una valiosa cosecha de café. El FMLN también atacó un

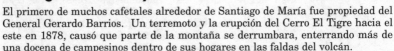

enorme complejo de almacenamiento de café en el área propiedad del entonces presidente Cristiani para llamar la atención hacia su lucha.

Santiago de María de Hoy

La segunda ciudad más grande del departamento de Usulután está rodeada por montañas y se halla envuelta por nubes que se arrastran hacia arriba y abajo de sus empinadas calles. Los niños vestidos de uniformes escolares llenan el Parque Central durante la hora del almuerzo, encaminándose hacia los cines al anochecer. La campiña que rodea la ciudad es espectacular, y usted puede dar una caminata en las montañas de los alrededores en cualquier dirección que guste.

Alojamiento

Hotel Villahermosa Parece la sala de alguien vuelta al revés, con plantas, música y sofás. Habitaciones y baños amplios y limpios se complementan con una atmósfera amistosa. El restaurante sirve comida rápida por $1.75-$3.50 el plato, y una cerveza cuesta $0.70. *(Tel 660-0146; 5S/D $5.75/$9.20, 2T $13.80, todas con baño privado, ventilador; salida las 24 horas; estacionamiento, restaurante 7:30 am-6pm)*

ALOJAMIENTO	●
H1	Hospedaje El Quetzal
H2	Hotel Villahermosa

ALIMENTOS Y BEBIDAS	●
R1	*Pastelería*
R2	Restaurant El Único
R3	Carnes y Maríscos Tony

OTROS	▲
Z1	Cancha de Basketball
Z2	Cine
Z3	Monumento
Z4	Gasolinera Shell

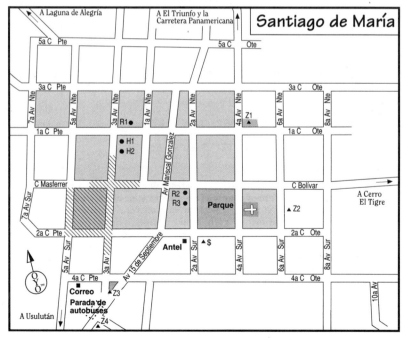

Santiago de María

El Hombre Que Hace Botas

Si usted quiere un gran recuerdo de Santiago de María, pida la dirección de la casa de López, el hombre que hace botas. Dentro de su casa, la cual es también su taller a pesar de no tener rótulo enfrente, Don Ramón puede hacerle,por unos $40, un simple par de botas de cuero hechas a mano.

Después de Ud. escoger de entre los muchos tipos de cuero y pieles de reptil que tiene por allí, Don Ramón medirá su pie con un dibujo y le dirá que regrese a recogerlas en una semana. Hasta puede acordar que se las entregue el conductor del autobús de la 1pm que viene de Santiago de María (usted le paga al conductor).en la Terminal de Autobuses de Oriente en San Salvador

Hospedaje El Quetzal El propietario se queja de que no hay negocio desde que abrieron el Villahermosa al lado. No nos sorprende.

Alimentos y Bebidas

Restaurant El Único Este simple cafetín que domina el parque, ocasionalmente ofrece películas en VCR. *Camarones empanizados*, un plato de camarones, cuesta $2.85. *(8:30am-10pm)*

Carnes y Mariscos Tony Mala música chillona y posters de cerveza pegajosos, pero con todo y eso, es un lugar cómodo para almorzar tranquilamente. Pruebe los camarones empanizados se comen con todo, hasta los ojos. Deliciosos. *(9am-medianoche)*

Detalles

■ **Autobuses: Berlín (322, 348, 348a)**, salen cada hora hasta las 5pm, 30km, 40min. Pasa por Mercedes Umaña en vez de por Alegría y toma 1 hr 30min. **San Miguel (322, 335)**, salen cada 30min hasta las 3pm, 24km, 1hr 15min. **San Salvador (302)**, salen cada 30 min hasta las 8am, 1:15pm, 2:40pm, 118km, 2hr 30 min. **Usulután (302, 357, 362, 370)**, salen cada 15 min hasta las 5pm, 14km, 1hr.

■ **Festividades: Febrero 19-25 (24)** Santiago Apóstol.

Excursionismo

Cerro El Tigre A unos cuantos kilómetros hacia el Este, este monstruo ofrece la subida mas impresionante a poca distancia. de la ciudad. Escalará 1,500 metros hasta la cima, a través de cafetales. Hay una gran vista de Santiago de María y de todo el valle desde la cima. Usted necesitará por lo menos un día para subir y regresar. Vaya preparado ya que la senda no es muy despejada aunque la montaña misma es visible desde el pueblo.

Cerro Oromantique Esta pequeña colina está a menos de un kilómetro al Sur de Santiago de María. A unos cuantas horas de camino llega a la cima, para una vista de la ciudad y las montañas mucho más grandes que la rodean.

San Vicente

Hab. 73,000

A 58km de San Salvador

San Vicente de Ayer

San Vicente fue fundado en 1635, cuando 50 familias españolas se reunieron bajo un sombreado árbol en las orillas del Río Acahuapán para fundar un pueblo que estuviera a salvo de la creciente hostilidad de la población indígena de los alrededores. El pueblo recibió el nombre de San Vicente Abad, un famoso mártir español.

San Vicente emergió como una sede de poder en el Siglo XIX. Durante la breve existencia de la Federación Centroamericana en los 1830, San Vicente sirvió como capital de El Salvador durante unos cuantos años. La ciudad ha sufrido muchos y fuertes terremotos, incluyendo uno especialmente destructivo en los 1930. Durante la guerra civil el área soportó fuertes luchas mientras las tropas del FMLN cruzaban la región camino al sur y batallaban contra el ejército. El ejército se estableció en la ciudad, con un enorme componente militar en su centro.

San Vicente de Hoy

La capital del Departamento de San Vicente está situado en el Valle de Jiboa, uno de los valles más bellos en El Salvador, al pie del Volcán de San Vicente. Cordilleras y cañaverales rodean San Vicente, el cual a pesar de su difícil pasado es una de las ciudades más tranquilas y agradables del país. Desde la Carretera Panamericana hacia el oeste usted puede apreciar una vista espectacular de la ciudad, con su iglesia blanca, el campanario y en el fondo, los picos gemelos del volcán. Una finca propiedad del ex-Presidente Cristiani es visible en las laderas del volcán.

A la entrada de San Vicente se ven las vendedoras de frijoles rojos, blancos y negros. La ciudad es un arquetipo de pueblo colonial con calles empedradas y una prominente torre de reloj, en la plaza central. Al volcán se llega en una caminata de un día y Ud. puede refrescarse en el cercano turicentro de Apastepeque. Esta serena y tranquila ciudad tiene varios restaurantes de buena calidad, haciéndola una buena parada para comer al ir hacia el oriente por la Carretera Panamericana.

Alojamientos

Hotel Villas Españolas Construido en estilo tradicional español pero moderno por dentro. Todas las habitaciones tienen TV y baños bien cuidados. Las habitaciones sencillas y dobles son del mismo tamaño. *(11S $8.50, 4D $11.50, todas con baño privado, TV; salida al mediodía)*

Casa de Huéspedes El Turista Un lugar viejo pero limpio y acogedor; buena segunda opción si las Villas Españolas están llenas. *(18S/D$7, todas con ventilador, la mayoría con baño privado, hamaca, TV; salida al mediodía)*

HACIA EL ORIENTE

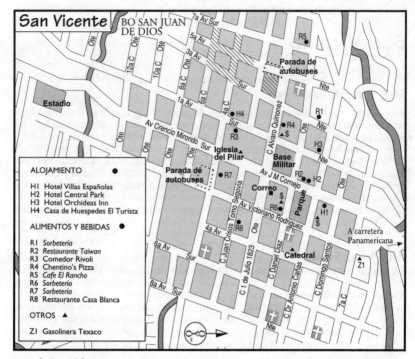

Hotel Orquídeas Inn Limpio y sencillo. Las cinco habitaciones de abajo tienen baño privado que son nítidos pero huelen un poco raro. Le cocinarán comida en su propia cocina si lo pide amablemente; los platos cuestan alrededor de $3. *(Tel 633-0900; 18S $5.75, 6D $7.50, T $10.35; lavandería; salida las 24 horas)*

Hotel Central Park Aunque no es tan bonito como las Villas Españolas, el Hotel Central Park es de buena calidad. También es un buen lugar para conocer.algunas personas del pueblo. *(Tel 633-0383; 9S $6.25, $7.50 con TV, $11.50 con AC y teléfono, 9D $9.75/$11/$14, todas con baño privado; lavandería; restaurante de 6:30-pm-9pm)*

Alimentos y Bebidas

Restaurante Casa Blanca Un establecimiento cómodo en un agradable jardín colgante con árboles y una piscina limpia. Filete asado con papa y ensalada cuesta alrededor de $4.60. Otros platos entre $2.85 y $8. *(11am-9pm)*

Comedor Rivoly Como ningún otro comedor en el pueblo, el Rivoly es una impecable cafetería con suficientes mesas y sillas de color naranja y blanco. Los platos cuestan alrededor de $2. *(7am-7pm)*

Chentino's Pizza Estos tipos amistosos saben lo que hacen; han estado aquí durante dos años y tienen una sucursal en San Miguel. Vaya allí por pizza y licuados de fruta naturales: néctar de los dioses. Una pizza grande sin nada

El Desatino de Aquino

En 1831, las fuerzas rebeldes bajo el líder indígena Anastasio Aquino se extendieron desde Santiago Nonualco, y a la larga ganaron control de toda la región costera entre los ríos Comalapa y Lempa. La ciudad de San Vicente envió dos cuerpos armados para subyugar a los rebeldes, pero ambos fueron derrotados. Aquino avanzó hacia San Vicente y, en 1833, ocupó la plaza central de la ciudad.

Cuando las tropas de Aquino tomaron San Vicente, saquearon la ciudad y robaron de la Iglesia del Pilar la mayoría de su valiosa colección de joyas. Borracho de alcohol y éxito, Aquino se coronó el mismo "Emperador de los Nonualcos" con la Corona de San José, que todavía estaba en exhibición en la Iglesia del Pilar.

Cuando se preparaba para volver a casa, Aquino secuestró a Lucila Marín, una bella y joven mujer de la localidad, y se la llevó al batirse en retirada. El tío de Lucila, Escolástico, los persiguió con un ejército de 150 vicentinos, decidido a rescatar a su sobrina y de darle una lección a Aquino. Los alcanzó en Santiago Nonualco, donde pronto derrotaron a Aquino y liberaron a Lucila. Mientras ambos lados contaban sus pérdidas, Escolástico capturó a Aquino y volvió con él a San Vicente, donde el líder rebelde fue enjuiciado y ejecutado.

cuesta $5.75 (con todo cuesta $7) y los licuados cuestan menos de $1. *(10am-9:30pm)*

Puntos de Interés

Iglesia del Pilar La construcción de la iglesia fue ordenada en 1762 por Francisco de Quintanilla. El murió en Guatemala, pero su hijo terminó la construcción. Actualmente esta bella iglesia, que sobrevivió el saqueo de Aquino, está decorada con bancas y un altar hecho de madera obscura e intrincados diseños en las paredes blancas.

Detalles

■ **Autobuses**: Hay dos estaciones de autobus en San Vicente. **La Estación #1: Costa del Sol (193)**, 5:30, 6am, 16, 1:16pm, 2hr 30 min. **Ilobasco (530)**, 7, 11:30a.m., 4:30pm, 33km, 1hr. **San Salvador (116)**, salen cada 20 min hasta las 6:30pm, 58km, 1hr 30min. **Usulután (417)**, 5, 6:15, 7, 8, 11:30am, 63km, 2hr 15min. **Zacatecoluca (117)**, salen cada 15 min hasta las 6pm, 23km, 50min. **Estación #2: Turicentro de Amapulapa (176)**, salen cada hora hasta las 6pm, 9km, 1hr, **Apastepeque (156)**, salen cada 15 min hasta las 6pm, 12km, 1 hr. **San Sebastián (176a)**, 7am, 2pm, 20km, 1hr.

■ **Festividades:** Las artesanías que hacen en la penitenciaría de San Vicente, incluyen juguetería de madera, decoraciones e instrumentos

En 1774, hubo un deslave cerca del pico del Volcán de San Vicente que soltó un torrente de agua por un lado. San Vicente mismo se salvó únicamente por la colina de San Antonio, la cual está ubicada entre la ciudad y el volcán, la cual desvió el agua alrededor de San Vicente en dos arroyos. La hondonada que cavó el torrente todavía puede verse como una cicatriz, al costado del volcán.

Huesos en la Plaza

Camino a la iglesia, un día al final del Siglo XVIII, un sacerdote que estaba de visita, encontró huesos humanos regados alrededor la plaza principal de San Vicente. Cuando preguntó, el religioso supo que cierta gente de esa zona practicaba un extraño ritual: exhumaban cadáveres para obtener ciertos huesos en particular, los cuales usaban en ritos de magia que ellos creían los hacía imposibles de capturar o encarcelar. Los que estaban cubiertos con el hechizo, supuestamente podían escapar sin esfuerzo de la cárcel. El resto de los huesos eran simplemente descartados en la plaza.

de cuerda, que se venden durante las fiestas del pueblo. **Enero 1-30 (5)** La Romería del Señor de Esquipulas. Una mascarada que ridiculiza a las figuras locales durante la romería y procesiones que salen por todo el pueblo el 14 y 30 de enero. **Octubre 1-15 (14)** Nuestra Señora del Rosario. **Octubre 16-Noviembre 16** La Feria de Los Santos. Originalmente centrada alrededor del comercio del añil, esta feria se ha convertido en una de las fiestas más populares de San Vicente. Es más una fiesta comercial, con muchos diferentes productos traídos de los pueblos vecinos para la venta. **Diciembre 15-31 (26)** San Vicente. **Diciembre 24-25 (24)** Nacimiento del Niño Jesús. Un grupo de gente joven llamados Los Pastores se visten como tales: con túnicas, sombreros y cayado y visitan la iglesia y varias casas cantando canciones acerca del nacimiento de Cristo.

Cerca de San Vicente

El Volcán de San Vicente El "Chinchontepec", el nombre Nahuat para este enorme volcán inactivo, se traduce libremente como "La Montaña de Dos Pechos". Un pico plano y un pico en forma de cono se levantan alrededor de 2,200 metros, con una depresión en medio que fue un cráter. El volcán no ha hecho erupción recientemente, pero hay manantiales de aguas termales en su base, conocidos como Los Infiernillos, que hacen dudar si realmente está extinto o solamente dormido.

La subida a la cima es por una larga y empinada vereda que comienza justo pasando el turicentro de Amapulapa. Si usted camina los 14 kilómetros desde San Miguel, le llevará por lo menos seis horas en cada sentido. Sin embargo, es más fácil y rápido, lograr que alguien lo lleve desde la base del volcán, primero hacia el norte, al poblado de Guadalupe. De allí son como cinco kilómetros hasta la cima o una caminata de dos horas.

Los Infiernillos Estos manantiales naturales de aguas termales, que se encuentran situados en un cañaveral al lado sur de la base del Chinchontepec, bañados con fuertes vapores y humo sulfúrico. Durante la guerra el área, fue minada por el FMLN así es que poca gente llegaba allí. Ahora, ya limpia de minas el área la vida ha vuelto a la normalidad.

Turicentro de Apastepeque Reviva sus recuerdos de los campos de veraneo en este lago volcánico, el turicentro más pequeño del país pero uno de los más limpios y agradables. Una sección del lago está destinada para uso familiar, lo cual es mejor ya que su profundidad en el centro llega a 100 metros. Tenga cuidado al nadar solo, no hay muchos salvavidas. Cuelgue su hamaca entre un par de árboles sombreados y descanse. Tome el autobus 156 ó 156a desde San Vicente y pídale al conductor que lo baje al llegar al cartel que anuncia el turicentro. Desde allí hay un kilómetro y medio hasta el lago. *(8am-5pm; $0.60 por persona y automóvil)*

Turicentro de Amapulapa Un buen lugar para descansar si pasa por alto la basura. La más grande de las cuatro piscinas tiene una pequeña cascada, que se ve algo sucia. Una estatua de San Cristóbal, el santo patrón de los motoristas,parece mirar sobre todas las cosas. Unas cuantas chozas sirven comida y bebidas a precios razonables. Tome el autobús 176 desde San Vicente o una camioneta. *(8am-6pm; $0.60 por persona y automóvil, cabañas $3.50)*

La Leyenda del Pilar

De acuerdo con una historia tradicional, una pareja llamada José Marino y Manuela Arce vivían juntos en San Vicente a mediados del Siglo XVIII. Una noche la señora Arce, loca de celos por los constantes flirteos de su esposo, planeó matarlo. Cuando ella se acercó, con mirada asesina y un cuchillo en la mano, la imagen enmarcada de la Virgen del Pilar, que estaba en la pared del cuarto, comenzó a temblar violentamente. La señora Arce huyó llena de terror.

La prevención de la virgen no fue suficiente para detener la furia de la señora Arce por mucho tiempo, y pronto volvió a seguirlo. Pero nuevamente, justo antes de que ella lo atacara, la imagen comenzó a sacudirse salvajemente y la señora Arce huyó por temor. Después de que esto pasó por tercera vez, la señora Arce se convenció de que un espíritu superior estaba involucrado y, temblando con remordimiento, desistió del plan de matar a su esposo. Mientras tanto el señor Marino comenzó la construcción de una pequeña capilla en lado oeste de la Plaza del Pilar donde él planeaba albergar a la imagen salvadora de la Virgen.

Aunque Marino murió sin completar la capilla, el sitio fue destinado al tributo de la Virgen del Pilar. Posteriormente fue sustituido por la Iglesia del Pilar, que es más grande, la cual se encuentra allí actualmente.

San Sebastián

Hab. 23,500
A 49km de San Salvador
A 1k5m de San Vicente

San Sebastián de Ayer

En Septiembre de 1988, diez campesinos cerca de San Sebastián fueron asesinados por tropas del gobierno, continuando un patrón de masacres rurales, comunes durante la primera parte de la guerra. La información acerca del caso fue tan impresionante como predecible. La evidencia balística mostró que a todos se les había disparado de cerca. Los testigos describieron cómo las tropas del ejército rodearon el caserío, llevaron a los residentes dentro de la escuela y separando un grupo de "colaboradores de los rebeldes". Mientras se llevaban a los acusados para interrogarlos les dispararon a corta distancia.

El ejército contaba una historia diferente. Primero decía que los campesinos eran guerrilleros muertos en combate, después cambió su relato diciendo que aquellos se habían atravesado en el fuego cruzado de una emboscada guerrillera. Dijeron que la guerrilla había vuelto y disparado a los cuerpos a corta distancia, para hacer aparecer culpable al ejército.

Al principio, se aceptó la versión del fuego cruzado con la guerrilla y el caso se cerró. Sin embargo, fue reabierto cuando el Vicepresidente de los EeUu, Dan Quayle, visitó El Salvador y amenazó con retener el $1.5 millón que El Salvador estaba recibiendo diariamente a menos que los militares se comprometiera a mejorar el respeto a los derechos humanos. Quayle declaró que el incidente en San Sebastián serviría de ejemplo.

Al presionar EeUu a los militares los medios de difusión informaron que un alto personaje del ejército sería encarcelado pronto. Los oficiales de EeUu presentaron rápidamente los informes como señal de que el ejército había cambiado de curso y en adelante obedecería la ley salvadoreña.

Sin embargo, también los hechos tomaron otro giro. En 1990, los cargos en con-

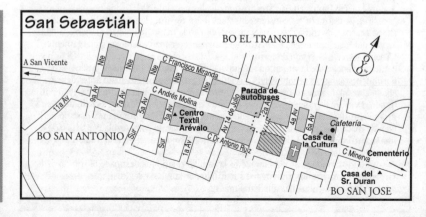

> **"¿Cuánto tiempo serviré? Yo diría que serviré hasta que reciba mi carta de prevención del FMLN. Alguna gente dice que usted tiene que morir por la democracia, pero esos no están aquí. Esas son sólo palabras de personas que no están en peligro."**
>
> — Alcalde de un pueblo, discutiendo las amenazas del alcaldes FMLN a los alcaldes para que renuncien o mueran

VOCES DE LA GUERRA

tra de 11 de los 12 oficiales del ejército involucrados en la masacre de San Sebastián fueron retirados repentinamente. Los políticos de EeUu y el Embajador Walker, quien personalmente promovió el caso, estaban anonadados y mortificados. A pesar de eso, la ayuda militar continuó.

Durante un partido de fútbol cerca de San Sebastián hacia el final de la guerra, tropas rebeldes rodearon la cancha y llevaron a 200 personas, incluyendo a los jugadores y vendedores de comida al campamento rebelde A los diez días, volvieron contando acerca de interminables discursos de propaganda política y mala comida. Los jugadores, todavía usando sólo sus delgados uniformes de fútbol, se quejaron de casi haberse congelado. Al final, la operación terminó como una pesadilla de relaciones públicas para el FMLN y los partidos de fútbol en el área fueron suspendidos indefinidamente.

San Sebastián de Hoy

El camino a San Sebastián pasa por el tranquilo pueblo de Santo Domingo. Recientemente pavimentado, es un agradable desvío por pequeñas granjas, entre milpas y vacas vagabundas. Aunque la mayoría de San Sebastián mismo es bastante sombrío, algunas escenas son intensamente pintorescas: metros de hilos teñidos de colores brillantes colgados a secar fuera de las casitas techadas de tejas.

El pueblo es famoso por sus tejidos, los que tristemente, se están quedando atrás. El antiguo arte ha sobrevivido, pero desde que las telas sintéticas fueron introducidas y llegaron las importaciones baratas de Asia,ya no vale la pena mandar esos tejidos a casa.

A pesar de eso, la técnica es interesante. Los tejedores usando pedales que controlan dos palos, crean sus diseños. Los más complejos son planeados por anticipado. Entre más grandes son los tejidos, más palos se utilizan. Los artesanos son felices de mostrar su trabajo, y hasta le permitirán usar la lanzadera de tejer unas cuantas veces.

Artesanías

La Casa de La Cultura Este es un buen lugar para apreciar la ardua labor que lleva cada tejido. Adentro, unos cuantos telares rodean un precioso y pequeño jardín. Si pareciera estar cerrado, toque la puerta. *(8am-4pm)*

Casa de José Carmen Durán El Sr. Durán emplea una brigada de tejedores quienes trabajan en antiguos telares dentro de una combinación de funeraria y tejeduría. Las personas de la localidad compran frazadas aquí y las revenden en San Salvador. *(Busque el rótulo de "Funeraria Durán" a dos cuadras y media del mercado, a la derecha junto al cementerio)*

Centro Textil Arévalo Las máquinas en este taller de color azul (hogar de Inés Arévalo), son más complejas; observe las tarjetas ubicadas arriba de cada telar, que producen automaticamente en los tejidos, los diseños que aparecen en ellas.

Detalles
■ **Autobuses: San Salvador (110)**, salen cada 30 min hasta las 4:20pm, 49km, 1hr 30min. **San Vicente (176)**, salen a las 6:30am, 1:30pm, 15km, 1hr.
■ **Festividades: Enero 23-28 (27)** San Sebastián Mártir. **Diciembre 11-12 (11)** Virgen de Guadalupe. **Diciembre 24-25 (24)** Nacimiento del Niño Dios.

San Miguel

Hab. 192,000
A 138km de San Salvador

San Miguel de Ayer

Siete años después de que los españoles fundaron la ciudad en 1530, San Miguel fue arrasada por una insurrección indígena la cual estremeció mucho de Centroamérica.   La población nativa, encolerizada por el trato que recibían a manos de los españoles, tomaron San Miguel y otras ciudades.

Cuando el gobierno se vio atacado, envió un llamado desesperado de ayuda a la capital, la que pronto envió refuerzos. A medida que las iglesias de San Salvador tocaban las campanas en apoyo a los españoles de San Miguel y el gobierno enviaba rápidamente tropas a la ciudad, la insurrección se volvio más fiera. Las tropas combatieron por seis meses antes de la supresión de la rebelión.

Hacia el fin del Siglo XVII, los piratas ingleses aparecieron por las costas y saquearon los pueblos indígenas indefensos a lo largo de la playa. Cuando San Miguel y San Salvador prepararon sus ejércitos para una invasión a gran escala, los piratas decidieron huir en vez de luchar. De regreso a sus barcos, dejaron tras de sí una imagen de la Virgen María en el Puerto de Amapala. Pronto la imagen, la cual llegó a conocerse como la "Patrona de los Milagros", fue traída a San Miguel donde una elaborada procesión se llevó a cabo en honor de todos los sobrevivientes.

Durante los primeros años de la guerra civil, el ejército estacionó algunas de sus mejores fuerzas cerca de la ciudad, en un intento de neutralizar las guerrillas del cercano Departamento de Morazán y en las laderas del Volcán de San Miguel. Desde el volcán, las tropas rebeldes periódicamente lanzaron incursiones sobre las instalaciones eléctricas de la ciudad y dejaron a oscuras el oriente de El Salvador. El Puente del Delirio, a cinco kilómetros al Sur, fue repetidamente atacado por el FMLN en un intento de bloquear el tránsito entre San Miguel y la capital.

La Historia Turbulenta de un Puente

El puente que llevaba a la Carretera Panamericana sobre el Río Lempa, llamado Puente Cuscatlán, una vez fue símbolo del orgullo y del trabajo duro de los salvadoreños. Sin embargo, el FMLN lo voló durante la guerra y ahora sólo quedan las puntas.

La Carretera Panamericana pasa alrededor de volcanes a medida que toma rumbo al Oriente desde San Vicente, y eventualmente la vista se abre a un panorama de 180 grados lleno de milpas frente al río y al Departamento de Usulután. A lo largo de la carretera que conduce hacia el río, hay niños y mujeres que venden pescado fresco al paso de los automóviles

Actualmente todo el tráfico pasa sobre dos puentes temporales, desvencijados, a 100 metros río arriba del puente original. A medida que usted cruza puede ver la Presa 15 de Septiembre hacia el norte. Es interesante que el único grafiti político sobre el viejo puente es del FMLN.

San Miguel de Hoy

El centro del Oriente de El Salvador se extiende a lo largo de la Carretera Panamericana, camino hacia La Unión, a la sombra del Volcán de San Miguel. El calor bochornoso no puede disminuir este bullicioso centro comercial donde las calles están prácticamente rebosando de vida comercial.

Algunas de las más ricas fincas de café de El Salvador se encuentran en las laderas del enorme volcán que domina la ciudad. San Miguel es el centro para la producción del algodón y el henequén, una fibra natural usada para hacer bolsas, cuerdas y hamacas.

San Miguel es un lugar para disfrutar las muchedumbres, comer bien, visitar un increíble mercado y observar un partido de fútbol, pero no es un lugar para descansar. Los precios son más altos aquí que en el Occidente y el sol pega duro y sin piedad sobre la tierra baja. El mercado es una loca confusión de mesas de madera donde usted puede curiosear entre montones de relojes plásticos baratos, joyería de fantasía, iguanas y ollas de hierro y cigarros puros ambos hechos a mano.

Alojamiento

Hotel Caleta Este hotel razonablemente limpio con habitaciones pequeñas alrededor de un pequeño patio parece ser el favorito de los mosquitos locales, así es que traiga repelente. *(Tel 661-3233; 35D $4.90 con ventilador y baño común, $7.60 con ventilador y baño privado, $12.65 con AC y baño privado; lavandería; salida 2pm)*

Hotel Central Observe el contraste entre las habitaciones grandes con sábanas frescas y los baños malolientes e instalaciones viniéndose abajo. Aquí no hay restaurante, pero le cocinarán algo por $1.40 si lo pide. *(Tel 661-3141; 14 habitaciones $4.00 por persona con ventilador, $5.75 con baño privado, $8.60 con AC y baño privado; salida las 24hr)*

Hotel Trópico Inn Este viejo hotel que fuera alguna vez el único de calidad en San Miguel, sufrió repetidos ataques de la guerrilla durante el final de los 1980. En 1989, una celebración durante el concurso de Miss San Miguel fue

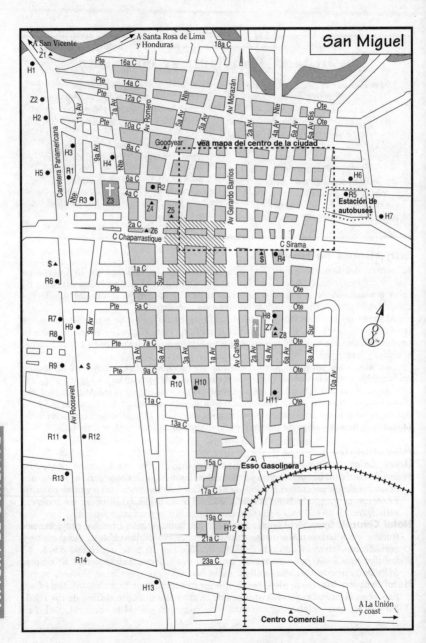

San Miguel

A San Vicente

A Santa Rosa de Lima y Honduras

18a C

vea mapa del centro de la ciudad

Estación de autobuses

Esso Gasolinera

Centro Comercial

A La Unión y coast

ALOJAMIENTO   ●

H1 Hotel China House
H2 Hotel Milian
H3 Hotel Oasis
H4 Casa de Huéspedes El Viajero
H5 Hotel El Mandarin
H6 Hotel La Terminal
H7 Mini-Hotel Novel
H8 Hospedaje Brisas del Mar
H9 Hotel Trópico Inn
H10 Hotel Caleta
H11 Hotel Central
H12 Hospedaje Buenos Aires
H13 Hotel Roosevelt

ALIMENTOS Y BEBIDAS   ●

R1 Sorbetería Pops
R2 Toto's Pizza
R3 Willy's Comida a la Vista
R4 Sorbetería
R5 Pollo Campestre
R6 Pollo Campestre
R7 Sorbetería
R7 Restaurant La Pampa Argentina
R9 Sir Pizza
R10 Pupusería Las Gemelas
R11 Pollo Campero
R12 Pupusería Los Gorritos
R13 Restaurant La Pradera
R14 Restaurant La Ronda

OTROS   ▲

Z1 Tony's Discotec
Z2 El Alazán
Z3 Iglesia Capilla Medalla Milagrosa
Z4 Tienda de Artesanías
Z5 Tienda de cassettes música
Z6 Supermercado
Z7 Supermercado
Z8 Cine Barrios

interrumpido por un asalto guerrillero a la ciudad. El vice-presidente salvadoreño estaba asistiendo a la ceremonia, muy convenientemente, y quedó atrapado. Al siguiente día lo evacuaron por helicóptero.

El caos ha dejado su marca sobre el edificio y ahora la parte más bonita del Trópico Inn son los primeros cinco metros de entrada. Las habitaciones son pequeñas, oscuras y viejas, viejas, viejas. Las sencillas y las dobles son exactamente iguales, la única diferencia es el tamaño de las camas. El Mandarín, más abajo por la misma calle, es mejor elección *(Tel 661-0774; 63 habitaciones, S $33.35, D $40.50, todas con baño privado, agua caliente, TV, teléfonos y AC; lavandería; restaurante 6:30am a 11pm)*

Hotel del Centro (Mapa del Centro de la Ciudad) Un establecimiento respetable de padre e hijo con un personal amistoso y habitaciones muy limpias. El almuerzo en el restaurante cuesta cerca de $4.00. *(Tel 661-6913; 14S $10.00 con ventilador, 13S $14.00 con AC, iD $21.25 con AC, todas tienen baño privado, TV; salida al mediodía; restaurante 6am-9pm)*

Casa de Huéspedes El Viajero Razonablemente limpio, aunque un poco venido a menos. Las habitaciones son pequeñas y hay un patio que sirve de estacionamiento. *(12 habitaciones $4.60 con baño compartido, 8 habitaciones $5.75 con baño privado; salida las 24 horas y estacionamiento.*

Hotel Panamericano (Mapa del Centro de la Ciudad) Un hotel grande con habitaciones deprimentes; todas sencillas, donde gratis le agregan más camas si usted lo desea, así es que ¡traiga a sus amigos! *(24 habitaciones $4.60, $5.75 con ventilador, $9.80 con AC, todas con baño privado)*

Hotel Oasis Muchos vendedores y visitadores médicos se hospedan en este espacioso y sencillo hotel durante la semana. Las habitaciones son limpias, pero los baños no brillan. En la cafetería le cocinarán lo que tengan por unos $4. *(Tel 661-2126; 7S $8.60, 15D $15.00, todos con baños privados; cafetería)*

Hotel China House Este limpio hotel con hamacas en el centro del patio Anexo a dicho patio encontrará un restaurante que sirve platos chinos, americanos y salvadoreños desde $2.85 hasta $3.50. La Combinación China House por $3.45 incluye chop suey, pollo, ensalada, papas, y arroz frito. Jaime Quan, su propietario habla inglés. Su abuelo llegó a San Miguel y abrió el China House después de emigrar a México desde Cantón, China *(tel 669-5029; 6S $11.50, 13D $17.25, todos con baño privado, AC; lavandería, salida al mediodía; estacionamiento)*

> **"En uno de los incidentes más extraños de la guerra, el FMLN ocupó una hacienda ganadera al este del Departamento de San Miguel y, usando ametralladoras y granadas, mató a 204 vacas lecheras."**
>
> — Reportajes de Noticias, 1987

VOCES DE LA GUERRA

Mini-Hotel Novel Un pequeño complejo de concreto sin ninguna ventana sino una pequeña area central donde la gente sale a platicar. *(Junto a la estación de autobus; tel 661-4206; 4S $4.00, 3D $4.60; lavandería; salida las 24hr)*

Hotel El Mandarin El Hotel más bonito de San Miguel es caro, pero es nuevo y bien administrado. Comparable a un Holiday Inn Rural, allá en casa. El restaurante sirve comida China desde $3.50 a $8 el plato, incluyendo un gran tazón de sopa de wantan por $3.50. El propietario, un inmigrante chino que ha vivido en El Salvador toda su vida, dirigió un restaurante chino en la ciudad por muchos años. *(Tel 669-6969; 32 habitaciones, S$28.75, D $34.50, todas con baño privado, AC, TV por cable; lavandería; piscina; estacionamiento; salida a las 2pm; restaurante)*

Hotel La Terminal Un lugar limpio y suficientemente agradable que pronto agregará 12 habitaciones más. Las que tienen ahora son confortables, pero un poco amontonadas con una cama un sofá y una silla metidas allí. Sin embargo, hay suficiente estacionamiento. *(Frente a la terminal de autobuses; 12 habitaciones, D $12.65, T $17.25, todas con TV, AC, baño privado; salida las 24 horas; cafetín)*

Alimentos y Bebidas

Family Pizza (Mapa del Centro de la Ciudad) Pruebe la pizza de 12 pulgadas por $5.75 Este es un lugar popular para después de la escuela, con paredes color pastel y plantas colgantes *(7am-7pm)*

Comedor Buen Gusto (Mapa del Centro de la Ciudad) Un pequeño lugar que se especializa en enormes ostras. Encuéntrelo donde escuche el martilleo de las mujeres abriendo las ostras. Doce ostras pequeñas cuestan $2.30, y una docena de las grandes cerca $4.60. No está abierto todos los días ... depende de cómo anda la pesca.

Restaurante Baty Carnitas (Mapa del Centro de la Ciudad) Dentro de este ostentoso lugar, tome asiento en una de las mesas blancas bajo un fuerte ventilador. Los platos de pollo y camarones van de $4.60 para arriba.*(9am-8pm)*

Pastelería Lorena (Mapa del Centro de la Ciudad) Suficiente espacio dentro para disfrutar la gran variedad de repostería de Lorena. La pastelería y el pan comienzan desde $0.10, y los jugos desde $0.70 *(8am-6pm)*

Pastelería Francesa (Mapa del Centro de la Ciudad) La selección aquí no es tan grande como en la de Lorena al lado, pero la Francesa tiene AC. *(Junto a Pastelería Lorena; 8am-5:30pm)*

Pupusería Las Gemelas En un buen fin de semana allí se venden unas 1,000 pupusas. Buenas noticias: las cocinan con margarina, no con manteca. No tienen rótulo afuera, así es que busque el toldo plástico de color verde sobre la puerta roja y la casa blanca. *(Miércoles-Domingo 4:30-9pm)*

Restaurante Gran Tejano (Mapa del Centro de la Ciudad) Oscuro por dentro y decorado como un rancho, con mesas de madera y animales disecados en la pared. Huele un poco a rancho también. Los platos principales cuestan $5.75-$9.20. *(11:30am-9pm)*

Restaurante La Ronda Este agradable lugar es ideal para un trago. Una cerveza por $0.80 viene con boquitas de carne, pollo o camarón, las que de otra forma costarían $0.30. Un plato típico mixto cuesta $3.70. *(10am-10pm)*

Restaurante La Pradera Este blanco edificio abierto al aire, alejado del camino, lo han manejado padre e hijo durante los últimos tres años. Los platos son relativamente caros; un plato de camarones cuesta $9.50. *(11:30am-9:30pm)*

Pupusería Los Gorritos Las pupusas aquí cuestan alrededor de $0.23 y son hechas con aceite vegetal. *(Frente al Pollo Campero, 4-9pm)*

Restaurante La Pampa Argentina Si se siente morir de hambre y tiene poco dinero para gastar, pruebe una de las dos especialidades de La Pampa: un churrasco (14 onzas de carne asada) por $8 o el pamperito mixto (carne con camarones) por $9.75. Ambos vienen con sopa, ensalada, pan con ajo y papa asada. *(12-2:30pm, 6-10pm)*

Willy's Comida a la Vista/ Tacos y Pupusas "Vicky" Un lugar con dos nombres; por la mañana, esta pequeña y limpia cafetería es de Willy y por la tarde es de su esposa Vicky. El vende pollo con arroz por $1.15, mientras que ella le

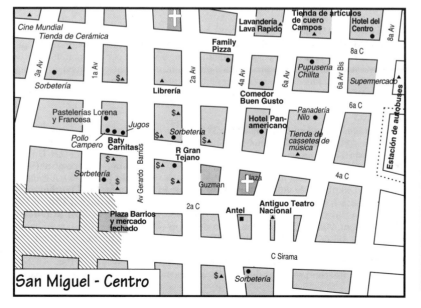

San Miguel - Centro

Abracadabra, Flux Real

Basándose en los comentarios de un viajero del Siglo XVIII que pasó por la ciudad, San Miguel ha tenido sus malas épocas. En su diario, el viajero anotó cómo la ciudad fue establecida en las panorámicas faldas del Volcán de San Miguel y como la población española, mestiza e indígena generalmente vivían juntas pacíficamente.

Pero, añadió él, San Miguel era "un infierno de disidencia y de pandillas" donde "él vicio dominante era el juego". "Este vicio es tan extremo" continuaba él, "que los jugadores les roban todo a sus esposas, aún sus vestidos, y las dejan desnudas como cuando vinieron al mundo para poder jugar".

Aparentemente, algunos de los jugadores recurrieron a la brujería. Escribió el viajero que los jugadores primero molían huesos humanos para hacer un polvo, usándolo para hacer una vela, quemándola donde jugaban El humo mágico que ésta despedía hacía que todo el mundo se adormeciera y así ayudaba al jugador a ganar más fácilmente.

servirá un taco por $1.40. Willy vivió en Nueva York y al regresar a El Salvador conoció a Vicky, quien también dirige una panadería local.*(7am-4pm, 4-9pm)*

Entretenimiento

Disco El Alazán Parece un gran salón de baile de escuela secundaria, lleno de mesas plásticas. El restaurante aquí sirve pequeños platos, como tortas, por $2.30. Por la noche, el derecho de mesa es de $1.15 a $1.70, cobrando $1.50 extra cuando hay conjunto en vivo. *(Restaurante 5pm-5am, disco 9pm-5am)*

Puntos de Interés

Iglesia Capilla Medalla Milagrosa Edificios que formaban parte de un hospital solían rodear esta bella pero pequeña iglesia, diseñada por las monjas francesas que trabajaban en el hospital. El hospital ya no existe y las ventanas de la iglesia lucen varios de los mejores vitrales de El Salvador. La iglesia está rodeada por una verja de hierro negro y un bosque.

Detalles

■ **Autobuses: Ciudad Barrios (316,317)**, salen cada 20 min hasta las 2:30 pm, 48km, 2hr. **El Cuco (320)**, salen cada 30 min hasta las 5pm, 40km, 1hr 30min. **El Tamarindo (385)** salen cada hora hasta las 3pm, 75km, 2hr 15min. **La Unión (324)**, salen cada 10 min hasta las 6pm, 42km, 1hr 20min. **Moncagua (90)**, salen cada 10 min hasta las 5:30pm, 13km, 40min. **Perquín (332)**, salen cada 1-2 hr hasta las 12:40pm, 85km, 2hr 30 min. **Puerto El Triunfo (377)**, salen cada 30 min hasta las 5pm, 67km, 2hr 15min. **San Francisco Gotera (328, 332, 337, 386)**, salen cada 15 min hasta las 6:10 pm, 35km, 50 min. **San Salvador (301)** 4:30pm, 96km, 2hrs. **Santa Rosa de Lima (306)**, salen cada 10 min. hasta las 5:30pm, 49km, 1hr. **Usulután (373)**, salen cada 10 min hasta las 5:40pm, 60 km, 1hr 30 min.

■ **Festividades: Noviembre 14-30 (20,21)** Nuestra Señora de la Paz. Globos de aire caliente, competencias de cochecitos de carrera, bicicletas y motocicletas. **A**

finales de Noviembre el Carnaval Novembrino. Un famoso carnaval que atrae a visitantes de todos lados.

■ **Lavandería: Lavandería Lava Rápido** Una de las pocas lavanderías automáticas en el país donde usted mismo lava su ropa. $1.15 por carga de ocho piezas, $1.40 para lavar, no hay planchado. (8am-5pm)

■ **De Compras: Tienda de Cuero Campos** Una tienda de cuero que vende recuerdos hechos de cuero de vaca y pieles de culebra y de iguana. Las billeteras valen $2.30, los cinturones $3.45 y las monturas $13.80. (8am-5pm)

Cerca de San Miguel

El Volcán de San Miguel Esta enorme montaña, aislada del resto de la cordillera de Chinameca, se proyecta 2,140 metros por encima de la planicie costera del sur. El volcán es especialmente impresionante visto desde la Carretera del Litoral, y no importa en que dirección usted viaje, será visible durante muchos kilómetros.

El Chaparrastique, como se le llama por tradición, es una subida de palabras mayores... Sin embargo, sea cuidadoso ya que ocasionalmente vuelve a la vida; su última erupción fue en 1976. La subida a la cima pasa por enormes fincas de café. Es casi seguro no ver, camino a la cima, más que cafetales, arbustos y cortadores. Si eso le parece interesante, y puede soportar los vapores de azufre en la cima, logrará tener una vista inigualable del cráter. Un camino de tierra conduce a la cima. Traiga alimentos y bebidas.

Usted puede conducir o tomar un par de autobuses para llegar al pueblito de Conacastal. Allí encontrará una vereda que conduce a la cima del volcán. Si usted va en autobús, tome uno que vaya para San Vicente y pida que lo bajen a seis kilómetros al oeste de San Miguel sobre el camino de la izquierda que lleva hacia San Jorge. En ese punto, la Laguna Seca El Pacayual está a la derecha y el Volcán de San Miguel a la izquierda. De la intersección, consiga que alguien lo lleve a lo alto de la montaña y baje en Antel, en el diminuto Conacastal. La entrada a la Finca Miracielo se encuentra fácilmente hay una puerta roja con dos pilares blancos y un letrero que dice, "Recibidero Prieto". Si usted viene en carro, salga antes de las 6pm o le cerrarán con llave. El Sr. Ricardo Men tiene las llaves de la puerta,por lo tanto Ud. querrá hablar con él antes de dejar allí su automóvil.

Laguna El Jocotal En este santuario de aves y esteros protegidos, probará los comienzos del ecoturismo salvadoreño no oficial. Desafortunadamente, todavía falta mucho. Las mujeres lavan ropa y los hombres pescan en la laguna. El área es rica en vida silvestre, pero pasar por el pequeño caserío y cruzar el fangoso estero para llegar hasta ahí no es nada seductor. Usted tiene que tomar un bote para salir a la verdadera laguna y apreciar los alrededores. Un paseo de una hora con uno de los pescadores locales cuesta aproximadamente $2. Un viaje un poco más largo le permitirá visitar una de las cuatro islas de la laguna; La Monca es la mejor.

Busque el cruce al Cantón Borbollón en la Carretera Panamericana, entre San Miguel y Usulután, cerca de una iglesia de color celeste en el km 32. El conductor del autobús sabrá dónde es. El camino de concreto conduce desde el Volcán de San Miguel hacia el cantón. El gobierno supuestamente va a pavimentar este camino para incrementar el turismo, pero parece que se quedaron a medias antes de los primeros 80 o tantos metros de allí en adelante hay solamente

> ## Jocoro
>
> Este pequeño pueblo en las laderas Sur del Departamento de Morazán a 22 kilómetros de San Miguel, sufrió bastante durante la guerra. Hoy en día, es un paradero tranquilo y bonito saliendo de la carretera, entre San Miguel y Santa Rosa de Lima. No hay hoteles o restaurantes en Jocoro, pero hay bonitas colinas para pasear.

fango. La Laguna está situada a un kilómetro desde el caserío que abarca el cantón. Note que las paredes, así como los cimientos de los edificios, están hechas sobre rocas del Volcán de San Miguel.

Playas de Oriente

Algunas de las mejores playas de El Salvador se encuentran entre Usulután y La Unión, a lo largo de la Carretera del Litoral. Situadas de forma opuesta a la sierra costera, unas cuantas tienen limpia arena blanca y miden cientos de metros de ancho.

Playa El Espino

Siendo honestos, la Playa El Espino es tanto la mejor playa del país, como la de más difícil acceso. Pero esté seguro: vale la pena lo que sufrirá para llegar a ella pasando sobre montañas y pequeños ríos. El Shangri-La de la costa de El Salvador es un sueño para conocedores de playas. Lo hará desear montar a caballo, desnudo por la arena, como si tomara parte en una escena de sueño de una película de segunda clase. La playa es tan grande que incluye un malecón de madera, dos Club Meds y miles de gente, pero es silenciosa, limpia y sin casas feamente llamativas. Las haraganas olas del Pacífico rozan la arena en lento movimiento, mientras que la playa misma (como cualquier buena playa) está bordeada de palmeras y continúa hasta perderse de vista en cualquier dirección. Unos cuantos comedores están cerca del final del camino y sirven platos de mariscos por unos $3. Venga aquí para alejarse absolutamente de todo; camine por horas, mézase en una hamaca, imagine que está a millones de kilómetros de cualquier parte. No se decepcionará.

Si usted a manejando, cruce para salir de la Carretera del Litoral en el rótulo de la Playa El Espino y Jucuarán a 11 kilómetros al Este de Usulután. Después de un corto desvío sobre un puente de acero, siga el camino increíblemente lleno de

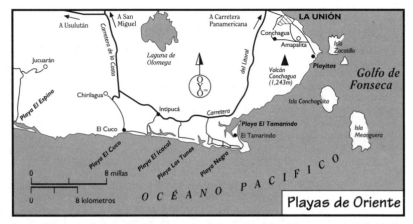

Playas de Oriente

baches hacia arriba y sobre las montañas. Agárrese del tablero y continúe hacia la derecha pasando el árbol grande, cerca del desvío para Jucuarán, en la cima de la montaña. Después de que usted pase esa cima, sentirá que el océano nunca fue tan bienvenido.

Detalles
■ **Autobuses: Usulután (351)**, 5, 7am, 2pm, 33km, 2hr.

Playa El Cuco
El camino hacia El Cuco sube, se retuerce, hasta pasar sobre la sierra costera, con una gran vista del Volcán de San Miguel hacia la derecha. Una vez que usted se aleja del pueblecito, al final del camino,la playa es otra de las joyas costeras ocultas de El Salvador. Arena blanca cubre la ancha playa que se adentra en la distancia y todo eso es suyo durante la semana. La maravillosa vista se completa con palmeras, techos de teja roja y montañas a la distancia.

La mayoría del área es propiedad privada y por consecuencia, algunos hoteles querrán cobrarle por entrar a sus playas. Bájese en algún lugar a lo largo de la calle paralela a la playa. Sea astuto, cruce calladamente y probablemente podrá pasar gratis. O solo pida permiso de pasar por algun lote privado. Pida un aventón en un pickup de los que corren arriba y abajo por el camino de la playa, y dese una ducha en uno de los puestos locales por casi nada. El pueblo está lleno de pequeños comedores que venden platos de mariscos de $2.85 a $5.75.

Alojamiento
Hotel Leones Marinos Un gran cocotal amurallado. Las habitaciones son grandes y tienen hamacas pero las camas no tienen colchón y los baños son viejos y deteriorados. Vaya al Cuco a comer. *(150m desde El Cuco; 14S $11.50, 6D $17.25, todas con baño privado; salida 24 hr)*

HACIA EL ORIENTE

> **"Siempre es lo mismo. El ejército viene y se va. La guerrilla viene y se va. Nosotros nos escondemos bajo las camas."**
>
> —Vecino de un pueblecito, hablando de la vida durante la guerra
>
> VOCES DE LA GUERRA

Hospedaje Rico Mar Los precios por estas chocitas de concreto sin ventana, fluctúan inexplicablemente, por lo que Ud. pagaría por una habitación. Traiga sus propias sábanas. *(10S $2.85-$5.75 con baño compartido; salida las 24hr)*

Hospedaje Buenos Aires Reconocerá este lugar por su puerta roja, paredes verdes y el patio de ladrillo. Le pedirán $5.75 por la noche en una austera habitación de concreto pero trate de regatear; se sorprenderá. Las tarifas sólo por el día son menores. *(Junto a Rico Mar; 12S $5.75 con baños compartidos)*

Hospedaje Vásquez Muy básico; el propietario no quiso dar precios pero no pague más de $3 por quedarse en una choza de concreto. *(10S)*

Ospedaje Arriasa Sí, el nombre está mal escrito. Pero no, no es un agradable lugar para quedarse. Las habitaciones están llenas de tierra, el agua de las duchas viene de pozo y los baños son de fosa. *(8 habitaciones $1.15)*

El Tropi-Club Cabañas El club tiene un área cubierta de pasto franqueada por palmeras. Bueno para relajarse, pero es un poco caro. Las habitaciones, con dos camas, techo de paja, pisos de ladrillos y grandes ventiladores son limpios pero no valen el precio. Un restaurante opera durante los fines de semanas, sirviendo platos de camarones y similares entre $5.75 y $8, pero le pueden cocinar algo durante la semana si lo pide. *(Cerca del Hotel Cuco Lindo; 12 cabañas $18/$25/$32 por día/pasando la noche/24hrs, todas tienen baño privado, ventiladores 3 suites $38-$50/$63.50, todas con baño privado, AC; lavandería restaurante)*

Parque para Trailers y Bungalows La Tortuga Situado dentro de un agradable cocotal con pequeñas cabañas blancas de adobe, este lugar es una verdadera sorpresa y rara vez está lleno. Las cabañas son limpias y tienen baños modernos, pero traiga sus propias sábanas y comida. La playa es tranquila y con frecuencia desierta. Probablemente tendrá que tocar en la puerta café para que el portero lo deje entrar. *(a unos 2km de El Cuco-cabañas $15 por 2 personas, $20 por 3 personas, todas con baño privado, cocinas; salida las 24 horas)*

Hotel Cuco Lindo Una colección de chozas de playa descuidadas, con aspecto de pueblito fantasma. Las habitaciones son muy sencillas, los baños están bien, pero el lugar entero es terriblemente viejo por el precio que piden, Mejor vaya a **La Tortuga.** El autobús 320 a San Miguel pasa por aquí a las 6, 11 am y 6pm. *(A 1km de El Cuco a lo largo de la calle paralela a la playa, vaya a la izquierda cuando llegue a El Cuco y continúe derecho; S $7 con baño compartido, colchoneta para dormir, 11 cabañas $18.50 con dos camas y ventilador, $28.75 con AC, cama grande y colchoneta de dormir; salida las 24 hr)*

Detalles

■ **Autobuses: San Miguel (320)**, salen cada 90 min. hasta las 4pm, 37km, 90 min.

Playa El Icacal

Las limpias playas del Icacal se extienden por 13 kilómetros de punta a punta, de gran belleza natural y relativo fácil acceso. La suave y blanca arena tiene más de 100 metros de ancho con la marea baja y el océano sólo tiene una profundidad hasta la rodilla aún lejos de la playa. Las personas de la localidad dicen que ésta es la playa más segura a lo largo del estero que conecta con la Playa El Cuco. No hay donde pasar la noche, pero hay bastantes palmeras esperando una hamaca. Algunos lugares a lo largo del camino venden sodas, pero aún así, venga preparado con comida y bebida

La playa parece lo suficientemente ancha para que aterrice un avión sobre ella, y así es; durante la guerra, el contrabando de armas de la guerrilla era traído aquí por la noche, por barco y avión desde Nicaragua. De vez en cuando un Cessna todavía aterriza aquí.

Como Llegar

El desvío de la Carretera del Litoral está a 25 kilómetros al oeste de La Unión, cruzando la calle desde la roca que tiene el pescado verde del PDC pintado. Acres de henequén espinudo y gris cubren los campos de alrededor. La sombreada vereda de tierra es casi intransitable para los automóviles. Cuatro kilómetros mas allá, probablemente tendrá que darle al viejo portero unos cuantos colones para que lo deje entrar a este estrecho de playa "privada".

EN LAS NOTICIAS

Intipucá

A primera vista, el modesto pueblo de Intipucá cerca de la Playa El Icacal en La Unión, parece igual a cualquier otro pueblecito playero Sin embargo, pase un poquito de tiempo aquí y notará que las calles son un poco más limpias, los colores un poco más brillantes y las puertas de hierro un poco más nuevas..., y por muy buena razón:. los pobladores de Intipucá reciben más dinero de sus familiares que viven en Ee.Uu., que cualquier otro pueblo de su tamaño en El Salvador, aún más que muchas ciudades grandes.

Quince mil intipuqueños viven en Washington DC y sus suburbios, y envían mensualmente a Itupacá, alrededor de $100,000.

Semejante flujo de efectivo ha tenido consecuencias interesantes. Cinco servicios de correo privado, traen paquetes y cartas a este pueblo cuya población es de solo 12,500. Más llamadas se hacen desde Intipucá a Ee.U. que de cualquier otra ciudad del país. Durante las fiestas, las aerolíneas nacionales hacen ofertas especiales para los residentes de Intipucá.

Detalles
■ **Autobuses: San Miguel (385)**, 6, 7:30am, 4pm, 39km, 1hr 30 min.

Playa Las Tunas
La Playa Las Tunas, a 24 kilómetros al oeste de La Unión, es un típico pueblo de playa salvadoreño; hay basura por todos lados, ruidosos tocacintas y comederos viejos hechos de concreto bordeando el océano. Es una buena playa si siente ganas de socializar y tomar cerveza, pero vaya al Icacal si prefiere playa abierta.

Las Tunas tiene unos cuantos lugares buenos para comer y al llegar vendrán niños corriendo a ofrecerle cocteles de mariscos. Tal vez quiera tomar un bocado aquí y dormir en algún otro lugar. El desvío a la playa está cruzando la calle de una iglesia a rayas rosas y blancas, a unos 24 kilómetros al Oeste de La Unión. Hay unas simples habitaciones de concreto disponibles para pasar la noche a $5.75.

Alimentos y Bebidas
Restaurante Blanquita Las olas se rompen contra las rocas sobre las cuales fue construido este restaurante, situado fuera de la playa; siéntese muy cerca de la orilla y tendrá una ducha. Bajo el techo abierto encontrará bancas y mesas de concreto, unas cuantas hamacas y una muchedumbre playera tomando cerveza por las tardes. Las conchas y las ostras cuestan entre $3.50 y $4.60, dependiendo del tamaño. *(7am-5pm)*

Detalles
■ **Autobuses: La Unión (383)**, salen cada 15 min hasta las 5:30pm, 24km, 1hr.
San Miguel (385), 8am, 5:30pm, 47km, 2hr, 30 min.

Playa Negra
Playa Negra tiene unos cuantos hoteles decentes y caros, pero es una versión más angosta de Las Tunas, con pocas rocas y aún más basura.

Alojamiento
Hotel Playa Negra Limpio, confortable, espacioso y caro, con una terraza llena de hojas y una piscina turbia. Un restaurante al aire libre sirve "comida internacional" y tiene vista a la playa. Los platos de mariscos en el restaurante, abierto las 24 horas, cuestan cerca de $7, pero puede pedir un cóctel por $3.50. *(Camino a El Tamarindo, km 8; 10 habitaciones, $35 con una cama, $46 con 3 camas, todas tienen baños privados, AC; lavandería gratis, piscina; salida las 24hr; restaurante abierto las 24 horas)*

Torola Cabaña Club Este club, que es administrado por las mismas personas que lo hacen en el Izalco Cabaña Club en La Paz, tiene un interior de mucho estilo, y cómodas sillas de mimbre. Las habitaciones son decentes, con clase aunque sencillas, pero al igual que su hotel hermano, está sobre valorado. La piscina en la parte de abajo, tiene salida a la playa, y desde el caro restaurante en el malecón.hay vista hacia la playa *(Tel 664-4516; 6S $85 con vista a la* *playa, 6D $62, 8T $69, todas con baño privado; lavandería; salida a las 2pm; restaurante)*

Hotel Mar y Tierra Las habitaciones de concreto alrededor de un patio de tierra son sobrias y limpias. Sin embargo, los precios no son tan sobrios, a menos que meta diez personas en la habitación, lo cual es permitido. Los precios se duplican al pasar de 12 a 24 horas. Ud.puede obtener un plato de mariscos en el restaurante por $3.50. *(10S $11.50 por 12 horas, todas con baño privado, ventilador; restaurante)*

Alimentos y Bebidas

Restaurante La Mariscada Sirve mariscos y otros platos, afuera en un jardín, frente a la arena, bajo sombrillas multicoloras. El propietario es un salvadoreño que recientemente regresó de San Francisco y abrió este restaurante. Los platos de mariscos cuestan entre $4 y $7, y el sabroso consomé cuesta $4.60 *(7am-10pm)*

El Tamarindo

Si solo planea ver este polvoriento pueblo de pescadores, al final del camino al sur de La Unión, no vale la pena el viaje. Pero algunas salidas a la playa a las afueras del pueblo, conducen a secciones de playa más limpias y tranquilas. El Tamarindo no es tan exótico como el Espino o el Icacal, pero estos lugares escondidos son de más fácil acceso y más agradables que cualquiera otra playa en los alrededores.

Para encontrar un buen punto de la playa de El Tamarindo, pare un kilómetro antes del pueblo, en el primero o segundo camino de tierra después de La Mariscada. Desde allí, tome un pasaje lateral a la playa después de alguna de las casas grandes y bien cuidadas. Aunque está rodeada de casas y botes, la playa es tranquila en los fines de semana. Los volcanes y la costa, curveada suavemente, casi convence que está en una isla tropical. En la bahía, de izquierda a derecha, se ven el Volcán de Conchagua cerca de Usulután, las islas de Conchagüita y Meanguera, y la orilla Noroeste de Nicaragua.

Detalles

■ **Autobuses: La Unión (383)**, salen cada 90 min hasta las 5:20pm, 44km, 1hr 30 min. **San Miguel (385)**, salen cada hora hasta las 4:30pm, 55km, 2hr 30min.

La Unión

Hab. 62,000
A 183km de San Salvador

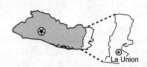

La Unión de Ayer

La Unión se convirtió en el puerto más grande del Oriente de El Salvador alrededor del Siglo XVII, sustituyendo al puerto de Amapala hacia el Sur cerca de la Playa de El Tamarindo. La Unión fue atacada repetidamente por las fuerzas españolas durante las batallas por la independencia de Centro América. En 1856, las tropas de El Salvador y Guatemala izaron velas desde allí para luchar contra William Walker en Nicaragua. En los dos últimos siglos la ciudad ha sido repetidamente estremecida por terremotos, aunque no ha sufrido ninguno desde finales de los 1940.

La Unión de Hoy

Justo antes de llegar a La Unión, la Carretera Panamericana se encamina hacia el Norte, a la frontera hondureña de El Amatillo, y la Carretera del Litoral hacia sur y el oeste, hacia las playas del oriente del país. La ciudad portuaria de La Unión está situada a lo largo de la playa oeste de la Bahía de La Unión saliendo del Golfo de Fonseca, rodeada al Sur por las montañas que se pliegan y deslizan calladamente dentro del mar. La ciudad ha ido decayendo desde que el puerto fue cerrado unos diez años atrás, pero existe el rumor de que el gobierno japonés planea reabrir el puerto en un futuro cercano.

La ciudad misma está deteriorada y sucia, pero tanto algunos lugares buenos y económicos para quedarse, como las playas de alrededor, hacen que la parada en el Oriente valga la pena. Use La Unión como una base para explorar algunas de las mejores playas que hay hacia el Sur durante el día y reléjese en Gallo's Restaurant por la noche.

Alojamiento

Hotel Portobello La Unión Este hotel, la mejor opción de alojamiento en La Unión, tiene tres pisos con estacionamiento, habitaciones grandes, duchas limpias y hamacas en cada habitación. El propietario, Luis, abrió el hotel en 1994, y él y su familia le ayudarán a orientarse por la ciudad. El también tiene algunas historias interesantes que contar acerca de su vida en una región destruida por la guerra y el difícil trayecto desde vendedor de ganado hasta propietario de hotel. *(Tel 664-4113; 20 habitaciones, S $4.60, D $5.75,, $10 con AC, todas con baño privado; lavandería; salida las 24hr; estacionamiento; cafetería)*

Hotel San Francisco Grandes puertas de metal marcan la entrada a este antiguo pero aceptable hotel. *(Tel 664-4159; 17S $5.75 con ventilador, 13D $11.50 con AC, todas con baño privado; salida las 24hr; estacionamiento)*

Hospedaje Anexo Santa Marta El grafiti sobre las puertas, aumenta la sensación de deterioro de este lugar hogareño. El patio central con árboles y plan-

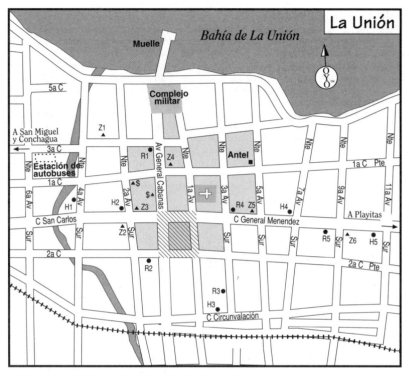

tas parecen el traspatio descuidado de alguien. La entrada queda sobre la 7a Av Nte. *(Tel 674-4238; 9S $3.50, 2D $5.75, todas con baño privado, ventilador; salida las 24hr)*

Casa de Huéspedes El Dorado Alicia es la agradable señora que dirige este placentero lugar, y a ella le fascina platicar con los huéspedes. Las habitaciones son limpias y todas tienen hamacas. *(Tel 664-4724; 10S/D $4, $4.60 con baño privado; salida las 24hr)*

Hotel Centroamericano Está situado dentro de un patio cercado que da la sensación de ser un campo militar. Un lobby grande y viejo y baños también viejos, completan el panorama. *(Tel 664-4029; 8S $5.75 con baño compartido, 4S $7 con baño privado, 8D $9.25 con baño privado y AC; salida al mediodía; estacionamiento)*

ALOJAMIENTOS ●

H1 Hotel Portobello La Unión
H2 Casa de Huéspedes El Dorado
H3 Hotel Centroamericano
H4 Hospedaje Anexo Santa Marta
H5 Hotel San Francisco

ALIMENTOS Y BEBIDAS ●

R1 *Cafetín El Marinero*
R2 Pollo Rico
R3 Restaurante Gallo's
R4 Pastelería y Baty Jugos Claudita
R5 *Cafetería*

OTROS ▲

Z1 Oficina de Inmigración
Z2 Cancha de Basketball
Z3 Estación de Policía
Z4 Salón de Conciertos
Z5 Tienda de Videos
Z6 Hospital

HACIA EL ORIENTE

Alimentos y Bebidas

Pastelería y Baty Jugos Claudia La pizza en esta combinación de pizzería/cafetería es pastosa, pero los licuados la bajan agradablemente. La pizza grande cuesta $6, o $1.50 por porción. *(lun-sab 7am-9pm)*

Gallo's Restaurant Este restaurante con clase, es una buena opción, y uno de los pocos detalles agradables que salvan su visita a La Unión. Preparan allí la más sabrosa comida al sur de La Pema de Santa Rosa de Lima. Las meseras sirven platos humeantes de verdadera comida mexicana que chisporrotea por un minuto después de que la han puesto frente a usted. Los platos de tortillas de maíz, burritos, tacos y enchiladas cuestan $3.50-$5.75.

El propietario Alex Gallo trabajó en un restaurante mexicano en Washington D.C. durante 14 años y luego regresó a El Salvador para abrir el suyo. El quiso mantener los precios bajos para que las personas de la localidad pudieran disfrutar del restaurante. Hubo un problema con la calidad de las tortillas locales, así es que él compra sus tortillas estilo mexicano directamente en San Salvador. *(8am-medianoche)*

Detalles

■ **Autobuses:** Para llegar a la frontera hondureña de El Amatillo, usted tiene que ir primero a Santa Rosa de Lima. **Conchagua (382)**, salen cada 20 min hasta las 6pm, 4km, 20 min. **El Tamarindo (383)**, salen cada 20 min hasta las 5:30pm, 30km, 1hr 30min. **Playitas (418)** salen cada 30 min hasta las 5pm, 13km, 1hr. **San Miguel (324)**, salen cada 8 min hasta las 5:50pm, 42km, 1hr 20min. **San Salvador (304)**, salen cada 30 min hasta las 2pm, 183km, 4hr. **Santa Rosa de Lima (342)**, salen cada 15 min hasta las 5:50pm, 48km, 1hr 30min.

■ **Festividades: Diciembre 3-31 (7)** Virgen de la Concepción.

Cerca de La Unión

Volcán Conchagua De todos los volcanes en El Salvador, pocos están tan bien situados. Desde la cima usted puede ver todas las islas del Golfo de Fonseca, Honduras hacia el este, Nicaragua hacia el sureste y el Océano Pacífico hacia el sur. La caminata de cuatro horas para subir al pico desde el pueblecito de Amapalita en el camino de Playitas, pasa por fincas y sólo toma tres horas de regreso. Guíese por la antena en la cima de la montaña. *(Tome el autobus a las Playitas y bájese en Amapalita)*

Playitas A ocho kilómetros de la Unión, las Playitas es una playa de 100 metros de arena negra frente a un pueblo de pescadores. Esta sí es la vida real: botes de pesca de madera son arrastrados a la playa sobre troncos, y por la tarde los pescadores reparan sus redes bajo la desvaneciente luz. Algunos lugares en el pueblo sirven bebidas y pescado fresco. Las islas de Conchagüita y Meanguera se levantan justo frente a la playa. A la vuelta de la esquina hacia la izquierda (no visible desde las Playitas) están las islas más pequeñas de Zacatillo y Martín Pérez.

El pueblecito de las Playitas no es el lugar más invitador para pasear, y la playa por sí misma no justifica el viaje. Sin embargo, ir en bote a una isla cercana es una forma grandiosa de pasar uno o dos días solitarios excursionando o acampando.

Los pequeñísimos Zacatillo y Martín Pérez están lo suficientemente cerca como para nadar hasta allí. Zacatillo tiene la Playa Carey en el extremo sur.

Conchagüita está a 15 minutos de distancia por lancha y un viaje por el día, allí, no debería costarle más de $17.25. Le cotizarán $23 para ir a las limpias y negras playas de Meanguera, más lejana y la más grande de las islas salvadoreñas del golfo, pero un poco de regateo obra maravillas. El paseo toma un poco más de media hora. Ofrezca pagar la mitad en ese momento y la otra mitad cuando lo recojan (como dice la canción, "No le pague al barquero/hasta que lo lleve al otro lado..."). Las dos islas más grandes tiene pueblecitos donde puede comprar bebidas. Encontrar pescado fresco para el almuerzo debe ser fácil, pero traiga su comida y agua de todas formas. Los botes usualmente salen temprano en la mañana. *(Tome C General Menéndez para salir de La Unión hacia el este pasando la base naval, o el autobus 418)*

Conchagua

En Potón significa "Jaguar Volador"
Hab. 32,500
A 5km de La Unión

La Union
Conchagua

Conchagua de Ayer

Los habitantes originales de Conchagua vivieron en las islas del Golfo de Fonseca, justo frente a la playa de La Unión. El nombre Conchagua originalmente perteneció a uno de los pueblos lencas de la isla Conchagüita. A finales del Siglo XVII, los piratas ingleses incursionaron en las islas y saquearon los pueblos, dejando a la población indígena con poco o nada. Cuando los pobladores decidieron emigrar a tierra firme, solicitaron tierra al Rey de España quien les concedió un sitio a orillas del Volcán de Conchagua. Diez años después de fundar la nueva Conchagua, los pobladores comenzaron a construir la iglesia que aún sobrevive con nuevas capas de pintura.

Conchagua de Hoy

Este pequeño pueblo está anidado a mitad de los 1,245 metros de altura del Volcán de Conchagua, al Sur de La Unión. La iglesia está bien mantenida y a veces cantan allí adentro los coros locales.

Conchagua es encantadora por lo que no tiene: calor, basura, tráfico y multitudes. Es un lugar para venir después de un día de playa a tomar el aire fresco de montaña, asistir a un servicio religioso y platicar alrededor de las pupuserías acerca de sus parientes en Ee.Uu. Si usted viene lo suficientemente temprano, tal vez podría unirse a un juego de básketbol.

Si usted maneja, tome la Carretera Panamericana saliendo de La Unión y cruce a la izquierda a unos 20 metros antes de la gasolinera Esso, frente al cementerio. Pronto usted pasará los rieles del tren y el camino empedrado se vuelve pavimentado por el resto de los cua-

tro kilómetros de Conchagua. Si usted se queda hasta la tarde, después de que el último autobús haya salido, puede tomar un taxi desde aquí a La Unión por $1.25. Sin embargo la carrera en la otra dirección cuesta casi $3.

Sitios

Iglesia Colonial de Conchagua Esta bonita iglesia de color crema está decorada con adornos celestes. La iglesia fue construida en 1693 y todavía tiene su fachada original. Las imágenes en el interior datan del Siglo XVII.

Excursiones

La Glorieta Si la vista de Conchagua no es suficiente, el mirador llamado La Glorieta ofrece una vista de la ciudad de La Unión, el Golfo de Fonseca sus islas y todo el camino hacia Honduras cruzando el Golfo. Comience en el lado opuesto de la iglesia y continúe colina arriba a pie por una media hora.

Detalles

■ **Autobuses:** La parada está junto a la iglesia. **La Unión (382)**, salen cada 20 min hasta las 6:20pm, 5km, 20 min.
■ **Festividades: Enero 18-21 (19)** San Sebastián. **Julio 24-25 (24)** Santiago Apóstol.

Santa Rosa de Lima

Hab. 37,500
A 176km de San Salvador
A 44km de La Unión

Santa Rosa de Lima de Ayer

Manuel Díaz, un rico español de Perú, compró tierra en el Noreste de El Salvador en 1743 y erigió una hacienda enorme la cual llamó Santa Rosa de Lima en honor de la Santa Patrona del Perú. En el Siglo XIX, un viajero describió el pueblo como "una bonita y progresiva ciudad con calles de piedra."

En 1983, el comercio de la frontera este de El Salvador con Honduras casi se vino abajo cuando las tropas rebeldes volaron seis puentes que conectaban a los dos países, incluyendo el puente que cruza la frontera de El Amatillo justo al este de Santa Rosa de Lima. Las tropas hondureñas abrieron fuego contra la guerrilla pero fueron incapaces de parar la destrucción, la cual el FMLN dijo que era en respuesta al discurso del Presidente Reagan pidiendo una renovada batalla en contra de ellos.

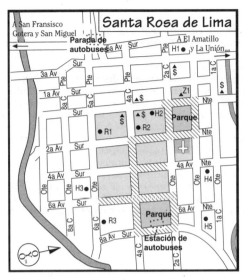

ALOJAMIENTOS   ●
H1 *Hotel Florida*
H2 *Hospedaje La Esperanza*
H3 Hospedaje Mundial
H4 Hotel El Recréo
H5 Hotel El Tejano

ALIMENTOS Y BEBIDAS ●
R1 Comedor
R2 La Pema
R3 Comedor

OTROS   ▲
Z1 El Presidio
Z2 Biblioteca Municipal

Santa Rosa de Lima de Hoy

La segunda ciudad más grande de La Unión está rodeada de montañas.de poca altura, las cuales llenan los Departamentos de La Unión y Morazán, y llegan hasta la frontera con Honduras. Santa Rosa de Lima es un lugar polvoriento, con muchos edificios en construcción, que ocasionalmente sufre de cortes de electricidad y de agua. La iglesia en forma de L parece demasiado grande para la ciudad, pero el interior es limpio y bien mantenido y ha sido pintada recientemente. Santa Rosa de Lima es mejor conocida como el hogar de La Pema, uno de los restaurantes más famosos y sencillos de El Salvador, el cual, por sí mismo, justifica el viaje a la ciudad.

Alojamiento

Hotel El Recreo El mejor vestíbulo del pueblo, completo con sofás y sillas. *(Tel 664-2126; 10S 5D $4.60 por persona, todas con baño compartido, ventilador, salida 11am; lavandería gratis, estacionamiento)*

Hospedaje Mundial Habitaciones básicas aceptables para el presupuesto, si trae sus propias sábanas. *(18 habitaciones $2 con ventilador y baño compartido; salida las 24 horas)*

"Es mentira. Hay bastantes bombas."

— Campesino respondiendo a lo lo dicho por el gobierno, de que la fuerza aérea salvadoreña nunca bombardeó blancos civiles.

VOCES DE LA GUERRA

HACIA EL ORIENTE

Alimentos y Bebidas

La Pema Verdaderamente un tesoro culinario nacional de los salvadoreños, la Pema es famosa desde Ahuachapán hasta Zacatecoluca. La Pema no será fácil de encontrar, pero vale la pena la búsqueda, como lo pueden atestiguar muchos embajadores y dignatarios internacionales. Normalmente todas las mesas de este sencillo restaurante están llenas, con todo mundo disfrutando uno o dos de los platos que allí se sirven. Los mariachis le dan serenata mientras Ud. le entra a una humeante *mariscada*, deliciosa sopa hecha a base de crema con suficientes mariscos como para hundir una lancha, por $7. También tienen carne de res por el mismo precio y no se pierda la ensalada de frutas, un enorme vaso de manzanas, mangos, naranjas y uvas por solo $0.60. Deliciosas pupusas, llenas de un queso especial, son incluidas con cada comida.

Eufemia de Lazo ha estado cocinando todo desde a principios de los 1970 para asegurarse de que la calidad satisfaga sus normas. No se ha ampliado a otros restaurantes porque ella quiere poder mantener un ojo sobre la calidad. Sin embargo, su hija ha abierto un restaurante igual en San Miguel. *(Una casa roja y blanca, sin rótulo, cerca del BanCo sobre la 4a C; Martes-Domingo 9:30 am-4pm)*

Detalles

■ **Autobuses:** Para ir a San Francisco Gotera, súbase al autobus que va hacia San Miguel y pídale al conductor que lo baje en la "dieciocho" (parada #18), que lo pondrá en el camino hacia Gotera. De allí tome cualquier autobus hacia el Norte. **El Amatillo (330, 336, 342, 346)**, salen cada 13 min hasta las 5:30pm, 30km, 1hr 30 min. **La Unión (342, 343, 344)**, salen cada 10 min hasta las 5:45 pm, 44km, 1hr 30min. **San Miguel (306, 330)**, salen cada 10 min, 40km, 1hr **San Salvador (306)**, salen cada 30 min hasta las 2:20pm, 176 km, 4hr.
■ **Festividades: Agosto 22-31 (30)** Santa Rosa. Incluye famosos rodeos.

San Francisco Gotera
(Gotera)

En Potón significa "Colina Alta"
Hab. 17,000
A 197km de San Salvador

San Francisco Gotera

San Francisco Gotera de Ayer

Las ruinas de la antigua San Francisco Gotera son ahora nada más que dos edificios rectangulares situados sobre el Cerro de Corobán, cuatro kilómetros al noreste de la actual ubicación del pueblo. No es seguro cuándo fue reubicado el pueblo, pero probablemente el cambio fue motivado por la dificultad de encontrar agua potable en las cercanías y los fuertes vientos de montaña, que hacían que los incendios fueran difíciles de controlar.

Fricción entre Vecinos

El gobierno salvadoreño sospechaba que Nicaragua estaba embarcando armas al FMLN durante toda la guerra, pero careció de evidencia por mucho tiempo. El ejército sospechaba que los rebeldes traían el equipo por tierra sobre mulas o con barcos a través del Golfo de Fonseca. Finalmente, cuando una avioneta nicaragüense se estrelló en El Salvador a finales de los 1980 y se le encontró llena de proyectíles para los rebeldes, el gobierno salvadoreño suspendió relaciones con Nicaragua.

Daniel Ortega, el presidente de Nicaragua en esa época, respondió que, "como nicaragüense, me siento orgulloso que este gobierno asesino haya cortado relaciones con nosotros." Después de que el gobierno de Ortega fue derrotado en las siguientes elecciones y cuatro oficiales nicaragüenses fueron arrestados por contrabandear suministros y armas para el FMLN, los dos países eventualmente restablecieron relaciones.

Un visitante a la nueva y mejorada Gotera en 1811 notó que sus habitantes indígenas hablaban un dialecto único de la lengua Lenca Potón, incomprensible para los otros nativo-parlantes. Los gotereños, en cambio, podían entender a otras personas que hablaban Potón.

Durante la guerra civil, Gotera tuvo el infortunio de servir como una fortaleza militar azotada en el centro del departamento dominado por la guerrilla. En algún momento de 1981, las batallas armadas urbanas dejaron las calles de la ciudad llenas de cadáveres.

Sin embargo, durante casi toda la guerra, la vida en la ciudad siguió superficialmente normal. San Francisco Gotera fue uno de los pocos lugares en la región que tuvo un suministro estable de eléctricidad. Los soldados llenaron las calles y el ejército ocupó la playa principal, lo que no dejó mucho espacio para que los habitantes locales socializaran. Aunque la vida en Gotera durante la guerra fue difícil, era intolerable en muchos otros pueblos de la provincia. La capital se convirtió en refugio de 15,000 gentes que dejaron sus pueblos al Norte del Río Torola a principios y mediados de los 1980.

San Francisco Gotera de Hoy

San Francisco Gotera abraza las colinas centrales de Morazán, que le da una de las más bellas ubicaciones en la parte este del país. Los niños, descalzos, juegan fútbol por las cuestas que forman las calles de la ciudad.

En el lado oeste de la ciudad hay un ridículo legado de la reciente historia del pueblo: un grupo de edificios militares camuflageados, con un logo negro que dice *Bienvenido al DM-4/No Hay Misión Imposible*. La guarnición se encuentra ubicada a la derecha, junto a una bella iglesia colonial, como una casa-club de niños junto a un pastel de bodas. Los entusiastas de la historia pueden encontrar interesante algo del grafiti de la ciudad, incluyendo algunos en apoyo de las LP-28, uno de los primeros grupos izquierdistas. A pesar de su pasado, San Francisco Gotera dá la sensación de ser un lugar muy placentero.

Alojamiento

Hospedaje San Francisco Un lugar apacible con
un pequeño patio rodeando un jardín. Las habitaciones son limpias con focos eléctricos colgantes,
hamacas y techos de teja. *(Tel 664-0066; 18
habitaciones, S $3.50, D $5.75, T $7, todas con
baño compartido, $8.50 con baño privado; salida
al mediodía)*

Alimentos y Bebidas

Restaurant El Bonanza En este lugar grande y
simple usted puede comer en una terraza al aire
libre, donde ocasionalmente hay música en vivo
por las noche. Pero los precios de los mariscos son
altos y la comida es grasosa. Los platos de pollo y
carne cuestan alrededor de $3.50 a $4.50, las hamburguesas $1. *(9am-10pm)*

ALOJAMIENTO	●
H1 Hospedaje San Fransisco	
ALIMENTOS Y BEBIDAS	●
R1 Comedor Melita	
R2 Restaurante El Bonanza	
R3 *Cafetín*	
R4 *Super McPollo*	
R5 *Cafetería Candy*	
R6 Café Plaza	
R7 *Comedor*	
R8 Cafetería Yaneth	
OTROS	▲
Z1 Estación de Policía	
Z2 Casa de la Cultura	
Z3 Cine Morazán	
Z4 Campamento militar	
Z5 Estudio de fotografía	

Comedor Melita Cruzando la calle del Bonanza. Sus comidas son más baratas.
(Lunes-Sa 6:30am-7:30pm, Domingo 6:30am-1pm)

Café Plaza Situado en un pequeño traspatio con artesanías salvadoreñas en las
paredes. Bueno para una hamburguesa, sin prisa, o un plato de sorbete.
(6:30am-10pm)

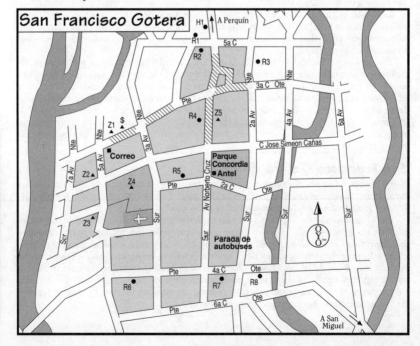

HACIA EL ESTE

Cafetería Yaneth Tome un café y pan aquí por las mañanas, o comida rápida durante el resto del día. El pan dulce es barato, y la cheeseburger cuesta $1.50 con papas fritas. *(6am-9pm)*

Entretenimiento

Cine Morazán Este sorprendentemente bonito y moderno cine se encuentra situado frente al campo militar y a la iglesia. Las películas cuestan $1.

Sitios

Iglesia de San Francisco Gotera Esta bella iglesia colonial de color amarillo y blanco, fue construída en 1888. Situada a menos de diez pies del campo militar, está cercada con alambre para gallinero y de púas. Usualmente está cerrada, pero podrá entrar por una puerta lateral para ver un interesante mosaico de azulejo formando un enorme sol arriba del altar. En un momento de la guerra, el ejército iba a derrumbarla porque les obstruía la vista sobre la ciudad desde las barracas que están al lado. Afortunadamente, no lo hicieron.

Parque Concordia Un pequeño parque con unos cuantos miradores de concreto situado arriba de una colina en el centro de la ciudad. Desde aquí usted podrá ver el pueblo entero, y las colinas de alrededor que serpentean hacia la distancia semejan una manada de camellos verdes. Suba la pared que se encuentra detrás del busto de Francisco Morazán para obtener una mejor vista, pero tenga cuidado de no caer para el otro lado. Por la noche, el parque es peligroso.

Excursiones

Pregunte en la Casa de la Cultura; son muy serviciales y le indicarán la dirección exacta del área apta para excuriones.

Cerro Corobán Una vereda para subir a esta montaña, cerca del pueblo de Lolotiquillo , al noreste de San Francisco Gotera, tiene una gran vista hasta La Unión. La caminata de siete kilómetros le llevará casi tres horas, menos tiempo de bajada. *(Tome el autobus 337 a Lolotiquillo, tome rumbo hacia el Este)*

Detalles

■ **Autouses: Lolotiquillo (337)**, salen hasta las 12:10pm, 7km 1hr, **Perquín (332a)**, salen cada hora hasta las 2:50pm, 33km, 1hr 30min. Continúa hacia la frontera hondureña en Sabanetas. **San Miguel (328)**, sale cada 10 min hasta las 6pm, 40km, 1hr. **San Salvador (305)**, 5, 6am, 12pm, 170km, 3hr 30min.

■ **Festividades: Octubre 1-5(4)** San Francisco. **Noviembre 8-14 (13)** Virgen de la Candelaria.

Cerca de San Francisco Gotera

Parada de Autobús Kilómetro 18 Mucha gente cambia autobús aquí en la intersección de los caminos entre San Miguel y Santa Rosa de Lima y la carretera hacia el Norte a Gotera. Los autobuses pasan aquí camino a Perquín, Gotera, San Miguel, Santa Rosa de Lima y las fronteras hondureñas de El Amatillo y Sabanetas.

EN LAS NOTICIAS

WFMLN: Radio Guerrilla

Escondida en refugios subterráneos, trabajando con equipo inferior, y siempre en movimiento para escapar de la detección del ejército, la Radio Venceremos del FMLN compartió las dificultades que sus oyentes tuvieron que sufrir durante la guerra civil. A través de todo, Radio Venceremos mantuvo al país informado, unido y entretenido.

Radio Venceremos, cuyas transmisiones podían ser escuchadas en todo el país, era el arma política e ideológica más poderosa de la guerrilla. La estación, junto con un puñado de otras estaciones rebeldes clandestinas, compitieron por audiencia y credibilidad con las transmisiones del gobierno. Pero los locutores rebeldes tenían más en mente que sólo información, y mezclaron noticias y canciones con los reportes militares y opiniones políticas.

Radio Venceremos transmitía continuamente a pesar de repetidos bombardeos e intentos de interferencia. Los cuartos de sonido eran excavados dentro de las colinas, camuflageados y reforzados con concreto. Los locutores (incluyendo uno que se llamaba Elvis) usaban estaciones repetidoras colocadas por todo el país para retransmitir la señal más lejos, para así alcanzar las tropas del FMLN y cualquier otra persona que los pudiera escuchar, especialmente los pobres en zonas rurales. Con un equipo de 3 a 15 personas, la estación transmitía diariamente a las 6pm en FM y onda corta, usualmente desde su refugio subterráneo, pero algunas veces en el campo, bajo el fuego de las tropas del gobierno. Las transmisiones se hacían en tres frecuencias simultáneamente, y los locutores daban instrucciones a los oyentes para que se cambiaran de una a la otra por si el programa era interferido.

Cuando los acuerdos de paz fueron firmados en 1992, la primera canción que transmitió Radio Venceremos fue la canción de John Lennon *"Give Peace a Chance"* ("Dele una Oportunidad a la Paz"). Pronto, Radio Venceremos se convirtió en una estación legal y se trasladó a una nueva sede en un vencindario de la clase media en San Salvador, a 200 kilómetros de las montañas del Norte que fueron su hogar por tanto tiempo. El mezclador de sonido barato, la batería de carro y la vieja antena de auto que una vez transmitieran la señal de la estación fueron reemplazados con equipo apropiado.

Bajo el nuevo slogan "Venceremos Revolucionando la Radio para Unir a El Salvador", Radio Venceremos ha cambiado un poco su tonada. Los comerciales ahora cuestan dinero y ocasionalmente hasta el gobierno compra espacio en las transmisiones del FMLN. La estación ha asumido una postura política moderada y ahora entrevista personas contra las cuales habló, tal como generales salvadoreños y embajadores de Ee.Uu. Increíblemente, la estación recientemente denunció tanto a lós trabajadores en huelga en un hospital como al movimiento de guerrilla del Perú Sendero Luminoso, quienes una vez fueran aliados naturales del FMLN. Como resultado, algunos salvadoreños piensan que Radio Venceremos, con su nueva programación de mucha música *pop* y su cambio hacia la política del centro, ha comenzado a traicionar a su audiencia original.

Perquín

En Potón quiere decir "Sobre el Camino de
Carbón"
Hab. 5,400
A 203 km. de San Salvador
A 33 km. de San Francisco Gotera

Perquín de Ayer

Si el FMLN tuvo una capital, la ciudad norteña de Perquín lo fue. La ubicación de
la ciudad era importante estratégicamente; Morazán es uno de los departamentos
más pobres del país, así es que era más probable que los residentes simpatizaran
con los revolucionarios. También, Perquín se encuentra ubicado en una importante intersección de tres caminos que unen el norte y el sureste de Morazán.

Cuando el ejército pasó a través de Perquín, los rebeldes se retiraron hacia las
colinas y esperaron. Las fuerzas del gobierno nunca se quedarón mucho tiempo
en Perquín, ya que el despliegue militar para entrar al norte de Morazán requería
muchos soldados y debido a la constante amenaza de las emboscadas de la gue -
rrilla. Radio Venceremos, la estación de radio del FMLN, permaneció sin ser detec-
tada en su refugio subterráneo cerca de allí durante la guerra.

La una vez próspera Perquín, fue abandonada por casi todos, excepto por los
simpatizantes de los rebeldes durante la guerra, dejando muchos edificios vacíos a
finales de los 1980. Para entonces, muchos residentes habían adquirido la habilidad de identificar un avión por el sonido de sus motores y podían decir dónde iba
a caer una bomba por el ángulo de vuelo del aeroplano.

Perquín de Hoy

El camino hacia San Francisco Gotera sube empinadas montañas, pasando lomas
cubiertas con henequén, granjas con cercos de lava y bosques de pinos en la distancia. A medio camino de allí usted cruza un chirriante puente de madera de un
solo carril sobre el Río Torola. Mantenga los ojos abiertos para ver, de vez en cuando, las cascadas y los grafiti del FMLN.

Perquín está al final del camino, aunque en ese punto es una exageración el llamar pavimentado a los pocos kilómetros al final de la ruta a Perquín (o aún al
camino). Aunque otro camino lleva hacia el norte, a la frontera hondureña, viajando hacia Perquín
todavía le hace sentir como
si estuviera al final de algo,
como si al dar vuelta
pudiera ver el país entero a
sus pies.

El clima de Perquín es
fresco debido a su altitud, y
sus calles de piedra son
increíblemente empinadas.
Es difícil andar por allí en
un pick-up, y casi imposible para automóviles.

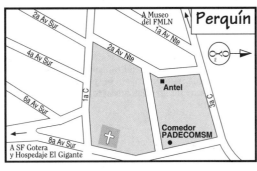

> **"El recién formado Batallón Ronald Reagan barrió el noreste del Departamento de Morazán en un gran esfuerzo para derrotar a los izquierdistas rebeldes...."**
>
> — Reporte UPI 1984

VOCES DE LA GUERRA

En la Plaza principal, verá restos de edificios destruidos por los repetidos bombardeos, imposibles de identificar. El exterior de la iglesia tiene un gran mural del Arzobispo Romero. El museo del FMLN, justo afuera del pueblo, hace que el largo y pesado viaje hasta aquí valga la pena si ya ha llegado hasta San Miguel. Sólo salga temprano y programe cuidadosamente los horarios de autobuses.

Alojamiento

Hospedaje El Gigante El único lugar para quedarse en el pueblo es realmente una bodega dividida en habitaciones, separadas por literas y colchones delgados. Pensará que está en el ejército. El comedor sirve el plato típico por $1.20. *(Tome a la derecha a 200m al sur del pueblo, vaya hacia abajo por el pequeño camino de tierra; 15 habitaciones para cuatro personas cada una, $2.85 por persona, baño compartido, lavandería; salida 24 horas; comedor)*

Alimentos y Bebidas

Comedor PADECOMSM Este lugar de aspecto rústico, que domina la plaza, es popular entre los habitantes. La comida se sirve sobre mesas de picnic bajo focos colgando al descubierto. No hay menú, así es que la selección depende de lo que tienen cada día. La mayoría de los platos cuestan $1.15-$2.20, y el plato de sopa cuesta $0.80. *(6am-8pm)*

Museo del FMLN

Este sobrio museo es el lugar donde verá lo que fuera la guerrilla y aprenderá una de las versiónes de la guerra. Numerosas exhibiciones están albergadas en una serie de simples edificios de concreto, ubicados a lo largo de un camino de tierra al Norte del pueblo. El pequeño patio del museo está lleno de árboles de lima, rosales, un enorme cráter hecho por una bomba y los restos de jets militares y artillería oxidada.

La idea del museo vino de Martín Vigil, un arrugado e inteligente ex-guerrillero quien le dará una inolvidable visita guiada en español,siempre que él esté allí. El Sr. Vigil buscó las piezas del museo, las fotos y los recuerdos por todo el país. Seis ex-guerrilleros trabajaron con él, y dan las visitas guiadas a diario. No se permite fumar ni tomar fotografías adentro, y una pequeña tienda de regalos vende camisetas y posters.

El Mozote

Unos cuantos edificios de adobe semi-derrumbados , rociados con agujeros de balas, es todo lo que queda en este pequeño pueblo en el Norte del Departamento de Morazán. Aun así los turistas todavía se aventuran camino arriba hasta aquí para tomar fotografías bajo la desinteresada mirada de la Policía Nacional estacionada por aquí. Pregunte a un turista o a un policía por qué la gente viene, y le dirán porque: ese tranquilo lugar fue el sitio de una de las peores masacres en la historia de Latinoamérica.

Los 800 miembros del Batallón Atlacatl del ejército salvadoreño, recién entrenados en Ee.Uu., llegaron cerca de El Mozote en diciembre de 1981 bajo el comando del famoso Domingo Monterrosa. Los soldados dejaron el área tres días después. Poco después, una escalofriante historia surgió: el batallón había asesinado como 1,000 personas en El Mozote y en los caseríos cercanos y habían dejado a las víctimas, la mayoría mujeres y niños, amontonados en tumbas colectivas o simplemente enterrados bajo las ruinas de sus casas las cuales los soldados habían incendiado antes de irse.

La historia fue contada por Rufina Amaya, la única sobreviviente de El Mozote, quien fue encontrada perdida e histérica en los montes cercanos al caserío donde vivía, seis días después de que el ejército se había ido. Después, Amaya describió cómo los soldados llegaron a El Mozote la noche del 11 de diciembre y ordenaron a todos que entraran a sus casas. Al día siguiente ordenaron a todos los pobladores que salieran y los condujeron en grupos a ser asesinados primero a los hombres, luego a las mujeres, luego los niños. Aunque algunos soldados inicialmente dudaban en llevar a cabo las órdenes, eventualmente obedecieron y sistemáticamente procedieron a ejecutar a todos los del pueblo.

Mientras los soldados se preparaban para asesinar a Amaya y un grupo de otras mujeres, ella se arrodilló para rezar mientras las otras luchaban. En medio de la conmoción, Amaya logró gatear hacia el monte. Se escondió a cierta distancia del pueblo desde donde pudo escuchar los asesinatos, los cuales siguieron por horas.

Cuando la prensa publicó por primera vez la historia de Amaya y se recogía evidencia que apoyara su historia, el gobierno salvadoreño no dijo nada. Por años, las investigaciones del gobierno progresaron muy poco, y el incidente se convirtió en un símbolo de cómo el ejército salvadoreño operaba fuera de la ley, aún bajo las peores circunstancias.

El gobierno de Ee.Uu., después de una investigación realizada por su embajada, dijo que no había evidencia que señalara tal masacre sistemática. Detrás del escenario, la administración de Reagan trabajó para aligerar la preocupación del Congreso y continuar la ayuda militar.

El Mozote fue finalmente investigado a principios de los 1990 bajo la presión de la Comisión de La Verdad. A finales de 1992, los primeros esqueletos fueron exhumados, seguidos por cientos más. Docenas de cuerpos fueron encontrados en grupos dentro de los edificios donde los soldados les habían disparado desde la puerta.

Hoy en día, El Mozote está envuelto en el silencio y luz macabra durante el atardecer. Unas cuantas familias han regresado al pueblo, pero la mayoría de las casas están desiertas. En el claro se levanta una escultura de metal de una familia-padre, madre, hijo e hija-tomándose de las manos en silueta: "Ellos no murieron. Ellos están con nosotros, contigo y con toda la humanidad."

■ **Edificio 1: Sala de los Héroes y Mártires** Estas fotografías proporcionan algunos antecedentes sobre personas famoss y no tan famosas que ejercieron   influencia en la causa del FMLN, incluyendo a Martí, Sandino, Miguel Mármol (un sobreviviente de La Matanza y fundador del Partido Comunista Salvadoreño), las víctimas de El Mozote, trabajadores por los derechos humanos que fueron asesinados, y los que lo fueran en el funeral de Romero.   Los conservadores del museo han viajado a muchos pueblos pequeños para visitar a las familias de los que fueron asesinados y para recoger esas reliquias.   En la pared exterior de atrás hay posters alemanes en apoyo del FMLN.

■ **El Monumento El Mozote.** Una tumba simbólica en memoria de las víctimas de la masacre en El Mozote.

■ **Tumba de Alvaro Rodríguez Cifuentes Carmona.** Carmona fue un soldado chileno de las Fuerzas Especiales que vino a El Salvador a principio de los 1980 para ayudar a entrenar a la guerrilla.   Lo mataron en Usulután en 1982 cuando su mortero falló y sus restos fueron traídos aquí para que descansen.

■ **Modelo de Campamento Guerrillero.** Este simulacro de campamento temporario de la guerrilla, muestra las condiciones impresionantemente crudas en las cuales vivieron los rebeldes mientras estaban en el campo.   Las chozas más sencillas fueron usadas hasta 1981, cuando las chozas plásticas las sustituyeron.   Los rebeldes caminaban con un pie frente al otro para ocultar así sus huellas mientras entraban y salían de sus campamentos.

■ **Cráter de Bomba.** Una bomba de 500 libras cayó aquí en 1981.   Junto al cráter se encuentra un ejemplo desarmado de este tipo de bomba, la cual explota sólo después de entrar al suelo, dejando agujeros del tamaño de una casa y lanza fragmentos metálicos hasta 100 metros de distancia.

■ **Edificio 2, Sala 1: Causas que Originaron la Guerra** Esta sala presenta los casos de quienes sufrieron bajo el régimen militar.   Su guía le explicará que ellos no podían hacer nada por cambiar las circunstancias de su miseria, excepto por medio de la lucha violenta.   Adentro hay exhibiciones de personas que sufrían y fueron reprimidos por quejarse, otros que organizaron resistencia contra el gobierno, las tropas de Ee.Uu. destacadas en El Salvador y los líderes del gobierno salvadoreño.   Hay el asiento de un avión que fue derribado por el FMLN, una cita irónica sin intención del ex-presidente Reagan ("Ha llegado el momento de que los Estados Unidos tomen la iniciativa en otras partes del mundo") y una fotografía impresionante de un hombre con una pistola viendo hacia la Plaza Barrios desde la Catedral Metropolitana de San Salvador.

■ **Sala 2: Países Solidarios con la Lucha Revolucionaria** El FMLN consideraba a estos países amigos de su revolución y decía que todos excepto Nicaragua proporcionaban solo ayuda no-combativa (aunque Cuba y Rusia canalizaban armas por medio de Nicaragua).

■ **Sala 3: Vida de Campamentos.** Esta exhibición de armas usadas durante la guerra incluye armas confiscadas a las tropas del gobierno y bombas caseras de los rebeldes.   Note el detonador y las instrucciones para armarlo.   En la pared se encuentran planes de ataque usados en 1983 para destruir el una vez grandioso Puente Cuscatlán y plantas de energía.   El slogan del FMLN "Resistir, Crecer, Avanzar" está desplegado orgullosamente sobre la pared, arriba de los uniformes

DOMINGO MONTERROSA (1942-1984)

Controversial Hasta El Final

El Teniente Coronel Domingo Monterrosa llevó una notable pero controversial carrera militar. El comandó la tercera brigada del ejército salvadoreño, sirvió como comandante en jefe de campo y fue considerado por el gobierno de Ee.Uu. un "oficial modelo". En cambio el FMLN, lo consideraba el "mayor criminal de guerra" de la guerra civil.

Monterrosa fue una figura clave para cambiar la imagen del ejército ante los ojos tanto de salvadoreños como de la comunidad internacional. El trató de demostrar que el ejército no tenía nada que esconder al abrir sus barracas a la prensa y permitir a los reporteros que viajaran con él durante operaciones militares. El también dirigió una campaña para generar apoyo público para los militares llevando a cabo reuniones en los pueblos y llevando regalos de granos y servicios médicos a los campesinos locales.

El FMLN, por otro lado, se refería a Monterrosa como el enemigo más efectivo, responsable de cambiar el momento de la guerra en contra de ellos. Era conocido por ser un asesino sin corazón, y se le dio el crédito por dirigir agresivas incursiones contra la insurgencia, tales como la masacre de El Mozote en Morazán. Aún si sus fuerzas cometieron esas atrocidades, Monterrosa todavía se las ingeniaba para ganar apoyo al presionar a las comunidades locales para que contribuyeran en proyectos de acción cívica.

Monterrosa murió en 1984 cuando su helicóptero se estrelló. El embrollo resultante causó tanta controversia como había sido su carrera militar,y cada lado presentó su versión de los hechos. El FMLN tomó crédito por la caída del helicóptero, diciendo que había puesto una bomba en un transmisor de radio confiscado. Aunque mucha evidencia sugería que el helicóptero había sido hecho explotar, los investigadores de Ee.Uu. en la escena no fueron capaces de confirmar que un artefacto explosivo hubiera sido usado. El centro político sugirió que Monterrosa había sido el blanco de una disputa interna del ejército. Mientras tanto, los oficiales militares de derecha, culpaban al presidente Duarte por el asesinato, ya que Monterrosa se había opuesto a las pláticas de Duarte con los rebeldes.

Al funeral de Monterrosa asistieron, el Embajador de Ee.Uu., el Presidente Duarte y todo el comando militar, haciendo del evento uno de los primeros funerales de estado en años. Cuando Duarte pidió tres días de duelo en honor de Monterrosa la guerrilla respondió declarando tres días de celebración en las áreas bajo su control.

capturados de tropas del gobierno. El emblema "END" significa Ejército Nacional Democrático Salvadoreño. La pared distante tiene mapas que muestran áreas que fueron controladas por el FMLN.

■ **Sala 4: Armas Convencionales** Los lanzadores de proyectiles de tierra aire y las armas usadas en la guerra se inutilizaron en cumplimiento a los acuerdos de paz de 1992. Note que el metal de los cañones en el área del disparador está rajado, y que los armamentos más grandes, incluyendo un cañón de 120mm, están inutilizados en otros puntos.

Atrás del edificio están los restos de los helicópteros que tirara el FMLN, incluyendo el que llevaba a Domingo Monterrosa, famoso comandante del Batallón Atlacatl, La destrucción del helicóptero de Monterrosa fue uno de los mayores triunfos para la guerrilla.

■ **Edificio 3, Sala 1: Vida de Radio Venceremos Durante la Guerra** Sobre la mesa verde de la derecha se encuentran piezas de un radio transmisor similar al que se usó para hacer explotar el helicóptero del General Monterrosa y el generador que fue usado para darle energía a la radio durante la guerra. Los dibujos sobre las paredes fueron creados en 1983 por escolares salvadoreños en exilio en Honduras.

Sobre la mesa del medio hay transmisores de mano y grabadoras usadas por los reporteros de Radio Venceremos para transmitir desde todas partes del país. Los locutores de la guerrilla impresionaban a los oyentes por su habilidad de llegar aún hasta las partes más severamente controladas de El Salvador e informar sobre los eventos, bajo las narices de los militares. Las computadoras "lap-top" marca Casio eran usadas para llevar la cuenta del número de vidas y armamento ganado o perdido en batalla. Sobre la pared hacia la izquierda hay fotos de los túneles subterráneos usados para esconder los transmisores de radio, protegiéndolos para que no fueran detectados y haciendo posible la transmisión a todo el país.

■ **Sala 2: Centro de Memoria Histórica** La antena verde que se ve ahí fue usada para transmitir señales de radio hacia el norte de Morazán.

■ **Sala 3: Cabina de Transmisión de la Radio Venceremos** Esta maqueta de la sala de transmisión de la Radio Venceremos, muestra cómo en la sala original se usaban cartones de huevo para minimizar el sonido. Note las señales de transmisión FM y AM pintadas en rojo. *(Tome la 3a C Pte saliendo del pueblo hacia el Oeste; Martes-Domingo 9am-12pm, 1-5pm; $0.60 para salvadoreños, $1.15 para extranjeros, $0.25 para niños y ex-combatientes)*

Detalles

■ **Autobuses: Sabanetas (332a)**, salen cada hora hasta las 2:50pm, 15km, 30min. **San Francisco Gotera (332a)**, salen cada hora hasta las 2:50pm, 90km, 2 horas.

■ **Festividades: Enero 21-22** San Sebastián. **Agosto 13-15 (14)** Virgen del Tránsito.

Ciudad Barrios

Hab. 27,000
A 159km de San Salvador
A 37km de San Miguel

Ciudad Barrios de Ayer

El nombre original en Potón de esta ciudad era Cacahuatique, que significa "Colina de Jardines de Cacao", pero fue cambiado en 1913 en memoria de un prominente caficultor local. Aunque este pequeño pueblo norteño fue uno de los puestos más fuertes del ejército en la parte norte de San Miguel durante la guerra civil, la ciudad sufrió repetidas batallas en las calles.

La guerrilla se posicionó en las laderas del Cerro Cacahuatique, a cinco kilómetros al este, y lanzaron incursiones periódicas al pueblo. Cuando el FMLN se atrincheró en Ciudad Barrios, el gobierno envió unos paracaidistas que persiguieron a la guerrilla hacia las colinas con helicópteros.

En 1982, las tropas rebeldes quemaron los edificios públicos de Ciudad Barrios. En noviembre del siguiente año, una fuerza de 500 guerrilleros ocupó la ciudad, forzando a 87 soldados del gobierno a rendirse y ejecutándolos a todos.

Geofredo Romero es alguien que se debe conocer en Ciudad Barrios. Después de diez años en los Ee.Uu,, Geofredo regresó al hogar de su infancia y descubrió que Ciudad Barrios lo necesitaba. Ahora da clases de inglés en una academia local para niños pobres. El le ayuda con

ALOJAMIENTO	●
H1 Hospedaje Cacahuatique	
ALIMENTOS Y BEBIDAS	●
R1 *Panadería San Antonio*	
OTROS	▲
Z1 Casino	
Z2 Super Santa Helena (Tienda General)	
Z3 Video arcade	
Z4 Gasolinera	

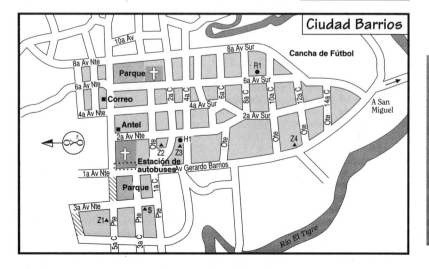

Ciudad Barrios

gusto a los visitantes que pasan por allí con cualquier pregunta acerca del área, o sólo para platicar. Pregunte por él en el pueblo o llámelo al 665-9003.

Ciudad Barrios de Hoy

El camino a Ciudad Barrios desde la Carretera Panamericana pasa por Moncagua y Chapeltique. Los 15 kilómetros que siguen atraviesan por un bello valle con empinadas colinas verdes que se levantan a ambos lados. Los arroyos bajan las colinas en cascadas hacia la izquierda y corren por debajo del camino. Los campos de cualquiera de los dos lados parecen demasiado empinados para pararse sobre ellos, mucho menos ser cultivados, pero sí lo están. Siéntese del lado derecho del autobús si puede soportar estar tan cerca de un barranco tan profundo.

El camino emerge desde el extremo alto del valle, desembocando en las colinas que van desde el Norte de San Miguel hasta llegar a Ciudad Barrios. En la ciudad, los niños pasean a caballo de arriba a abajo por las calles empedradas, las que, de pronto, dejan las ventanas del primer piso a tres metros de la calle. Muchos residentes trabajan en las fincas que están en las afueras del pueblo. La inmensa Iglesia Roma parece una bodega,hasta por el techo de lámina corrugada. El busto del frente conmemora al Arzobispo Romero, quien nació en esa ciudad

Si usted realmente está buscando escaparse de todo, Ciudad Barrios es un buen lugar. Venga aquí para disfrutar del fresco aire de montaña y para platicar con los residentes, eso es, si puede soportar las miradas de los curiosos. No hay muchos turistas que lleguen tan lejos fuera de la ruta normal, así es que realmente se sentirá como un visitante. Se puede salir a caminar por las montañas cercanas; pida más detalles.

Alojamiento

Hospedaje Cacahuatique ¡Que suerte, el único lugar en el pueblo está bien mantenido, tiene habitaciones limpias y...(redoble de tambores)... duchas calientes! Para encontrarlo, oriéntese por el caos del mercado que está al lado. *(Tel 665-9160; 3S $8.50, 3D $13.35, todos con baños privados, duchas calientes; lavandería; salida al mediodía; cafetín)*

Detalles

■ **Autobuses: San Miguel (316, 317)**, salen cada 10 min. hasta las 4:30 pm, 48km, 2hr.
■ **Festividades: Enero 10-11** Señor de la Roma. **Junio 26-29 (28)** San Pedro. **Febrero 6-14 (13)** Jesús del Rescate. **Marzo 19** San José. **Diciembre 11-12 (11)** Virgen de Guadalupe. Característica Procesión de la Virgen, con gente vestida de trajes indígenas acompañados por música de bandas y fuegos artificiales.

Indice